Umverteilungseffekte in Europa

Hohenheimer Volkswirtschaftliche Schriften

Band 54

PETER LANG
Frankfurt am Main · Berlin · Bern · Bruxelles · New York · Oxford · Wien

Katja Hölsch

Umverteilungseffekte in Europa

Eine Analyse für ausgewählte Länder

PETER LANG
Frankfurt am Main · Berlin · Bern · Bruxelles · New York · Oxford · Wien

Bibliografische Information Der Deutschen Bibliothek
Die Deutsche Bibliothek verzeichnet diese Publikation in der Deutschen Nationalbibliografie; detaillierte bibliografische Daten sind im Internet über <http://dnb.ddb.de> abrufbar.

Zugl.: Hohenheim, Univ., Diss., 2005

Gedruckt mit Unterstützung der
Stiftung
Landesbank Baden-Württemberg

D 100
ISSN 0721-3085
ISBN 3-631-54979-2

www.peterlang.de

Vorwort

Die vorliegende Arbeit wurde von der Fakultät Wirtschafts- und Sozialwissenschaften der Universität Hohenheim im Wintersemester 2005/2006 als Dissertation angenommen.

Mein herzlicher Dank gilt hier zunächst meinem Doktorvater Prof. Dr. Gerhard Wagenhals sowie meinem Zweitgutachter Prof. Dr. Walter Piesch für die kompetente und tatkräftige Unterstützung während der vergangenen Jahre. Dies gilt nicht nur für diese Dissertation, sondern auch für die darüber hinausreichenden wissenschaftlichen Arbeiten und Veröffentlichungen. Herrn Prof. Dr. Harald Hagemann und Herrn Prof. Dr. Walter Habenicht danke ich für ihre Mitwirkung am Promotionsverfahren.

Meinen Kolleginnen und Kollegen vom Lehrstuhl für Statistik und Ökonometrie habe ich nicht nur für die fachliche Unterstützung, sondern vor allem auch für das sehr angenehme Arbeitsklima zu danken. Hier sind Sebastian Moll, Martina Rabe, Dr. Ulrich Scheurle, Dr. Steffen Wirth, Wolf Dieter Heinbach, Jürgen Buck, Harald Weiß, Dr. Frauke Wolf, Dr. Harald Strotmann und Prof. Dr. Gröner sowie unsere studentischen Hilfskräfte zu nennen. Nicht zu vergessen sind an dieser Stelle ebenso die Kolleginnen und Kollegen von den Lehrstühlen Finanzwissenschaft und Mikroökonomie. Unsere Sozialraumdiskussionen kann man nicht nur als äußerst erheiternd, sondern durchaus auch als sehr allgemeinbildend und horizonterweiternd bezeichnen. Unvergesslich bleiben in diesem Zusammenhang natürlich auch die gemeinsamen Fußballtippspiele einschließlich der Grillfeste zum Abschluss der Bundesligasaison.

Mein Dank gilt weiterhin der Fritz Thyssen Stiftung, die dieses Promotionsvorhaben im Rahmen eines Projektes teilweise finanziell unterstützt hat. In diesem Zusammenhang möchte ich Dr. Margit Kraus vom Zentrum für europäische Wirtschaftsforschung (ZEW) für die gute Zusammenarbeit danken; die gemeinsame wissenschaftliche Arbeit war sehr bereichernd und lehrreich für mich.

Eine weitere wichtige Stütze während der empirischen Arbeiten für diese Dissertation waren die Mitarbeiter der Luxembourg Income Study (LIS). Sie haben mich bei der zum Teil sehr mühsamen Detailarbeit mit den LIS-Daten bei allen aufkommenden Fragen unterstützt. Hier möchte ich insbesondere Teresa Munzi, Ann Morissens, Paul Alkemade und David Jesuit danken.

Ein besonderer Dank gebührt meinem Partner Bernhard Müller. Ohne seine liebevolle Unterstützung und Ablenkung wären die nicht ausbleibenden „Frustphasen“ bedeutend schwieriger zu meistern gewesen.

Mein Dank gilt außerdem der Stiftung Landesbank Baden-Württemberg, die mit einem Druckkostenzuschuss die Veröffentlichung dieser Dissertation gefördert hat.

Stuttgart, im November 2005 Katja Hölsch

Inhaltsverzeichnis

Tabellenverzeichnis

Abbildungsverzeichnis

Teil I

Einleitung

In der Allgemeinen Erklärung der Menschenrechte der Vereinten Nationen, Artikel 22 und 25, vom 10. Dezember 1948 wird die Bedeutung des Zugangs zu sozialen Leistungen hervorgehoben, indem soziale Sicherheit als Menschenrecht deklariert wird. Soziale Sicherheit steht wegen ihrer Bedeutung für das tägliche Leben vieler Menschen häufig im Mittelpunkt des öffentlichen Interesses. Dies gilt in Zeiten wirtschaftlicher Probleme und z.T. anhaltend hoher Arbeitslosigkeit in besonderem Maße auch für Europa.

Ihrer Bedeutung entsprechend wurden bereits viele wissenschaftliche Studien durchgeführt, die die soziale Sicherung aus unterschiedlichsten Blickwinkeln zum Thema haben. Der für diese Arbeit relevante Aspekt betrifft die empirische Untersuchung der Umverteilungswirkungen von Sozialtransfers. Umverteilungswirkungen können dadurch erfasst werden, dass die Wirkung der Sozialtransfers auf die Ungleichheit und Armut der Einkommensverteilung untersucht wird. Beispiele für die Analyse der Umverteilungswirkungen in Bezug auf Armut sind Kim (2000), Behrendt (2000, 2002) oder Sainsbury und Morissens (2002). Entsprechende empirische Analysen bezüglich Ungleichheit wurden z.B. in Castles und Mitchell (1992), De Nardi et al. (2000), Beblo und Knaus (2001), Bradley et al. (2003) oder Becker (2003) vorgenommen. Eine Untersuchung beider Aspekte fand z.B. in Mitchell (1991), Burri (1998), Fritzell (2001), Heady et al. (2001), Ritakallio (2002), Hills (2004) oder Förster und d'Ercole (2005) statt. Gemeinsam ist den genannten Arbeiten, dass sie, wenn auch in unterschiedlicher Form, die Einkommensverteilung vor und nach Sozialtransfers berücksichtigen, um die Umverteilung zu beurteilen. Da die Umverteilung durch Sozialtransfers auch im Mittelpunkt dieser Arbeit steht, wird dem Ansatz, dass die Einkommensverteilung vor und nach entsprechenden Transfers berücksichtigt wird, grundsätzlich gefolgt.[1]

Die Vorgehensweise in dieser Arbeit unterscheidet sich allerdings von den bisher zitierten durch folgende Aspekte. Im Gegensatz zur Mehrzahl der bisher durchgeführten Studien[2] werden nicht die Umverteilungswirkungen der

[1] Andere Ungleichheits- und Armutsstudien, wie z.B. Biewen (2000), Goerlich und Mas (2001), Atkinson (1996) oder Burniaux et al. (1998) präsentieren dagegen die Ergebnisse für das Ungleichheits- bzw. Armutsniveau nach Transfers und/oder Steuern, womit eine Beurteilung der Umverteilungswirkung nur schwer vorgenommen werden kann, da keine Informationen über die Verteilung vor Steuern und/oder Transfers vorliegen.

[2] Wie z.B. in Fritzell (2001) wird nur die Umverteilung der Gesamtheit an Transfers berücksichtigt, in Sainsbury und Morissens (2002) erfolgt immerhin eine Einschränkung auf die Gesamtheit der bedürftigkeitsgeprüften Transfers.

gesamten Sozialtransfers betrachtet, sondern es wird untersucht, wie sich einzelne Transfers auf die Ungleichheit und Armut der Einkommensverteilung auswirken. Bei vielen empirischen Armuts- und Ungleichheitsstudien werden außerdem nur wenige Armuts- bzw. Ungleichheitsmaße verwendet.[3] Wie in Teil III dargestellt werden wird, unterscheiden sich Armuts- bzw. Ungleichheitsmaße durch verschiedene Eigenschaften. Dadurch kann es durchaus vorkommen, dass unterschiedliche Maße die Armut bzw. Ungleichheit für eine vorliegende Einkommensverteilung unterschiedlich beurteilen. Daher werden in dieser Arbeit eine Vielzahl verschiedener Ungleichheits- und Armutsmaße zur Beurteilung der Umverteilungseffekte herangezogen, um einer „einseitigen“ Bewertung durch nur ein oder wenige Maße vorzubeugen. Als weiterer Mangel bei der Mehrzahl der bislang vorliegenden Studien, die ihre Ergebnisse auf Basis von Stichproben ermitteln, ist zu nennen, dass Stichprobenfehler nicht berücksichtigt werden.[4] In der vorliegenden Studie werden dagegen für die ermittelten Ergebnisse Konfidenzintervalle und Standardfehler mit Hilfe des Bootstrapping-Verfahrens berechnet, um inferenzstatistische Aussagen treffen zu können.[5] Insbesondere werden erstmals auch Konfidenzintervalle für die Reduktion eines Armuts- und Ungleichheitsmaßes durch einen Transfer, also die Umverteilungswirkung, berechnet. Zusätzlich zur bloßen Reduktion eines Armuts- oder Ungleichheitsmaßes, die im Folgenden als Effektivität bezeichnet wird, wird in dieser Arbeit weiterhin berücksichtigt, dass diese Umverteilungswirkungen durch unterschiedlich hohe Ausgaben zu Stande kommen. Dies erfolgt durch den Einbezug eines Effizienzindikators.[6] Korpi und Palme (1998) behaupten, dass institutionelle Strukturen einen signifikanten Einfluss auf die Umverteilungsprozesse und die Reduktion von Armut und Ungleichheit haben.[7] Dementsprechend bilden Korpi und Palme Typologisierungen von Wohlfahrtsstaaten, um diesen Zusammenhang zu untersuchen. Auch Kraus (2004)

[3]In Arbeiten zur Ungleichheit wird oft nur der Gini-Koeffizient verwendet, wie z.B. in Castles und Mitchell (1992), Ritakallio (2002) oder Bradley et al. (2003), Arbeiten zur Armut sind häufig auf die Berechnung der Armutsquote beschränkt, z.B. in Korpi und Palme (1998), Barr (1992) oder Ritakallio (2002).

[4]Als Ausnahmen sind Biewen (2000), Heinrich (1998a,b,c) oder Moran (2005) zu nennen.

[5]Zum methodischen Vorgehen vgl. Kapitel 5.4.

[6]Zur genauen Erklärung der Messung von Effektivität und Effizienz vgl. Kapitel 5.3.

[7]In eine ähnliche Richtung zielen Leibfried et al. (1995), die vermuten, dass verschiedene Typen von Wohlfahrtsstaaten sich unterschiedlich auf individuelle Lebensläufe und damit auf das jeweilige Armutsrisiko auswirken.

analysiert ausgehend von einer Klassifizierung von Wohlfahrtsstaaten, bei der sie die einbezogenen Länder verschiedenen Clustern zuordnet, den Zusammenhang zwischen Ausgestaltung und Umverteilungswirkungen. Dies dient zwar als Ausgangspunkt dieser Arbeit,[8] allerdings werden im Folgenden die Umverteilungswirkungen nicht für Cluster betrachtet, sondern für fünf einzelne Länder herausgegriffen.[9] Bei den fünf Ländern handelt es sich um Deutschland, Finnland, Frankreich, Italien und das Vereinigte Königreich, es erfolgt also eine Beschränkung auf europäische Wohlfahrtsstaaten.[10] Dabei wird nicht von den Umverteilungseffekten der gesamten Sozialtransfers ausgegangen, sondern die Analyse erfolgt anhand ausgewählter Transfers. Flora und Heidenheimer (1982: 25) nennen drei Mittel, mit denen Wohlfahrtsstaaten ihre Ziele der Sicherheit und Gleichheit[11] erreichen wollen: die direkte Zahlung von Geldleistungen, die direkte Versorgung mit Sach- bzw. Serviceleistungen und eine indirekte Ausweitung von Leistungen über Steuernachlässe. Diese Arbeit widmet sich ausschließlich dem ersten Punkt. Die Hauptfunktion dieser Zahlungen sind die Aufrechterhaltung von Einkommen für typische Phasen der Nichtbeschäftigung wie Mutterschaft, Kindheit, Aus- und Weiterbildung, Alter oder Witwenschaft und auch untypischer Situationen wie der Unfähigkeit zu arbeiten aufgrund von Krankheit, Verletzungen oder Invalidität und letztendlich Arbeitslosigkeit der aktiven Arbeitsbevölkerung. In dieser Arbeit werden die „typischen Phasen" der Nichtbeschäftigung, die oben aufgeführt wurden, ausgeklammert. Der Fokus soll auf nicht wünschenswerten bzw. „nicht natürlichen", unvorhergesehenen Situationen und damit auf den zuletzt genannten Gründen liegen. Konkret werden also die Geldleistungen bei Arbeitslosigkeit, Krankheit, Invalidität, Arbeitsunfällen und Berufskrankheiten sowie die Mindestsicherung näher analysiert.[12] Deren konkrete Ausgestaltung wird näher erläutert und in Zusammenhang mit den durch diese Transfers erzeugten Umverteilungswir-

[8] In Kapitel 1.3 wird näher auf die von Kraus (2004) vorgestellte Typologie eingegangen.

[9] Zur Auswahl der Länder siehe Kapitel 1.3. Durch die Auswahl einer begrenzten Anzahl von Ländern, also dem „Loslösen" von den Klassifizierungen, wird es erst möglich, solch detaillierte Analysen wie in dieser Arbeit durchführen zu können.

[10] Dabei werden nur Länder Europas mit einbezogen, die schon vor dem Beitritt der osteuropäischen Länder zum 1.5.2004 Mitglied der Europäischen Union waren, also Länder der so genannten EU15. Dementsprechend beziehen sich im Folgenden zur Vereinfachung die Begriffe „Europa" bzw. „europäisch" nur auf die EU15-Länder.

[11] Zu den Zielen von Wohlfahrtsstaaten vgl. auch Kapitel 1.1.

[12] Dabei sei allerdings betont, dass privat organisierte Versicherungszweige, wie z.B. eine private Versicherung bei Berufsunfähigkeit, nicht betrachtet werden.

kungen gebracht. An dieser Stelle sei darauf hingewiesen, dass hier nur die Leistungsseite und nicht die Finanzierungsseite der Transfers betrachtet wird. Zwar spielen beide Seiten eine Rolle bei der Umverteilung durch Sozialtransfers, es soll hier aber eine Beschränkung auf die Leistungsseite erfolgen. Die Berücksichtigung der Finanzierungsseite ist aus methodischer Sicht in diesem Rahmen schwer realisierbar. Dabei ergeben sich vielfache Probleme, z.B. erfolgt für beitragsfinanzierte Leistungen häufig eine aus Steuermitteln erbrachte Zuschussfinanzierung bzw. Defizitdeckung,[13] was eine genaue Zurechnung auf einzelne Haushalte sehr erschwert und die Ergebnisse durch zu treffende Vereinfachungsmaßnahmen womöglich eher verfälscht, als neue Erkenntnisse zu erbringen. Daher erfolgt hier eine Beschränkung auf die Leistungsseite der Transfers. Von diesen ist zu erwarten, dass sich durchaus deutliche Umverteilungseffekte beobachten lassen, so weist z.B. Barr (1992: 776) darauf hin, dass Transfers höhere Umverteilungseffekte erzeugen als Steuern.

Bradshaw (1994) schlägt vor, vergleichende sozialpolitische Studien nach folgenden Dichotomien einzuordnen: einerseits kann unterschieden werden in Mikro- oder Makrostudien, andererseits in Input- und Outcomeseite. Makrostudien konzentrieren sich auf der Inputseite auf die Erklärung wohlfahrtsstaatlichen Handelns, z.B. auf die Rolle von Parteien oder Gewerkschaften.[14] Die Outcomeseite der Makrostudien behandelt die Auswirkungen des Wohlfahrtsstaates auf Gesellschaft und Wirtschaft, z.B. auf das ökonomische Wachstum.[15] Der Unterschied zwischen Input und Outcome bezieht sich also auf die Policyinstrumente und was diese bewirken. Die vorliegende Arbeit ist allerdings den Mikrostudien zuzuordnen. Es wird dabei sowohl die Inputseite betrachtet, die die Analyse verschiedener Systeme umfasst, als auch der Outcomeaspekt, der den Einfluss der Systeme auf Individuen bzw. Haushalte untersucht. Die Inputseite wird hier anhand europäischer Sozialsysteme angegangen, wobei detailliert die Ausgestaltung ausgewählter Transfers in fünf europäischen Ländern vorgestellt wird. Die Outcomeseite wird über die Auswirkungen der Ausgestaltung verschiedener Transfers auf Ungleichheit und Armut der Einkommensverteilungen sowie über die Effizienz untersucht.

Das Vorgehen zur Untersuchung des Zusammenhangs zwischen institutio-

[13]Dies ist z.B. bei der Arbeitslosenversicherung in Deutschland der Fall.

[14]Als Beispiele sind Wilensky (1975) oder Esping-Andersen (1990) zu nennen.

[15]Beispiele hierfür sind Cameron (1985) oder Arjona et al. (2001).

neller Ausgestaltung und Umverteilungswirkungen ist folgendermaßen: Zuerst werden in Teil II die institutionellen Grundlagen beschrieben. Eine Einführung in die Thematik der Sozialsysteme (Kapitel 1) dient dabei der Klärung des Begriffs des Wohlfahrtsstaates (Kapitel 1.1), der Erläuterung der Traditionen und Strategien europäischer Sozialsysteme (Kapitel 1.2) und der Vorstellung von Klassifizierungen von Sozialsystemen (Kapitel 1.3), wobei hier in erster Linie auf die von Kraus (2004) vorgestellte Klassifizierung eingegangen wird. Den Abschluss von Kapitel 1 bildet eine Übersicht über bisherige Studien bzw. Thesen zur Wirkung von Transfers (Kapitel 1.4). Hierbei soll aufgezeigt werden, welche Möglichkeiten und bisherigen Ergebnisse zur Erklärung von Umverteilungswirkungen bereits bestehen, und wie in dieser Arbeit auch im Hinblick auf eine Erweiterung der bisherigen Vorgehensweisen vorgegangen wird. Dabei werden folgende Einflussfaktoren auf die Umverteilungswirkung aufgezeigt: die grundsätzliche Ausgestaltung in Bezug auf Targeting in Form von Bedürftigkeitsprüfungen sowie die Tatsache, dass es sich um einkommensabhängige oder pauschale Transfers handelt, und die detaillierten Ausgestaltungsmerkmale der Transfers. Weiterhin beeinflussen die Ausgaben für einen Transfer dessen Wirkung. In Kapitel 2 wird die Ausgestaltung der ausgewählten Transfers für die fünf Länder ausführlich dargestellt, um im empirischen Teil einen Rückgriff auf diese Regelungen zur Erklärung der beobachteten Effekte zu ermöglichen. Teil III dient der Erläuterung der theoretischen Grundlagen für die im empirischen Teil angewendeten Ungleichheits- und Armutsmaße. Dabei wird zunächst auf Ungleichheit (Kapitel 3) und anschließend auf Armut (Kapitel 4) eingegangen.

Bevor in Teil IV, der den Hauptteil dieser Arbeit darstellt, die empirischen Ergebnisse vorgestellt werden, dient Kapitel 5 der Erklärung des methodischen Vorgehens. Dabei wird zunächst auf die verwendete Datenbasis (Kapitel 5.1) und die gewählte Untersuchungseinheit bzw. das entsprechende Untersuchungsmerkmal einschließlich der für die Berechnungen verwendeten Variablen mit ihren Inhalten eingegangen (Kapitel 5.2). In Kapitel 5.3 wird die Messung von Effektivität und Effizienz erläutert. Zum Abschluss der Betrachtung dieser methodischen Grundlagen werden die Anwendungsmöglichkeiten des so genannten Bootstrapping im Zusammenhang mit der Ungleichheits- und Armutsmessung in Kapitel 5.4 dargelegt. In Kapitel 6 erfolgt die Vorstellung der empirischen Ergebnisse. Kapitel 6.1 gibt zu Beginn einen Überblick über das Vorgehen bei der Analyse. Die Beschreibung der Ergebnisse erfolgt getrennt nach Ungleichheit (Kapitel 6.2) und Armut (Kapitel 6.3), die detaillierte Vorgehensweise ist Kapitel 6.1 sowie den Einführungen zu den jeweiligen Unterkapiteln zu entnehmen. Die Darstellung der Ergebnisse wird dabei mit den Ausgestaltungsmerkmalen, die in Kapitel 2 vorgestellt wurden, verknüpft.

Der abschließende Teil V dient der Zusammenfassung der gewonnenen Erkenntnisse. Dabei wird nochmals der Zusammenhang mit den in Kapitel 1.4 identifizierten Einflussfaktoren auf die Umverteilung hergestellt, also wie sich die Höhe der Ausgaben, bedürftigkeitsgeprüfte vs. nicht bedürftigkeitsgeprüfte und pauschale vs. einkommensabhängige Transfers auswirken und inwiefern sich detailliertere Ausgestaltungsmerkmale in den Umverteilungswirkungen widerspiegeln.

Teil II

Institutionelle Grundlagen

Kapitel 1

Einführung in die Thematik der Sozialsysteme

1.1 Der Begriff des Wohlfahrtsstaates

Für den Begriff des Wohlfahrtsstaates findet sich in der Literatur keine einheitliche Definition.[1] Barr (1992: 742) bezeichnet den Wohlfahrtsstaat nach Lampman (1984) als einen Kurzbegriff für Staatsaktivitäten in den Bereichen Gesundheitsvorsorge, Ausbildung sowie Wohlfahrtsleistungen für Ernährung, Unterkunft und anderes in Form von Geld- oder Sachleistungen. Ploug (1999: 1) nennt folgende Definition: „The welfare state is a 'national compromise' in policy areas that are charged with potential conflicts.“ Diese Umschreibung lässt schon klar erkennen, dass Wohlfahrtsstaaten mit Problemen zu kämpfen haben, die im Folgenden noch erläutert werden. Die bisher genannten Definitionen beziehen sich auf den international gebräuchlichen Begriff „welfare state“. Leisering (2001: 164) unterscheidet explizit die Begriffe Wohlfahrtsstaat und Sozialstaat, wie dies in Deutschland üblich ist. Durch diese zwei Variationen soll eine Sozialpolitik, die die Freiheit des Einzelnen und den Markt als Prinzip akzeptiert (Sozialstaat) von einem System der staatlichen Versorgung und Kontrolle (Wohlfahrtsstaat) abgegrenzt werden, wobei Deutschland sich dem Sozialstaatsprinzip verschrieben hat.[2] Die Aufgaben und Ziele von

[1] Zur Problematik der Definition des Begriffes siehe z.B. Barr (1998: 6ff).

[2] Das Sozialstaatsgebot ist im Grundgesetz verankert, siehe dazu Kapitel 2.1.1.

Wohlfahrtsstaaten werden in der Literatur ausführlich dargestellt.[3] Als übergeordnete Ziele werden dabei die Armutslinderung bzw. -prävention und die Umverteilung von Einkommen genannt. So soll der Wohlfahrtsstaat eine Absicherung gegen Risiken bei Marktversagen, z.B. bei Ineffizienzen auf dem Arbeitsmarkt, bieten, die Schwankungen des Einkommens über den Lebenszyklus sollen abgeschwächt werden, es soll ein Sicherheitsnetz zur Verfügung gestellt werden, wenn z.B. die Familie keine Hilfe mehr bieten kann. Erwähnenswert ist hierbei, dass neben der bloßen Reduktion von Armut und Ungleichheit in Europa immer mehr auch die Aspekte des gesellschaftlichen Zusammenhalts, der sozialen Integration und Vermeidung von sozialer Ausgrenzung in den Vordergrund rücken. Die Diskussion um soziale Ausgrenzung kam im Frankreich der sechziger Jahre auf und fand von dort weitere Verbreitung in Europa. In den achtziger Jahren griff die Europäische Kommission den Begriff auf, inzwischen ist die Bekämpfung sozialer Ausgrenzung zum offiziellen Ziel der EU geworden.[4] Die Definition von sozialer Ausgrenzung ist nicht exakt abgrenzbar und reicht in der Literatur von der synonymen Benutzung für Armut bis zur Einbeziehung vielfältigster Aspekte, die die Integration des Einzelnen in die Gesellschaft betreffen. Eine Untersuchung der EU zum Phänomen der sozialen Ausgrenzung findet sich z.B. in Mejer (2000).[5]

Neben reinem Altruismus verfolgt der Staat allerdings unter Umständen auch andere Ziele. So wird argumentiert, dass Sozialleistungen für mehr Kaufkraft sorgen und dazu beitragen, die Wirtschaft in Schwung zu halten. Werden Sozialleistungen nicht ausreichend gewährt, besteht auch die Gefahr der Schwächung der Nation z.B. durch niedrige Geburtenraten bei fehlender Unterstützung von Familien. Der Staat hat die Möglichkeit, über Sozialleistungen den Bürgern das Gefühl zu geben, dass er sich um sie kümmert, was evtl. die Opferbereitschaft der Bürger in Notsituationen erhöht. Sozialpolitische Maßnahmen können weiterhin benachteiligte Gruppen „ruhig stellen“ und so Unruhen verhindern. So wollte auch Bismarck soziale Unruhen der stärker wer-

[3]Vgl. zu den Zielen und Aufgaben von Wohlfahrtsstaaten z.B. Judge (2001), Barr (1992), Hills (1993), Goodin et al. (1999), Dixon (1999).

[4]Auf der Tagung des Europäischen Rates im Dezember 2000 in Nizza wurde ein Aktionsprogramm gegen soziale Ausgrenzung für die Jahre 2001 - 2005 beschlossen. Die Generaldirektion Beschäftigung und Soziales bezeichnet die Bekämpfung von sozialer Ausgrenzung als eine ihrer Hauptaufgaben. Vgl. dazu Europäische Gemeinschaften (2004).

[5]Zu möglichen Definitionen bzw. weiteren Studien vgl. z.B. Paugam (1998), Barnes et al. (2002), Tsakloglou und Papadopoulos (2002) oder Stewart (2003).

denden Arbeiterklasse verhindern, indem er verschiedene Sozialversicherungen einführte.[6] Und letztendlich hat jede Regierung ein Interesse daran, auch nach der nächsten Wahl ihre Position wieder einzunehmen und dementsprechend wird sie sich nach den Wünschen der Wähler nach ausreichenden Sozialleistungen richten.[7]

Die Entwicklung der westlichen Wohlfahrtsstaaten seit dem zweiten Weltkrieg unterteilt Snower (1998) in zwei Phasen. Die erste war gekennzeichnet durch Wirtschaftswachstum, geringe Arbeitslosigkeit und Bevölkerungswachstum, der Wohlfahrtsstaat wuchs. In der zweiten Phase, deren Beginn Snower mit der ersten Ölkrise 1973 terminiert, sehen sich die westlichen Staaten mit makroökonomischen Schocks und damit einhergehend einer steigenden Arbeitslosigkeit, Rezession, einer alternden Bevölkerung und der Auflösung traditioneller Familienstrukturen konfrontiert. Diese Faktoren verursachten und verursachen noch heute Probleme des Wohlfahrtsstaates, was unter anderem zu Einschränkungen bei Leistungen und zu Reformbedarf führt. Auch Dixon (1999: 266) spricht als wesentliche Probleme das Altern der Bevölkerung, ein sich abschwächendes Wirtschaftswachstum sowie das anhaltend relativ hohe Niveau der Arbeitslosigkeit an. Esping-Andersen (1999: 2) geht noch weiter, indem er nicht erst für die Probleme seit den siebziger Jahren die Krise des Wohlfahrtsstaates ausruft, sondern zu verschiedenen Zeiten Symptome einer dauernden Krise des Wohlfahrtsstaates nennt: In den fünfziger Jahren schrieb die politische Rechte dem Wohlfahrtsstaat zu, Inflation zu fördern und dem Wachstum zu schaden, in den sechziger Jahren mahnte die Linke, dass keine Gleichheit erreicht wurde und zu viel Bürokratie herrsche, Ende der siebziger, Anfang der achtziger Jahre bedrohten Stagflation und Arbeitslosigkeit den Wohlfahrtsstaat, weiterhin herrschte die Befürchtung, dass die Regierungen überfordert wurden mit den an sie gestellten Anforderungen. In den neunziger Jahren stehen laut Esping-Andersen schließlich die Probleme durch Globalisierung, Arbeitslosigkeit, mangelnde Flexibilität, Ungleichheit und soziale Ausgrenzung sowie das Auflösen familiärer Bindungen im Vordergrund.

[6]Siehe dazu Kapitel 2.1.1.

[7]Mit diesem Aspekt beschäftigt sich die Ökonomische Theorie des politischen Handelns in der Demokratie, die ein Teilgebiet der Neuen Politischen Ökonomie darstellt, siehe dazu z.B. Downs (1957).

1.2 Traditionen und Strategien europäischer Sozialsysteme

Nachdem im vorangegangenen Abschnitt eine Heranführung an den Begriff des Wohlfahrtsstaates erfolgte, werden im Folgenden Traditionen der sozialen Sicherung und die daraus gewachsenen Strategien vorgestellt, die sich heute in den Sozialsystemen Europas widerspiegeln. Kraus (2004)[8] nennt nach Dixon (1999) drei Traditionen der sozialen Sicherung, die besondere Bedeutung für Europa haben.[9]

Zunächst ist die so genannte **Poor Law Tradition** zu nennen, die sich in den englischen Poor Law Acts von 1601 widerspiegelt. Darin wurden beruhend auf ökonomischem Liberalismus und christlichen Werten Eigenverantwortung und eine positive Arbeitsauffassung gefordert. Es wurde in zwei „Klassen“ von Armen unterschieden, nämlich diejenigen, die ihre Armut nicht selbst verschuldet haben (z.B. Waisen, Behinderte, Alte) und denen, die „selbst“ an ihrer Armut schuld sind (Vagabunden, Bettler etc.), die eigentlich fähig wären zu arbeiten. Dementsprechend wurde ersterer Gruppe geholfen, während die anderen zur Arbeit angehalten wurden. Arm sein ging dementsprechend mit einer „Brandmarkung“ einher.

Die **Sozialversicherungstradition** hat ihre Ursprünge in der preußischen Sozialpolitik der 1880er Jahre. Es sollte die so genannte Arbeiterfrage gelöst werden, um die soziale Ordnung aufrecht zu erhalten.[10] Die in dieser Tradition eingerichteten Leistungen waren von vorher entrichteten Beiträgen abhängig, dementsprechend spiegeln sich hier gleichzeitig Eigenverantwortung und der Solidaritätsgedanke wider. Damit wurden die Leistungen auch von Stigma befreit, da sie jetzt „verdient“ worden waren. Der Nachteil ist allerdings, dass nur vorher Beschäftigte davon profitieren können. Die Umverteilung erfolgt bei diesem Prinzip horizontal von den Beschäftigten zu den nicht Beschäftigten. Im Gegensatz zur Poor Law Tradition hat die Versicherungstradition den Fokus

[8] Dieser Abschnitt bezieht sich in erster Linie auf Kraus (2004).

[9] Eine vierte Tradition, die in Europa wohl zukünftig an Bedeutung gewinnen könnte, ist die „Marketization/Privatization“-Tradition (Dixon 1999: 65ff). Sie fußt auf Ideen des Liberalismus und fordert mehr Eigenverantwortung der Bürger, die sich nicht einfach auf eine staatliche Rundumversorgung verlassen sollen. Sie sollen stattdessen auf Marktlösungen vertrauen, welche auch den Vorteil haben, effizienter zu sein als die staatlichen Regelungen.

[10] Vgl. dazu Kapitel 2.1.1.

von der Linderung der Armut auf die Verhinderung von Armut verschoben.

Die **Wohlfahrtsstaatstradition** entspringt der humanistischen Auffassung, dass die Gesellschaft als Ganzes Verantwortung für alle Bürger trägt. Sie soll jedem einen sozialen Mindeststandard ermöglichen durch nationale Standards und soziale Rechte. Den Zielen der Gleichheit und Sicherheit soll dadurch näher gekommen werden. Die in diesem Rahmen eingeführten universalen Sozialbeihilfen[11] waren das einzige neue Instrument zur sozialen Sicherung im zwanzigsten Jahrhundert. In dieser Tradition werden Ausgaben für soziale Sicherung nicht mehr als „notwendiges Übel“ betrachtet sondern als positiver Beitrag für die Stabilisierung der Gesellschaft.

Aus diesen drei Traditionen haben sich in Europa laut Kraus (2004) drei idealtypische Strategien entwickelt. Die **Social Assistance Strategie** hat ihre Wurzeln in der Poor Law Tradition. Das Ziel ist die Armutslinderung, die typischerweise durch den Staat bereitgestellt wird. Dabei sollen allerdings die Sozialausgaben niedrig gehalten werden und die Transfers nur bei Bedürftigkeit gewährt werden. Typischerweise werden die Leistungen in Form von Pauschalzahlungen oder als Sachleistungen gewährt (vgl. Dixon 1999: 6). Diese Strategie findet vor allem bei der Ausgestaltung eines letzten Sicherheitsnetzes bei Versagen von anderen Hilfen Eingang in die soziale Sicherung (vgl. Dixon 1999: 85).

Die **Sozialversicherungsstrategie** geht auf die preußische Sozialversicherungstradition zurück. Dementsprechend beruht sie auf Beiträgen und ist auf bestimmte Gruppen ausgerichtet. Die Sozialversicherungsstrategie teilt sich in zwei Untertypen: die Bismarck- und die Beveridge-Sozialversicherung. Die Bismarck-Sozialversicherung beschränkt sich auf die arbeitende Bevölkerung. Ansprüche auf und Höhe von Transfers leiten sich aus bisherigen Beitragszahlungen ab. Die Beveridge-Sozialversicherung hat einen höheren Deckungsgrad zum Ziel. Der Anspruch auf Sozialleistungen beruht auch auf bisherigen Beitragszahlungen, die Transfers selbst werden aber als pauschale Leistung ausbezahlt, die allerdings nach demographischen Kriterien abgestuft sein kann. Im Mittelpunkt der Sozialversicherungsstrategie steht nicht mehr die Armutslinderung sondern die Verhinderung von Armut. Der Vorteil ist, dass die Probleme der unvollständigen Information, adversen Selektion und nicht ausreichender freiwilliger Privatversicherung überwunden werden. Nachteilig ist bei dieser

[11] Der in der Literatur gängige englische Begriff lautet „social allowances“.

Strategie der nicht vollständige Deckungsgrad, der vor allem bei der Bismarck-Strategie zum Tragen kommt, da die Versicherung an Berufstätigkeit gebunden ist und so von vornherein bestimmte Bevölkerungsgruppen wie z.B. Hausfrauen nicht eingeschlossen sind. Die Beveridge-Strategie weist insbesondere den Problempunkt auf, dass durch die Pauschalzahlungen die Gefahr besteht, dass höhere Einkommensklassen dieser Strategie die politische Unterstützung entziehen. Die Sozialversicherungsstrategie kann also lediglich Teile der sozialen Probleme lösen. Sie wurde bzw. wird vor allem in den Bereichen Alterssicherung, Invalidität und Tod eingesetzt (vgl. Dixon 1999: 81) und ist die weltweit dominierende Strategie.

Die dritte Strategie ist die **Social Allowance Strategie**. Sie ist auf die Wohlfahrtsstaatstradition zurückzuführen. Es wird vom Staat ein garantiertes Mindesteinkommen, auf das alle Bürger ein Recht haben, ohne eine Bedürftigkeitsprüfung zur Verfügung gestellt. Typischerweise handelt es sich um Pauschalzahlungen. Das Recht auf einen Anspruch leitet sich aus bestimmten demographischen Kriterien wie z.B. bei Leistungen für Kinder oder alte Menschen ab. Vertikale Umverteilung ist dabei ein klares Ziel, während diese in den anderen Strategien eher einen Nebeneffekt darstellt. Die Vorteile liegen klar bei dem universellen Deckungsgrad und der Beseitigung eines Stigmas. Problematisch sind dabei allerdings die Kosten. Weiterhin besteht die Gefahr, dass eine wohlfahrtsabhängige Klasse entsteht, die in beständige Armut gedrängt wird. Die meisten „social allowance“- Programme werden in Europa aufgelegt, wobei sich hier der Schwerpunkt in Skandinavien findet (vgl. Dixon 1999: 85).

Zusätzlich sei hier auch noch auf die **Employer Liability** als weitere Strategie hingewiesen, die ebenfalls in westeuropäischen Staaten aufgegriffen wurde.[12] Dabei verpflichten sich Arbeitgeber, in bestimmten Fällen (z.B. Krankheit, Berufsunfähigkeit) entweder einkommensabhängige oder pauschale Zahlungen an den Arbeitnehmer zu leisten. Eine weitere Variante ist die Verpflichtung des Arbeitgebers, eine Versicherung abzuschließen, die die entsprechenden Risiken z.B. von Arbeitsunfällen absichert. Da die Verwaltung dieser Versicherungen von Stellen ausgeübt werden kann, die auch für Sozialleistungen der

[12] Diese wird in Kraus (2004) nicht erläutert. Laut Dixon (1999: 20ff) findet sich diese Strategie neben den bisher erläuterten allerdings ebenfalls in westeuropäischen Staaten vor allem bei Leistungen der Berufsunfähigkeit, weshalb sie hier kurz vorgestellt werden soll.

Sozialversicherung zuständig sind, sind die Grenzen zur Sozialversicherungsstrategie oft fließend.

Abschließend sei darauf hingewiesen, dass es sich bei den vorgestellten Strategien um idealtypische Formen handelt, die deshalb kaum in Reinkultur anzutreffen sind. Vielmehr haben verschiedene Länder verschiedene Strategiemixe aufgenommen, um ihr Sozialsystem auszugestalten. Eine Zuordnung der vorgestellten Strategien zu bestimmten Typen von Wohlfahrtsstaaten wurde von Kraus (2004) vorgenommen. Diese Klassifizierung wird im nächsten Abschnitt vorgestellt.

1.3 Klassifizierung von Sozialsystemen

Eine bahnbrechende Arbeit zur Klassifizierung von Sozialsystemen wurde von Esping-Andersen (1990) vorgestellt.[13] Esping-Andersen identifiziert für achtzehn OECD-Länder drei so genannte Wohlfahrtsregime. Dabei legt er Wert darauf, dass er bei seiner Typologie von Wohlfahrts*regimen* und nicht von Wohlfahrts*staaten* ausgeht. Die Bezeichnung „Regime“ bezieht sich bei ihm darauf, wie die Wohlfahrtsproduktion sich auf Staat, Markt und Haushalte verteilt. Die Eigenschaften der drei Wohlfahrtsregime fasst er selbst (vgl. Esping-Andersen 1999: 74ff) wie folgt zusammen:[14]

- Das **liberale Wohlfahrtsregime** geht auf die englische politische Ökonomie zurück. Es wird Wert gelegt auf möglichst wenig staatliche Eingriffe, Eigenverantwortung der Individuen und Marktlösungen. Die Wurzeln in der Tradition der Armenpflege aus dem 19. Jahrhundert zeigen sich in der großen Bedeutung von Bedürftigkeitsprüfungen und der Beschränkung von Leistungen auf die Bedürftigen. Das Vereinigte Königreich, die USA, Kanada, Australien, Irland und Neuseeland fallen unter diesen Typ.

- Das **sozialdemokratische Wohlfahrtsregime** ist für Esping-Andersen

[13]Diese wiederum kann als Überarbeitung von Titmuss (1974) gesehen werden (vgl. z.B. Kangas und Ritakallio 1998). Esping-Andersen (1999: 73f) selbst verweist auf Titmuss (1958).

[14]Weitere zusammenfassende bzw. kommentierende Ausführungen zu Esping-Andersens Typologie finden sich in der Literatur in großer Zahl, so z.B. in Hill (1996), Castles und Mitchell (1992, 1993), Hicks und Kenworthy (2003), Goodin et al. (1999), Pierson (2001).

gleichzusetzen mit den nordeuropäischen Staaten, also Dänemark, Norwegen, Schweden und Finnland. Dieser Typ zeichnet sich aus durch Universalismus, umfassende Abdeckung von Risiken, hohes Niveau der Transferleistungen und Egalitarismus. Damit soll auch die Rolle von bedürftigkeitsgeprüften Leistungen möglichst klein gehalten werden und die Abhängigkeit vom Markt gering bleiben.

- Charakteristisch für das **konservative Wohlfahrtsregime** ist die Unterscheidung nach Status in Arbeitende und nicht Arbeitende durch die klassische Bismarck-Sozialversicherung. Weiterhin werden die traditionellen Familienstrukturen[15] betont und Beamte bevorzugt behandelt, für die eigene Wohlfahrtsregelungen existieren, die großzügiger ausgestaltet sind als für die Allgemeinheit. Für die Risiken, die dadurch nicht abgedeckt sind, gibt es Mindestsicherungsleistungen. Diesem Wohlfahrtsregime ordnet Esping-Andersen Deutschland, Österreich, Belgien, Frankreich, Italien, Japan, die Niederlande und die Schweiz zu.

Bei seiner Untersuchung stützt sich Esping-Andersen auf zwei Schlüsselgrößen: die so genannte Schichtung[16] und die Dekommodifizierung.[17] Erstgenannter Punkt bezieht sich auf den Einfluss des Wohlfahrtsstaates auf die soziale Ordnung und Strukturierung der Gesellschaft, was z.B. über den Anteil an bedürftigkeitsgeprüften Leistungen für Arme an allen Sozialausgaben, den Anteil privater Pensionen an allen Pensionen oder den Anteil privater Ausgaben für Gesundheit an allen Gesundheitsausgaben gemessen wird. Der zweite Aspekt bezieht sich auf das Ausmaß, in dem Wohlfahrtsstaaten die Abhängigkeit vom Markt abschwächen.[18] Der Grad der Dekommodifizierung wird z.B. über die Einkommensersatzraten der Transfers oder den Anteil des Einzelnen an der Finanzierung der Transfers gemessen.

Esping-Andersens Forschung stieß unzählige weitere Versuche an, sinnvolle Einordnungen von Wohlfahrtsstaaten zu finden. Weitere Arbeiten in dieser Tradition sind z.B. Castles und Mitchell (1991) oder Korpi und Palme (1998),

[15]Der Mann fungiert als Versorger, die Frau ist für die Kinder verantwortlich.

[16]Im Originaltext auf englisch als „stratification“ bezeichnet.

[17]Der entsprechende englische Begriff ist „de-commodification“.

[18]Esping-Andersen (1999: 43) führt den Begriff der De-commodification auf Polanyi (1944) zurück, eine Weiterentwicklung erfolgte durch Offe (1972, 1984).

die vier Gruppen identifizieren konnten, sowie Leibfried (1990) oder Ferrera (1996), die sogar fünf Cluster vorstellen.

Eine Klassifizierung, die sich nur auf die EU-Länder anstatt der OECD-Länder konzentriert und daher geeigneter zur genaueren Vorstellung in dieser Arbeit erscheint, hat Kraus (2004)[19] entwickelt. Eine weitere Besonderheit dieser Klassifikation ist, dass hier nur Faktoren mit einbezogen werden, die sich auch tatsächlich direkt auf die zugrunde liegenden Sicherungsstrategien beziehen.[20] Ihre Studie konzentriert sich auf monetäre Sozialtransfers ohne Renten (SLOR). Einbezogen wurden die Höhe der gewährten Transfers, der Anspruch auf Leistungen und die Finanzierung. Die erstellte Klassifikation wurde mit Hilfe der Clusteranalyse[21] durchgeführt und beruht auf folgenden Indikatoren:

- Anteil der Sozialleistungen ohne Renten (SLOR) am BIP
- Verhältnis von Steuerfinanzierung zur Finanzierung durch Beiträge
- Verhältnis des garantierten Mindesteinkommens zum Medianäquivalenzeinkommen für allein stehende Erwachsene
- Ein Indikator für die Einkommensersatzhöhe der SLOR
- Anteil der bedürftigkeitsabhängigen Leistungen an den Sozialausgaben
- Ein Indikator für den Deckungsgrad der SLOR

Dabei wurden Daten für die Jahre 1994/95 verwendet. Kraus identifiziert auf diese Weise vier Cluster für die EU15-Länder ohne Luxemburg.[22] Diese werden mit ihren wesentlichen Merkmalen und den Ländern, die den einzelnen Clustern zugeordnet werden, in Tabelle 1.1 vorgestellt.

Kraus zeigt auf, dass die vier verschiedenen Typen auf unterschiedliche Strategiemixe und Traditionen zurückgreifen. Die vorherrschende Strategie im Südeuropäischen Cluster ist die Bismarck-Sozialversicherung, allerdings auf

[19]Eine frühere Version dieser Arbeit nur mit Daten für 1994 anstatt 1994/95 findet sich in Kraus (2000).

[20]Zu verschiedenen Sicherungsstrategien vgl. Kapitel 1.2.

[21]Die Clusteranalyse ist eine statistische Methode, die es ermöglicht, mit Hilfe von Abstandsmaßen Gruppen zu identifizieren. Für weiter gehende Erläuterungen zur Clusteranalyse siehe z.B. Johnson und Wichern (2002).

[22]Luxemburg musste wegen unzureichender Daten ausgeschlossen werden.

Tabelle 1.1: Vier Gruppen von Sozialsystemen für EU15 ohne Luxemburg

	Südeuropäisches Cluster	**Zentraleuropäisches Cluster**	**Britisches Cluster**	**Nordeuropäisches Cluster**
Ausgaben SLOR	mittel/niedrig	mittel/hoch	mittel/niedrig	hoch
Finanzierung der Ausgaben	Beiträge, zusätzl. staatl. Unterstützung	Beiträge, geringe staatl. Unterstützung	mehr als 50% staatl. finanziert	Staatsfinanzierung in hohem Maß
Einkommensersatzrate	gering	mittel/hoch	Pauschalzahlungen	vergleichsweise hoch
Garantiertes Mindesteinkommen	existiert nicht/lokale oder regionale Unterschiede	mittel/hoch	hoch	vergleichsweise hoch
Deckungsgrad	fragmentiert	mittel/gering	mittel/hoch	hoch
Bedeutung von Bedürftigkeitsprüfungen	mittel	unterschiedlich	hoch	unterschiedlich
Zuordnung der Länder	Griechenland, Portugal, Italien	Deutschland, Belgien, Österreich	Irland, Vereinigtes Königreich	Finnland, Schweden, Dänemark
	Frankreich, Spanien		Niederlande	

Quelle: Eigene Darstellung

relativ niedrigem Niveau. Diese Bismarck-Strategie wird ergänzt durch Maßnahmen der Social Assistance und der Social Allowance Strategie. Ein Vorherrschen der Bismarck-Strategie kann ebenfalls für das Zentraleuropäische Cluster festgestellt werden. Diese Strategie wird ergänzt durch Maßnahmen der Social Assistance Strategie, um ein Mindesteinkommen für diejenigen zur Verfügung zu stellen, die nicht von der Sozialversicherung erfasst werden. Weiterhin finden sich in geringem Maß Elemente der Social Allowance Strategie im Hinblick auf Hilfen für Familien. Im Britischen Cluster ist die Beveridge-Sozialversicherung kombiniert mit der Social Assistance Strategie dominierend. Damit soll ein hoher Deckungsgrad erreicht werden und gleichzeitig wird angestrebt, die Ausgaben gering zu halten durch die Bedeutung der Bedürftigkeitsprüfungen. Die

Länder des Nordeuropäischen Clusters greifen ebenfalls auf Maßnahmen der Beveridge-Strategie zurück und kombinieren diese mit relativ hohen Social Allowance-Leistungen, die nicht beitragsabhängig sind.

An dieser Stelle soll betont werden, dass Klassifizierungen wie die oben vorgestellten nicht bedeuten, dass die Sozialsysteme der Länder innerhalb eines Clusters „gleich" sind. Die Ausgestaltung von einzelnen Transfers in den jeweiligen Ländern kann durchaus unterschiedlich sein.[23]

Kraus (2000, 2004) hat die Umverteilungseffekte bei den hier einbezogenen Ländern empirisch untersucht. Dabei stellt sie fest, dass sich die Zugehörigkeit zu den festgestellten Gruppen in den Umverteilungseffekten widerspiegelt. Eine detailliertere Erläuterung ihrer Ergebnisse soll an dieser Stelle nicht erfolgen, diese wird in Kapitel 1.4 vorgenommen.

Die vorgestellte Klassifikation von Kraus dient als Ausgangspunkt dieser Untersuchung. Im Mittelpunkt steht die Frage, wie sich die konkrete Ausgestaltung von einzelnen Transfers in europäischen Ländern auf die Umverteilungswirkungen dieser Transfers auswirkt. Eardley et al. (1996a: 19) weisen darauf hin, dass eine Wahl getroffen werden muss zwischen der weniger ausführlichen Analyse einer großen Anzahl von Ländern oder der Auswahl einer eingeschränkteren Zahl von Ländern. Eine Beschränkung auf weniger Länder ermöglicht einerseits eine detailliertere Analyse, hat aber andererseits den Nachteil, dass weniger allgemein gültige Aussagen getroffen werden können. In dieser Studie werden nicht alle vierzehn Länder, die von Kraus einbezogen wurden, in die Untersuchung aufgenommen. Vielmehr sollen fünf Länder herausgegriffen werden, für die geeignete Daten zur Durchführung einer detaillierten empirischen Untersuchung vorliegen und deren Sozialsysteme sich durch ihre Ausgestaltung unterscheiden. Repräsentativ für die vier vorgestellten Cluster stehen daher Italien (Südeuropäisches Cluster), Deutschland (Zentraleuropäisches Cluster), das Vereinigte Königreich (Britisches Cluster) und Finnland (Nordeuropäisches Cluster) im Mittelpunkt dieser Studie. Weiterhin wird Frankreich als Grenzfall zwischen Süd- und Zentraleuropäischem Cluster aufgrund seiner bedeutenden Stellung in Europa in die Analyse aufgenommen. Durch diese Beschränkung auf fünf Länder ist es möglich, die Sozialsysteme

[23] So weisen z.B. Bradshaw und Terum (1997) darauf hin, dass in den nordeuropäischen Staaten beträchtliche Unterschiede in der Ausgestaltung der Mindestsicherung bestehen.

detaillierter zu betrachten als bei einer größeren Anzahl von Ländern.[24] Andererseits kann selbstverständlich nicht der Detailgrad erreicht werden wie bei der Betrachtung nur eines oder zweier Länder. Insofern wird es unvermeidbar sein, dass bestimmte länderspezifische Einzelaspekte nicht berücksichtigt werden können.

1.4 Wirkung von Transfers: ein Überblick

Dieses Kapitel dient dazu, einen Überblick über bisherige Studien bzw. Thesen zu Umverteilungswirkungen von Transfers zu geben. Dabei wird kein Anspruch auf Vollständigkeit erhoben, da die Literatur zu Umverteilungswirkungen und Wohlfahrtsstaaten sehr vielfältig ist. An dieser Stelle geht es vielmehr darum, die Aspekte aufzugreifen, an denen diese Arbeit anknüpft.[25] Ausgehend von den Umverteilungswirkungen, die bestimmten Clustern von Wohlfahrtsstaaten zugewiesen werden, wird dabei zunächst auf Literatur bzw. Thesen eingegangen, die das jeweilige Niveau der Ungleichheit und Armut gemessen an der Verteilung des verfügbaren Einkommens ohne Abzug eines Transfers[26] für die untersuchten Länder[27] und die tendenzielle Ausrichtung der jeweiligen Wohlfahrtsstaaten betreffen. Daran anschließend werden Studien vorgestellt, die sich auf die Wirkung von einzelnen Transfers beziehen, sowie sich daraus ergebende Ansatzpunkte für die vorliegende Arbeit erläutert.

Einen ersten Ansatzpunkt für die Betrachtung der Umverteilungswirkungen in europäischen Ländern liefern zunächst wieder die Klassifikationen von Wohlfahrtsstaaten. Delsen et al. (2000a: 7ff) stellen eine Klassifikation von europäischen Ländern in das Skandinavische, Angelsächsische, Kontinentale und Südeuropäische Modell vor, welche den in Kapitel 1.3 schon vorgestellten Clustern von Kraus (2000, 2004) ähneln. Sie ordnen diesen Modellen verschiedene Umverteilungswirkungen zu. Dabei weisen sie dem Skandinavischen Modell den höchsten Umverteilungseffekt zu, dem Angelsächsischen einen durchschnittli-

[24]Die Untersuchung aller vierzehn Länder wäre aufgrund der Datenlage ohnehin schwer möglich.

[25]Weitere Studien sind in Teil I aufgeführt.

[26]Wie in Kapitel 5.3 erläutert wird, werden die Berechnungen anhand des verfügbaren Einkommens mit und ohne den jeweiligen Transfer durchgeführt, um die Transferwirkung zu überprüfen.

[27]Das Ungleichheits- und Armutsniveau für das verfügbare Einkommen wird im empirischen Teil in den Kapiteln 6.2.1 und 6.3.1 analysiert.

chen und für das Kontinentale und Südeuropäische Modell bezeichnen sie den Umverteilungseffekt als beschränkt.

Kraus (2000, 2004) hat die Umverteilungswirkungen der von ihr in ihre Klassifikation einbezogenen Länder empirisch untersucht und Zusammenhänge zwischen diesen Wirkungen und der Gruppenzugehörigkeit festgestellt. Dabei ging sie differenzierter vor und wies den einzelnen Clustern nicht nur pauschale Umverteilungswirkungen wie Delsen et al. (2000a) zu, sondern bezog eine Betrachtung unterschiedlicher Einkommensbereiche mit ein. So werden in den Ländern des Britischen Clusters untere Einkommensgruppen bevorzugt. Dagegen zeigt sich für das Zentraleuropäische Cluster, in welchem der Schutz der Arbeitenden im Mittelpunkt steht, ein stärkerer Umverteilungseffekt für die mittleren Einkommensbereiche, wobei untere Einkommensgruppen ebenfalls durch die garantierte Mindestsicherung abgedeckt werden. Im Südeuropäischen Cluster ist letztere Strategie unbedeutend und so lässt sich kaum vertikale Umverteilung zu den Armen nachweisen. Das Nordeuropäische Cluster liegt bezüglich der Umverteilungseffekte zwischen dem Zentraleuropäischen und dem Britischen Cluster, wobei es die unteren Einkommensbereiche mehr als das Zentraleuropäische Cluster und die oberen Einkommensgruppen mehr als das Britische Cluster begünstigt.

Wie in Kapitel 2.1.1 näher erläutert werden wird, ist der zum Kontinentalen bzw. Zentraleuropäischen Cluster gehörende deutsche Wohlfahrtsstaat in erster Linie auf die Sicherung des Lebensstandards und weniger auf Gleichheit und Armutslinderung ausgerichtet, vertikale Umverteilung ist nicht als zentrales Ziel anzusehen (vgl. z.B. Mau 2003: 84). Lediglich einzelne Elemente wie die Kranken- und Pflegeversicherung sind auf Umverteilung von den höheren zu den niedrigeren Einkommen ausgerichtet. In Finnland, das dem Skandinavischen bzw. Nordeuropäischen Cluster zugeordnet wird, besteht durchaus das bewusste Streben nach Gleichheit und geringer Armut, worauf in Kapitel 2.2.1 noch näher eingegangen wird. Judge (2001: 64) bezeichnet die Umverteilung von Geld- und Sachleistungen von den vergleichsweise Wohlhabenden zu den Ärmeren als ein Hauptziel des britischen Wohlfahrtsstaates.[28] Für das dem Angelsächsischen bzw. Britischen Cluster zugeordnete Vereinigte Königreich könnten die Umverteilungseffekte hinsichtlich Armut also relativ hoch sein, vor allem bei der Wahl einer niedrigeren Armutsgrenze. Der französi-

[28] Zu den Zielen des britischen Wohlfahrtsstaates siehe auch Kapitel 2.5.1.

sche Wohlfahrtsstaat[29] wiederum, der von Kraus (2000, 2004) als ein Grenzfall zwischen Zentraleuropäischem und Südeuropäischem Cluster eingeordnet wird, setzt auf die Aufrechterhaltung des Einkommens mehr als auf Armutslinderung oder universalistische Umverteilung (vgl. Palier 2000: 115). Das dem Südeuropäischen Cluster zuzuordnende Italien weist der Armutsreduzierung relativ geringe Bedeutung zu,[30] was sich in der mangelhaften Ausgestaltung der Mindestsicherung widerspiegelt. Dagegen wird in der Gesellschaft vor allem die ältere Generation derer, die berufstätig waren und nun ein Anrecht auf Altersrenten haben, bevorzugt.[31]

Insgesamt ließe sich vermuten, dass für Finnland für die Einkommensverteilung nach Steuern und Transfers hinsichtlich der Armuts- und Ungleichheitswerte im Ländervergleich relativ geringe Armut und Ungleichheit resultiert,[32] Italien dagegen dürfte eher höhere Armuts- und Ungleichheitswerte aufweisen. Deutschland und Frankreich, die die Reduzierung von Armut und Ungleichheit nicht als zentrale Aufgabe des Wohlfahrtsstaates sehen, liegen vermutlich im Mittelfeld bezüglich Ungleichheit und Armut. Für das Vereinigte Königreich ist abzusehen, dass sich vor allem in Bezug auf Armuts- bzw. Ungleichheitsreduktion gemessen mit Maßen, die im unteren Einkommensbereich sensitiv sind,[33] recht hohe Umverteilungseffekte beobachten lassen könnten. Allerdings ist damit natürlich noch nicht gewährleistet, dass tatsächlich auch das Niveau der Armut oder Ungleichheit für die Verteilung des verfügbaren Einkommens niedrig ist.[34] So zeigte sich in bisherigen Studien, dass das britische Armuts- und Ungleichheitsniveau gemessen am verfügbaren Einkommen im Ländervergleich eher im (unteren) Mittelfeld liegt.[35] Ein relativ schlechtes Abschneiden für die

[29]Zu den Zielen des französischen Wohlfahrtsstaates vgl. auch Kapitel 2.3.1.

[30]Die Ausrichtung des italienischen Wohlfahrtsstaates wird in Kapitel 2.4.1 näher erläutert.

[31]Altersrenten sind in dieser Arbeit allerdings nicht einbezogen.

[32]In NOSOSCO (2002) oder Ritakallio (2002) wird z.B. darauf hingewiesen, dass die nordeuropäischen Staaten, also auch Finnland, im OECD-Vergleich niedrige Ungleichheits- und Armutswerte aufweisen.

[33]Zu den verschiedenen Armuts- und Ungleichheitsmaßen vgl. Teil III.

[34]Dies ist unter Umständen auch nicht das vorrangige Ziel des jeweiligen Wohlfahrtsstaates.

[35]Förster und Pellizzari (2000) untersuchten OECD-Länder auf Armut und Ungleichheit und kamen für die fünf für diese Arbeit relevanten Länder Mitte der neunziger Jahre zum Ergebnis, dass das Vereinigte Königreich eine höhere Ungleichheit gemessen an Gini-Koeffizient und dem Dezilverhältnis P90/10 als Finnland, Frankreich und Deutschland aufweist, allerdings konnte eine niedrigere Ungleichheit als in Italien festgestellt werden. Für die

Armuts- und Ungleichheitswerte könnte im Vereinigten Königreich eher daran liegen, dass die Werte für das Einkommen vor Steuern und Transfers schon höher liegen, was nicht genügend durch die Umverteilung kompensiert werden kann. In Deding und Schmidt (2002) weist die anhand des Gini- und des quadrierten Variationskoeffizienten gemessene Ungleichheit der Verteilung des Bruttoeinkommens auch tatsächlich höhere Werte für das Vereinigte Königreich als für Deutschland und Italien aus.[36] Ras et al. (2002) führten ebenfalls Ungleichheitsberechnungen für Mitte der neunziger Jahre mit dem ECHP durch, die ergaben, dass das Vereinigte Königreich die höchste Ungleichheit bezüglich des Markteinkommens aufweist und dies im Vergleich zu den anderen europäischen Ländern nicht genügend durch Umverteilung kompensieren kann, um Finnland, Deutschland, Frankreich und Italien bei der Ungleichheit der Verteilung des verfügbaren Einkommens „einzuholen". Marlier und Cohen-Solal (2000) legen Ergebnisse für Armut[37] und Ungleichheit[38] für das Einkommen vor und nach der Gewährung von Transfers vor. Dabei ergab sich, dass das Vereinigte Königreich für das Einkommen vor Transfers immer hinter Deutschland, Frankreich und Italien[39] liegt, wohingegen das Vereinigte Königreich sich nach Transfers vor Italien schiebt bzw. mit Italien gleichziehen kann. Im empirischen Teil werden aufgrund von Datenproblemen im Übrigen keine Berechnungen zum Einkommen vor Steuern und Transfers durchgeführt,[40] im Mittelpunkt soll das verfügbare Einkommen sowie die Wirkung der jeweiligen Transfers auf das verfügbare Einkommen stehen. An dieser Stelle sei darauf hingewiesen, dass selbstverständlich auch andere Faktoren neben den grundsätzlichen Zielen des Wohlfahrtsstaates und der Ungleichheit bzw. Armut des Einkommens vor Steuern und Transfers das Ungleichheits- und Armutsniveau des verfügbaren Einkommens beeinflussen können. Dabei sind z.B. weitere

---

Armutsberechnungen wurde hauptsächlich die Armutsquote für die relativen Armutsgrenzen von 40, 50 und 60 Prozent des Median herangezogen, dafür ergab sich für die niedrigste Armutsgrenze, dass die Armut geringer als in Deutschland und Italien ist, für die höheren Armutsgrenzen schneidet Deutschland dagegen besser als das Vereinigte Königreich ab. Auch andere Arbeiten wie z.B. Fritzell (2001), Atkinson (1996), Mejer (2000) oder Dennis und Guio (2004) bestätigen diesen Trend.

[36] Frankreich und Finnland wurden in dieser Studie, die die Daten des europäischen Haushaltspanels ECHP verwendet, wegen Datenproblemen nicht einbezogen.

[37] Armutsquote mit einer Grenze von 60 Prozent des Median.

[38] Gemessen mit dem Gini-Koeffizienten und dem Anteilsverhältnis S80/S20.

[39] Finnland ist nicht in die Untersuchung mit einbezogen.

[40] Siehe dazu auch Kapitel 5.2.

Rahmenbedingungen wie die geschichtliche Entwicklung der Einkommensverteilung und die Ausgestaltung des Steuersystems, die selbstverständlich auch eng mit der Entwicklung des Wohlfahrtsstaates verknüpft sind,[41] sowie die gegenwärtige wirtschaftliche Situation zu nennen.[42]

Bezüglich der konkreten Wirkung von einzelnen Transfers können in der Literatur verschiedene Aspekte gefunden werden. Zunächst wird auf die Höhe der Ausgaben für einen Transfer eingegangen. Es wird argumentiert, dass mehr Ausgaben für Transfers eine höhere Armuts- bzw. Ungleichheitsreduktion nach sich ziehen. Diese These wird bereits durch empirische Untersuchungen gestützt wie z.B. durch Behrendt (2002), Gustafsson und Uusitalo (1990) oder Förster (1994a). In eine ähnliche Richtung geht die Argumentation von Barr (1992: 778). Er weist darauf hin, dass ein Transfer, der von der Ausgestaltung her eigentlich auf eine hohe Umverteilungswirkung ausgerichtet ist, wenig tatsächliche Umverteilungseffekte aufweisen wird, wenn die Ausgaben dafür gering sind. Demzufolge dürfte sich die höchste Umverteilungswirkung bei einer Kombination von hohen Ausgaben und auf Umverteilung ausgerichteter Leistungsausgestaltung einstellen.[43] Eine empirische Studie, die den Zusammenhang zwischen Höhe der Ausgaben und Wirkung auf die Ungleichheit der Einkommensverteilung speziell für die Mindestsicherung betrachtet, wurde von Hölsch und Kraus (2002) vorgelegt. Dabei stellte sich allerdings für die fünf untersuchten Länder heraus, dass hohe Ausgaben für Mindestsicherung nicht notwendigerweise in hoher Ungleichheitsreduktion resultieren. Als zusätzlicher Aspekt wurde dabei noch die Effizienz einbezogen, die auch im empirischen Teil der vorliegenden Arbeit untersucht wird.[44]

Castles und Mitchell (1992: 4) formulieren die These, dass einkommens- bzw. statusabhängige Transfers weniger gleichheitsfördernd wirken als Pauschalleistungen. Auch Goodin et al. (1999: 33) vertreten die These, dass einkommensabhängige Transfers eher „pro-rich“ als „pro-poor“ sind, da diejenigen, die mehr verdient haben, auch mehr Leistungen im Bedarfsfall erhalten

---

[41] So werden z.B. in skandinavischen Ländern wesentliche Teile der Sozialtransfers über Steuern finanziert.

[42] An dieser Stelle sei z.B. auf Bradley et al. (2003) verwiesen, die den Einfluss verschiedener Faktoren auf die Ungleichheit des Einkommens vor und nach Transfers und Steuern untersuchen.

[43] Barr führt Schweden als Beispiel hierfür an.

[44] Zur Effizienz siehe Kapitel 5.3.

und vermutlich auch mehr Kapital anhäufen konnten.[45] Demnach bezeichnen sie diese auch als weniger effizient im Hinblick auf das Erreichen von mehr Gleichheit in der Gesellschaft als pauschale oder progressive Wohlfahrtszahlungen.

Ein wesentlicher Aspekt, der in der Literatur häufig diskutiert wird, ist das so genannte Targeting, weshalb zunächst auf dessen Vor- und Nachteile eingegangen werden soll. Unter Targeting wird allgemein die Beschränkung eines Transfers auf bestimmte Teilgruppen der Bevölkerung verstanden (vgl. z.B. Baldini et al. 1995), wobei Korpi und Palme (1998), deren These unten erläutert werden soll, sich auf Targeting im Sinne von Transfers, die ausgerichtet sind auf die wirklich Bedürftigen, also die Armen, beschränken. Verschiedene Autoren[46] unterscheiden verschiedene Unterformen des Targeting, die hier aber nicht näher beleuchtet werden sollen. Targeting im Sinne von Transfers für die wirklich Bedürftigen beinhaltet eine Bedürftigkeitsprüfung, bei der festgestellt wird, ob das Einkommen bzw. Vermögen unterhalb bestimmter Grenzen liegt. Die Befürworter der Bedürftigkeitsprüfung behaupten, dass dadurch insgesamt Kosten gespart werden können und die begrenzten öffentlichen Ressourcen denjenigen zu Gute kommen, die in den größten Notlagen sind (vgl. z.B. Gilbert 2002: 136). Tullock (1997: 103ff) gibt zu bedenken, dass angesichts beschränkter Mittel die Ausdehnung von Transfers auf einen größeren Teil der Bevölkerung dazu führen kann, dass weniger für die tatsächlich Armen übrig bleibt. Außerdem sei es durch Bedürftigkeitsprüfungen besser möglich, spezifische Bedürfnisse wie z.B. nach Weiterbildung zu identifizieren (vgl. Mitchell et al. 1994).

Den Vorteilen der Bedürftigkeitsprüfung stehen auch einige Nachteile gegenüber. Mitchell et al. (1994) weisen darauf hin, dass die Prüfung der Bedürftigkeit ein Eindringen in das Privatleben der Betroffenen erfordert und daher ein Stigma für diese erzeugt. Dadurch wird die soziale Kohäsion gefährdet. Die Empfänger von bedürftigkeitsgeprüften Transfers sind normalerweise politisch nicht sehr stark vertreten, was zu einer leichteren Kürzung der Leistungen führen kann. Weiterhin sollte die Linderung von Armut nur *ein* Ziel von Wohlfahrtsleistungen sein. Bedürftigkeitsgeprüfte Transfers werden ent-

[45] Diese Argumentation scheint sich allerdings nur auf nicht bedürftigkeitsgeprüfte Leistungen zu beziehen.

[46] Z.B. Atkinson (1998), Dixon (1999) oder Ferrera (2001).

zogen, wenn das Einkommen steigt bzw. überhaupt ein Einkommen erzielt wird, was zu geringen Anreizen zur Arbeitsaufnahme bzw. zur Schwarzarbeit führt. Der effektive Grenzsteuersatz bei Anstieg der zur Verfügung stehenden Mittel bzw. des Einkommens ist durch den Entzug der Leistungen sehr hoch und schafft so keine Leistungsanreize.[47] Ein weiteres Problem der bedürftigkeitsgeprüften Transfers ist in den Kosten zu sehen, die durch die Prüfung der Bedürftigkeit entstehen. Aus politökonomischer Sicht wird argumentiert, dass die meisten Transfers von den Reichen von der Mittelklasse durch ihre Rolle als Medianwähler oder durch ihr Mitwirken in Interessengruppen an sich gezogen werden.[48] Tullock (1997: 101f) weist darauf hin, dass dies als Argument für die Abschaffung der Bedürftigkeitsprüfung diskutiert wird: Die Mittelklasse wird nur für eine angemessene Ausgestaltung von Transfers stimmen, wenn sie selbst davon profitieren kann und nicht nur die Armen. Sorgt die Mittelklasse dann für ausreichende Transfers, können die Armen als Free Rider ebenfalls davon profitieren. In eine ähnliche Richtung geht die Argumentation, dass viele Arme allein oder gemeinsam mit anderen die wenigen Reichen überstimmen und so entsprechende Umverteilung über Steuern und Transfers erreichen.[49] Wie von Mau (2003: 20ff) ausführlich erläutert, wird von einer Reihe von Autoren allerdings die Meinung vertreten, dass in diesem Zusammenhang das Eigeninteresse nicht allein im Vordergrund steht, sondern z.B. auch Altruismus oder Moralvorstellungen das politische Handeln bestimmen.

Korpi und Palme (1998) gehen zunächst von der These aus, dass Universalismus[50] für mehr Umverteilung als Targeting sorgt. Das Ergebnis der empirischen Untersuchung von Korpi und Palme ist das „Paradox der Umverteilung“: Je mehr die Transfers auf die Armen ausgerichtet sind und je mehr durch öffentliche Transfers Gleichheit gefördert werden soll, desto weniger werden Armut und Ungleichheit tatsächlich reduziert. Dabei sind die Institutionen des Wohlfahrtsstaates von entscheidender Bedeutung: Länder mit umfassenden sozialen

---

[47]Diese fehlenden Anreize zur Aufnahme einer Arbeit können dann zu „poverty traps“ (Hill 1996: 86) führen.

[48]Diese Position wird von Tullock (1970, 1971) sowie von Buchanan und Tullock (1962) eingenommen.

[49]Diese Argumentation wird in Barr (1992: 756) nach Downs (1957) als „coercion-via-the-ballot-box argument“ bezeichnet.

[50]Universalismus im Sinne, dass allen Bürgern Zugang zu dem jeweiligen Transfer gewährt wird. Ein Beispiel dafür wäre das Kindergeld.

Sicherungssystemen[51] erzielen mehr Umverteilung als Länder mit einer „Basisausstattung“.[52] Eine mittlere Position nehmen Länder wie Frankreich und Deutschland ein. Im empirischen Teil gilt es also zu überprüfen, ob bedürftigkeitsgeprüfte Transfers eher mehr oder weniger Umverteilung zur Folge haben als nicht bedürftigkeitsgeprüfte Leistungen. Dabei ist es aufgrund der Natur der untersuchten Transfers nötig,[53] den Begriff der universellen Transfers auszuweiten auf die unabhängig von Bedürftigkeit gewährten Leistungen, also die Wirkung von bedürftigkeitsgeprüften vs. nicht bedürftigkeitsgeprüften Transfers zu untersuchen. Weiterhin kann die Argumentation auf den Effizienzaspekt ausgeweitet werden: Angesichts beschränkter Budgets könnten Transfers, die besser auf die tatsächlich Bedürftigen ausgerichtet sind, eine höhere distributive Effizienz erzielen (vgl. Culyer 1980, Tullock 1997).

Zusammenfassend kann man also feststellen, dass die Thesen, die auf die Wirkung einzelner Transfers bezogen werden können, die Aspekte Ausgaben für den Transfer, bedürftigkeitsgeprüfte vs. nicht bedürftigkeitsgeprüfte und einkommensabhängige vs. pauschale Transfers umfassen. Auch Heady et al. (2001) untersuchen den Zusammenhang zwischen Verteilungswirkungen und Ausgaben sowie Ausmaß an Targeting und sehen diese Aspekte somit ebenfalls als zentral an. Sie geben aber dann auch zu bedenken, dass diese Gesichtspunkte nicht zur Erklärung von Umverteilung ausreichen, und dass die detaillierte Ausgestaltung der jeweiligen Transfers als Erklärung hinzugezogen werden muss. Dementsprechend wird im empirischen Teil auch versucht, die Umverteilungswirkungen über die Ausgaben für den Transfer, die grundsätzliche Ausgestaltung in Bezug auf Targeting sowie einkommensabhängiger/pauschaler Transfers aber eben auch mit konkretem Bezug zu den im folgenden Kapitel 2 dargelegten detaillierten Ausgestaltungsmerkmalen zu erklären.

Eine solche Analyse wurde in bisherigen Arbeiten nur für Teilaspekte durchgeführt. Beispiele für Arbeiten, die sich mit der Umverteilungswirkung einzelner Transfers befassen, sind z.B. in Behrendt (2000, 2002), Heady et al. (2001)

---

[51] Zu diesen wird Finnland gezählt.

[52] Zu den „Basic Security“-Ländern zählt auch das Vereinigte Königreich. Korpi und Palme (1998) verweisen dabei allerdings darauf, dass viele andere Faktoren ebenfalls relevant sind, wie z.B. die Stärke bestimmter politischer Parteien. Die Wohlfahrtsinstitutionen ihrerseits haben Auswirkung auf die Höhe des Sozialbudgets und die resultierende Umverteilung.

[53] Bei den in dieser Arbeit untersuchten Transfers stehen universelle Transfers nicht im Vordergrund, vielmehr handelt es sich vorwiegend um bedürftigkeitsgeprüfte Transfers und/oder Versicherungsleistungen.

oder Sainsbury und Morissens (2002) zu finden, die sich mit der Auswirkung von bedürftigkeitsgeprüften Transfers auf Armut in verschiedenen Ländern beschäftigen. In Hölsch und Kraus (2002, 2004) wird die Wirkung der Mindestsicherung auf Ungleichheit bzw. Armut analysiert und mit Aspekten der Organisation der Mindestsicherung verknüpft. In Hölsch (2004) wurden dagegen anhand von verallgemeinerten Lorenzkurven die Umverteilungseffekte mehrerer einzelner Transfers untersucht und in Zusammenhang mit grundsätzlichen Ausgestaltungsmerkmalen der Sozialsysteme gebracht. Eine Verknüpfung mit den detaillierten Ausgestaltungsmerkmalen findet hier aber nur in geringem Maße statt. Im Folgenden sollen diese Lücken, die in bisherigen Arbeiten zu finden sind, geschlossen werden. Einer empirischen Analyse der Wirkungen auf Armut und Ungleichheit in Teil IV soll daher eine ausführliche Darstellung der Ausgestaltung der untersuchten Transfers in Kapitel 2 vorangestellt werden. Diese Merkmale können im empirischen Teil der Erklärung von spezifischen Umverteilungswirkungen sowohl im Hinblick auf die Effektivität als auch die Effizienz dienen.

Kapitel 2

Sozialsysteme der untersuchten Länder

Dieses Kapitel dient der detaillierten Darstellung der im empirischen Teil zu untersuchenden Transfers für die ausgewählten Länder Deutschland, Finnland, Frankreich, Italien und Vereinigtes Königreich. An dieser Stelle soll vor der Detailbetrachtung ein kurzer Überblick über die EU-weiten Entwicklungen gegeben werden. Die Anfänge staatlicher Sozialpolitik lassen sich für Westeuropa auf das ausgehende 19. Jahrhundert zurückführen (Schmidt 1998: 179). Dabei erfolgte meist zunächst die Einführung einer Unfallversicherung, anschließend daran folgten Absicherungen für Alter, Krankheit und Invalidität. Mit zeitlicher Verzögerung wurden Arbeitslosenversicherungen und noch später familienbegünstigende Maßnahmen eingeführt. In wenn auch unterschiedlichem Maße setzte nach dem zweiten Weltkrieg eine Expansion der Sozialleistungen in Europa ein. Huber und Stephens (2001) zeigen anhand von Ausgaben und Indikatoren zur Messung der Ansprüche auf Transfers, dass die Expansion des Wohlfahrtsstaates bis in die siebziger Jahre hinein andauerte und durch die Verschlechterung der wirtschaftlichen Situation mit der einhergehenden Problematik steigender Arbeitslosigkeit spätestens in den achtziger Jahren gestoppt wurde.[1] Die EU-Länder setzten sich im Vertrag von Maastricht,[2] Artikel

[1]Dabei nehmen Huber und Stephens (2001) allerdings das Vereinigte Königreich aus: Dort führen sie Kürzungen weniger auf die wirtschaftliche Situation als vielmehr auf die Privatisierungsbemühungen der Thatcher-Regierung zurück.

[2]Der Vertrag von Maastricht wurde am 7. Februar 1992 unterzeichnet und trat am 1. November 1993 in Kraft.

2 unter anderem auch die Ziele der „Förderung des [...] sozialen Fortschritts" und der „Stärkung des [...] sozialen Zusammenhalts". Anfang der neunziger Jahre wurde Europa von einer schweren Rezession getroffen. Dies sorgte für ein teilweise sprunghaftes Ansteigen der Arbeitslosigkeit[3] und somit zu einer zusätzlichen Belastung der Sozialsysteme. Viele EU-Staaten reagierten darauf, indem sie die Arbeitgeberbeiträge zur Sozialversicherung gesenkt haben. So erhoffte man sich, einen Anreiz für mehr Beschäftigung zu schaffen. Weiterhin ist ein deutlicher Trend hin zu Aktivierungsbemühungen zu verzeichnen (vgl. Delsen et al. 2000b: 228ff); Arbeitslose sollen also dazu bewegt werden, eine Arbeit anzunehmen und in den Arbeitsmarkt reintegriert zu werden. Ein weiteres Problem, das in mehr oder weniger großem Umfang alle EU-Länder betrifft, ist das Altern der Bevölkerung.[4] Was die Ausgaben betrifft, kommt in der europäischen Union eindeutig dem Bereich Alters- und Hinterbliebenenrenten die größte Bedeutung zu. Der Anteil an den Ausgaben für alle Sozialtransfers, der auf diese Transferart entfällt, beträgt im Jahr 2000 für die EU15-Länder 46,4 Prozent, wobei Italien mit 63,4 Prozent den eindeutig höchsten Anteil aufweist (vgl. Abramowici 2003).[5] An zweiter Stelle rangiert im EU15-Durchschnitt mit 27,3 Prozent Krankheit/Gesundheitsversorgung, an dritter Familie/Kinder mit 8,2 Prozent, gefolgt von Invalidität mit 8,1 Prozent und Arbeitslosigkeit mit 6,3 Prozent. An letzter Stelle findet sich die Kategorie Wohnen/soziale Ausgrenzung[6] mit 3,7 Prozent. Damit ist in Deutschland der Anteil an den Gesamtausgaben für Alter und Hinterbliebene, Invalidität sowie Wohnen/soziale Ausgrenzung unter dem EU15-Schnitt, wohingegen für Krankheit/Gesundheitsversorgung, Familie/Kinder und Arbeitslosigkeit überdurchschnittliche Anteile auftreten. In Finnland liegen Invalidität, Familie/Kinder und Arbeitslosigkeit über dem Durchschnitt, für Frankreich ist dies für Krankheit/Gesundheitsversorgung, Familie/Kinder, Arbeitslosigkeit und Wohnen/soziale Ausgrenzung der Fall. In Italien ist lediglich der Anteil für Alter und Hinterbliebene weit überdurchschnittlich, für das Vereinigte König-

[3]Vgl. dazu für die untersuchten Länder Tabelle 6.2, S. 142.

[4]Dieses und weitere Probleme wurden bereits in Kapitel 1 angesprochen. Da Altersrenten nicht Gegenstand dieser Arbeit sind, wird hier nicht weiter auf diesen Aspekt eingegangen.

[5]Die Anteile der einzelnen Zweige an den Gesamtleistungen für alle Sozialtransfers sind in Tabelle A.1 in Anhang A aufgeführt.

[6]Darunter fallen Leistungen, die unter den anderen Kategorien nicht erfasst werden.

reich ist dies für Alter und Hinterbliebene, Invalidität und Wohnen/soziale Ausgrenzung festzustellen.

Im Folgenden sollen die Transfers, die in der empirischen Analyse untersucht werden, hinsichtlich ihrer Ausgestaltung in den fünf betrachteten Ländern Deutschland, Finnland, Frankreich, Italien und Vereinigtes Königreich näher beleuchtet werden. Pro Land wird dabei zunächst ein kurzer Überblick über die Entwicklung des jeweiligen Sozialsystems gegeben. Anschließend wird die Ausgestaltung der einzelnen Leistungen betrachtet mit besonderem Schwerpunkt auf dem Stand der Jahre 1994 bzw. 1995 und 1999 bzw. 2000, da die im empirischen Teil verwendeten Daten für diese Jahre zur Verfügung stehen.[7] Dabei werden die Leistungen bei Arbeitslosigkeit vorgestellt, wobei unter dem Begriff Arbeitslosengeld im Folgenden Versicherungsleistungen verstanden werden, die nicht bedürftigkeitsgeprüft sind, während Arbeitslosenhilfe bedürftigkeitsgeprüfte Leistungen bei Arbeitslosigkeit umfasst. Als Leistungen der Krankenversicherung werden nur Geldleistungen betrachtet, also das Krankengeld. Sachleistungen wie z.B. die Kosten von Arztbesuchen werden nicht berücksichtigt. Das Krankengeld ist üblicherweise immer begrenzt. Ist der maximal mögliche Bezugszeitraum ausgeschöpft und die Arbeitsfähigkeit trotzdem nicht wiederhergestellt, kann im Anschluss meist eine Invaliditätsrente bezogen werden. Diese „Anschlussleistung" ist dann normalerweise eine Versicherungsleistung. Allerdings existieren in manchen Ländern auch bedürftigkeitsgeprüfte Invaliditätsleistungen für diejenigen, die keinen Anspruch auf Versicherungsleistungen erworben haben. Diese werden ebenfalls in die Betrachtung der Leistungen bei Invalidität mit einbezogen.[8] Weiterhin werden

[7]Die Beschreibungen der konkreten Leistungsausgestaltung für die Jahre 1994 bzw. 1995 und 1999 bzw. 2000 basieren dabei vorwiegend auf MISSOC (1995, 1996) und MISSOC (2000, 2001), die dem Stand vom 1. Juli 1994 bzw. 1995 und vom 1. Januar 1999 bzw. 2000 entsprechen. MISSOC ist die Abkürzung für „Mutual Information System on Social Protection in the EU Member States and the EEA", es handelt sich also um ein gegenseitiges Informationssystem der sozialen Sicherheit in den Mitgliedstaaten der EU und des EWR. Dieses Informationssystem wurde auf Initiative der europäischen Kommission geschaffen, die Koordination und Aufbereitung der Daten wird vom ISG-Institut für Sozialforschung und Gesellschaftspolitik in Köln wahrgenommen. Auf weitere Quellen wird an geeigneter Stelle hingewiesen. Die Angaben in den jeweiligen Landeswährungen werden für Deutschland, Finnland, Frankreich und Italien umgerechnet in Euro angegeben, um die Vergleichbarkeit zu vereinfachen. Dabei werden die Umrechnungskurse vom 1.1.1999 zugrunde gelegt, die in Tabelle B.1 in Anhang B aufgeführt sind. Die Angaben für das Vereinigte Königreich erfolgen in Pfund, da dieses Land nicht an der Währungsunion teilnimmt.

[8]Diese Einordnung weicht von der Kategorisierung durch MISSOC ab, dort werden solche

die Leistungen im Falle von Arbeitsunfällen und Berufskrankheiten berücksichtigt, wofür die entsprechenden Versicherungsleistungen dargestellt werden. Als letzte Leistung wird die Mindestsicherung betrachtet. Dem Bereich der Mindestsicherung kommt die Aufgabe der Armutsprävention bzw. -linderung zu. Heikkilä et al. (2001: 13) nennen als Aufgabe weiterhin Schutz vor sozialer Ausgrenzung. Bei den zuvor genannten Transfers fällt die Zuordnung relativ einfach,[9] der Bereich der Mindestsicherung dagegen bedarf einer genaueren Eingrenzung. Der Begriff Mindestsicherung ist dabei nicht automatisch mit der in Deutschland gewährten Sozialhilfe gleichzusetzen, da die Regelungen sich zwischen den Ländern zum Teil erheblich unterscheiden. Eardley et al. (1996a: 3) verwenden folgende Kategorisierung der Mindestsicherung:[10]

1. *General assistance*: Geldleistung für Personen unter einem spezifizierten Mindesteinkommen

2. *Categorical assistance*: Geldleistungen für bestimmte Gruppen

3. *Tied assistance*: Bietet freien oder subventionierten Zugang zu bestimmten Gütern, entweder als Geld- oder Sachleistung. Dieser Posten kann noch aufgeteilt werden in Wohngeld und sonstige Fälle.

Die erste Kategorie des allgemeinen Minimums steht im Mittelpunkt der Betrachtungen zur Mindestsicherung. Ergänzend wird weiterhin auf das Wohngeld aus der dritten Kategorie eingegangen.[11] Die zweite Kategorie wird nicht unter den Kapiteln zur Mindestsicherung behandelt. Darunter fallen bei Eardley et al. (1996a: 29ff) z.B. die Arbeitslosenhilfe in Deutschland oder in Italien ganz andersartige Transferarten wie z.B. Kriegsrenten. Diese Kategorie wird

---

Leistungen meist unter der Kategorie Mindestsicherung zusammengefasst. Hier erscheint diese Abweichung sinnvoll, da in den entsprechenden Variablen der im empirischen Teil verwendeten Daten auch solche bedürftigkeitsgeprüften Leistungen enthalten sind. Vgl. dazu Kapitel 5.2.

[9]Sie orientiert sich weitestgehend an der in MISSOC (1995, 1996, 2000, 2001) vorgenommenen Zuteilung mit erwähnter Ausnahme bei den Invaliditätsleistungen.

[10]In Eardley et al. (1996a) dient der Begriff „social assistance“ zur Beschreibung der Mindestsicherung. Dieser wird nicht mit Sozialhilfe übersetzt, um nicht automatisch eine Assoziation mit den Regelungen der deutschen Sozialhilfe hervorzurufen. In der Vorstellung der Kategorien werden die englischen Originalbezeichnungen verwendet.

[11]Damit unterscheidet sich die hier vorgenommene Definition der Mindestsicherung von derjenigen in MISSOC (1995, 1996, 2000, 2001), bei der in ein allgemeines beitragsunabhängiges Minimum, nicht beitragsabhängige Minima und beitragsabhängige Minima für bestimmte Gruppen unterschieden wird.

deshalb nicht unter der Mindestsicherung betrachtet, weil unter diesem Begriff hier nur das allerletzte „Sicherheitsnetz“ verstanden werden soll, das greift, wenn kein Anspruch mehr auf andere Transfers besteht. Außerdem werden die darunter subsumierten Transfers in anderen Teilkapiteln betrachtet.[12] Letztendlich erscheint diese Kategorie zwischen den einzelnen Ländern aufgrund der sehr unterschiedlichen berücksichtigten Leistungen schwer vergleichbar. Aus der dritten Kategorie wird das Wohngeld in die Betrachtungen mit einbezogen. Gough et al. (1997: 20) weisen darauf hin, dass eine Vernachlässigung des Wohngeldes bei Vergleichen von Mindestsicherungsregelungen zwischen Ländern zu Verzerrungen führen könnte, da dem Wohngeld in den einzelnen Ländern eine unterschiedlich große Bedeutung zukommt.

Nach der Betrachtung der Leistungen in den einzelnen Ländern wird ein kurzer Vergleich zwischen den Ländern vorgenommen, bei dem die grundsätzlichen Merkmale dieser Leistungen in den verschiedenen Ländern einander gegenübergestellt werden.

2.1 Deutschland

2.1.1 Überblick

Die Grundlagen für den heutigen modernen Wohlfahrtsstaat wurden in den 1880er Jahren von Kanzler Bismarck gelegt, der ein Sozialversicherungssystem zum Schutz vor den Risiken Krankheit, Berufsunfälle und Alter für Arbeiter einführte.[13] Damit sollte die Gefahr für das herrschende Regime eingedämmt werden, die von der sozialistischen Arbeiterbewegung ausging.[14] In der Verfassung der Weimarer Republik wurden soziale Rechte festgehalten, weiterhin wurde 1927 die Arbeitslosenversicherung eingeführt. Im Dritten Reich bekam die Sozialversicherung eine rassistische Prägung (z.B. wurden Juden ausgeschlossen), die institutionellen Grundstrukturen blieben aber erhalten. In der nach dem Krieg gegründeten Bundesrepublik Deutschland wurde im Grund-

[12] Wie z.B. die deutsche Arbeitslosenhilfe, die zusammen mit der Arbeitslosenversicherung in Kapitel 2.1.2 dargestellt wird.

[13] Zu den Ausführungen dieses Kapitels siehe z.B. Ritter (1991), Huber und Stephens (2001), Leisering (2001) oder Clasen (1997).

[14] Mehr zu den Hintergründen findet sich z.B. in Schmidt (1998: 28ff).

gesetz das Verfassungsprinzip der BRD als Sozialstaat festgelegt.[15] Im Grundgesetz ist das Sozialstaatsgebot[16] in Artikel 20, Abs. 1 („Die Bundesrepublik Deutschland ist ein sozialer und demokratischer Bundesstaat.“) sowie in Artikel 28, Abs. 1 („Die verfassungsmäßige Ordnung in den Ländern muss den Grundsätzen des republikanischen, demokratischen und sozialen Rechtsstaates im Sinne des Grundgesetzes entsprechen.[...]“) verankert. Die direkte Anknüpfung des deutschen Sozialversicherungssystems nach dem zweiten Weltkrieg an die durch Bismarck eingeführten Vorkriegsreformen lässt sich durch den dominierenden Einfluss der CDU/CSU erklären. Die politische Linke dagegen favorisierte ein universalistisches und solidarischeres System, konnte sich aber nicht durchsetzen. Ein erster Meilenstein der Weiterentwicklung des Wohlfahrtsstaates nach dem zweiten Weltkrieg wurde das Gesetz zur Regelung der Altersrenten von 1957. Seit der Beteiligung der Sozialdemokraten an der Regierung 1966 fand eine Ausweitung der Sozialpolitik statt, die Sozialleistungen sollten möglichst allen Gruppen der Gesellschaft zu Gute kommen. In dieser Zeit wurden viele neue Leistungen eingeführt bzw. schon vorhandene erweitert.[17] Die ökonomischen Krisen in den siebziger Jahren setzten der Ausweitung des Sozialstaats ein Ende. Unter der Regierung Kohl erfolgten Kürzungen der Leistungen, die Grundstrukturen blieben aber erhalten. Diese Kürzungen wurden vor allem bei Leistungen vorgenommen, deren Kosten vorwiegend durch den Bund getragen wurden, wohingegen die Krankenversicherungen dadurch belastet wurden, dass auf das Krankengeld die Beiträge zur Renten- und Arbeitslosenversicherung bezahlt werden mussten. Der sprunghafte Anstieg der Sozialausgaben konnte aber trotzdem nicht gestoppt werden, die Kosten explodierten seit der Wiedervereinigung 1990. 1996 wurde ein Rekordwert für den Anteil der Sozialausgaben am BIP[18] von 36 Prozent erreicht. Erwähnenswert ist die korporatistische Struktur der Sozialpolitik. In diesem Zusammenhang ist die Einbeziehung der Sozialpartner (Arbeitgeberverbände und Gewerkschaften) zu nennen sowie das umfangreiche System an intermediären Organisatio-

[15]Eine Betrachtung des Sozialstaates in der DDR soll hier nicht erfolgen. Siehe dazu z.B. Leisering (2001) oder Schmidt (1998).

[16]Zur besonderen Bedeutung des Begriffs „Sozialstaat“ in Deutschland im Vergleich zu dem in anderen Ländern verwendeten Begriff des „Wohlfahrtsstaates“ siehe Kapitel 1.1.

[17]Beispiele dafür sind das Wohngeld, BAföG oder aktive Arbeitsmarktmaßnahmen.

[18]Dieser wird in Deutschland im Gegensatz zu anderen Ländern ohne Ausgaben für Bildung berechnet.

nen[19] und freiwilliger Wohlfahrtsorganisationen (Caritas, Diakonie etc.). Das Ziel des deutschen Sozialstaats ist nicht in erster Linie Gleichheit, sondern das Erreichen von sozialer Sicherheit. Das deutsche Sozialsystem setzt auf die Sicherung des Lebensstandards, durch die Sozialleistungen soll also bis zu einem gewissen Grad der bisherige Status aufrechterhalten werden. Einzelne Elemente wirken aber auch auf Gleichheit hin: Die Krankenversicherung bezüglich ihrer Sachleistungen und die Pflegeversicherung verteilen von den „Reichen" zu den „Armen" um, da die Beiträge einkommensbezogen sind, die Leistungen dagegen nicht. Weiterhin wird zugunsten der verheirateten Paare und Familien umverteilt, die Hinterbliebenenrente schafft Ansprüche für Personen, die keine Beiträge gezahlt haben, und höhere Bildung ist kostenfrei. Der deutsche Sozialstaat stützt die „klassischen" Geschlechterrollen des männlichen Brötchenverdieners und der zu Hause bleibenden Mutter. Das Sozialsystem Deutschlands ist heute durch folgende Zweige der Sozialversicherung gekennzeichnet: die von Bismarck gegründete gesetzliche Krankenversicherung, gesetzliche Unfallversicherung und gesetzliche Rentenversicherung, die 1927 eingeführte Arbeitslosenversicherung sowie seit 1995 die gesetzliche Pflegeversicherung. Daneben gibt es noch die öffentliche Sozialhilfe, verschiedene Familienleistungen sowie Wohngeld.

2.1.2 Arbeitslosigkeit

Das erste Gesetz zur Regelung der Versicherung bei Arbeitslosigkeit stammt von 1927.[20] Es beruhte auf einem Konsens zwischen Arbeitern und Arbeitgebern, der in Zeiten von niedriger Arbeitslosigkeit mit breiter Zustimmung erzielt wurde. Dabei waren automatisch alle Arbeitnehmer eingeschlossen, die in der obligatorischen Krankenversicherung waren. Die Finanzierung erfolgt damals wie heute paritätisch durch Arbeitnehmer und Arbeitgeber, die Regierung soll nur bei Defiziten eingreifen. Mit der Weltwirtschaftskrise und der damit einhergehenden ansteigenden Arbeitslosigkeit wurden Kürzungen notwendig. Nach dem zweiten Weltkrieg gelang es erst 1956 eine einheitliche Leistungsstruktur festzulegen, die Arbeitslosengeld und Arbeitslosenhilfe vorsah. Die Grundlage für die heutige Regelung wurde durch das Arbeitsförderungs-

[19] Hier ist vor allem die Krankenversicherung zu nennen.

[20] Zu den Ausführungen in diesem Kapitel siehe z.B. Clasen (1994, 1997), Manow und Seils (2000), Schmid (2000), Daly (1997), Ludwig-Mayerhofer (2002).

gesetz von 1969 geschaffen. Dabei stand vor allem auch das Betreiben von aktiven Arbeitsmarktmaßnahmen im Vordergrund. Die Entstehung des Gesetzes wurde durch die gute wirtschaftliche Situation beeinflusst, weiterhin hatte die SPD als Mitglied der großen Koalition Einfluss auf das Ausmaß des Anstieges der Leistungen. Mitte der siebziger Jahre erhöhte die SPD/FDP-Koalition als Reaktion auf die wegen der Krise von 1973/74 ansteigende Arbeitslosigkeit die Arbeitslosigkeitsleistungen, in den achtziger Jahren erfolgten dagegen unter der CDU/FDP-Regierung 1984 wieder Kürzungen. In den folgenden Jahren fand allerdings eine Ausweitung der Bezugszeit für das Arbeitslosengeld statt, vor allem für ältere Arbeitnehmer, die dann schon ab 57 anstatt ab 59 Jahren den frühzeitigen Ruhestand antreten konnten. Nach der Wiedervereinigung erhöhte sich der Beitragssatz zur Arbeitslosenversicherung um 2,5 Prozentpunkte auf 6,8 Prozent, es erfolgte 1992 eine Senkung auf 6,3 Prozent. Seit 1993 ist der Beitragssatz mit 6,5 Prozent stabil. Aus diesen Beiträgen wird das Arbeitslosengeld finanziert, wobei der Bund gegebenenfalls Defizite deckt. Weiterhin finanziert der Bund die Arbeitslosenhilfe über Steuern. Durch Programme zum Vorruhestand und Altersruhegeld sowie Arbeitsbeschaffungsmaßnahmen sollten die relativ hohen Arbeitslosenzahlen[21] seit 1992 gesenkt werden, direkt nach der Wiedervereinigung hatte die Regierung Kohl in ihrem Optimismus zunächst noch auf Kurzarbeitergeld gesetzt. Am 1. Januar 1994 trat ein Gesetz in Kraft, durch das alle Leistungen bei Arbeitslosigkeit für Bezieher mit Kindern um einen Prozentpunkt und für Kinderlose um drei Prozentpunkte senkte. Weiterhin wurde die Bezugszeit für den Empfang von Arbeitslosenhilfe auf ein Jahr beschränkt, wenn der Arbeitslose vorher kein Arbeitslosengeld empfangen hatte.

Damit stellt sich die Situation für das Jahr 1994 wie folgt dar. Die Beitragssätze zur Arbeitslosenversicherung gelten bis zu einer Bemessungsgrenze von jährlich 46.630 € in den alten und 36.199 € in den neuen Bundesländern. Bei Vollarbeitslosigkeit muss der Arbeitslose der Arbeitsvermittlung zur Verfügung stehen und sich persönlich beim Arbeitsamt arbeitslos gemeldet haben. Für den Empfang des Arbeitslosengeldes muss der Arbeitslose während der letzten drei Jahre mindestens zwölf Monate eine beitragspflichtige Beschäftigung ausgeübt haben. Für den Empfang der Arbeitslosenhilfe gilt, dass innerhalb des letzten Jahres Arbeitslosengeld bezogen wurde (Anschluss-

[21]Zu der Entwicklung der Arbeitslosenquote siehe Tabelle 6.2, S. 142.

arbeitslosenhilfe) oder der Arbeitslose mindestens 150 Kalendertage in beitragspflichtiger Beschäftigung gestanden hat oder ein Ersatztatbestand erfüllt wird (originäre Arbeitslosenhilfe). Das Höchstalter für den Bezug der Leistungen bei Arbeitslosigkeit liegt bei 65 Jahren. Eine Beschäftigung aus einer Nebentätigkeit[22] wirkt sich mindernd auf das Arbeitslosengeld aus, ansonsten wird Einkommen und Vermögen nicht berücksichtigt. Die Arbeitslosenhilfe wird dagegen nur nach einer Bedürftigkeitsprüfung gewährt. Die Dauer, für die das Arbeitslosengeld gewährt wird, ist gestaffelt nach Alter und Beschäftigungsdauer. Die Arbeitslosenhilfe wird unbegrenzt gewährt, die originäre Arbeitslosenhilfe nur für 312 Tage. Als Bezugslohn dient das durchschnittliche wöchentliche Arbeitsentgelt der letzten sechs Monate, die Bemessungsgrenze liegt bei monatlich 3.886 € in den alten und 3.017 € in den neuen Bundesländern. Das Arbeitslosengeld beträgt für Arbeitslose mit Kindern 67, für Arbeitslose ohne Kinder 60 Prozent des Nettolohns. Bei der Arbeitslosenhilfe betragen die entsprechenden Sätze 57 und 53 Prozent. Leistungen bei Teilarbeitslosigkeit werden im Rahmen der Kurzarbeit[23] und des Schlechtwettergeldes[24] gewährt. Leistungen bei Arbeitslosigkeit sind nicht steuerpflichtig, unterliegen allerdings dem Progressionsvorbehalt.

Für die im Jahr 2000 geltenden Regelungen sind als Rechtsgrundlage das Dritte Buch des Sozialgesetzbuches vom 24. März 1997 mit nachfolgenden Gesetzesänderungen relevant. Die Bemessungsgrenzen für die Beitragszahlungen zur Arbeitslosenversicherung liegen bei 52.765 € in den alten bzw. 43.562 € in den neuen Bundesländern. Die originäre Arbeitslosenhilfe wurde von der 1998 neu gewählten Regierung aus SPD und BÜNDNIS 90/ DIE GRÜNEN zum 1. Januar 2000 abgeschafft. Hierbei handelt es sich um den bedeutendsten Einschnitt gegenüber 1994, ansonsten wurden vor allem die Bemessungsgrenzen angepasst. Um Arbeitslosenhilfe zu beziehen muss also vorher Arbeitslosengeld bezogen worden sein bzw. Bedürftigkeit vorliegen. Einkommen aus einer Nebentätigkeit[25] wird auf das Arbeitslosengeld angerechnet, dabei gilt ein Freibetrag von 20 Prozent des Arbeitslosengeldes. Als Bezugslohn dient das durchschnittliche wöchentliche Arbeitsentgelt während der letzten 52 Wochen

[22] Beschäftigung von weniger als 18 Stunden die Woche.

[23] Dabei handelt es sich um einen vorübergehenden Arbeitsausfall aufgrund wirtschaftlicher Probleme.

[24] Betrifft witterungsbedingten Arbeitsausfall im Baugewerbe in der Schlechtwetterzeit.

[25] Beschäftigung von inzwischen weniger als 15 Stunden.

bis zur Leistungsbemessungsgrenze von 4.346 € in den alten und 3.681 € in den neuen Bundesländern.

2.1.3 Krankheit - Geldleistungen

Die gesetzliche Krankenversicherung wurde in Deutschland erstmals von Bismarck im Jahr 1883 für Arbeiter eingeführt.[26] Damit war die Krankenversicherung die erste gesetzliche Versicherung in Deutschland. Das entsprechende Gesetz sah auch die Gründung von Ortskrankenkassen vor. Die nächste entscheidende Weiterentwicklung zeigte sich in der Reichsversicherungsverordnung von 1911, die eine Ausdehnung der Krankenversicherungspflicht und der Leistungen bei Krankheit vorsah. Dieses Gesetz galt, wenn auch mit vielfachen Änderungen und Ergänzungen, bis 1988. Die weitere Entwicklung der Krankenversicherung nach dem zweiten Weltkrieg war vor allem durch eine stetige Ausweitung des Kreises der Versicherungspflichtigen (z.B. auf Rentner, selbständige Landwirte, Studenten) gekennzeichnet. In den siebziger Jahren erfolgten aufgrund der stark steigenden Ausgaben Kostendämpfungsmaßnahmen und damit verbundene Leistungskürzungen. 1976 wurde dann das Krankenversicherungs-Weiterentwicklungsgesetz (KVWG) geschaffen, das eine Umlage der Mitgliedskassen ermöglichte, um so erhebliche Schwankungen der Beitragssätze zwischen den einzelnen Krankenkassen zu verringern. Die Versicherung umfasst heute Arbeitnehmer und diesen gleichgestellte Gruppen. Die Finanzierung erfolgt über Beiträge. Die Beitragssätze hängen davon ab, bei welcher Krankenversicherung man Mitglied ist, der Durchschnittssatz im Jahr 1994 beträgt in den alten Bundesländern 13,26 Prozent und in den neuen Bundesländern 12,98 Prozent. Diese Beiträge werden zu gleichen Teilen von Arbeitnehmern und Arbeitgebern getragen. Die jährliche Bemessungsgrenze, die 75 Prozent der Grenze der Rentenversicherung für Arbeiter beträgt, liegt am 1.7.1994 bei 34.972 € in den alten und 27.150 € in den neuen Bundesländern. Die Versicherungspflicht fällt bei Überschreiten dieser Grenze. Der Staat beteiligt sich mit einer Pauschalzahlung in Höhe von 205 € aus Bundesmitteln für Arbeitnehmerinnen, die keiner Krankenkasse angehören.

Arbeiter und Angestellte haben zunächst Anspruch auf eine volle Lohnfort-

[26] Zu der Entwicklung der gesetzlichen Krankenversicherung in Deutschland vgl. z.B. Weber (1995).

zahlung durch den Arbeitgeber im Krankheitsfall von sechs Wochen,[27] an die sich dann die Zahlungen des Krankengeldes anschließen. Um Krankengeld empfangen zu können, muss die Arbeitsunfähigkeit durch einen Arzt vom dritten Arbeitstag an festgestellt werden, daran sind keine Bedingungen bezüglich der Arbeits- oder Versicherungszeit geknüpft. Karenztage sind keine vorgesehen, wenn Arbeitsunfähigkeit mit Anspruch auf Fortzahlung des Arbeitsentgelts nach arbeitsrechtlichen Vorschriften vorliegt bzw. wenn die Krankheit Folge eines Arbeitsunfalls oder einer Berufskrankheit ist oder bei Notwendigkeit von stationären Maßnahmen. Für die gleiche Krankheit ist das Krankengeld auf 78 Wochen innerhalb eines Zeitraums von drei Jahren begrenzt. Das Krankengeld entspricht 80 Prozent des Regelentgelts, darf allerdings nicht mehr als dem Nettoarbeitsentgelt entsprechen. Das Regelentgelt ist das in den letzten drei Monaten erzielte Arbeitsentgelt und Arbeitseinkommen, soweit es der Beitragsberechnung unterliegt. Das Krankengeld wird höchstens zehn Arbeitstage (bei Alleinerziehenden 20 Arbeitstage) pro Jahr bei Erkrankung eines Kindes unter zwölf Jahren gewährt, das auf die Aufsicht, Pflege oder Hilfe des Versicherten angewiesen ist. Pro Jahr können aber nicht mehr als 25 Arbeitstage (Alleinerziehende maximal 50 Arbeitstage) in Anspruch genommen werden. Die empfangenen Leistungen sind nicht steuerpflichtig, unterliegen aber dem Progressionsvorbehalt.

Für das Jahr 2000 liegen die durchschnittlichen Beitragssätze bei 13,51 Prozent für die alten bzw. 13,81 Prozent für die neuen Bundesländer. Damit haben sich im Durchschnitt die Beitragssätze im Vergleich zu 1994 um 0,25 bzw. 0,83 Prozentpunkte erhöht. Die Steigerung fällt also für die neuen Bundesländer bedeutend stärker aus als für die alten Bundesländer. Für das Jahr 2000 gilt die Gesetzesänderung zur GKV-Gesundheitsreform 2000 vom 22. Dezember 1999. Die Versicherungspflichtgrenze wurde angehoben auf 39.574 € in den alten bzw. 32.672 € in den neuen Bundesländern. Die Höhe der Leistung des Krankengeldes wurde auf 70 Prozent des Regelentgeltes, jedoch nicht mehr

[27] Diese hundertprozentige Lohnfortzahlung gilt seit 1969. An dieser Stelle sei erwähnt, dass durch die 1996 erfolgte Änderung des Entgeltfortzahlungsgesetzes, das die Lohnfortzahlung regelt, eine Reduzierung der Höhe der Lohnfortzahlung von 100 auf 80 Prozent erfolgte. Allerdings setzten die Gewerkschaften meist eine hundertprozentige Entgeltfortzahlung tariflich durch, welche dann als günstigere Regelung für unter den Gültigkeitsbereich des Tarifvertrages fallende Arbeitnehmer anzuwenden war. 1998 wurde die gesetzliche Höhe der Lohnfortzahlung durch die neu gewählte Bundesregierung wieder auf hundert Prozent angehoben.

als 90 Prozent des Nettoarbeitsentgeltes, reduziert. Die Lohnfortzahlung durch den Arbeitgeber ist sozialversicherungspflichtig, bei Krankengeldbezug müssen Beiträge zur Rentenversicherung und Arbeitslosenversicherung entrichtet werden.

2.1.4 Invalidität

Die gesetzliche Absicherung bei Invalidität wurde 1889 erstmals im Rahmen der Sozialreformen Bismarcks umgesetzt.[28] Die Rente bei Invalidität gehört zum System der Altersrentenversicherung. Für die heutige Regelung ist das Sechste Buch des Sozialgesetzbuches entscheidend. Die Finanzierung der Leistungen erfolgt über Beiträge. Der Beitrag wird nicht separat entrichtet, sondern gehört zu den Beiträgen für Altersrenten. Dieser beträgt 1994 19,20 Prozent, paritätisch zwischen Arbeitnehmern und Arbeitgebern aufgeteilt. Die jährliche Bemessungsgrenze liegt bei 46.630 € in den alten und 36.199 € in den neuen Bundesländern. Zur Finanzierung der Invaliditätsleistungen werden Zuschüsse des Bundes gewährt, die langfristige Finanzierung der Invaliditätsleistungen erfolgt über das Umlageverfahren. Berufsunfähig ist der Arbeitnehmer, dessen Erwerbsfähigkeit wegen Krankheit oder Behinderung auf weniger als die Hälfte eines Gesunden mit ähnlicher Ausbildung und gleichwertigen Fähigkeiten gesunken ist. Erwerbsunfähig ist derjenige, der wegen Krankheit oder Behinderung auf absehbare Zeit eine Erwerbstätigkeit nicht mehr regelmäßig ausüben oder nur geringfügige Einkünfte erzielen kann, es muss hierbei eine Minderung der Erwerbsfähigkeit um 100 Prozent vorliegen. Durch die entsprechenden Regelungen sind Arbeiter und Angestellte sowie erwerbsunfähige Behinderte erfasst. Die Invaliditätsrente kann bis 65 Jahre empfangen werden, danach wird sie in eine Altersrente umgewandelt. Zum Empfang der Rente ist derjenige berechtigt, der eine Versicherungszeit von sechzig Monaten vorweisen kann, davon müssen 36 Monate Pflichtbeiträge in den letzten fünf Jahren vor der Erwerbsminderung gezahlt worden sein. Die Wartezeit gilt ebenfalls als erfüllt, wenn der Versicherte z.B. aufgrund eines Arbeitsunfalls vermindert erwerbsfähig geworden ist. Die Renten für Berufs- bzw. Erwerbsunfähigkeit berechnen sich nach einer Kombination aus Versicherungsjahren und Anrechnungszeiten (z.B. Kindererziehungszeiten). Die Rente bei Berufsunfähigkeit

[28] Vgl. zu diesem Abschnitt z.B. Daly (1997).

entspricht dabei 66,67 Prozent der Rente bei Erwerbsunfähigkeit. Die empfangenen Renten sind grundsätzlich steuerpflichtig, Steuerermäßigungen gelten in gleichem Maße wie beim Krankengeld. Der Rentner muss Krankenversicherungsbeiträge entrichten, die je nach Krankenkasse variieren.

Die Pflegeversicherung wurde 1994 als fünfte Säule der Sozialversicherung eingeführt.[29] Die Bestimmungen folgen der Krankenversicherungspflicht und -bemessungsgrenze. Die Pflegeversicherung soll Risiken absichern, die durch täglich anfallenden Pflegebedarf hervorgerufen werden. Die Finanzierung erfolgt über Beiträge. Im Jahr 2000 mussten 1,7 Prozent des Bruttogehalts abgeführt werden, die je zur Hälfte von Arbeitnehmer und Arbeitgeber getragen werden.[30] Die Leistungen werden differenziert nach drei Pflegestufen je nach Grad der Pflegebedürftigkeit. Weiterhin ist die Höhe der Leistungen abhängig davon, ob häusliche, teilstationäre oder stationäre Pflege notwendig ist. Es können auch besondere Ausgaben z.B. für einen Pflegekurs für pflegende Angehörige erstattet werden.

Für das Jahr 2000 erfolgt die gleiche Unterscheidung in Berufsunfähigkeit und Erwerbsunfähigkeit wie 1994, die grundsätzlichen Regelungen sind gleich geblieben. Der Beitragssatz für Altersrenten, aus denen auch die Invaliditätsrenten finanziert werden, liegt 2000 bei 19,30 Prozent, die jährlichen Bemessungsgrenzen für die alten Bundesländer bei 52.765 €, in den neuen Bundesländern bei 43.562 €. Es lässt sich feststellen, dass die Beteiligung des Staates stark zugenommen hat. Die jährlichen Zuschüsse des Bundes zu der Rentenfinanzierung für Alter, Hinterbliebene, Invalidität beliefen sich auf rund 24 Prozent der Aufwendungen für Arbeiter und Angestellte. Es wurden vom Bund für das Jahr 2000 9,1 Milliarden € zur Abdeckung nicht beitragsgedeckter Leistungen zugeschossen. Bemerkenswert ist die Gesetzesänderung im Jahr 2000, seit der unterschieden wird in voll erwerbsgeminderte[31] und teilweise

[29] Am 26.5.1994 wurde das Gesetz zur Einführung der Pflegeversicherung beschlossen, seit 1.1.1995 können Leistungen der Pflegeversicherung in Anspruch genommen werden.

[30] Eine Ausnahme bildet hier das Bundesland Sachsen, dort werden 1,35 Prozent vom Arbeitnehmer und 0,35 Prozent vom Arbeitgeber bezahlt. Weiterhin müssen Rentner 0,85 Prozent Beitrag leisten.

[31] Versicherte, die wegen Krankheit oder Behinderung auf nicht absehbare Zeit außer Stande sind, unter den üblichen Bedingungen des allgemeinen Arbeitsmarktes mindestens drei Stunden täglich erwerbstätig zu sein.

erwerbsgeminderte[32] Personen.[33] Eine entscheidende Änderung gegenüber den bisherigen Regelungen ist hierbei, dass nicht mehr entscheidend ist, in welchem Beruf die Versicherten bisher gearbeitet haben, der so genannte Berufsschutz entfällt also. Es zählt nun also nicht mehr die Fähigkeit, im bisherigen Berufsfeld bei entsprechender Qualifikation arbeiten zu können, sondern im allgemeinen Arbeitsmarkt. Entsprechend den Bezeichnungen ist der Mindestgrad für teilweise Erwerbsminderung 50 Prozent, für volle Erwerbsminderung 100 Prozent. Die Rente bei teilweiser Erwerbsunfähigkeit entspricht seither nur noch 50 anstatt bisher 66,67 Prozent der Rente bei voller Erwerbsminderung. Diese Änderungen entsprechen gravierenden Einschnitten gegenüber den bisherigen Regelungen.

2.1.5 Arbeitsunfälle und Berufskrankheiten

Das erste Gesetz zu Leistungen bei Arbeitsunfällen trat 1884 im Rahmen der Bismarckschen Sozialreformen in Kraft.[34] Darin waren allerdings noch nicht alle Berufsgruppen abgedeckt, eine Erweiterung erfolgte schrittweise im Laufe der folgenden Jahre, flankiert durch die Gründung von entsprechenden Berufsgenossenschaften. Damit waren allerdings noch keine Leistungen bei Berufskrankheiten abgedeckt. Diese wurden erst 1925 durch ein Gesetz eingeführt, wobei die Liste der Berufskrankheiten noch sehr mangelhaft war und im Laufe der Jahre immer mehr erweitert wurde. Die heute gültigen Gesetze von 1963, 1968 bzw. 1992 finden Anwendung auf Arbeitnehmer, bestimmte Selbständige, Schüler und Studenten, Kinder in Kindergärten sowie Rehabilitanden und bestimmte andere Personen. Die Leistungen für Arbeitsunfälle und Berufskrankheiten sind beitragsfinanziert. Je nach Gewerbezweig werden risikoabhängig

[32] Versicherte, die wegen Krankheit oder Behinderung auf nicht absehbare Zeit außer Stande sind, unter den üblichen Bedingungen des allgemeinen Arbeitsmarktes mindestens sechs Stunden täglich erwerbstätig zu sein.

[33] Ausgenommen von der neuen Regelung sind Versicherte, die vor dem 2.1.1961 geboren wurden. Diese haben weiterhin Anspruch auf Rente wegen teilweiser Erwerbsminderung bei Berufsunfähigkeit, sie genießen also weiterhin Berufsschutz. Berufsunfähigkeit bedeutet hier, dass der bisherige Beruf wegen Krankheit oder Behinderung im Vergleich zu einem ähnlich ausgebildeten Gesunden nur noch weniger als 6 Stunden täglich ausgeübt werden kann, wobei geprüft wird, ob eine andere zumutbare Tätigkeit mind. 6 Stunden täglich verrichtet werden kann.

[34] Zur Entwicklung der Versicherung von Arbeitsunfällen und Berufskrankheiten vgl. z.B. Hohmann (1984).

unterschiedliche Beiträge abhängig vom Bruttoeinkommen durch die Berufsgenossenschaften festgesetzt. Die Finanzierung wird nur von den Arbeitgebern getragen. Der Bund beteiligt sich in der Landwirtschaft durch jährliche Zuschüsse, weiterhin wird die Unfallversicherung der öffentlichen Hand aus Haushalten des Bundes, der Länder und der Gemeinden finanziert. Die langfristige Finanzierung der Leistungen erfolgt über ein Umlageverfahren der besonderen Art, wobei Rücklagen gebildet werden. Bei Arbeitsunfällen handelt es sich um Unfälle im Unternehmen und/oder im Zusammenhang mit versicherten Tätigkeiten. Ebenfalls gedeckt sind Wegeunfälle. Als Berufskrankheit wird 1994 anerkannt, was auf einer Liste von 64 Berufskrankheiten aufgeführt wird. Die Krankheit muss unverzüglich durch den Arzt oder Unternehmer angezeigt werden. Die Leistung wird unbegrenzt gewährt und die Kosten werden von Anfang an von der Berufsgenossenschaft übernommen. Eine Karenzzeit ist nicht vorgesehen. Die Höhe der Leistungen orientiert sich an denen der gesetzlichen Krankenversicherung, jedoch unter Berücksichtigung einer besonderen Höchstgrenze. Um eine Rente bei dauernder Erwerbsunfähigkeit zu bekommen, muss die Erwerbstätigkeit um 20 Prozent reduziert sein, was durch ein fachärztliches Gutachten nach den Anforderungen der Berufsgenossenschaft zu erfolgen hat. Diese Rente berechnet sich auf Grundlage des tatsächlichen Arbeitsentgelts im Jahr vor dem Versicherungsfall. Dabei gelten je nach Berufsgenossenschaften Höchstgrenzen für den jährlichen Arbeitsverdienst. Es können Zuschläge für die Pflege durch Dritte gewährt werden. Eine Kumulierung mit einem neuen Arbeitsverdienst ist ohne Kürzung der Leistung möglich. Leistungen aus der gesetzlichen Unfallversicherung sind nicht steuerpflichtig und unterliegen nicht dem Progressionsvorbehalt. Im Todesfall werden Witwen und Waisen Hinterbliebenenrenten gewährt, die aber unter der „persönlichen“ Rente liegen.

Für die Regelungen im Jahr 2000 ist das Siebte Buch des Sozialgesetzbuches vom 7. August 1996 mit der letzten Änderung am 16. Juni 1998 die geltende Rechtsgrundlage. Die Liste der Berufskrankheiten wurde auf 67 ausgeweitet. Im Vergleich zu 1994 haben sich ansonsten keine entscheidenden Veränderungen ergeben.

2.1.6 Mindestsicherung

Die deutsche Sozialhilfe entspricht einem allgemeinen beitragsunabhängigen Minimum.[35] Die gesetzliche Grundlage der Sozialhilfe ist das Bundessozialhilfegesetz von 1961. Durch die Sozialhilfe soll Personen, die nicht fähig sind, sich selbst zu helfen und die erforderliche Hilfe auch nicht von anderen erhalten, ein menschenwürdiges Leben ermöglicht werden. Weiterhin wird angestrebt, die Empfänger in die Lage zu versetzen, unabhängig von der Sozialhilfe zu leben. Anspruch auf Sozialhilfe haben Einzelpersonen oder unabhängige Teile der Familie. Die Leistung wird unbegrenzt bis zum Ende der Notlage gewährt. Neben Staatsangehörigen können auch Ausländer unter bestimmten Bedingungen Sozialhilfe beziehen. Dabei muss ein tatsächlicher Aufenthalt im Staatsgebiet gegeben sein, Deutschen mit gewöhnlichem Aufenthalt im Ausland kann in bestimmten Notfällen auch Sozialhilfe gewährt werden. Altersbeschränkungen existieren nicht, Kinder haben einen eigenen Anspruch auf die Leistung. Sind Personen arbeitsfähig, müssen sie zur Leistung einer zumutbaren Arbeit bereit sein. Vor Empfang der Sozialhilfe müssen zunächst Ansprüche auf andere Sozialleistungen ausgeschöpft werden, sowie Einkommen bzw. Vermögen bis zu einem gewissen Grad aufgebraucht sein. Gewährt wird als Hilfe zum Lebensunterhalt ein Regelsatz sowie laufende Leistungen für Unterkunft und Heizung und Hilfe in besonderen Lebenslagen. Die Regelsätze werden von den Ländern festgelegt, während die implizierten Äquivalenzskalen[36] durch Bundesgesetze geregelt sind. Die Finanzierung erfolgt zu 75 Prozent über die Kommunen und zu 25 Prozent über die Bundesländer. Die allgemeine Sozialhilfe wird von den Kommunen verwaltet. Die überörtlichen Träger der Sozialhilfe sind für die Hilfe in besonderen Lebenslagen zuständig, deren Kosten werden von den Kommunen und den Ländern gedeckt. In den achtziger Jahren verlor der Regelsatz der Sozialhilfe zunächst an realem Wert.[37] Diese realen Verluste wurden 1985 wieder aufgeholt durch eine Reform der Indexierungsmethode. Ab diesem Zeitpunkt bis nach der Wiedervereinigung stieg das Niveau der Sozialhilfe nicht nur real sondern auch im Vergleich zu den Löhnen an. 1994 lagen die

[35] Zu den Ausführungen über Sozialhilfe siehe z.B. Eardley et al. (1996b), Behrendt (2002) oder Manow und Seils (2000), vgl. insbesondere zum Wohngeld Haustein (2002) und Deutscher Bundestag (2003).

[36] Zu Äquivalenzskalen siehe Kapitel 5.2.

[37] Er fiel sogar auf den Wert von 1970 zurück.

Tabelle 2.1: Anteile am Eckregelsatz der laufenden Hilfe zum Lebensunterhalt für zusätzliche Personen, Deutschland

Eckregelsatz für Haushaltsvorstand oder Alleinstehende (B)	**100%**
Kinder unter 7 Jahren	50% x B
Kinder unter 7 Jahren bei Zusammenleben mit Person, die allein für Pflege und Erziehung des Kindes sorgt	55% x B
Kinder 7-14 Jahre	65% x B
Kinder 14-18 Jahre	90% x B
Haushaltsangehörige ab 18 Jahren	80% x B

Quelle: MISSOC (1995, 2001)

Sätze zwischen 254 € und 266 € bzw. 2000 zwischen 267 € und 280 €. In Tabelle 2.1 wird dargestellt, wie viel Prozent des Eckregelsatzes für zusätzliche Personen bzw. Kinder im Haushalt eingerechnet wird.[38]

Die Hilfe in besonderen Lebenslagen umfasst die Sicherung des individuellen Bedarfs in besonderen Situationen wie z.B. Krankenhilfe. Die Haushaltseinheit für die Einkommensberechnung ist der Leistungsempfänger und sein nicht von ihm getrennt lebender Ehegatte. Bei minderjährigen unverheirateten Kindern, die zu Hause leben, wird auch das Einkommen und Vermögen der Eltern berücksichtigt.

Neben dieser allgemeinen Sozialhilfe gibt es für Sozialhilfeempfänger die Möglichkeit, Wohngeld zu beziehen. Dies steht ebenfalls Personen zu, die nicht die finanziellen Mittel für einen angemessen großen Wohnraum besitzen. Das Wohngeld wurde 1965 eingeführt[39] und wird regelmäßig[40] an die Miet- und Einkommensentwicklung angepasst. Es wird entweder als Mietzuschuss für Mieter oder als Lastenzuschuss für Haus- und Wohneigentümer gewährt. Für Sozialhilfeempfänger wird das pauschalierte Wohngeld[41] zur Verfügung gestellt.

[38] Diese Anteile gelten für beide betrachteten Jahre.

[39] Die Einführung erfolgte über das Wohngeldgesetz von 1965. Dieses hat allerdings Vorläufer wie das Gesetz über die Gewährung von Miet- und Lastenbeihilfen von 1960 sowie das Gesetz über Wohnbeihilfen von 1963.

[40] Die letzte Anpassung, die für die Jahre 1994 und 2000 noch galt, erfolgte allerdings 1990, erst zum 1.1.2001 wurde eine Leistungsverbesserung wirksam.

[41] Dieses unterscheidet sich im Leistungsumfang nicht von den Mietzuschüssen für Mieter, lediglich der Verwaltungsaufwand ist dabei reduziert.

2.2 Finnland

2.2.1 Überblick

Als Ideen der deutschen Sozialpolitik, die auf die Arbeiterklasse zugeschnitten waren, Ende des 19. Jahrhunderts in Finnland Diskussionen auslösten, war das nordeuropäische Land eines der am meisten landwirtschaftlich geprägten Länder Europas.[42] Dementsprechend wurden nicht nur Industriearbeiter sondern auch das ländliche Proletariat dadurch angesprochen. Aufgrund dieser Diskussionen überprüfte eine Kommission die Notwendigkeit der Versicherungspflicht für Arbeiter. Die Mehrheit dieser Kommission befürwortete eine staatliche Kontrolle mit privaten Versicherungen, die freiwillig abgeschlossen und durch öffentliche Subventionen unterstützt werden könnten. 1897 wurde ein Statut verabschiedet, dass private Kranken- und Rentenversicherungen von einer staatlichen Behörde beaufsichtigt werden sollten. 1895 wurde ein Gesetz zur Unfallversicherung abgesegnet, 1917 wurde die Unfallversicherung obligatorisch. Die sozialdemokratische Arbeiterbewegung forderte weitere soziale Reformen, was von der führenden Klasse abgelehnt wurde. Der sich daraufhin entzündende Bürgerkrieg von 1918 endete mit einer Niederlage der Arbeiterbewegung.

Nach dem zweiten Weltkrieg konnte sich Finnland relativ schnell wirtschaftlich erholen, damit gingen Sozialreformen (vor allem Hilfen für Familien) einher. Ende der vierziger Jahre machte Heikki Waris, der einer der führenden Forscher im Bereich der Sozialpolitik der damaligen Zeit war, den Vorschlag, die Maßnahmen der Sozialpolitik nicht nur auf die Arbeiterklasse zu konzentrieren, sondern im Sinne von Beveridge eine universelle soziale Sicherung zu verfolgen. Die im Folgenden durchgeführten Sozialreformen waren geprägt von der Auseinandersetzung der Agrarpartei, die Pauschalleistungen befürwortete, und den Sozialdemokraten und Konservativen, die einkommensbezogene Leistungen bevorzugten. Bei der Einführung des neuen Pensionssystems 1957, das neben Altersrenten auch Invaliditätsrenten umfasste, setzte sich die Agrarpartei durch, die die dominierende Kraft bei der Gestaltung der Sozialpolitik nach dem zweiten Weltkrieg darstellte. Diese Reform war aber bei weitem nicht ausreichend, da die eingeführten Pauschalzahlungen mit geringem Deckungsgrad

[42]Vgl. zu der Entwicklung des finnischen Wohlfahrtsstaates z.B. Kuhnle (1982), Alestalo und Uusitalo (1986), Huber und Stephens (2001), Kautto et al. (1999) oder Ervasti (2002).

unzureichend waren, was zu weiteren Reformen in den sechziger Jahren führte. 1966 konnte die politische Linke die Mehrheit im Parlament gewinnen und der Einfluss der Gewerkschaften stieg. Diese veränderte politische Situation zog eine sozialdemokratisch orientierte Politik nach sich. Während der siebziger Jahre waren die Reformen darauf ausgerichtet, die verschiedenen Formen der sozialen Sicherung zu koordinieren. Ende der siebziger Jahre erreichte der Deckungsgrad dann das hohe Niveau, das charakteristisch für Skandinavien ist. Der „Nachzügler" unter den nordeuropäischen Staaten konnte in den siebziger und achtziger Jahren durch gute Wachstumsraten, die auch eine Weiterentwicklung des Wohlfahrtsstaates nach sich zogen, die Lücke zu Norwegen, Dänemark und Schweden schließen. Diese gute wirtschaftliche Entwicklung förderte das Streben nach Gleichheit und geringer Armut.

In den neunziger Jahren wurde dieser Trend allerdings jäh gestoppt: 1991 und 1992 waren die Wachstumsraten negativ und die Arbeitslosigkeit stieg stark an. Daraus resultierten Kürzungen der Leistungen bei Arbeitslosigkeit, des Krankengeldes, der Altersrenten sowie Beitragserhöhungen und neue Steuern und Gebühren, die Ansprüche zum Bezug von Leistungen wurden verschärft und die Erhöhung von Arbeitsanreizen rückte stärker in den Vordergrund. Die überhitzte Wirtschaft hatte mit einer ernsten Bankenkrise, mangelnder Konsumnachfrage, einer sehr restriktiven Währungspolitik und dem Zusammenbrechen des für Finnland sehr wichtigen Sowjetmarktes zu kämpfen. Ab Mitte der neunziger Jahre erfolgte eine Erholung der Wirtschaft, wobei die Arbeitslosigkeit auf relativ hohem Niveau verblieb.[43] Die wirtschaftliche Krise sorgte dafür, dass die Arbeitgeber entlastet wurden, indem deren Anteile an den Beitragszahlungen zur Sozialversicherung gesenkt und für die Arbeitnehmer erhöht wurden. Das finnische Sozialsystem ist heute dadurch gekennzeichnet, dass es jedem einen Zugang bietet und nicht nur auf bestimmte Gruppen beschränkt ist. Die Mehrzahl der Sozialleistungen, nämlich Wohngeld, Mindestsicherung, Familienleistungen, Geldleistungen bei Krankheit und Mutterschaft, die Mindestbeihilfe und Arbeitsmarktunterstützung bei Arbeitslosigkeit sowie die Grundsicherung bei Alters- und Invaliditätsrente wird durch die Sozialversicherungsanstalt (Kela) verwaltet. Die verbleibenden Leistungen wie z.B. die Unfallversicherung werden über verschiedene private oder staatliche Stellen geregelt.

[43]Vgl. dazu die Arbeitslosenzahlen Tabelle 6.2, S. 142.

2.2.2 Arbeitslosigkeit

Die Versicherung bei Arbeitslosigkeit wurde erstmals 1917 gesetzlich geregelt.[44] Das heute als Versicherungsleistung existierende Arbeitslosengeld wurde 1984 gesetzlich geregelt. Diese Leistung besteht aus einer Grundsicherung und einer verdienstabhängigen Sicherung, welche auf einer freiwilligen Versicherung in einer Arbeitslosenkasse basiert. Diese Leistungen sind für alle Arbeitnehmer und seit 1995 auch für alle Selbständigen zwischen 17 und 64 zugänglich. 1985 wurde eine Besteuerung der Leistungen bei Arbeitslosigkeit eingeführt, dafür wurde allerdings auch der Prozentsatz des Gehalts, der als Leistung bezogen wird, von 75 auf 90 Prozent angehoben. Die stark ansteigende Arbeitslosigkeit zu Anfang der neunziger Jahre hatte Kürzungen der Leistungen zur Folge. So wurde 1992 der einkommensabhängige Teil der Leistungen um drei Prozentpunkte reduziert. Die Finanzierung der Grundsicherung erfolgt über Steuern, der verdienstabhängige Teil wird über Beiträge der Versicherten, der Arbeitgeber und vom Staat finanziert. Weiterhin wird seit dem 1.1.1993 auch ein zusätzlicher Arbeitnehmerbeitrag fällig. Es erfolgte per Gesetz über die Arbeitsmarktunterstützung vom 30. Dezember 1993 allerdings auch eine Ausweitung der Leistungen durch die Einführung der Arbeitslosenhilfe. Diese wird denjenigen gewährt, die die Voraussetzung für den Empfang des Arbeitslosengeldes nicht erfüllen oder auf Tagegeld keinen Anspruch mehr haben. Die Arbeitslosenhilfe wird vollständig staatlich finanziert. Für den Empfang der Versicherungsleistungen muss der Arbeitslose beim Arbeitsamt als arbeitslos gemeldet, auf der Suche nach einer Vollzeitbeschäftigung und arbeitsfähig sein, sowie dem Arbeitsmarkt zur Verfügung stehen. Die Grundbedingungen für den Empfang der Arbeitslosenhilfe sind gleich wie bei der Arbeitslosenversicherung, weiterhin muss Bedürftigkeit vorliegen.

Die Situation stellte sich damit 1995 wie folgt dar. Als Finanzierungsbeitrag für die verdienstabhängige Sicherung tragen die Arbeitgeber zwei Prozent der Lohn- und Gehaltssumme bis zu 840.940 € sowie 6,1 Prozent der darüber hinausgehenden Lohn- und Gehaltssumme bei. Der so genannte zusätzliche Arbeitnehmerbeitrag beträgt 1,87 Prozent des Erwerbseinkommens. Der Staat übernimmt 47,5 Prozent der Kosten der Tagegelder sowie eventuelle Defizite, die durch eine Fehleinschätzung der Einnahmen aus zusätzlichen Arbeitneh-

[44] Zu diesem Abschnitt vgl. z.B. Ervasti (2002), Daly (1997), Ploug (1999), NOSOSCO (2002).

merbeiträgen entstehen. Weiterhin beteiligt sich der Staat auch an den Verwaltungskosten. Zum Empfang der Grundsicherung der Arbeitslosenversicherung muss der Arbeitnehmer während der letzten 24 Monate mindestens 26 Wochen beschäftigt gewesen sein, Selbständige müssen während der letzten 48 Monate mindestens 24 Monate ihre unternehmerische Tätigkeit ausgeübt haben. Für die verdienstabhängige Sicherung gelten die gleichen Voraussetzungen, allerdings müssen während der Mitgliedschaft in der Arbeitslosenkasse die Beschäftigungsvoraussetzungen erfüllt worden sein. Die Arbeitslosenhilfe wird ohne Anwartschaftszeit gewährt, allerdings nur nach einer Bedürftigkeitsprüfung. Bei der Arbeitslosenversicherung ist eine Karenzzeit von fünf Werktagen vorgesehen, bei der Arbeitslosenhilfe gilt die Karenzzeit von drei Monaten lediglich für Berufsanfänger. Die Arbeitslosenversicherung wird für die Dauer von 500 Kalendertagen innerhalb von vier fortlaufenden Kalenderjahren gewährt. Ab 55 Jahren besteht bis zum Alter von 60 Jahren Anspruch auf die Leistung. Die Arbeitslosenhilfe kann zeitlich unbegrenzt bezogen werden. Das verdienstabhängige Tagegeld wird für Arbeitnehmer auf der Grundlage des Durchschnittsverdienstes der letzten 26 Wochen berechnet, bei Selbständigen werden die Einkünfte in den letzten zwölf Monaten der Beitragsentrichtung herangezogen. Für Arbeitnehmer gibt es keine Grenze für die Bezugshöhe, bei Selbständigen ist es das gemeldete Einkommen, das entsprechend des Rentengesetzes für Selbständige als Berechnungsgrundlage für die Rente gilt. Der Grundbetrag der Arbeitslosenversicherung beträgt 20 € pro Tag,[45] zusätzlich werden 42 Prozent des Unterschiedsbetrags zwischen dem Grundbetrag und dem Arbeitsentgelt pro Tag gewährt. Falls das monatliche Arbeitsentgelt das 90-fache des Grundbetrags übersteigt, so reduziert sich diese einkommensabhängige Leistung auf 20 Prozent des überstiegenen Betrags. Für die Arbeitslosenhilfe beträgt der volle Satz 20 €, der gezahlt wird, wenn das Monatseinkommen unter 622 € bei Alleinstehenden und 1.155 € bei Verheirateten liegt. Diese Beträge für das Monatseinkommen erhöhen sich um 106 € für jedes Kind unter 18 Jahren. Liegen die Einkommen oberhalb der genannten Grenzen, verringert sich der Satz für das Tagegeld um 75 Prozent. Junge Leute, die bei ihren Eltern leben, erhalten 60 Prozent des vollen Satzes, während der Teilnahme an arbeitsmarktpolitischen Maßnahmen wird der volle Satz gewährt. Pro Kind unter 18 Jahren erhöht sich das Arbeitslosengeld bzw.

[45] Dabei wird nur für fünf Tage pro Woche Tagegeld gewährt.

-hilfe um einen bestimmten Betrag. Teilarbeitslosigkeit liegt vor, wenn entweder die Arbeitszeit gekürzt wird, oder ein Arbeitsloser eine Teilzeitstelle oder eine auf einen Monat befristete Vollzeitstelle annimmt. Das Tagegeld wird im Vergleich zum vollen Tagegeld dabei entsprechend angepasst.

Für die Regelungen im Jahr 2000 war ein weiteres Gesetz zur Regelung der Arbeitslosenversicherung von 1998 bezüglich der Finanzierung der Leistungen bei Arbeitslosigkeit relevant. Die Finanzierung der Grundsicherung erfolgt 2000 zu 23 Prozent aus Steuern und zu 77 Prozent aus Beiträgen der Arbeitnehmer, die keiner Arbeitslosenkasse angehören. Der zusätzliche Arbeitnehmerbeitrag liegt bei einem Prozent des Erwerbseinkommens, für die verdienstabhängige Sicherung muss der Arbeitgeber 0,9 Prozent der Lohn- und Gehaltssumme bis zu 840.940 € sowie 3,45 Prozent der über diese Grenze hinausgehenden Lohn- und Gehaltssumme zahlen. Die Beiträge der Arbeitgeber wurden also im Vergleich zu 1995 stark gesenkt. Im Vergleich zu 1995 hat sich 2000 weiterhin die Anwartschaftszeit für den Bezug des Arbeitslosengeldes geändert: Inzwischen müssen Arbeitnehmer in den letzten 24 Monaten mindestens 43 Wochen mit jeweils mindestens 18 Stunden beschäftigt gewesen sein. Die Karenzzeit für die Arbeitslosenversicherung wurde auf sieben Werktage innerhalb eines zusammenhängenden Zeitraumes von acht Wochen erhöht, bei der Arbeitslosenhilfe beträgt die Karenzzeit fünf Werktage innerhalb eines zusammenhängenden Zeitraumes von acht Wochen bzw. fünf Monate für Berufsanfänger. Ebenso wurde das Alter von 55 auf 57 Jahren erhöht, ab dem bis zum 60. Lebensjahr Leistungen gewährt werden. Für den verdienstabhängigen Teil der Leistung wird für die Berechnung der durchschnittliche Verdienst der letzten 43 Wochen statt bisher der letzten 26 Wochen herangezogen, für Selbständige werden die Einkünfte der letzten 24 Monate der Beitragsentrichtung zugrunde gelegt. Die ausgezahlten Sätze wurden im Vergleich zu 1995 angepasst, gleiches gilt für die Familienzulagen, wobei inzwischen die Sätze für die Arbeitslosenversicherung und -hilfe differenziert werden mit niedrigeren Leistungen bei der Arbeitslosenhilfe: Der Grundbetrag des Arbeitslosengeldes beträgt 21 € pro Tag,[46] für die Arbeitslosenhilfe beträgt der volle Tagessatz 20 €. Der volle Satz für die Arbeitslosenhilfe ist zu zahlen, wenn das Monatseinkommen unter 252 € (Alleinstehende) bzw. 848 € (Verheiratete) liegt, bei Einkommen oberhalb dieser Grenzen verringert sich der Satz für Alleinste-

[46]Die Berechnung der Zuschläge erfolgt weiterhin gemäß den Erläuterungen für 1995.

hende um 75 Prozent, für Verheiratete um 50 Prozent. Für den Vergleich der Regelungen im Jahr 2000 zu 1995 lässt sich zusammenfassen, dass insgesamt eine Einschränkung der Leistungen bei Arbeitslosigkeit stattfand.

2.2.3 Krankheit - Geldleistungen

Schon 1897 wurde per Gesetz eine freiwillige Krankenversicherung eingeführt, wobei sich der Staat nicht an der Finanzierung beteiligte.[47] Weitaus wichtiger wurde dagegen das tariflich ausgehandelte Krankengeld, das vom Arbeitgeber zu entrichten war. In den späten fünfziger Jahren waren fast 65 Prozent der Arbeitnehmer erfasst, die Leistungen wiesen allerdings erhebliche Mängel auf, wie z.B. die kurze Zeitspanne, für die Zahlungen gewährt wurden. Auf Druck der politischen Linken führte Finnland dann als letztes Land in Europa 1963 die obligatorische nationale Krankenversicherung per Gesetz ein, wodurch der Deckungsgrad auf ein sehr hohes Niveau anstieg. Diese späte Einführung kann nach Kangas (1992: 28) auf den hohen Einfluss der Agrarpartei auf die Entwicklung des finnischen Wohlfahrtsstaates zurückgeführt werden. Berechtigt zum Bezug des Krankengeldes sind alle Einwohner von 16 bis 64 Jahren, wobei keine Versicherungspflichtgrenze existiert. Finanziert wird die Krankenversicherung über Beiträge und Beteiligung des Staates. Von der Rezession Anfang der neunziger Jahre war auch die Regelung des Krankengeldes betroffen: 1992 wurden die verdienstabhängigen Leistungen gekürzt, weitere Kürzungen und eine Verlängerung der Wartezeit erfolgte 1993.

Damit lassen sich für 1995 die folgenden Regelungen feststellen. Der Beitrag zur Krankenversicherung beträgt 1,9 Prozent des zu versteuernden Einkommens bis 13.455 € sowie 3,8 Prozent des über diese Grenze hinausgehenden zu versteuernden Einkommens zuzüglich drei Prozent des Renteneinkommens. Die Arbeitgeber entrichten in der Privatwirtschaft 1,6 Prozent der Lohnsumme, im staatlichen Sektor sind dies 2,85 Prozent und die Kirche muss als Arbeitgeber 7,85 Prozent der Lohnsumme entrichten. Die staatliche Beteiligung von 13 Prozent an den Kosten für die Tagegelder wurde 1995 und 1996 vorübergehend ausgesetzt. Zur Deckung von Defiziten wird ein jährlicher Staatszuschuss gewährt. Um Krankengeld beziehen zu können, müssen neun Karenztage (ohne Sonntage) nach Ausbruch der Krankheit verstrichen sein. Eine gesetzlich

[47] Zu diesem Kapitel vgl. z.B. Kangas (1992) oder Ploug (1999).

geregelte Lohnfortzahlung gibt es nicht. Die Höhe der Leistungen ist nach der Höhe der jährlichen Einkommen in sechs Stufen gestaffelt,[48] bestehend aus jeweils einem Grundbetrag und einem Prozentsatz des konkreten Einkommens. Die Leistungen können höchstens 300 Tage in zwei Jahren (ohne Sonntage) empfangen werden, wenn es sich um dieselbe Krankheit handelt. 1996 erfolgten Kürzungen beim Krankengeld, der verdienstabhängige Teil wurde nur noch an die gezahlt, die mehr als 841 € im Jahr verdienen, die Geringverdiener mit einem Einkommen unter 841 € haben erst nach 60 anstatt nach neun Tagen Krankheit Anspruch auf eine pauschale, bedarfsabhängige Leistung.

2000 gibt es also nur noch vier Stufen anstatt sechs wie 1995, wobei die unterste für Einkommen unter 908 € eben erst nach 60 Tagen aufgrund eines Bedürftigkeitsnachweises gewährt werden kann. Hinsichtlich der Beitragszahlungen wurde der Prozentsatz für die Versicherten auf 1,5 Prozent des zu versteuernden Einkommens zuzüglich 1,7 Prozent der Rentenzahlungen gesenkt. Ebenfalls wurde der Anteil für die Kirche auf 1,6 Prozent gesenkt.[49] Der Staat trägt die Aufwendungen für die Mindesttagegelder und deckt weiterhin eventuelle Defizite. So deckte der Staat im Jahr 2000 16 Prozent der Ausgaben für Geldleistungen bei Mutterschaft und Krankheit.

2.2.4 Invalidität

Eine gesetzliche Regelung von Leistungen bei Invalidität erfolgte erstmals 1913. Sie wurde für verschiedene Gruppen vor allem Ende der fünfziger und sechziger Jahre vorangetrieben. Die Invaliditätsrenten gehören zum Rentensystem, das sich aus einer staatlichen Mindestrente (Volksrente) und einem Erwerbsrentensystem zusammensetzt. Die Volksrente wird durch Beiträge und Beteiligung des Staates finanziert, die Rente nach Erwerbstätigkeit über Beiträge, wobei sich der Staat allerdings an den Rentensystemen für Landwirte und Selbständige beteiligt. Die genannten Beiträge sind in einem pauschalen Rentenbeitrag enthalten (also zusammen mit den Kategorien Alter/Hinterbliebene). Wenn die Arbeitsfähigkeit eines Versicherten um drei Fünftel durch Krankheit verringert ist und dieser Zustand mindestens ein Jahr so bleiben wird, besteht Anrecht auf die entsprechenden Leistungen. Weiterhin können Versicherte ab

[48] Zu den genauen Beträgen siehe MISSOC (1996).

[49] Dabei gibt es keine Beitragsbemessungsgrenze mehr.

58 Jahren, die aufgrund ihrer bislang geleisteten Arbeit nicht mehr in der Lage sind, ihre Tätigkeit auszuüben, eine individuell vorgezogene Rente beantragen. Die Volksrente ist auf alle Einwohner zwischen 16 und 65 Jahren anwendbar (ohne einen festgelegten Mindestsatz der Erwerbsunfähigkeit), die Erwerbsrente ist nur für versicherte Arbeitnehmer und Selbständige zwischen 14 und 65 Jahren gedacht. Die Erwerbsrente gliedert sich in die Erwerbsunfähigkeitsrente (höchstens zwei Fünftel Arbeitsfähigkeit), die Rente bei teilweiser Erwerbsunfähigkeit (höchstens drei Fünftel Arbeitsfähigkeit) und die individuell vorgezogene Rente ohne Mindestsatz der Erwerbsunfähigkeit. Volksrente und Erwerbsrente werden ab Einstellung der Krankengeldzahlungen gewährt, solange die Voraussetzungen erfüllt sind. Für den Empfang der Volksrente muss nach dem 16. Lebensjahr mindestens drei Jahre lang der ständige Wohnsitz in Finnland gewesen sein, für die Erwerbsrente ist eine Wartezeit von einem Monat für Arbeitnehmer und vier Monaten für Selbständige zu erfüllen. Die Volksrente wird als Pauschalbetrag gezahlt, der z.B. durch Pflegegeld oder Wohngeld aufgestockt werden kann. Die Erwerbsunfähigkeitsrente und die individuell vorgezogene Rente entsprechen der vollen Höhe der zu erwartenden Altersrente, die Rente bei teilweiser Erwerbsunfähigkeit ist halb so hoch wie die Rente bei voller Erwerbsunfähigkeit. Das Nachgehen einer Erwerbstätigkeit ist innerhalb gewisser Grenzen gestattet, ist das Einkommen allerdings zu hoch, kann die Rente ab bestimmten Grenzen teilweise gekürzt bzw. gestrichen werden. Zusätzlich zur Volksrente besteht Anspruch auf Rehabilitationshilfe, wenn Maßnahmen zur Rehabilitation erforderlich sind. Die empfangenen Leistungen müssen prinzipiell voll versteuert werden, allerdings gibt es Freibeträge.[50] Die Erwerbsrente kann mit einer Rente bei Arbeitsunfällen oder Berufskrankheiten kombiniert werden, allerdings wird die Zulage zum Grundbetrag dann gekürzt. 1995 beträgt der Grundbetrag der Volksrente 75 € pro Monat, die allerdings noch durch Zulagen ergänzt wird, so dass die Volksrente zwischen 282 € und 350 € pro Monat liegt, abzüglich 50 Prozent der Erwerbsrente. Das Pflegegeld wird in drei Kategorien zu 47 €, 116 € bzw. 232 € gezahlt. Für die Volksrente entrichtet der Versicherte 0,55 Prozent des zu versteuernden Einkommens und ein Prozent des Renteneinkommens. Diese Arbeitnehmerbeiträge wurden allerdings 1996 abgeschafft. Der Arbeitgeber entrichtet 2,4, 4 oder 4,9 Prozent der Lohnsumme, abhängig von Höhe und Zusammensetzung des Lohnes. Für

[50]So bleibt die Volksrente steuerfrei, soweit keine anderen Einkünfte erzielt werden.

die Volksrente werden ein jährlicher Staatszuschuss zur Deckung von Defiziten sowie einige spezielle Beihilfen gewährt. Die Erwerbsrente wird finanziert durch die Beiträge der Arbeitgeber, die 16,2 Prozent für die Privatwirtschaft, 21,8 Prozent für lokale Behörden, 19,35 Prozent für den Staat und 27 Prozent für die Kirche betragen. Die Arbeitnehmer entrichten 4 Prozent des Erwerbseinkommens, Landwirte und Selbständige 20,2 Prozent, eine Bemessungsgrenze existiert nicht. Die lokalen Behörden tragen 1995 43 Prozent des Wohngelds für Rentenempfänger und 45 Prozent der Zulage zum Grundbetrag der Volksrente. Die Erwerbsrente der Arbeitnehmer wird nicht staatlich unterstützt, für die Sicherung der Selbständigen und Landwirte wird ein staatlicher Zuschuss zur Deckung von Defiziten gewährt. Die langfristige Finanzierung der Volksrente erfolgt über das Umlageverfahren, wohingegen die Erwerbsrente durch ein Mischsystem aus Umlage- und Kapitaldeckungsverfahren finanziert wird.

Bis zum Jahr 2000 wurde die Gesetzgebung noch auf weitere Berufsgruppen ausgeweitet (z.B. 1998 für Artisten). Die individuell vorgezogene Rente wird 2000 erst ab 60 anstatt ab 58 gewährt. Für den Bezug der Erwerbsrente wurde die Wartezeit von einem Monat für Arbeitnehmer abgeschafft. Die Erwerbsunfähigkeitsrente wird in Höhe des Rentenanspruchs von 1,5 Prozent pro Versicherungsjahr bzw. bei zugerechneten Jahren von 1,5 Prozent pro Jahr bis zum Alter von 50 Jahren, 1,2 Prozent für das Alter von 50 bis 59 Jahren und 0,8 Prozent nach dem 60. Lebensjahr gewährt. Der volle Satz für die Volksrente liegt 2000 zwischen 375 € und 447 €, abhängig von Familienstand und der Gemeinde. Die drei Kategorien des Pflegegeldes für Rentner betragen 48 €, 119 € bzw. 238 € pro Monat. Die Arbeitgeberbeiträge zur Volksrente sind inzwischen noch mehr aufgegliedert: Arbeitgeber der Privatwirtschaft entrichten 2, 4 oder 4,9 Prozent der Lohnsumme, lokale Gemeinden und Kirchen 3,15 Prozent und der Staat 3,95 Prozent. Für die Rente aufgrund von Erwerbstätigkeit entrichten Arbeitgeber der Privatwirtschaft im Durchschnitt 16,6 Prozent, lokale Behörden 22,2 Prozent, der Staat 19,0 Prozent und die Kirche 27,0 Prozent. Die Arbeitnehmer beteiligen sich mit 4,5 Prozent des Erwerbseinkommens, Landwirte und Selbständige mit 21,0 Prozent.

Eine weitere Leistung bei Invalidität ist das Invaliditätsgeld (Vammaistuki) für Nichtrentenempfänger. Dieses wird für Personen im Alter von 16 bis 64 gewährt, die keine Rentenempfänger sind, aber deren Gesundheit durch Krankheit oder Verletzung beeinträchtigt ist. Dieses besondere Invaliditätsgeld dient dem Ausgleich für Härten, notwendige Dienste usw. Die Leistungshöhe orientiert sich allein am Grad der Behinderung. 1996[51] werden 70 €, 163 € oder 302 € pro Monat gewährt, 2000 betragen die entsprechenden Stufen 71 €, 167 € oder 309 €.

2.2.5 Arbeitsunfälle und Berufskrankheiten

Das erste Gesetz zur Unfallversicherung von 1895 orientierte sich weitgehend am deutschen Modell.[52] Das momentan gültige Arbeitsunfallversicherungsgesetz stammt aus dem Jahre 1948. Es wurde mehrfach geändert, 1982 wurde eine umfangreiche Reform der Entschädigungsleistungen vorgenommen. Weitere Novellierungen folgten 1993, 1994 und 1997. Das Gesetz über Berufskrankheiten wurde 1989 neu überarbeitet. Danach wird eine Krankheit als Berufskrankheit anerkannt, wenn sich nachweisen lässt, dass sie vorrangig auf die Arbeit zurückführbar ist. Die Regelungen bei Arbeitsunfällen und Berufskrankheiten fallen unter das finnische Sozialversicherungssystem, auch wenn im Rahmen delegierender Gesetzgebung weitgehend private Unfallversicherungsgesellschaften zuständig sind. Die Leistungen sind für Arbeitnehmer und Landwirte sowie einige Studenten und Auszubildende gedacht, Selbständige können sich freiwillig versichern lassen. Die Finanzierung erfolgt über risikoabhängige Versicherungsprämien zu Lasten des Arbeitgebers, die 1995 durchschnittlich 1,2 und 2000 1,4 Prozent der Lohn- und Gehaltssumme betragen. Der Staat ist lediglich an der Unfallversicherung der Landwirte mit 33,8 Prozent 1995 und 32,95 Prozent 2000 beteiligt. Als Arbeitsunfall wird ein Unfall während der Arbeit bezeichnet, der durch Umstände verursacht wird, die mit der Beschäftigung in Zusammenhang stehen, weiterhin sind Wegeunfälle gedeckt. Als Berufskrankheit wird eine Erkrankung anerkannt, wenn sie durch physikalische Faktoren, chemische Substanzen oder biologische Wirkstoffe ausgelöst wird und diese am Arbeitsplatz als Auslöser in Frage kommen. Normalerweise muss eine Erkrankung innerhalb eines Jahres gemeldet werden. Leistungen bei vorläufiger Erwerbsunfähigkeit werden maximal ein Jahr lang gewährt, wobei in den ersten vier Wochen das Tagegeld dem Krankengeld entspricht, danach dem 360. Teil des Jahresverdienstes des Versicherten. Zum Empfang einer Rente

[51] Daten für 1995 werden in MISSOC (1996) nicht aufgeführt.
[52] Zu diesem Kapitel vgl. z.B. Miettinen (1997).

bei dauerhafter Erwerbsunfähigkeit muss die Arbeitsfähigkeit um mindestens zehn Prozent und der Jahresverdienst um mindestens fünf Prozent verringert sein. Als Bemessungsgrundlage der Rente wird der Jahresverdienst herangezogen, der vermutlich ohne den Arbeitsunfall oder die Berufskrankheit erzielt worden wäre. Bei voller Erwerbsunfähigkeit wird eine Rente von 85 Prozent dieses Verdienstes gewährt, ab dem 51. Lebensjahr 70 Prozent. Bei teilweiser Erwerbsunfähigkeit wird der Satz der Vollrente proportional gekürzt. Ist Hilfe durch Dritte notwendig, wird 1995 eine Hilflosigkeitszulage von höchstens 19 € pro Tag gewährt, 2000 beträgt dieser Satz 21 €. Eine Kumulierung mit einem neuen Arbeitsverdienst ist möglich, bei Kumulierung mit anderen Renten oder Leistungen der sozialen Sicherung werden diese gekürzt. Außer bei der Beihilfe als Schadensausgleich für Beschwernisse und der Hilflosigkeitszulage müssen die Geldleistungen versteuert werden, es gelten für Renten die gleichen Freibeträge wie bei Invalidität. Im Todesfall können Witwen und Waisen mit einer (wenn auch geringeren) Rente rechnen.

2.2.6 Mindestsicherung

Die Mindestsicherung soll als letzte Hilfe greifen, wenn eine Person oder Familie nicht fähig ist, die notwendigen Lebenshaltungskosten zu decken.[53] Das erste Gesetz zur Regelung der Mindestsicherung trat 1956 in Kraft. Die heutige Form des allgemeinen beitragsunabhängigen Minimums (Toimeentulotuki) wurde 1982 eingeführt. Prinzipiell handelt es sich hierbei um ein individuelles Recht, die Haushaltssituation wird aber als Ganzes berücksichtigt. Dieses allgemeine beitragsunabhängige Minimum wird unbegrenzt gewährt, als Bedingung zum Bezug muss der ständige Wohnsitz im Staatsgebiet liegen. Die Mindestsicherung ist lediglich eine Ergänzung zu anderen Unterhaltsbeihilfen und kommt nur zum Zuge, wenn diese nicht ausreichen. Die Festlegung der Höhe der Mindestsicherung erfolgt durch die Regierung. Dabei wird in zwei Kategorien unterteilt, die sich je nach Lebenshaltungskosten der Gemeinde, in der sich der Wohnsitz befindet, richtet. Als Haushaltseinheit für die Einkommensberechnung dient der Antragsteller bzw. seine Familie. Mit einigen Ausnahmen wird das gesamte Arbeitseinkommen des Antragstellers bzw. seiner

[53]Zur Mindestsicherung in Finnland vgl. z.B. Eardley et al. (1996b: 126f), Kazepov und Sabatinelli (2001), Ditch und Oldfield (1999), OECD (1998) oder Alestalo und Uusitalo (1986).

Tabelle 2.2: Der Grundbetrag und die gesetzlich festgelegten Relationen für weitere Personen, Finnland

Basisbetrag B für Alleinstehende	**338/325 € (1995) 348/333 € (2000)**
Ehepartner	85% x B
Kinder ab 18 (bei den Eltern lebend)	73% x B
Kinder 10-16 Jahre	70% x B
Kinder unter 10 Jahren	60% x B (1995) 63% x B (2000)

Quelle: MISSOC (1996, 2001)

Familie angerechnet. Unterschieden wird in Alleinstehende, Verheiratete, Kinder ab 18 Jahren, die bei ihren Eltern leben, und kleinere Kinder. Die Höhe der Mindestsicherung setzt sich zusammen aus festen Beträgen für die jeweiligen „Familienbestandteile". Die Relationen zwischen dem gewährten Basisbetrag und den Beträgen für weitere Personen ist in Tabelle 2.2 für die Jahre 1995 und 2000 dargestellt.

Weiterhin können Zulagen für Wohnkosten, Kosten für die grundlegende medizinische Versorgung, für die Kindertagespflege oder andere unumgängliche Kosten gewährt werden. Finanziert wird die Mindestsicherung 1995 zu ca. 42 Prozent vom Staat und 58 Prozent von den Gemeinden. Ein Anstieg der Empfängerzahlen ging einher mit der Kürzung der Leistungen der Mindestsicherung. 1996 wurde eine Reform durchgeführt, die zur Kürzung der Leistungen führte, die Reformen von 1997 sollten die Arbeitsanreize erhöhen. Seit Januar 1996 kann die Mindestsicherung bis zu zwanzig Prozent gekürzt werden, wenn der Empfänger einen Job oder eine Teilnahme an Arbeitsmarktprogrammen ablehnt. Im Jahr 2000 liegt der staatliche Finanzierungsanteil bei 24 Prozent und damit bedeutend niedriger als 1995.

Neben diesem allgemeinen Minimum besteht für Haushalte mit niedrigen Einkommen Anspruch auf Wohngeld.[54] Wohngeld ist einer von vier Aspekten zur Förderung des Wohnens. Weitere sind öffentliche Kredite, die Subventionierung von Zinsen auf Kredite und Steuergutschriften auf Zinsen für Kredite. Seit

[54] Ausgenommen sind Studenten und Rentner, für die eigene Systeme zur Verfügung stehen.

1941 wurde Wohngeld für Großfamilien mit niedrigem Einkommen gewährt. 1962 wurde ein neues Wohngeldgesetz verabschiedet, wonach auch Familien mit zwei Kindern und niedrigem Einkommen Anspruch haben. Der Anspruch auf Wohngeld wurde 1975 noch weiter ausgeweitet. Dementsprechend stiegen die Ausgaben für Wohngeld stärker an.

2.3 Frankreich

2.3.1 Überblick

Die Einführung von ersten Sozialversicherungen erfolgte in Frankreich Ende des 19. Jahrhunderts, allerdings waren diese zunächst freiwillig und wurden erst in den folgenden Jahrzehnten bzw. erst nach dem zweiten Weltkrieg zu obligatorischen Pflichtversicherungen.[55]

Der Begründer des modernen französischen Wohlfahrtsstaates von 1945, Pierre Laroque, brachte aus seiner in London verbrachten Kriegszeit Beveridgesche Ideen mit und entwarf einen universellen Wohlfahrtsstaat, der alle Bürger einschließen sollte. Er wurde unterstützt von der damaligen Koalition von de Gaulle, der Kommunistischen und Sozialistischen Partei sowie den Christdemokraten, die allerdings schon 1946 zerbrach. Die vierte Republik von 1946 bis 1958 wurde von den Christdemokraten dominiert. Diese sorgten dafür, dass Fragmentierung und Korporatismus Einzug hielten anstatt des einheitlich geplanten Ursprungskonzeptes. 1958 kam de Gaulle zurück an die Macht. In der fünften Republik stiegen unter de Gaulle die Ausgaben für Wohlfahrt, Initiativen erfolgten vor allem in den Bereichen der Gesundheitsvorsorge und der Arbeitslosenversicherung, sowie in der Neuorganisation der Verwaltung, durch die die Anzahl der Versicherungsträger reduziert und die Staatskontrolle verstärkt wurde.

Heute weist Frankreich folgende Eigenschaften einer Bismarckschen Sozialversicherung auf: Das Sozialversicherungsprinzip mit Beiträgen von Arbeitnehmern und Arbeitgebern und Leistungen, die vom bisherigen Einkommen abhängen, sind sehr verbreitet. Das Sozialsystem geht (ursprünglich) vom männlichen Ernährer aus und ist fragmentiert (verschiedene „régimes“), es ist

[55]Vgl. zu diesem Kapitel z.B. Alber (1987), Levy (2000), Théret (2002), Greiner (2000), Palier (1997).

relativ unabhängig vom Staat, da es von den Sozialpartnern paritätisch geregelt wird. Diese Unabhängigkeit vom Staat ist allerdings eingeschränkt, da der Staat öfter massiv eingreift, z.B. durch Festlegung der Beitragssätze. Das Sozialsystem wurde aber auch so angelegt, dass es den Beveridgeschen Prinzipien Universalismus und Einheitlichkeit genügt, die sich z.B. in den Familienbeihilfen widerspiegeln.[56]

Wie bereits erwähnt, ist das französische Sozialsystem sehr fragmentiert. In Frankreich existieren über 100 verschiedene Systeme („régimes"), die sich in vier Hauptgruppen gliedern lassen: das allgemeine System für die Mehrheit der Arbeitnehmer in Industrie und Handel, aber auch anderen Gruppen wie Studenten, Behinderte usw., die dem allgemeinen System angeschlossen wurden, die Sondersysteme, das für die Landwirtschaft zuständige System sowie das System für diejenigen, die weder Arbeitnehmer, noch in der Landwirtschaft tätig sind (z.B. Handwerker). Das allgemeine System unterteilt sich wiederum in vier Zweige: Krankheit (Krankheit, Gesundheitsversorgung, Invalidität), Arbeitsunfälle, Familie (Mutterschaft und Familie) sowie Alter (Alter und Hinterbliebene). Die Arbeitslosigkeitsleistungen werden seit 1958 durch die Sozialpartner verwaltet, 1967 wurde eine staatliche Arbeitsverwaltung gegründet.

Eine Besonderheit des französischen Sozialsystems ist eine Abgabe mit dem rechtlichen Status einer Steuer: der allgemeine Sozialbeitrag (Contribution sociale généralisée - CSG), der auf alle Einkommensarten[57] erhoben wird und sogar höhere Einnahmen als die Gewerbesteuer erzielt. Dieser Sozialbeitrag wurde Anfang der neunziger Jahre eingeführt und von der Balladur-Regierung zum 1.7.1993 von 1,1 auf 2,4 Prozent angehoben, 1995 erfolgte eine Anhebung auf 3,4 Prozent. Seit dem 1.1.1998 gilt für Erwerbseinkommen, Kapitalerträge und Einkommen aus Vermögen ein CSG-Satz von 7,5 Prozent, für Ersatzleistungen von 6,2 Prozent. Diese Beiträge werden wie folgt eingesetzt: 1 Prozentpunkt zur Mitfinanzierung der Familienbeihilfe, 1,3 Prozentpunkte zur Mitfinanzierung der beitragsunabhängigen Leistungen im Alter und 4,1 Prozentpunkte der Einnahmen aus Erwerbseinkommen, Kapitalerträgen und

[56]Die These, dass es sich beim französischen Sozialsystem um eine Mischung Bismarckscher und Beveridgescher Elemente handelt, wird z.B. in Théret (2002) oder Levy (2000) näher erläutert.

[57]Es fallen darunter auch alle Ersatzleistungen (z.B. Altersrenten, Krankengeld) sowie Kapitalerträge und Einkommen aus Vermögen.

Einkommen aus Vermögen sowie 3,8 Prozentpunkte der Einnahmen aus Ersatzleistungen dienen zur Finanzierung der Grundsysteme der Krankenversicherung. Damit konnten die Arbeitnehmerbeiträge zur Krankenversicherung praktisch auf Null gesenkt werden.

2.3.2 Arbeitslosigkeit

Die Absicherung bei Arbeitslosigkeit wurde zwar schon 1905 erstmals geregelt, allerdings handelte es sich dabei um eine freiwillige Versicherung.[58] 1945 wurde nach dem Krieg zunächst keine Notwendigkeit der Regelung von Arbeitslosigkeitsleistungen gesehen, da ein Arbeitskräftemangel herrschte. 1958 wurde die Arbeitslosenversicherung durch eine Vereinbarung zwischen den Sozialpartnern geschaffen, 1967 folgte die Gründung der „Agence Nationale pour l'Emploi" (ANPE), also der staatlichen französischen Arbeitsverwaltung. In den achtziger Jahren bestand das Hauptproblem in der Vielfalt der verschiedenen Leistungen der Arbeitslosenversicherung. Daher wurden 1992 Reformen durch eine Vereinbarung zwischen den Arbeitgebern und Arbeitnehmern durchgeführt, die die Übersichtlichkeit der Leistungen wieder verbesserten. Die Leistungen bei Arbeitslosigkeit unterteilen sich heute in die Zweige der Arbeitslosenversicherung und der Arbeitslosenhilfe. Die Arbeitslosenversicherung schließt alle Arbeitnehmer mit ein, die Arbeitslosenhilfe Arbeitslose, die keinen Anspruch mehr auf Versicherungsleistungen haben, sowie diverse Sonderkategorien. Auch in Frankreich machte sich die schlechte wirtschaftliche Lage Anfang der neunziger Jahre bemerkbar: Es wurden Rekordzahlen für die Arbeitslosigkeit verzeichnet, so dass die Leistungen bei Arbeitslosigkeit reduziert wurden, eine Wartezeit eingeführt wurde und die Beitragssätze für die Arbeitslosenversicherung angehoben wurden.

Die Situation stellt sich 1994 wie folgt dar. Der Arbeitgeber zahlt 1994 4,18 Prozent Beiträge, der Arbeitnehmer bei einem monatlichen Einkommen bis 1.991 € 2,42 Prozent und bei einem höheren Einkommen bis 7.830 € 2,97 Prozent. Der Staat zahlt einen Pauschalzuschuss. Die Grundvoraussetzungen zum Empfang von Arbeitslosengeld bei Vollarbeitslosigkeit sind, dass der Arbeitsplatz nicht freiwillig aufgegeben wurde, keine Saisonarbeitslosigkeit vor-

[58] Zu Arbeitslosigkeitsleistungen in Frankreich vgl. z.B. Palier (2000), Greiner (2000) oder Daly (1997). Die Ursprünge der Arbeitslosenversicherung werden in Alber (1987) erläutert.

liegt, Arbeitsfähigkeit und aktive Arbeitssuche (schließt die Meldung als Arbeitsloser ein) vorliegt und der Arbeitslose unter 60 Jahren alt ist. Für den Empfang von Arbeitslosengeld muss vier Monate Versicherungsmitgliedschaft innerhalb der letzten acht Monate vorliegen. Für das Arbeitslosengeld gilt keine Einkommensbedingung, die Arbeitslosenhilfe dagegen ist bedürftigkeitsgeprüft. Die Karenzzeit für das Arbeitslosengeld setzt sich zusammen aus der Wartezeit für bezahlten Urlaub, acht Karenztagen sowie einer Wartezeit, wenn der Anspruch direkt im Anschluss an die Auflösung eines Arbeitsverhältnisses erfolgt und dabei eine Entschädigung über der gesetzlich vorgeschriebenen gezahlt wurde. Das Arbeitslosengeld kann zwischen vier und sechzig Monaten gezahlt werden, je nach Mitgliedsdauer und Alter. Die Arbeitslosenhilfe wird für Langzeitarbeitslose halbjährlich mit unbestimmter Dauer gewährt, für die Empfänger aus den Sonderkategorien wird sie höchstens ein Jahr gezahlt. Der Bezugslohn für die Arbeitslosenversicherung ist das beitragspflichtige Entgelt während der letzten zwölf Monate. Davon werden 75 Prozent bis zum Vierfachen der monatlichen Beitragsbemessungsgrenze für die soziale Sicherheit von 7.830 € eingerechnet. Bei einer Versicherungszeit von mindestens sechs Monaten beträgt der volle Satz 40,4 Prozent des Tageslohns plus 8,43 € pro Tag oder 57,4 Prozent des Tageslohns, dabei wird die günstigste Lösung gewählt. Der tägliche Mindestbetrag ist 20,39 €. Dieser volle Satz wird alle vier Monate gemindert, eine Mindestleistung von 13 € pro Tag wird aber garantiert, für Personen ab 52 Jahren liegt dieser Satz unter Umständen höher. Liegt die Versicherungszeit zwischen vier und sechs Monaten, wird der volle Satz abzüglich 25 Prozent gewährt. Im Rahmen der Arbeitslosenhilfe wird für Langzeitarbeitslose 11,28 € pro Tag gewährt und 16,21 € für Personen über 55, die bestimmte Voraussetzungen erfüllen. Die Eingliederungshilfe für Jugendliche ist mit 6,66 € pro Tag niedriger. Ab 57 Jahren kann eine Frührente angetreten werden. Teilarbeitslosigkeit liegt vor, wenn die normale Arbeitszeit auf weniger als die gesetzliche Dauer aus wirtschaftlichen, unfallbedingten oder technischen Gründen gekürzt ist. Darunter fällt keine saisonbedingte Arbeitslosigkeit oder direkte Arbeitslosigkeit infolge eines Streiks. Bei Teilarbeitslosigkeit zahlt der Arbeitgeber 50 Prozent des Bruttostundenlohns mit einem Mindestbetrag von 4,42 €, der Staat erstattet 3,35 € pro Stunde an den Arbeitgeber. Arbeitslosengeld und Arbeitslosenhilfe dürfen nicht mit Geldleistungen der Krankenversicherung kumuliert werden. Die Leistungen sind nach Abzug von zehn oder zwanzig Prozent steuerpflichtig.

Eine neue gesetzliche Grundlage für die Arbeitslosenhilfe (régime de solidarité) wurde am 1.1.1997 geschaffen. Für Beamte wurde ein Solidaritätsbeitrag (contribution de solidarité) von einem Prozent eingeführt. Die Beitragssätze für die zwei unterschiedenen Lohngruppen im Jahr 2000 (bis 2.241 € bzw. 2.241 € bis 8.964 €), die jeweils als Bemessungsgrenze dienen, wurden seit 1994 beide gesenkt auf 2,21 Prozent bzw. 2,71 Prozent für Arbeitnehmer und 3,97 Prozent für die Arbeitgeber. Die monatliche Bemessungsgrenze für die soziale Sicherheit, die der Berechnung des Bezugslohns für die Arbeitslosenversicherung zugrunde liegt, ist 2000 bei 8.964 €. Der pauschale Zuschlag zu den 40,4 Prozent des bisherigen Tageseinkommens wurde auf 9,26 €, der Mindestbetrag auf 22,86 € erhöht, nach der Minderung des vollen Satzes (alle vier Monate) beträgt die garantierte Mindestleistung noch 16,38 €. Ebenso wurden die Sätze für die Arbeitslosenhilfe angepasst: 12,82 € pro Tag für Langzeitarbeitslose, 18,41 € für Personen über 55 Jahren und 9,03 € Eingliederungshilfe. Die Zuschüsse des Staates zu Leistungen bei Teilarbeitslosigkeit wurden auf 2,44 € pro Stunde gekürzt. Im Vergleich mit 1994 lässt sich also insgesamt feststellen, dass keine grundsätzlichen Veränderungen durchgeführt wurden und eine Beitragsentlastung der Arbeitnehmer und Arbeitgeber stattfand, dafür aber eine Zusatzbelastung der Beamten erfolgte.

2.3.3 Krankheit - Geldleistungen

Das erste Gesetz zu Geldleistungen bei Krankheit wurde 1930 verabschiedet.[59] Weitere grundlegende Gesetze stammen von 1945, 1992 und 1993. Die Finanzierung erfolgt über einen globalen Beitrag für Krankheit, Mutterschaft, Invalidität und Tod von 1994 19,6 Prozent. Dabei werden 6,8 Prozent von den Arbeitnehmern und 12,8 Prozent von den Arbeitgebern geleistet. Es gibt keine Bemessungsgrenze. Weitere Beiträge werden auf die Renten der Sozialversicherung (1,4 Prozent), Ergänzungsrenten (2,4 Prozent) und Vorruhestandsrenten (5,9 Prozent) sowie von 15 Prozent auf Prämien der Kfz-Versicherung erhoben. Weitere Einnahmen kommen aus der Alkoholsteuer auf alle alkoholischen Getränke mit mehr als 25 Volumenprozent (0,13 € pro dcl.), aus einer Abgabe

[59] Zu Geldleistungen bei Krankheit in Frankreich siehe z.B. Levy (2000).

bei Werbung für Pharmaprodukte (9 Prozent des Werbeumsatzes), einem vom Umsatz dieser Waren abhängigen Sonderbeitrag, der durch die Großhändler zu entrichten ist, und einer Abgabe von 1,4 Prozent auf Arbeitslosigkeitsleistungen, die das gesetzliche Mindesteinkommen überschreiten. Der Staat beteiligt sich nicht an der Finanzierung. Die Gesetze finden ihre Anwendung auf alle Arbeitnehmer und diesen gleichgestellten Personen. Eine Versicherungspflichtgrenze existiert nicht. Ein Anspruch auf diese Leistungen wird durch den Nachweis einer bestimmten Anzahl von so genannten gesetzlichen Mindeststundenlöhnen (SMIC) erworben. Es ist eine Karenzzeit von drei Tagen vorgesehen. Das Krankengeld kann grundsätzlich für zwölf Monate innerhalb eines Zeitraumes von drei aufeinander folgenden Jahren gewährt werden (36 Monate bei langwieriger Krankheit). Es beträgt 50 Prozent des täglichen Einkommens bis zu 32,42 €, bei Berechtigten mit drei Kindern erhöht sich der Satz auf 66,66 Prozent bis zu 43,23 € ab dem 31. Tag, bei langwieriger Krankheit ist die Mindestleistung nach dem siebten Monat 1/365 der Mindestinvalidenrente. Die Lohnfortzahlung ist nicht gesetzlich geregelt, sondern richtet sich nach Tarifverträgen. Die empfangenen Leistungen sind steuerpflichtig nach Abzug eines Steuerfreibetrags von zehn bzw. zwanzig Prozent. Bei langwieriger Krankheit besteht die Möglichkeit einer Steuerbefreiung. Die Besteuerung erfolgt bei Überschreitung von bestimmten jährlichen Nettoeinkommensgrenzen.

Der gemeinsame Beitrag für Sach- und Geldleistungen bei Krankheit, Mutterschaft, Invalidität und Tod liegt im Jahr 2000 bei 13,55 Prozent, was auf eine Senkung des Beitrages für Arbeitnehmer auf 0,75 Prozent zurückzuführen ist.[60] Die Höchstsätze für das Krankengeld liegen 2000 bei 37,35 € pro Tag, für Bezieher mit mindestens drei Kindern bei 49,8 €. So haben sich bezüglich des Krankengeldes bis auf die drastische Beitragssenkung für die Arbeitnehmer im Vergleich zu 1994 keine grundsätzlichen Veränderungen ergeben.

2.3.4 Invalidität

Das erste Gesetz zur Hilfe bei Invalidität wurde im Jahr 1930 beschlossen.[61] Nach dem zweiten Weltkrieg wurden in den Jahren 1945, 1960, 1961, 1992 und 1993 wichtige weitere gesetzliche Regelungen getroffen. Der Beitrag, aus

[60] Siehe dazu die Ausführungen in Kapitel 2.3.1 zum CSG, dessen Einführung diese Beitragssenkung ermöglichte.

[61] Zu den Leistungen bei Invalidität siehe z.B. Daly (1997).

dem die Invaliditätsrenten finanziert werden, ist in den Beiträgen zu den Leistungen bei Krankheit enthalten. Als Invalider wird jemand bezeichnet, der wegen Krankheit in einem beliebigen Beruf nicht mehr als ein Drittel der normalen Einkünfte erzielen kann, die eine Person der gleichen Kategorie bzw. des gleichen Ausbildungsstandes in der gleichen Region erzielt. Unterschieden wird in verminderte Erwerbsfähigkeit (Kategorie 1), Erwerbsunfähigkeit (Kategorie 2) sowie Erwerbsunfähigkeit und Pflegebedürftigkeit (Kategorie 3). Anwendung finden die Regelungen für Arbeitnehmer und diesen Gleichgestellten. Im Alter von 60 Jahren wird die Rente durch eine Altersrente ersetzt. Um Leistungen beziehen zu können, muss der Betroffene für mindestens 12 Monate vor dem ersten Tag des Monats der Arbeitsunterbrechung regelmäßig versichert gewesen sein. Es muss ein Nachweis von Beitragszahlungen für mindestens 2030 Mindeststundenlöhne (SMIC) im Laufe der zwölf Monate vor dem Eintritt des Versicherungsfalls erbracht werden, davon 1015 in den ersten sechs Monaten oder der Nachweis von 800 Arbeitsstunden in den letzten zwölf Monaten, davon 200 Stunden in den ersten drei Monaten. Die Höhe der Rente hängt davon ab, welche Kategorie vorliegt: Grundlage ist für Kategorie 1 und 2 jeweils das mittlere Jahreseinkommen der zehn besten Versicherungsjahre; für Kategorie 1 wird davon dreißig, für Kategorie 2 fünfzig Prozent als Rente gezahlt. Die dritte Kategorie bemisst sich als Rente der zweiten Gruppe zuzüglich vierzig Prozent Aufschlag. Die Jahreseinkommensgrenze liegt 1994 bei 23.489 €. Nach Abzug eines Steuerfreibetrags von zehn Prozent bzw. zwanzig Prozent ist die Invaliditätsrente steuerpflichtig, wobei gewisse Mindestbeträge sowie der Zuschlag für Pflege durch Dritte steuerbefreit sind. Es ist möglich, die Invaliditätsrente mit einer Rente bei Arbeitsunfall oder Berufskrankheit zu kumulieren bis zum Niveau des durchschnittlichen Lohns eines Arbeitnehmers der gleichen Kategorie. Im Jahr 2000 lassen sich im Vergleich zu 1994 wenig Veränderungen feststellen. Die Bemessungsgrenze für das Jahreseinkommen liegt bei 26.892 €. Die Berechnung der Renten erfolgt nach dem gleichen Schema wie 1994.

Eine weitere Hilfe bei Invalidität ist die Leistung an behinderte Erwachsene (allocation aux adultes handicapés, A.A.H.). Bezugsberechtigt sind Personen über zwanzig Jahren, die zu mindestens 80 Prozent dauerbehindert sind oder aufgrund ihrer Behinderung als arbeitsunfähig anerkannt sind und deren Einkünfte nicht eine bestimmte Grenze überschreiten. Die Leistung beträgt 1994 486,86 € bzw. 2000 545,13 € im Monat. Es werden sowohl die Einkünfte des Empfängers als auch seines Ehegatten oder Lebenspartners berücksichtigt. Die Finanzierung erfolgt durch den Staat. Diese Leistung kann auch von Personen bezogen werden, die keine Beiträge bezahlt haben.

Weiterhin wird eine Sondererziehungsbeihilfe für Behinderte mit einem Behinderungsgrad von mindestens fünfzig Prozent bis zum vollendeten 20. Lebensjahr gewährt. Diese beträgt 1994 100 € bzw. 2000 105 € pro Monat. Weitere Zuschläge werden gewährt, wenn eine Betreuung in besonderen Institutionen notwendig ist: Die erste Kategorie erfordert keine ständige Dritthilfe, aber Ausgaben in Höhe des Zuschlagsbetrags von 75 € bzw. 79 €, die zweite Kategorie beinhaltet ständige Dritthilfe bzw. Ausgaben in Höhe des Zuschlagsbedarfs von 225 € bzw. 237 €. Die dritte Kategorie betrifft Schwerbehinderte, die dauernde und hoch qualifizierte Hilfe benötigen. Hier ist weiterhin gefordert, dass ein Elternteil die berufliche Tätigkeit aufgeben musste bzw. eine dritte Person herangezogen werden muss. Die Leistung der dritten Kategorie beträgt 813 € bzw. 877 €.

2.3.5 Arbeitsunfälle und Berufskrankheiten

1898 wurde erstmals ein Gesetz zur Sicherung bei Arbeitsunfällen beschlossen.[62] Diese Regelungen wurden nach und nach auf die Hauptsektoren der unselbständigen Erwerbstätigkeit ausgedehnt und 1919 folgte dann eine Ausweitung auf Berufskrankheiten. Ein weiterer Meilenstein der Absicherung bei Berufskrankheiten und Arbeitsunfällen folgte in Form des Gesetzes über „die Prävention von und den Schadenersatz für Arbeitsunfälle und Berufskrankheiten“ von 1946. Seither stand nicht allein die Haftung des Arbeitgebers im Vordergrund, sondern Arbeitsunfälle wurden als soziales Risiko mit gleichem Stellenwert wie gewöhnliche Krankheiten betrachtet. Daher unterliegt die Verwaltung dieses Sicherungszweiges mit wenigen Ausnahmen den Stellen der sozialen Sicherung, wobei die Beiträge zur Finanzierung der Leistungen ausschließlich durch den Arbeitgeber geleistet werden mit einem durchschnittlichen Beitrag von 2,3 Prozent. Die Beiträge variieren je nach tariflichen Bestimmungen, abhängig von der Zahl der Beschäftigten oder dem Risikograd. Der Staat beteiligt sich an der Finanzierung nicht. Die langfristige Finanzierung erfolgt über ein Umlagesystem. Unter den Schutz dieser Gesetze fallen

[62] Vgl. zu diesem Kapitel z.B. Evrard (1997).

Personen, die für einen oder auch mehrere Arbeitgeber arbeiten. Gedeckt sind alle Unfälle im Zusammenhang mit der Beschäftigung, ebenso eingeschlossen sind Wegeunfälle. Als Berufskrankheiten werden Krankheiten anerkannt, die in den 93 Verzeichnissen mit Berufskrankheiten im Anhang zum 4. Buch des Gesetzes über die Soziale Sicherheit aufgeführt sind. Dort sind auch nähere Bestimmungen zu Mindesteinwirkungsdauer der Krankheitsursachen und Fristen für die Feststellung der Krankheit enthalten. Die Krankheit muss innerhalb von zwei Jahren gemeldet werden. Als Berechnungsgrundlage wird 1/30 des vorherigen Entgelts verwendet, wenn dieses monatlich ausgezahlt wurde, bzw. 1/28 der zwei vorherigen Entgelte, wenn das Entgelt jede Woche oder alle zwei Wochen ausgezahlt wurde, und zwar bis zur Obergrenze von 0,834 Prozent der jährlichen Beitragsbemessungsgrenze. Die Leistung entspricht 60 Prozent des Grundlohns und ist auf 120,65 € 1994 bzw. 134,57 € im Jahr 2000 für 28 Tage der Arbeitsunfähigkeit begrenzt. Danach erhöht sich der Betrag auf achtzig Prozent des Grundlohns in Höhe von 154,77 € bzw. 179,33 €. Bei einem Krankenhausaufenthalt erfolgt keine Kürzung. Bei dauernder Erwerbsunfähigkeit wird zur Rentenberechnung der tatsächliche Jahresarbeitsverdienst der letzten zwölf Monate vor der Einstellung der Arbeit herangezogen. Der Mindestbetrag ist 1994 mit 13.455,33 € bzw. 14.525,10 € im Jahr 2000, der Höchstbetrag ist mit 107.642,65 € bzw. 29.050,21 € pro Jahr festgelegt, was einer starken Kürzung des Höchstbetrages für das Jahr 2000 im Vergleich zu 1994 entspricht. Je nach Minderungsgrad der Erwerbsunfähigkeit wird davon ein Anteil als Rente gezahlt. Für die Pflege durch Dritte kann ein Zuschlag von vierzig Prozent der Jahresrente bei einem Mindestbetrag von 9.752,14 € bzw. 10.527,48 € gewährt werden. Im Todesfall wird hinterbliebenen Ehegatten und Kindern eine reduzierte Rente ausbezahlt. Leistungen bei Arbeitsunfällen und Berufskrankheiten sind nicht steuerpflichtig. 1999 traten Bestimmungen in Kraft, die das vorzeitige Ausscheiden von asbestgeschädigten Arbeitnehmern aus dem Berufsleben regeln. Sie können jetzt im Alter zwischen fünfzig und sechzig Jahren aus dem Beruf ausscheiden, wenn sie an einer durch Asbest hervorgerufenen Berufskrankheit leiden. Die Liste der Berufskrankheiten wurde bis 2000 auf 98 ausgeweitet.

2.3.6 Mindestsicherung

Ein allgemeines beitragsunabhängiges Minimum wurde erst 1988 in Form des RMI (Revenu Minimum d'Insertion) eingeführt.[63] Der RMI wurde ins Leben gerufen, als erkannt wurde, dass die Sozialversicherungsleistungen (u.a. wegen zu hoher Arbeitslosigkeit) nicht allein ausreichen. Durch diese Leistung sollen jedem Einzelnen Mindesteinkünfte zum Bestreiten grundlegender Bedürfnisse zukommen und die soziale und berufliche Eingliederung von Mittellosen gefördert werden. Die Mindestsicherung ist auf drei Monate befristet, kann aber verlängert werden von drei Monaten bis zu einem Jahr. Berechtigt zum Bezug sind Staatsangehörige und in Frankreich wohnhafte Ausländer, die die Dauerhaftigkeit ihres Aufenthaltes belegen müssen. Wenn die Gesamtdauer des Aufenthaltes im Ausland drei Monate pro Kalenderjahr übersteigt, führt dies zum Wegfall der Leistung. Die Mindestsicherung kann ab 25 Jahren gewährt werden, allerdings kann auch unter 25 bei Schwangerschaft bzw. wenn schon ein Kind unterhalten wird, die Leistung gezahlt werden. Der Empfänger muss sich durch einen Eingliederungsvertrag verpflichten, an Maßnahmen zur Weiterbildung und Wiedereingliederung teilzunehmen. Vor Empfang der Leistungen bei Mindestsicherung müssen andere Ansprüche auf Sozialleistungen und Unterhaltszahlungen ausgeschöpft sein. Die Höhe des Minimums wird ohne regionale Differenzierung durch Regierungsverordnung auf nationaler Ebene festgelegt. Die Haushaltseinheit für die Einkommensberechnung ist der Leistungsempfänger und Personen, welche mit ihm gemeinsam die Wohnung bewohnen (Ehe- oder Lebenspartner, Unterhaltsberechtigte unter 25 Jahren). Auf die Leistungen der Mindestsicherung werden Einkünfte aller Art angerechnet. Der Grundbetrag und die Zuschläge für weitere Personen sind in Tabelle 2.3 aufgeführt. Alle Empfänger des RMI bekommen einen Sozialwohnungszuschuss. Wohnbeihilfen gelten dabei nur bis zu einem bestimmten Pauschalbetrag als Haushaltseinkommen. RMI und Wohnbeihilfen sind einkommensteuerfrei. Die Finanzierung des RMI erfolgt durch den Staat.

Neben dem RMI kann als weiterer Bestandteil der Mindestsicherung die Aide Sociale gesehen werden (vgl. Eardley et al. 1996b: 144ff), die auf lokaler Ebene gewährte Leistungen beinhaltet. Diese sind nicht national geregelt und die Handhabung kann zwischen den verschiedenen Kommunen variieren, die

[63] Vgl. zur Mindestsicherung in Frankreich z.B. Ughetto und Bouget (2002).

Tabelle 2.3: Der Grundbetrag für die Mindestsicherung und die Verhältnisse der Leistungsbeträge zueinander, Frankreich

Basisbetrag B für Alleinstehende	**350,34 € (1994)** **389,10 € (2000)**
2. Erwachsener eines Paares	50% x B
Erstes Kind	30% x B
Zweites Kind	30% x B
Drittes Kind	40% x B

Quelle: MISSOC (1995, 2001)

bei der Gewährung relativ große Handlungsfreiheit genießen. Es wird nach Bedarf für bestimmte Zielgruppen eine Leistung[64] gewährt. Darunter können auch gesonderte Einmalzahlungen fallen (vgl. Eardley et al. 1996a: 73).

Ein weiteres Charakteristikum der französischen Mindestsicherung ist die große Bedeutung des Wohngeldes. Dies zeigt sich deutlich in den hohen Aufwendungen für diesen Transfer.[65] Wohngeld kann sowohl für Mieter als auch für selbst genutztes Wohneigentum gewährt werden, wenn das Einkommen der Haushaltsmitglieder zu niedrig ist. Allerdings werden nicht notwendigerweise die gesamten Wohnungskosten übernommen, sondern je nach Zusammensetzung des Haushalts nur Anteile daran.

2.4 Italien

2.4.1 Überblick

Italien kann in gesellschaftlicher und ökonomischer Hinsicht in zwei Regionen aufgespalten werden: den prosperierenden Norden und den ärmeren Süden.[66] Dementsprechend ist im Süden eine Arbeitslosenrate um zwanzig Prozent festzustellen, während im Norden eher noch Arbeitskräfte gesucht werden. Diese weit in die italienische Geschichte zurückreichende Spaltung konnte auch nicht durch Bemühungen der Nachkriegsregierung überwunden werden, die vergeblich versuchte, den Süden zu industrialisieren. Die erste obligatorische

[64]Diese kann auch als Sachleistung gewährt werden.

[65]Vgl. zu den Ausgaben für Wohngeld Tabelle 6.1, S. 141.

[66]Zu diesem Abschnitt vgl. Fargion (2001), Ferrera und Gualmini (2000a,b), Ferrera (2001), Eardley et al. (1996b).

Versicherung in Italien wurde 1898 eingeführt. Dabei handelte es sich um eine Arbeitsunfallversicherung, die nur wenige Arbeiter in gefährlichen Fabriken einschloss. Diese Versicherung entstand in Anlehnung an die Bismarck-Versicherung und blieb bis 1919 die einzige obligatorische Versicherung. Bis zum ersten Weltkrieg waren wohltätige Organisationen die einzigen, die sich der Armen annahmen, zusammen mit Gesellschaften, die sich um die Arbeiterklasse in industrialisierten Gegenden kümmerten. Dabei wurde der starke Einfluss der katholischen Kirche offenkundig, der zu mehr solcher Einrichtungen führte als anderswo in Europa. 1919 wurden dann umfassende Versicherungsprogramme für Alter und Arbeitslosigkeit eingeführt. Dabei wurden nicht nur Industriearbeiter sondern auch Arbeiter aus der Landwirtschaft erfasst. Der liberale Staat wurde aber 1922 durch ein faschistisches Regime abgelöst. Dieses weitete die Teile des Sozialsystems aus, die seiner Ideologie entgegenkamen: obligatorische Versicherung bei Tuberkulose, Mutterschaftsversicherung, Einrichtung einer nationalen Stelle zum Schutz von Mutterschaft und Kindern sowie berufliche Gesundheitsfonds von Arbeitgeberverbänden, um den korporatistischen Arbeitsvereinbarungen entgegenzutreten. Weiterhin wurden Gruppen begünstigt, die für das Regime wichtig waren (Richter, Journalisten etc.). Damals wurden zwei heute noch wichtige Einrichtungen gegründet: INAIL,[67] das für die Versicherung bei Arbeitsunfällen zuständig ist, sowie INPS,[68] das die Pensionen verwaltet. Die Koalitionsregierung aus Sozialisten, Christdemokraten und Kommunisten, die nach dem Krieg die Faschisten ablöste, unternahm keine strukturellen Reformen. Die darauf folgende christdemokratische Regierung erweiterte die Leistungen vor allem für Selbständige. Das Sozialsystem wurde vom neuen republikanischen Regime 1948 in drei Teile aufgeteilt: Sozialversicherung (previdenza), Gesundheitsversorgung (sanità) und Mindestversorgung (assistenza). Die Sozialversicherung besteht aus sechs Zweigen für Pensionen, Arbeitslosigkeit, TB, Familienleistungen, Krankheit und Mutterschaft und Berufskrankheiten. Die meisten Leistungen waren pauschal oder von bisherigen Beitragszahlungen abhängig. Die Gesundheitsversorgung setzte auf den privaten Sektor, und eine Mindestsicherung wurde von öffentlichen oder halböffentlichen Stellen zur Verfügung gestellt, unterstützt durch kirchliche und private Wohlfahrtsorganisationen. In den 50er und 60er Jahren änderte

[67]Abkürzung für „Istituto nazionale contro gli infortuni sul lavoro".
[68]Abkürzung für „Istituto nazionale della previdenza sociale".

sich an diesem Rahmen wenig. In den 70ern wurden Beveridge-Elemente in die Gesundheitsversorgung integriert, was zu einer einheitlicheren Lösung führte. Die Rentenreform von 1969 sorgte dafür, dass Italien auf dem Weg zu einem „Pensionsstaat" war, was sich dann auch darin zeigt, dass den Altersrenten ein ungewöhnlich hohes Gewicht im Gefüge des Wohlfahrtsstaates zukommt. Zahlreiche Streiks und Demonstrationen Ende der sechziger Jahre erzwangen eine Verbesserung der Altersversorgung für Angestellte. 1978 wurde ein nationaler Gesundheitsdienst eingerichtet, der Allgemeinheit, Gleichheit, Einheitlichkeit und Zugang gewähren sollte. Davor war die Gesundheitsversorgung durch mehrere Krankheitsfonds organisiert, die sich nach Berufszugehörigkeit richteten, was zu einer Benachteiligung des armen Südens führte. Der niedrige Level anderer Leistungen in Italien führte zu erheblichem Missbrauch der Invaliditätsrenten als Ersatzleistung: Mitte der siebziger Jahre war die Zahl an Invaliditätsrentenempfängern mit 5,3 Millionen sogar höher als die Anzahl der Empfänger von Altersrenten. Neben dem normalen Arbeitslosengeld selbst, das ein niedriges Leistungsniveau aufweist, haben die Leistungen bei zeitweiliger Arbeitslosigkeit der Cassa integrazione guadagni einen ungewöhnlich hohen Stellenwert. Diese Leistungen wurden 1968 eingeführt. Im Januar 1997 ernannte der damalige Ministerpräsident Romano Prodi die nach ihrem Vorsitzenden benannte Onofri-Kommission, die eine Sozialreform ausarbeiten sollte. Der daraus resultierende Bericht sorgte für rege Diskussionen. Die Prodi-Regierung versuchte, viele Vorschläge der Kommission im Haushaltsgesetz von 1997 einzubinden, allerdings wurde die Reform auf Druck der Kommunisten, deren Stimmen für eine Mehrheit im Parlament nötig waren, und der Sozialpartner, wieder abgeschwächt. Durchgesetzt werden konnten Einschnitte bei den Altersrenten besonders für die Bediensteten des öffentlichen Dienstes sowie die versuchsweise Einführung eines garantierten Mindesteinkommens (RMI).

In den 90ern war der italienische Wohlfahrtsstaat durch folgende Punkte charakterisiert: hohe Sozialausgaben gemessen als Anteil am BIP, ein hohes Niveau der Geldleistungen im Vergleich zu den Ausgaben für Serviceleistungen, ein sehr hoher Anteil der Ausgaben für die Alten, hohe Last für Arbeitgeber bezüglich der Sozialbeiträge zur Finanzierung der Ausgaben, Ungleichheit und Statusdifferenzen innerhalb und zwischen den verschiedenen Leistungsarten. Einerseits gibt es z.T. sehr großzügige Transfers wie z.B. die Leistungen der

Cassa integrazione für Arbeitslose.[69] Anderseits gewährt das Basisarbeitslosengeld nur sehr niedrige Leistungen, oder es gibt z.B. kein nationales System der Mindestsicherung. Das Sozialsystem benachteiligt Großfamilien mit jungen arbeitslosen Ehemännern im Süden und bevorzugt die ältere Generation der Arbeitsmarktinsider. Weiterhin leidet das italienische Sozialsystem unter Missbrauch z.B. von Invaliditätsrenten. Ein weiteres Problem besteht darin, dass der öffentliche Dienst in Italien erhebliche Ineffizienzen aufweist.

2.4.2 Arbeitslosigkeit

Die Gesetzgebung unterscheidet zwischen Vollarbeitslosigkeit, die erstmals 1919 gesetzlich geregelt wurde, und Teilarbeitslosigkeit, deren Regelung erstmals 1947 erfolgte.[70] Grundlage der heute gültigen Regelungen bilden wiederum Gesetze von 1975 (Vollarbeitslosigkeit) und 1991 (Teilarbeitslosigkeit). Wie im Folgenden noch verdeutlicht wird, ist die Unterscheidung in Voll- und Teilarbeitslosigkeit von größerer Bedeutung als in anderen Ländern. Bei Vollarbeitslosigkeit wird zwischen folgenden Leistungen unterschieden: normales Arbeitslosengeld für Arbeitnehmer (indennità ordinaria di disoccupazione), besonderes Arbeitslosengeld für Beschäftigte in der Bauwirtschaft (trattamenti speciali di disoccupazione) und Mobilitätsunterstützung (indennità di mobilità), die bei Entlassung aus Firmen gewährt wird, die aufgrund wirtschaftlicher Schwierigkeiten zu (Massen-)Entlassungen gezwungen sind und schon die im Folgenden genannten Zahlungen der Cassa integrazione guadagni in Anspruch genommen haben bzw. nehmen. Bei Teilarbeitslosigkeit gibt es normale (Cassa integrazione guadagni ordinaria) und außerordentliche Lohnergänzung (Cassa integrazione guadagni straordinaria), zum Empfang berechtigt sind Arbeitnehmer gewisser Gruppen und bestimmter Regionen. Um Arbeitslosengeld empfangen zu können, muss der Arbeitslose dem Arbeitsamt zur Verfügung stehen, für das besondere Arbeitslosengeld muss eine Entlassung wegen Einstellung der Aktivitäten, Beendigung der Arbeiten, Personalabbaus oder in Folge einer Krise vorliegen.

Die Finanzierung der Leistungen aus der Arbeitslosenversicherung erfolgt über Beiträge, für die keine Bemessungsgrenze existiert. Arbeitnehmer zahlen

[69] Vgl. zu den Leistungen bei Arbeitslosigkeit Kapitel 2.4.2.
[70] Vgl. z.B. Daly (1997) oder Ferrera und Gualmini (2000a).

1995 Beiträge von 0,3 Prozent. In der Industrie zahlen Arbeitgeber 4,41 Prozent, im Handel 1,61 Prozent.[71] Der Staat gewährt Zuschüsse. Die Beiträge spalten sich auf die verschiedenen Arbeitslosigkeitsleistungen auf, wobei der größere Teil in die Leistungen bei Teilarbeitslosigkeit fließt.

Das normale Arbeitslosengeld wird nach zwei Versicherungsjahren und 52 geleisteten Wochenbeiträgen in den letzten zwei Jahren gewährt. Für den Empfang des besonderen Arbeitslosengeldes sind zehn monatliche bzw. 43 wöchentliche Beitragszahlungen innerhalb der letzten zwei Jahre im Bausektor Voraussetzung, bei der Mobilitätsunterstützung sind dies mindestens zwölf Versicherungsmonate, davon mindestens sechs Monate effektive Arbeit in einem Betrieb. Das normale Arbeitslosengeld wird für einen Zeitraum von 180 Tagen gewährt, das besondere Arbeitslosengeld für 90 Tage (in Notlagen auch länger) und die Mobilitätsunterstützung für 36 Monate (mit Verlängerungsmöglichkeit bis zu 48 Monaten in den südlichen Landesteilen). Das normale Arbeitslosengeld beträgt 30 Prozent der durchschnittlichen Vergütung innerhalb der letzten drei Monate bei einem monatlichen Höchstbetrag von 665 € bei einem Einkommen unter 1.438 € und 799 € bei einem bisherigen Einkommen über 1.438 €. Das besondere Arbeitslosengeld entspricht 80 Prozent der letzten Vergütung bei einem monatlichen Höchstbetrag von 579 €. Die Mobilitätsunterstützung beträgt im ersten Jahr 100 Prozent der außerordentlichen Lohnergänzung, in den darauf folgenden Monaten 80 Prozent mit der gleichen Bemessungsgrenze wie beim normalen Arbeitslosengeld. Für Familien besteht die Möglichkeit, eine Wohnkostenbeihilfe zu beziehen. Bei der normalen Lohnergänzung bei Teilarbeitslosigkeit handelt es sich um einen Lohnausgleich bei Stillegung oder Reduzierung der wirtschaftlichen Aktivität aus betrieblichen oder vorübergehenden Gründen. Die außerordentliche Lohnergänzung sieht einen Lohnausgleich bei wirtschaftlicher, sektoraler oder lokaler Krise, Umstrukturierung oder Umstellung des Betriebes vor. Diese Lohnergänzungszahlungen können auf Antrag des Arbeitgebers bewilligt werden und betragen 80 Prozent des Gesamtlohns.[72] Die Leistungen bei Vollarbeitslosigkeit können nicht mit der außerordentlichen Lohnergänzung, Krankengeld, Renten wegen Erwerbsunfähigkeit oder Renten oberhalb des garantierten Mindestsatzes kumuliert werden. Bei Teilarbeitslo-

[71] Diese Sätze gelten nur für Betriebe mit über 50 Beschäftigten.

[72] Für 24 bis 40 nicht abgeleistete wöchentliche Arbeitsstunden für höchsten 12 Monate bei normaler und für 0 bis 40 nicht abgeleistete wöchentliche Arbeitsstunden für höchstens 36 Monate bei außerordentlicher Lohnergänzung.

sigkeit ist dies nur für Renten oberhalb des garantierten Mindestsatzes der Fall. Die bei Arbeitslosigkeit empfangenen Geldleistungen sind steuerpflichtig mit Steuerbefreiung unterhalb bestimmter Grenzen.

Seit dem 1.1.1999 erhalten Personen, die selbst ihre Beschäftigung aufgegeben haben, keine Leistungen mehr. Im Vergleich zu 1995 stellt sich die Situation im Jahr 2000 wie folgt dar. Die Beiträge für die Industrie[73] entsprechen denen von 1995, beim Handel[74] fallen 0,3 Prozent für den Arbeitnehmer und 2,21 Prozent für den Arbeitgeber an, was einer Anhebung des Arbeitgeberanteils im Vergleich zu 1995 entspricht. Die Lohngrenze für die Bemessungsgrundlage liegt 2000 bei 1.611 € für das normale Arbeitslosengeld und die Mobilitätsunterstützung, bei bisherigen Einkommen unterhalb dieses Betrages beträgt der monatliche Höchstbetrag für das normale Arbeitslosengeld 745 €, für Einkommen darüber gilt ein Höchstbetrag von 895 €. Der monatliche Höchstbetrag für das besondere Arbeitslosengeld ist im Gegensatz zu diesen angepassten Beträgen im Vergleich zu 1995 nicht angehoben worden. Grundsätzlich haben sich damit keine schwerwiegenden Veränderungen seit 1995 ergeben, abgesehen von der Beschränkung, dass Personen, die selbst ihre Beschäftigung aufgegeben haben, keine Leistungen mehr erhalten.

Wenn man die relativ große Zahl an möglichen Leistungen vergleicht, fällt das recht niedrige Niveau des normalen Arbeitslosengeldes bei Vollarbeitslosigkeit auf. Dagegen erreichen das besondere Arbeitslosengeld und die Leistungen bei Teilarbeitslosigkeit ein höheres Leistungsniveau, was die vergleichsweise hohe Bedeutung der Leistungen bei Teilarbeitslosigkeit in Italien unterstreicht.

2.4.3 Krankheit - Geldleistungen

Das erste Gesetz zu Geldleistungen bei Krankheit in Italien ist Gesetz Nr. 138 vom 11. Januar 1943, als weiterer Meilenstein ist Gesetz Nr. 833 vom 23. Dezember 1978 zur Einführung des nationalen Gesundheitsdienstes zu nennen.[75]

1995 beträgt die Höhe der Beiträge, über die die Leistungen finanziert werden, für alle Arbeitnehmer ein Prozent. Die Beiträge der Arbeitgeber variieren: Für Arbeiter fallen 15,06 Prozent, für Angestellte in der Industrie 12,84 Prozent, für Angestellte im Handel 15,06 Prozent an, es gibt keine Bemes-

[73] Mehr als 50 Beschäftigte.
[74] Mehr als 50 Beschäftigte.
[75] Vgl. zu diesem Kapitel Balandi und Renga (2000).

sungsgrenzen. Selbständige zahlen Beiträge bis zu einer Grenze von jährlich 20.658 €, oberhalb dieser Grenze, aber unterhalb von 77.469 € wird zusätzlich ein Solidaritätsbeitrag von vier Prozent fällig. Die genannten Sätze gelten auch für Einkommen, die neben der normalen Beschäftigung bzw. neben einer Rente bezogen werden. Der Staat beteiligt sich nicht an den Kosten. Anspruchsberechtigt sind grundsätzlich Arbeiter oder diesen Gleichgestellte,[76] Angestellte haben keinen Anspruch auf Geldleistungen, allerdings ist der Arbeitgeber zu einer dreimonatigen Gehaltsfortzahlung gesetzlich verpflichtet.[77] Eine Versicherungspflichtgrenze existiert nicht, Beschäftigungs- oder Beitragszeiten sind als Bedingung nicht vorausgesetzt. Eine Karenzzeit von drei Tagen ist vorgesehen. Die Leistung kann innerhalb eines Jahres maximal 180 Tage in Anspruch genommen werden. Ohne Krankenhausaufenthalt wird bis zum 21. Tag 50 Prozent des tatsächlichen Arbeitsverdienstes gezahlt, ab dem 21. Tag sind dies 66,66 Prozent. Bei einem Krankenhausaufenthalt wird Versicherten ohne Unterhaltsverpflichtungen das Krankengeld auf zwei Fünftel gekürzt. Die empfangenen Leistungen sind steuerpflichtig, wobei für den Teil der Einkommen, der den Beiträgen der Sozialversicherung entspricht, sowie unterhalb bestimmter Einkommensgrenzen, Steuerbefreiung eingeräumt wird.

Im Vergleich zu 1995 haben sich die Beiträge für das Jahr 2000 verändert. Für Arbeiter bezahlt der Arbeitgeber einen Beitrag von 2,88 Prozent, für Angestellte fällt ein Arbeitgeberbeitrag von 0,66 Prozent in der Industrie und von 0,44 Prozent im Handel an. Damit wurden die Sätze drastisch gesenkt und die Arbeitnehmer vollständig entlastet. Die sonstigen Regelungen haben sich im Vergleich zu 1995 nicht geändert.

Wie oben beschrieben sind die Leistungen des Krankengeldes eher niedrig angesetzt. Das gesetzliche Krankengeld in Höhe von 50 Prozent des vorherigen Durchschnittsverdienstes wird daher ergänzt durch Zahlungen des Arbeitgebers, damit das bisherige Einkommen annähernd erreicht wird.

2.4.4 Invalidität

Die Hilfe bei Invalidität wurde erstmals 1919 gesetzlich geregelt, das grundlegende Gesetz zur heute gültigen Regelung ist Gesetz Nr. 222 vom 12. Ju-

[76] In diesem Bereich der sozialen Sicherung existieren weiterhin Sonderregelungen für Tbc-Erkrankte, auf die allerdings nicht weiter eingegangen wird.

[77] Für Arbeiter gilt keine Pflicht zur Lohnfortzahlung im Krankheitsfall.

ni 1984.[78] Das Jahr 1984 bedeutete einen Wendepunkt bei der Regelung der Invaliditätsrenten, da der Berufsschutz und die bisher übliche Einbeziehung arbeitsmarktrelevanter Faktoren abgeschafft wurden.

Beiträge zur Finanzierung der Leistungen sind in den Beiträgen enthalten, die für die Altersrente entrichtet werden. Diese betragen 1995 8,34 Prozent für die Arbeitnehmer und 18,93 Prozent für die Arbeitgeber, es gibt keine Bemessungsgrenze. Ein Teil des Gesamtbeitrags der durch das allgemeine System geleisteten Rentenzahlungen wird vom Staat finanziert. Die langfristige Finanzierung erfolgt über das Umlageverfahren. Für das so genannte Invalidengeld liegt die Erwerbsunfähigkeit bei mindestens 66,66 Prozent, für die Invalidenrente muss 100 Prozent Erwerbsunfähigkeit vorliegen. Das Höchstalter für die Rentengewährung ist durch das Rentenalter gegeben. Für das Recht auf Zahlungen bei allgemeiner Erwerbsunfähigkeit müssen fünf Jahre lang Beitragszahlungen geleistet worden sein, davon mindestens drei Jahre während der letzten fünf Jahre. Bei Berufsunfähigkeit, die durch die Berufstätigkeit (aber nicht durch einen Arbeitsunfall) hervorgerufen wurde, sind keine Bedingungen zu erfüllen. Die Höhe der Leistungen wird abhängig vom bisherigen Einkommen und den bisherigen Versicherungsjahren berechnet, wobei die Berechnungsformel je nach Höhe des bisherigen Einkommens variiert.[79] Die Steuerpflichtigkeit der Leistungen entspricht derjenigen bei „Krankheit - Geldleistungen". Zusätzlich zur Invaliditätsrente kann eine Rente bei Arbeitsunfällen bzw. Berufskrankheiten empfangen werden.

1995 wurden striktere Regeln bezüglich der Kumulierung von Invaliditätsrenten und Arbeitseinkommen sowie strengere Kontrollen der Empfänger beschlossen, die damit für die Gewährung der Leistungen im Jahr 2000 von Bedeutung sind. Die Beiträge sind im Vergleich zu 1995 höher und betragen 2000 8,89 Prozent für die Arbeitnehmer und 23,81 Prozent für die Arbeitgeber. Der Mindestgrad der Erwerbsunfähigkeit für das Invalidengeld liegt bei 66 Prozent anstatt 66,66 Prozent 1995. Als zusätzliche Leistung kann ein monatliches Pflegegeld (assegno di accompagnamento) gewährt werden in Höhe der entsprechenden Leistung der Versicherung bei Arbeitsunfällen. Die Möglich-

[78] Zu diesem Kapitel vgl. z.B. Ferrera (2001).

[79] Je höher das bisherige Einkommen ist, umso geringer ist der in die Rentenformel eingehende prozentuale Anteil am bisherigen Einkommen. Beim Invalidengeld geht nur der dem Invaliditätsgrad entsprechende Anteil als Referenzlohn in die Berechnungen ein.

keit der Kumulierung mit Renten aufgrund von Arbeitsunfällen wurde ab dem 1.9.1995 abgeschafft.

Für diejenigen, die keinen Anspruch auf Invaliditätsrente haben, gibt es die Pensione per invalidi civili. Nur Vollinvalide können einen Anspruch auf eine solche Rente anmelden. Teilinvalide[80] bekommen monatliche Leistungen, minderjährige Invalide habe Anspruch auf eine monatliche Beihilfe. Diese Renten und Leistungen unterliegen bestimmten Einkommensgrenzen. 1995 beträgt diese 10.343 € für Renten und 3.430 € für die monatlichen Leistungen, wobei nur das persönliche Einkommen herangezogen wird. Die Leistungen werden als Pauschalleistungen ausbezahlt, wobei 1995 der Satz für Invalide bei 180 € liegt. 2000 gelten angepasste Werte: Für Renten liegt die Einkommensgrenze bei 11.523 €, für monatliche Leistungen und Beihilfen an Minderjährige bei 2.622 €, die Leistung beträgt 197 €.

2.4.5 Arbeitsunfälle und Berufskrankheiten

1898 wurde die gesetzliche Unfallversicherung eingeführt, wobei dem Arbeitgeber die Pflicht auferlegt wurde, eine Versicherung abzuschließen und die entsprechenden Beiträge zu zahlen.[81] Diese Grundsätze wurden in nachfolgenden Gesetzen bekräftigt. Zuständig ist das Nationalinstitut für die Versicherung gegen Arbeitsunfälle und Berufskrankheiten (INAIL). Eine Regelung für Berufskrankheiten wurde erstmals 1929 ins Leben gerufen. Die heutige Versicherung gegen Arbeitsunfälle und Berufskrankheiten gründet sich auf einen Auftrag, der der Regierung per Gesetz 1963 erteilt wurde. 1965 wurde das Dekret Nr. 1124 erlassen, das die Voraussetzungen bestimmt, um Versicherungsschutz zu erlangen.

Durch die Leistungen bei Arbeitsunfällen sollen Unfälle aufgrund einer gewaltsamen Einwirkung in Zusammenhang mit der Arbeit erfasst werden, Unfälle auf dem Weg zur Arbeit fallen in der Regel nicht darunter. Was als Berufskrankheit gilt, ist auf Listen für die Industrie und für die Landwirtschaft vermerkt, ebenfalls ist über eine Liste festgelegt, wie lange die Frist für die Feststellung einer Krankheit ist. Die Krankheit muss innerhalb von drei Jahren gemeldet werden, sonst tritt Verjährung ein. Die Finanzierung er-

[80] Dies entspricht Invaliditätsgraden von 74 bis 99 Prozent.
[81] Vgl. z.B. Urbani (1997).

folgt über die kollektive Beitragsfestsetzung nach dem jeweiligen Risikograd der einzelnen Berufszweige. Dadurch fallen Arbeitgeberbeiträge zwischen 0,5 und 16 Prozent an der Lohnsumme an. Der Staat beteiligt sich nicht an der Finanzierung. Die langfristige Finanzierung erfolgt über ein Mischsystem aus Umlage- und Kapitaldeckungsverfahren. Bevor Leistungen bei Arbeitsunfällen fällig werden, muss zunächst eine Karenzzeit von drei Tagen abgewartet werden, die aber faktisch durch den Arbeitgeber bezahlt wird. Bei vorläufiger Erwerbsunfähigkeit wird als Bezugsbasis der zu empfangenden Leistung das durchschnittliche Arbeitsentgelt pro Tag während der fünfzehn Arbeitstage vor der Unterbrechung der Arbeit herangezogen: In den ersten 90 Tagen werden 60 Prozent dieses Betrages, anschließend 75 Prozent gezahlt. Bei dauernder Erwerbsunfähigkeit liegt der Mindestsatz der Erwerbsminderung für den Rentenanspruch bei 11 Prozent. Für die Berechnung der Leistungshöhe wird der durchschnittliche Arbeitsverdienst im letzten Jahr vor der Einstellung der Arbeit als Bemessungsgrundlage herangezogen und je nach Erwerbsminderungsgrad und Wirtschaftsbereich berechnet. So gelten für die Industrie ein Minimum für das zugrunde gelegte Arbeitsentgelt von 9.088 € und ein Maximum von 16.878 €. Bei der Landwirtschaft wird von einem Pauschalwert von 13.718 € ausgegangen. Bei einem Erwerbsminderungsgrad von 11 bis 64 Prozent erfolgt eine Kürzung dieser durchschnittlichen Verdienste, die als Referenzlohn dienen, auf 35 bis 98 Prozent, ab einer Erwerbsminderung von 65 Prozent wird hundert Prozent des Entgelts bezahlt. Für Ehepartner und jedes unterhaltsberechtigte Kind wird ein Zuschlag von 5 Prozent gewährt. Im Todesfall können Hinterbliebene eine reduzierte Rente beziehen. Sollte Hilfe durch Dritte notwendig sein, wird eine Zulage von 300 € pro Monat gewährt. Die Leistungen können mit einem neuen Arbeitsverdienst kumuliert werden, weiterhin ist eine Kumulierung mit Invaliditäts- und Altersrenten bis zu einem gewissen Grad möglich. Außer bei Leistungen, die als Schadenersatz gezahlt werden, müssen die Geldleistungen versteuert werden. Es gelten aber die gleichen Steuerbefreiungen wie beim Krankengeld. Die für das Jahr 2000 relevante Gesetzesgrundlage ist die Rechtsverordnung Nr. 336 vom 13. April 1994. Die Liste der Berufskrankheiten wurde auf 58 Berufskrankheiten für die Industrie ausgeweitet. Die Sätze für den durchschnittlichen Arbeitsverdienst sind leicht angepasst: Das in der Industrie angesetzte Minimum für den Referenzlohn beträgt 2000 10.020 €, das Maximum 18.608 €. Der Pauschalbetrag in der

Landwirtschaft wird auf 15.124 € angesetzt. Die Anteile an diesen Durchschnittseinkommen, die je nach Grad der Erwerbsminderung gewährt werden, wurden leicht verändert für die Erwerbsminderung von 11 bis 64 Prozent auf 50 bis 98 Prozent des Entgelts.

2.4.6 Mindestsicherung

Ursprünglich übernahm die katholische Kirche, die in Italien großen Einfluss hat, mit ihren Institutionen die Armenpflege.[82] Die Vereinigung Italiens und die Einsetzung einer Monarchie änderten daran nichts. Ein kleiner Schritt nach vorn wurde mit dem Gesetz von 1890 gemacht, durch das eine große Zahl von Wohlfahrtsorganisationen unter staatliche Kontrolle gebracht wurde. De facto arbeiten diese aber bis in die heutige Zeit als unabhängige Institutionen weiter. So verteilt(e) sich die Verwaltung der Mindestsicherung auf eine Unzahl von Stellen. 1970 wurden die Regionen als Verwaltungseinheit eingeführt. Bis 1977 waren sie allerdings nicht befähigt, viel zu ändern, erst ab diesem Zeitpunkt wurden ihnen Kompetenzen bezüglich der Sozialdienste zugewiesen. Das Gesetz wies den Gemeinden volle Verantwortung für die Verwaltung und Koordination von Sozialdiensten auf lokaler Ebene zu. Trotzdem wurden im Norden und der Mitte des Landes zahlreiche staatliche Dienste durch Gesetzgebung in den 70ern ins Leben gerufen. Es entwickelte sich eine Kluft zwischen Süd und Nord. Dies zeigte sich auch in den politischen Mehrheiten, die im Norden und der Mitte links dominiert waren und im Süden christdemokratisch. Der Norden und die Mitte entsprechen bezüglich der Alterung der Bevölkerung, Frauenerwerbstätigkeit und Veränderungen der Familienstruktur eher dem Rest des kontinentalen und nördlichen Europas, wohingegen der Süden Griechenland oder Portugal näher steht. Die Regionen der Mitte und des Nordens setzen das so genannte Minimo Vitale auch tatsächlich um, wohingegen im Süden im Prinzip kein allgemeines Minimum existiert. Beim Minimo Vitale oder Reddito Minimo handelt es sich um ein allgemeines beitragsunabhängiges Minimum. Die Regelung dieser Leistung liegt bei den Regionen. Meistens regeln diese die Leistungen in Gesetzen zur Neuorganisation der Mindestsicherungsdienste, in anderen Regionen (z.B. Toskana, Emilia Romagna) wird die Höhe des

[82] Vgl. zu diesem Kapitel z.B. Fargion (1996), Gough (1996), Ferrera (2001) oder Eardley et al. (1996a,b).

Mindesteinkommens durch die Kommune oder die lokale Gesundheitseinheit festgesetzt. Spezifische Regelungen existieren in Umbrien, dem Aostatal und der autonomen Provinz Bozen. Die öffentlichen Ressourcen sollen zu Gunsten spezifischer Bürgergruppen verteilt werden, die tatsächlich nicht arbeiten und nicht über Einkünfte über dem Existenzminimum verfügen. Die gewährte Mindestsicherung ist zeitlich beschränkt, kann aber verlängert werden, wenn die Notlage andauert. Zum Bezug berechtigt sind Staatsangehörige, in Italien ansässige Ausländer sowie politische Flüchtlinge, wobei ein Aufenthalt im von der Region oder Stadt reglementierten Bereich vorliegen muss. Der Mindestsicherungsempfänger muss bereit sein, an speziellen beruflichen Lehrgängen, die durch die Kommunen oder die Region zur Verbesserung der Lage der Betroffenen organisiert werden, teilzunehmen. Normalerweise bewirkt das Beziehen anderer Sozialleistungen nicht eine Unterbrechung der Leistungen der Mindestsicherung. Der gewährte Betrag schwankt je nach Region.[83] Als Haushaltseinheit für die Einkommensberechnung dient die Familie im Sinne des Zivilstandes, es kann aber auch auf diejenigen erweitert werden, die in derselben Unterkunft wohnen und das Einkommen teilen. Angerechnet werden alle Einkünfte mit Ausnahme der Wohnung. Je nach Personenzahl der betreffenden Familie variiert die Bezugshöhe. Familienleistungen und das Minimo Vitale werden unabhängig voneinander gewährt. Im Aostatal und der autonomen Provinz Trient werden die gewährten Leistungen noch durch Leistungen für Miet-, Heiz- und andere allgemeine Kosten ergänzt. Die Finanzierung der Mindestsicherung erfolgt über Steuern auf lokaler Ebene.

Mindestsicherung bedeutet in Italien ansonsten vorwiegend gezielte Hilfen für spezifische Gruppen wie Waisen oder Drogenabhängige. Es gibt nationale kategoriale Programme wie die Pensione Sociale für Menschen über 65, die keinen Anspruch auf eine Altersrente haben und die bedürftigkeitsgeprüfte Pensione per invalidi civili für Behinderte,[84] die keinen Anspruch auf Invaliditätsrente haben. Die Leistungen werden von den Gemeinden verwaltet und variieren erheblich zwischen den Regionen. Weiterhin gibt es eine Variation bezüglich der Zielgruppe (alte und behinderte oder eigentlich arbeitsfähige Personen). Für die erste Gruppe wird evtl. unbegrenzt im benötigten Ausmaß

[83]Für Alleinstehende wurden 1995 und 2000 Beträge zwischen 232 und 269 € gewährt.
[84]Vgl. dazu Kapitel 2.4.4.

gezahlt, für die zweite Gruppe sind die Leistungen begrenzt auf normalerweise drei Monate.

Die so genannte Onofri-Kommission[85] erarbeitete 1997 einige Vorschläge zur Reform des Sozialsystems. Darunter war auch der Vorschlag, eine garantierte Mindestsicherung, die durch nationale Gesetzgebung geregelt werden sollte, zu gewähren. Daraufhin führte die Regierung Prodi einen sozioökonomischen Indikator (ISE) ein, der als Orientierung für alle bedürftigkeitsgeprüften Transfers sowie ein allgemeines Minimum dienen sollte. Kurz darauf wurde 1998 das Reddito Minimo di Inserimento (RMI) eingeführt, was einer nicht-kategorialen garantierten Mindestsicherung entspricht. Dabei wird Wert auf die Wiedereingliederung ins Arbeitsleben gelegt. Zunächst erfolgte die Einführung versuchsweise in einigen Gemeinden, eine Evaluation, die über die nationale Einführung entscheiden sollte, fand Ende des Jahres 2000 statt. Inzwischen wurde diese versuchsweise Einführung allerdings wieder abgebrochen (vgl. Telesca 2003).

Vergleicht man die Ausgestaltung der Mindestsicherung in Italien mit Leistungen in mittel- und nordeuropäischen Ländern, erscheinen die italienischen Leistungen als unzureichend. Gough (1996: 13ff) nennt als mögliche Gründe dieser „Rückständigkeit" der Mindestsicherungssysteme in Südeuropa das Niveau der wirtschaftlichen Entwicklungen, Familien- und Haushaltsstrukturen, Spezifika des Arbeitsmarktes und die Migration.[86]

2.5 Vereinigtes Königreich

2.5.1 Überblick

Die Geschichte des Wohlfahrtsstaates im Vereinigten Königreich lässt sich bis ins 19. Jahrhundert zu den Poor Law Acts zurückverfolgen.[87] In den ersten beiden Jahrzehnten des 20. Jahrhunderts wurden staatliche Versicherungen für

[85]Vgl. dazu Kapitel 2.4.1.

[86]In südlichen Ländern herrschte nach dem zweiten Weltkrieg zunächst ein Abwanderungsprozess, inzwischen kommen diese Gastarbeiter zurück, außerdem strömen Migranten aus Osteuropa und Afrika nach Italien. Durch die Abwanderungsströme erschien es zunächst also nicht notwendig, die staatliche Mindestunterstützung auszubauen, während sich durch die inzwischen vorhandene Zuwanderung eher Handlungsbedarf ergibt, wie sich z.B. in den Bemühungen um eine einheitliche Regelung der Mindestsicherung zeigt.

[87]Vgl. dazu Kapitel 1.

Alter, Arbeitslosigkeit und Krankheit eingeführt.[88] Weiterhin wurden staatliche Schulen und ein Gesundheitsministerium eingerichtet sowie erster sozialer Wohnungsbau betrieben. Die Rezession zwischen den beiden Weltkriegen hatte allerdings wieder Kürzungen zur Folge. Nach dem zweiten Weltkrieg betrieb die neu gewählte Labour Regierung einen raschen Ausbau der sozialen Leistungen, so dass man seither von einem „Wohlfahrtsstaat“ tatsächlich sprechen kann. Großen Einfluss hatte hierbei der Beveridge-Report, der während des zweiten Weltkriegs entworfen wurde. Beveridge forderte eine bedürftigkeitsgeprüfte Mindestsicherung, die zu Gunsten von beitragsabhängigen Versicherungsleistungen beschränkt werden sollte. Die Leistungen sollten zwar nicht einkommensabhängig sein, aber doch ein sozial akzeptables Minimum zur Verfügung stellen, das Schutz bei Arbeitslosigkeit, Krankheit und Alter bietet. Dieses Sozialversicherungssystem sollte universell sein, also nicht nur Arbeiter schützen sondern alle Bürger. Der National Insurance Act von 1946 griff diese Vorschläge auf. Allerdings fanden nicht alle Vorschläge in das Gesetz Eingang. So wurde das Recht auf Arbeitslosigkeitsleistungen beschränkt, die Leistungen wurden nicht beim Existenzminimum angesetzt und auch nicht unbefristet gewährt. Der Mindestsicherung (heute im Vereinigten Königreich als Income Support gewährt) war ursprünglich nur eine kleine Rolle zugedacht. Die Zahl der Empfänger ist aber von einer Million 1950 auf über zehn Millionen Mitte der neunziger Jahre angestiegen. Dies ist darauf zurückzuführen, dass einerseits viele kein Anrecht auf beitragsabhängige Zahlungen haben und andererseits diese Pauschalzahlungen unter dem Existenzmiminum lagen.

Das wirtschaftliche Wachstum der fünfziger und sechziger Jahre ließ die Sozialleistungen weiter wachsen: Der Anteil der Ausgaben für Bildung, Gesundheit und soziale Sicherheit am BIP wuchs zwischen 1951 und 1976 von 11 auf 22 Prozent. Dieses Wachstum wurde von der Krise Mitte der siebziger Jahre gestoppt. In den achtziger Jahren sorgten konservative Regierungen dafür, dass verstärkt Privatisierungen und Marktlösungen für die Wohlfahrtsversorgung durchgesetzt wurden. Bis 1966 waren sowohl Beiträge in als auch Leistungen aus der National Insurance pauschal, dann wurden einkommensabhängige Beiträge für Arbeitgeber und Arbeitnehmer eingeführt und auch manche Leistungen selbst wurden einkommensabhängig. Diese wurden aber 1982 wieder

[88] Vgl. zu diesem Kapitel z.B. Alcock und Craig (2001), Delsen et al. (2000a), Judge (2001), Erskine (1997), Eardley et al. (1996b).

abgeschafft.[89] Der National Insurance Fund, der die beitragsabhängigen Leistungen verwaltet, ist somit hauptsächlich für die Grundrente zuständig. Die Versorgung mit Sozialleistungen ist Ende der neunziger Jahre durchaus noch von Bedeutung und weitverbreitet. Die 1997 gewählte Labour-Regierung versucht dabei, einen Weg zwischen Wohlfahrt als staatlichem Monopol und Versorgung durch den freien Markt zu gehen.

Judge (2001: 64) bezeichnet die Umverteilung von Geld- und Sachleistungen von den vergleichsweise Wohlhabenden zu den Ärmeren als ein Hauptziel des britischen Wohlfahrtsstaates. Dementsprechend zielen die Leistungen des Wohlfahrtsstaates auch vorwiegend auf diejenigen mit niedrigen Einkommen ab. Für die Mitte der neunziger Jahre nennt Judge (2001: 79f) folgende Ziele der sozialen Sicherungspolitik im Angesicht steigender Sozialausgaben: Konzentration auf die Bedürftigsten, Förderung persönlicher Verantwortung, Verbesserung der Anreize zur Arbeit und zum Sparen, Verhinderung von Missbrauch und Betrug sowie die Absicherung, dass das System nicht mehr kostet, als die Nation bezahlen kann. Erskine (1997: 150) sieht für Sozialversicherungen im Vereinigten Königreich keine große Zukunft: Die Leistungen sind niedrig, der Deckungsgrad begrenzt und die Politik konzentriert sich eher auf die Stärkung der bedürftigkeitsgeprüften Leistungen.

2.5.2 Arbeitslosigkeit

Die 1911 eingeführte nationale Arbeitslosenversicherung war eher eine Art Experiment, bei dem weniger als ein Sechstel der Arbeiter in Industrie und Handel erfasst waren.[90] In der folgenden Zeit wurden Leistungen bei Arbeitslosigkeit ausgebaut, nicht zuletzt aufgrund vieler heimkehrender Soldaten, deren Unmut die politische Stabilität hätte gefährden können. Die Krise Ende der zwanziger Jahre führte dann allerdings wieder zu Einschnitten. Nach dem zweiten Weltkrieg beeinflusste der Beveridge-Report maßgeblich die Ausgestaltung der Transfers, wobei bestimmte Punkte sich nicht durchsetzen konnten.[91] In den sechziger Jahren weitete sich die Kluft zwischen den Arbeits-

[89] Bis auf eine nicht obligatorische einkommensabhängige Altersrente (State Earnings Related Pension Scheme).

[90] Vgl. zu diesem Abschnitt z.B. Clasen (1994, 2000, 2002), Hemerijck und Schludi (2000), Rhodes (2000), Reed und Deakin (2000), Erskine (1997), Daly (1997), Judge (2001).

[91] Beveridge wollte z.B. Bedürftigkeitsprüfungen nur zu Krisenzeiten durchführen, höhere Leistungsniveaus durchsetzen und das Versicherungsprinzip in den Mittelpunkt stellen.

losen, die von Mindestsicherungsleistungen lebten und denen, die Leistungen aus der Arbeitslosenversicherung bezogen. Es wurden einkommensabhängige Leistungen eingeführt, wobei die gute wirtschaftliche Situation diese Entwicklung begünstigte. In den siebziger Jahren verloren die einkommensabhängigen Leistungen an Bedeutung und es wurde klar, dass sich diese Art von Transfers nicht durchsetzen würde. In den achtziger Jahren verstärkte sich dieser Bedeutungsverlust der einkommensabhängigen Leistungen noch deutlicher. 1982 wurden einkommensabhängige Ergänzungen zur Grundleistung bei Arbeitslosigkeit abgeschafft und die Arbeitslosigkeitsleistungen wurden steuerpflichtig. Das Arbeitslosengeld war nie sonderlich großzügig. Nach der Abschaffung der einkommensabhängigen Ergänzungszahlung erreichte die Leistungshöhe im Vergleich zu den durchschnittlichen Nettolöhnen eines Arbeiters weniger als 25 Prozent dieses Durchschnittslohns in den 90ern. Einerseits wurden in den achtziger Jahren die Leistungen bei Arbeitslosigkeit stark beschnitten, andererseits wurden aber auch „in-work" benefits etabliert. So wurde der Family Credit 1988 eingeführt und sorgte dafür, dass bedürftigkeitsgeprüfte Leistungen von den Arbeitslosen zu denjenigen in gering bezahlten Jobs umverteilt wurden. Der Family Credit wurde 1999 durch die Einführung des Working Families Tax Credit und des Childcare Tax Credit ersetzt. 1989 wurde weiterhin der „actively seeking work test" eingeführt, der sicherstellen sollte, dass bei Arbeitslosen tatsächlich der Wille zur Suche nach Arbeit vorhanden ist.

1994 stellten sich die Regelungen der Leistungen bei Arbeitslosigkeit damit wie folgt dar. Die Sicherung ist aufgeteilt in die Arbeitslosenversicherung und die beitragsunabhängige Einkommensunterstützung (Income Support), die in Kapitel 2.5.6 als Mindestsicherung behandelt wird. Eingeschlossen sind alle Arbeitnehmer,[92] die Finanzierung läuft über Beiträge. Arbeitnehmer zahlen keinen Beitrag bei einem Einkommen unter 57 £ (bzw. 64 £ 1999[93]) pro Woche. Bei höheren Einkommen fallen zwei Prozent von 57 (bzw. 64) £ und zehn Prozent von 57 (bzw. 64) bis 430 (485) £ bzw. 7,6 (8,4) Prozent im Falle anerkannter betrieblicher Systeme an. Ab 57 (64) £ muss der Arbeitgeber drei, fünf, sieben oder 10,2 (10) Prozent auf alle Einkommen ohne Bemes-

[92]Mit Ausnahme von verheirateten Frauen, die sich vor April 1977 für eine Befreiung entschieden haben.

[93]Die Finanzierung erfolgt auch 1999 weiterhin aus gestaffelten Beiträgen. Die Änderungen der Einkommensgrenzen bzw. Beitragssätze für 1999 werden hier der Einfachheit halber gleich in Klammern hinzugesetzt.

sungsgrenze zahlen. Für Betriebsrentensysteme reduzieren sich die Sätze für die Einkommen über 57 (bzw. 64) £. Diese Beiträge gelten gleichzeitig für Arbeitslosigkeit, Krankheit, Invalidität, Alter und Hinterbliebene. Die Leistungen bei Arbeitslosigkeit werden durch Umlagefinanzierung durch den Nationalen Versicherungsfonds finanziert. Der Arbeitslose darf nicht willentlich arbeitslos sein, muss arbeitsfähig sein und dem Arbeitsmarkt zur Verfügung stehen, aktiv nach Arbeit suchen und einen Antrag auf Arbeitslosengeld gestellt haben. Zum Empfang berechtigt ist, wessen entrichtete Beiträge in einem der beiden Steuerjahre, auf die sich der Antrag bezieht, dem 25fachen Mindestbeitrag dieses Jahres entsprechen bzw. die in beiden Steuerjahren entrichteten oder angerechneten Beiträge entsprechen einer Höhe von mindestens dem 50fachen Mindestbetrag dieses Jahres. Für Männer gilt ein Höchstalter von 65, für Frauen von 60 Jahren. Es sind drei Tage Karenzzeit vorgesehen. Das Arbeitslosengeld wird höchstens 312 Tage (ohne Sonntage) pro Zeitraum der Beschäftigungsunterbrechung gewährt. Ein erneuter Anspruch auf 312 Tage entsteht, wenn während 13 Wochen jeweils mindestens 16 Arbeitsstunden innerhalb einer bestimmten Rahmenfrist geleistet werden. Es wird kein Arbeitslosengeld für Tage gezahlt, an denen die Einkünfte 2 £ übersteigen bzw. für Wochen, in denen die Mindestgrenze von 57 £ überschritten wird. Das Arbeitslosengeld beträgt 45,45 £ pro Woche bzw. 57,60 £ nach Erreichen des Rentenalters. Für unterhaltsberechtigte Kinder wird ein Zuschlag gewährt. Das Arbeitslosengeld ist steuerpflichtig, außer wenn der Empfänger seine Rentenansprüche verschiebt oder darauf verzichtet.

1996 erfolgte die Einführung der „Jobseeker's Allowance“ (JSA) mit einer Zunahme der Bedeutung von Bedürftigkeitsprüfungen und der Abschaffung der Zuschläge für Unterhaltsberechtigte beim Arbeitslosengeld. Die Jobseeker's Allowance erfordert striktere Zugangsbedingungen als die Arbeitslosigkeitsleistungen vor 1996. Die JSA soll vor allem auch massive Einsparungen bringen. Um dies zu erreichen, wurden de facto für viele die Leistungen gekürzt, z.B. empfangen manche gar keine Leistungen mehr oder rutschen von Versicherungsleistungen in die bedürftigkeitsgeprüfte JSA. Andererseits ist die JSA auch als Anreiz der Arbeitsmarktpolitik zu verstehen, der die Arbeitslosen dazu bewegen soll, sich wieder (auch niedrig bezahlte!) Arbeit zu suchen. Das System teilt sich auf in das beitragsabhängige Arbeitslosengeld (Contribution-Based Jobseeker's Allowance) aus der Arbeitslosenversicherung und die bedürftigkeitsgeprüfte Arbeitslosenhilfe (Income-Based Jobseeker's Allowance). Die Arbeitslosenhilfe ist im Prinzip identisch mit dem Income Support, der bisher auch als „Arbeitslosenhilfe“ fungierte, lediglich die Bezeichnung bzw. die Zielgruppe ist eine andere. Das Arbeitslosengeld ist für alle Arbeitnehmer gedacht,[94] die Arbeitslosenhilfe soll Arbeitslose unterstützen, deren gesamte Einkünfte unter einem bestimmten Mindestniveau liegen. Zum Empfang der Leistungen müssen die für das Jahr 1994 beschriebenen Voraussetzungen erfüllt sein, außerdem darf der Arbeitslose nicht mehr als 16 Wochenstunden zusätzlich arbeiten oder sich in einem Vollzeitstudium befinden. Für den Empfang der Arbeitslosenhilfe darf ein Vermögen von 8.000 £ nicht überschritten werden. Die Anwartschaftszeit für das Arbeitslosengeld entspricht der von 1994, für die Arbeitslosenhilfe gibt es keine entsprechenden Voraussetzungen. Das Arbeitslosengeld ist begrenzt auf 182 Tage je Zeitraum der Arbeitslosigkeit, die Arbeitslosenhilfe ist von unbegrenzter Dauer, solange die Voraussetzungen erfüllt sind. Die Höhe der Leistungen des Arbeitslosengelds hängt nicht vom bisherigen Einkommen ab, es werden pro Woche gestaffelt nach Alter 39,85 £ (18-24 Jahre) bzw. 50,35 £ (über 25) gezahlt, Zulagen für Unterhaltsberechtigte werden nicht mehr gewährt. Das Arbeitslosengeld ist steuerpflichtig. Die Höhe der Arbeitslosenhilfe hängt vom Einkommen und der familiären Situation ab. Im Vergleich zu 1994 wurde also eine Reform durchgesetzt, die zwar Einsparungen brachte, aber klar zu Lasten der Leistungsempfänger geht.

2.5.3 Krankheit - Geldleistungen

Eine konkrete gesetzliche Regelung der Geldleistungen bei Krankheit wurde erstmals 1911 getroffen.[95] Bis 1982 bestanden die Geldleistungen bei Krankheit aus dem so genannten Sickness Benefit (SB). 1983 allerdings wurde das gesetzliche Krankengeld (Statutory Sick Pay - SSP) eingeführt, das einer gesetzlich vorgeschriebenen Lohnfortzahlung entspricht. Damit wurde ein erheblicher Teil der Verantwortung für die Geldleistungen bei Krankheit auf die Arbeitgeber übertragen, das Krankengeld (SB) soll nur bei nicht vom SSP

[94] Mit Ausnahme von verheirateten Frauen, die sich vor April 1977 für eine Befreiung entschieden haben.

[95] Zu den Geldleistungen bei Krankheit vgl. z.B. Reed und Deakin (2000).

erfassten Gruppen einspringen. Die Finanzierung des Krankengeldes erfolgt heute über Steuern, Beiträge[96] und vor allem auch über die Arbeitgeber.

Bis einschließlich 1994 wird also unterschieden in Krankengeld (Sickness Benefit - SB) und gesetzliches Krankengeld (Statutory Sick Pay - SSP). Sickness Benefit können Selbständige und Arbeitnehmer, deren Arbeitsverhältnis weniger als drei Wochen andauert,[97] erhalten. Ansprüche auf Statutory Sick Pay entstehen erst bei einer dauerhaften Beschäftigung. Es existiert keine Versicherungspflichtgrenze, allerdings zahlen Arbeitnehmer keine Beiträge auf Einkommen über 430 £ pro Woche bzw. unter 57 £ pro Woche. Für die Zahlungen des Arbeitgebers (SSP) müssen die Einkünfte des Arbeitnehmers vor der Krankheit mindestens das Niedriglohnlimit für Beitragszahlungen an die Nationale Versicherung erreicht haben. Für das Krankengeld (SB) müssen ausreichend Versicherungsbeiträge in jedem Steuerjahr gezahlt worden sein, und es müssen in zwei maßgeblichen Steuerjahren, normalerweise den beiden dem Anspruchsjahr vorausgehenden Steuerjahren, ausreichende Beiträge gezahlt oder angerechnet worden sein. Eine Karenzzeit von drei Tagen ist vorgesehen. Das SSP wird vom Arbeitgeber bei Krankheit für mindestens vier aufeinander folgende Tage bis zu maximal 28 Wochen bezahlt. Das SB wird höchstens 168 Tage (Sonntage ausgenommen, also 28 Wochen) während der Dauer der Arbeitsunterbrechung gezahlt und anschließend durch Invaliditätsleistungen ersetzt. Die Höhe der Leistungen der gesetzlich geregelten Lohnfortzahlung hängt vom Wochenlohn ab, es gibt keine Familienzulagen. Tabelle 2.4 gibt einen Überblick über diese Pauschalleistungen. Das SB besteht aus einer Grundpauschale (43,45 bis zu 55,25 £), die durch diverse Zuschläge ergänzt werden kann. Das SSP ist steuerpflichtig,[98] das SB nicht.

Im Juli 1994 wurde ein Gesetz über die Abschaffung des bisherigen Krankengelds und der Invaliditätsleistungen verabschiedet, das eine vereinheitlichte Arbeitsunfähigkeitsleistung schafft, die im April 1995 eingeführt wurde. Ein Kernpunkt im neuen System soll die strengere Regelung von medizinischen Untersuchungen sein. 1999 gelten damit folgende Regelungen. Es gibt Leistungen bei vorübergehender Arbeitsunfähigkeit (short-term Incapacity Benefit, IB) so-

---

[96] Vgl. die Ausführungen zu dem Einheitsbeitrag in Kapitel 2.5.2.

[97] Verheiratete Frauen, die sich vor April 1977 für eine Befreiung entschieden haben, sind ausgenommen.

[98] Progressive Besteuerung nach Abzug des persönlichen Freibetrages und anderer Freibeträge.

Tabelle 2.4: Wöchentliche Leistungen des SSP 1994 und 1999

1994 *Lohngrenze*	*Leistung*	**1999** *Lohngrenze*	*Leistung*
unter 57 £	keine	unter 64 £	keine
57 bis 199,99 £	47,80 £	ab 64 £	57,70 £
200 £ oder mehr	52,50 £		

Quelle: MISSOC (1995, 2000)

wie das gesetzliche Krankengeld (Statutory Sick Pay, SSP). Es existiert keine Versicherungspflichtgrenze, allerdings zahlen Arbeitnehmer keine Beiträge auf Einkommen über 485 £ pro Woche bzw. unter 64 £ pro Woche. Der Hausarzt muss die Arbeitsunfähigkeit feststellen, nach 28 Wochen erfolgt ein allgemeiner Erwerbsunfähigkeitstest. Für den Empfang des SSP müssen die Einkünfte vor der Krankheit mindestens der Untergrenze für Beitragszahlungen an die Nationale Versicherung entsprochen haben. Short-term IB erfordert, dass in einem beliebigen Steuerjahr ausreichende Versicherungsbeiträge tatsächlich entrichtet wurden und für zwei maßgebliche Steuerjahre, normalerweise die beiden letzten Steuerjahre vor dem Anspruch, ausreichende Beiträge entrichtet oder angerechnet wurden. Um nach dem SSP die Leistung bei vorübergehender Arbeitsunfähigkeit zu erhalten, müssen die Beitragsvoraussetzungen erfüllt sein. Eine Karenzzeit von drei Tagen ist vorgesehen. Das SSP wird in gleicher Form wie 1994 ausgezahlt allerdings nur noch mit einem Einheitssatz.[99] Arbeitnehmer, die für weniger als 28 Wochen Anspruch auf gesetzliches Krankengeld haben, können für die restliche Zeit bis zum Ende der 28 Wochen einen reduzierten Satz der Leistung bei vorübergehender Erwerbsunfähigkeit erhalten. Danach kann der höhere Satz für vorübergehende Erwerbsunfähigkeit und anschließend nach medizinischer Begutachtung die Leistung für andauernde Erwerbsunfähigkeit (long-term Incapacity Benefit) gewährt werden. Short-term IB wird bis zu 52 Wochen gezahlt (danach long-term IB, siehe Kapitel 2.5.4), die Sätze sind gestaffelt nach Dauer, Alter und Familiensituation. Für die ersten 28 Wochen wird ein wöchentlicher Grundbetrag von 48,80 £ gewährt, danach ein höherer Satz von 57,70 £. Ab dem Rentenalter können bis zu 62,05 £ pro Woche bezogen werden. Das SSP unterliegt der Besteuerung, außerdem

[99]Vgl. dazu Tabelle 2.4.

müssen Sozialversicherungsbeiträge abgeführt werden. Der short-term IB ist für den unteren Satz (erste 28 Wochen) steuerfrei, danach wird besteuert.

Bemerkenswert ist die stärkere Einbeziehung der Arbeitgeber: Der Staat soll heute nur bei hohem Krankenstand Unterstützung leisten, vor 1994 wurden aber sogar 80 Prozent des SSP vom Staat an die Arbeitgeber zurückerstattet. Allerdings geht MISSOC (1995: 46) davon aus, dass sich die Gesamtkosten der Industrie dadurch nicht erhöhen, da die Arbeitgeberbeiträge zur Sozialversicherung gleichzeitig gesenkt wurden. Weiterhin ersparen sich die Unternehmen Verwaltungsaufwand durch die Abschaffung des niedrigsten Satzes des SSP. Außerdem können die Arbeitgeber seit 1997 aus dem gesetzlichen SSP aussteigen, sofern sie adäquate betriebliche Krankengelder zur Verfügung stellen, was vorher nicht möglich war.

2.5.4 Invalidität

Bezüglich der Invalidität wurde erstmals 1911 eine gesetzliche Regelung eingeführt.[100] Für 1994 ist das Gesetz über Beiträge und Leistungen zur sozialen Sicherheit von 1992 entscheidend. Eingeschlossen sind Selbständige und Arbeitnehmer[101] sowie Arbeitslose. Die Finanzierung erfolgt über den in Kapitel 2.5.2 beschriebenen Beitrag. Die Leistungen bei Invalidität werden nach Ablauf des Zeitraums der anfänglichen Erwerbsunfähigkeit (168 Tage ohne Sonntage), also nach Ablauf der Zahlungen des Krankengelds (Sickness Benefit[102]), bis zu maximal fünf Jahre nach Erreichen der Staatsrente gewährt. Als Invalider gilt also derjenige, der infolge körperlicher oder geistiger Krankheit bzw. Behinderung den Anspruch auf Krankengeld bis 168 Tage (ohne Sonntage) bereits ausgeschöpft hat. Die Leistungen der Invalidenrente (Invalidity Benefit) liegen 1994 bei 57,6 £ pro Woche, dazu kommen noch Erwerbsunfähigkeitszuschläge (Invalidity Allowance) abhängig vom Alter, eine einkommensbezogene Zusatzrente[103] und Zuschläge für Ehepartner und unterhaltspflichtige Kinder. Weitere Leistungen bei Invalidität sind die Schwerbehindertenhilfe (Severe Disablement Allowance), die Schwerbehinderten ohne Anspruch auf Erwerbsunfähigkeits-

[100]Zu Leistungen bei Invalidität vgl. z.B. Judge (2001).

[101]Mit Ausnahme von verheirateten Frauen, die sich vor April 1977 für eine Befreiung entschieden haben.

[102]Vgl. zum Sickness Benefit Kapitel 2.5.3.

[103]Basierend auf dem Einkommen zwischen April 1978 und April 1991.

leistungen gewährt werden kann, die Pflegebeihilfe (Attendance Allowance) für Personen über 65, die auf persönliche Pflege angewiesen sind, sowie die Hilfe zum Lebensunterhalt für Behinderte (Disability Living Allowance) als Pflegebeihilfe für behinderte Personen unter 65. Weiterhin können für Personen, die Behinderte pflegen und deren Verdienst sehr niedrig liegt, Pflegebeihilfen ausgezahlt werden (Invalid Care Allowance). Der Invalidity Benefit ist nicht steuerpflichtig, die Invalidity Allowance dagegen schon, wenn sie zusammen mit einer Altersrente gezahlt wird. Attendance Allowance, Disability Living Allowance sowie Severe Disablement Allowance sind nicht steuerpflichtig. Für die steuerpflichtigen Leistungen gelten die gleichen Steuerermäßigungen wie für das Krankengeld. Attendance Allowance und Disability Living Allowance können zusätzlich zu anderen Leistungen gewährt werden. Es werden staatliche Zuschüsse zur Deckung der Gesamtausgaben für Attendance Allowance, Disability Living Allowance sowie Severe Disablement Allowance gewährt.

Der 1995 eingeführte Incapacity Benefit[104] erfordert die Erfüllung strikterer medizinischer Bedingungen als die Leistung des Invalidity Benefit. Diese Verschärfung ist auf den Anstieg der Invaliditätsrentenempfänger zurückzuführen: 1982/83 waren es noch 737.000, 1995/96 dagegen 1,7 Millionen (vgl. Judge 2001: 80ff). Als wesentliche Änderungen sind zu nennen: Reduzierung des gewährten Höchstbetrags, der Empfang ist abhängig von entsprechenden Versicherungsbeiträgen, die Leistung ist jetzt steuerpflichtig, der Nachweis muss erbracht werden, dass keinerlei Arbeit verrichtet werden kann,[105] statt bisher vom Hausarzt wird die Invalidität von unabhängigen staatlich ernannten Prüfern getestet und einkommensabhängige Leistungsbestandteile werden abgeschafft. Allerdings konnte bisher kein Absinken der Empfängerzahlen festgestellt werden (vgl. Judge 2001: 84).

Damit ergibt sich für die Leistungen im Jahr 1999 folgendes Bild. Ausgenommen von der Versicherungspflicht sind Arbeitnehmer mit einem wöchentlichen Einkommen unter 64 £ sowie Selbständige mit einem Jahreseinkommen von weniger als 3.590 £. Als Invalide gilt, wer arbeitsunfähig infolge körperlicher oder geistiger Krankheit oder Behinderung während eines Zeitraums ist, in dem Anspruch auf Leistungen bei vorübergehender Arbeitsunfähigkeit für die Dauer von 52 Wochen bestand. Zum Empfang der Leistungen muss vollständi-

[104] Vgl. dazu auch Kapitel 2.5.3.

[105] Bisher musste nur Unfähigkeit vorliegen, den bisherigen Job zu machen.

ge Erwerbsunfähigkeit vorliegen. Der long-term Incapacity Benefit (IB) wird nach einem Jahr der Arbeitsunfähigkeit bis zum Erreichen des staatlichen Rentenalters gewährt. Die Leistungen werden als Pauschalbetrag je nach Alter und Familiensituation gewährt, der Grundbetrag beträgt 64,70 £. Weiterhin existieren als beitragsunabhängige Leistungen die Schwerbehindertenhilfe (Severe Disablement Allowance)[106] für Schwerbehinderte ohne Anspruch auf Incapacity Benefit, das Alterspflegegeld (Attendance Allowance), die Pflegekomponente des Unterhaltsgelds für Behinderte (Disability Living Allowance) und die Leistung an Pflegepersonen (Invalid Care Allowance). Der long-term IB und die Invalid Care Allowance sind steuerpflichtig,[107] die anderen aufgeführten Leistungen nicht.

2.5.5 Arbeitsunfälle und Berufskrankheiten

Das erste Gesetz zur Regelung der Absicherung bei Arbeitsunfällen wurde bereits 1897 beschlossen. Für Leistungen bei Arbeitsunfällen und Berufskrankheiten sind heute Gesetze von 1992 relevant. Die Finanzierung aller Leistungen bei Arbeitsunfällen und Berufskrankheiten erfolgt aus Steuern, also über staatliche Finanzierung. Eingeschlossen sind alle Arbeitnehmer. Als Arbeitsunfall wird ein Unfall mit Körperverletzung in Folge oder während der Arbeitsausübung des Beschäftigten verstanden. Im Allgemeinen sind Wegeunfälle nicht gedeckt. Eine Liste von 66 Krankheiten regelt 1994 die Anerkennung von Berufskrankheiten. Fristen zur Feststellung dieser Krankheiten existieren nur für beruflich bedingtes Asthma und Taubheit sowie für chronische Bronchitis und Emphyseme. Eine Karenzzeit von drei Tagen ist vorgesehen, die vorläufige Erwerbsunfähigkeit wird höchstens 168 Tage (ohne Sonntage) gewährt. Die Bezugsgrundlage und der Betrag der Leistung für diese vorläufige Erwerbsunfähigkeit entspricht den Geldleistungen bei Krankheit. Renten bei dauernder Erwerbsunfähigkeit werden abhängig vom Erwerbsunfähigkeitsgrad gewährt, die Leistungen sind nicht abhängig vom bisherigen Einkommen. Es werden verschiedene Pauschalbeträge je nach Höhe des Erwerbsunfähig-

---

[106] Diese Leistung wird allerdings durch das Gesetz über die Reform des Wohlfahrtsstaates und der Renten, das am 11.11.99 die königliche Zustimmung erhielt, abgeschafft. Dafür soll die bisherige Zielgruppe Zugang zu Leistungen bei dauerhafter Arbeitsunfähigkeit erhalten.

[107] Progressive Besteuerung nach Abzug persönlicher und anderer Freibeträge.

keitsgrades gewährt. Es können Zuschläge bei Pflege durch Dritte in Form des Dauerpflegegeldes (Constant Attendance Allowance), der Invalid Care Allowance und in besonders schweren Fällen von Behinderung die Exceptionally Severe Disablement Allowance gezahlt werden. Leistungen bei dauernder Erwerbsunfähigkeit sind nicht steuerpflichtig, bei vorübergehender Erwerbsunfähigkeit gelten die in Kapitel 2.5.3 beschriebenen Regelungen. Im Todesfall ist für Hinterbliebene eine pauschale Rente vorgesehen. Im Vergleich zu 1994 wurde die Liste der Berufskrankheiten 1999 auf mehr als 70 Krankheiten aufgestockt. Ansonsten haben sich bis auf die Anpassung der Höhe der Leistungen keine prinzipiellen Änderungen ergeben.

2.5.6 Mindestsicherung

Der Income Support, das allgemeine beitragsunabhängige Minimum, wird durch die Income Support General Regulations von 1987 und den Social Security Administration Act von 1992 geregelt.[108] Er soll finanzielle Hilfe für Personen ohne Vollzeitbeschäftigung[109] bieten, deren Gesamteinkommen unter einem bestimmten Minimum liegt. Die Leistung kann für eine Person und für im Haushalt lebende Partner und Kinder gewährt werden. Die Mindestsicherung wird ohne zeitliche Beschränkung gewährt. Zum Empfang berechtigt sind Staatsangehörige des Vereinigten Königreichs, der EU-Mitgliedstaaten sowie von Staaten, mit denen ein bilateraler Vertrag mit Gegenseitigkeitsklausel abgeschlossen wurde und die bestimmten Vorschriften hinsichtlich Einreise und ständigem Wohnsitz unterworfen sind. Der Empfänger muss seinen Wohnsitz im Staatsgebiet haben. Im Allgemeinen wird der Income Support ab 18 Jahren gewährt, unter bestimmten Umständen sind auch 16- und 17-Jährige anspruchsberechtigt. Arbeitsfähige Personen müssen bereit sein zu arbeiten und als Arbeitssuchende gemeldet sein. Das Vermögen (ohne Hausbesitz) des Antragstellers oder seines Partners darf nicht über 8.000 £ liegen. Die Sätze des Income Support werden auf nationaler Ebene ohne regionale Differenzierung von der Regierung festgesetzt. Die Haushaltseinheit für die Einkommensberechnung ist die Familieneinheit. Angerechnet werden nahezu alle Einkünfte, also auch die meisten Sozialversicherungsleistungen und Renten. Nicht an-

[108] Zur Mindestsicherung im Vereinigten Königreich vgl. z.B. Behrendt (2002), Eardley et al. (1996a,b).

[109] 16 Stunden oder mehr pro Woche.

Tabelle 2.5: Verhältnisse der Leistungen des Income Support für einzelne Haushaltsmitglieder zueinander, UK

	1994	**1999**
Alleinstehende - 18 bis 24 Jahre	156,65 £ (pro Monat)	50,35 £ (pro Woche)
- ab 25 Jahre	193,03 £	50,35 £
2. Erwachsener eines Paares	plus 57%	plus 57%
1. Kind (0-10 Jahre)	plus 56%	plus 56%
2. Kind (11-15 Jahre)	plus 52%	plus 50%
3. Kind (16-17 Jahre)	plus 60%	plus 60 %

Quelle: MISSOC (1995, 2000)

gerechnet werden Wohngeld, Gemeindesteuerbeihilfe und einige beitragsfreie Leistungen bei Behinderung, sowie Ersparnisse bis 3.000 £.[110] Die Sätze werden unter Berücksichtigung der Preisentwicklung von der Regierung festgelegt. Zulagen zum Income Support werden für Familien und Alleinerziehende bezahlt. Die Verhältnisse der Leistungen für einzelne Haushaltsmitglieder zueinander sind in Tabelle 2.5 dargestellt. Ergänzt werden die Geldleistungen durch diverse Sachansprüche (z.B. kostenloses Essen in der Schule für Kinder). Angemessene Mieten werden durch das Wohngeld gedeckt. Die Finanzierung der Leistungen erfolgt über den Staat durch nationale allgemeine Steuern.

1999 sind Unterschiede zu 1994 vor allem durch die Reform des Arbeitslosengeldes[111] festzustellen. So haben arbeitsfähige Personen einen vorrangigen Anspruch auf Jobseeker's Allowance. Für Alleinerziehende wurde ein spezielles Programm (New Deal) zur Förderung der sozialen Integration, vor allem aber zur Förderung der Wiederaufnahme von Arbeit, ins Leben gerufen. Weiterhin wird verstärkt auf ein Steuer- und Leistungssystem gesetzt, das darauf abzielt, dass sich Arbeit im Vergleich zur Mindestsicherung lohnt.

Es gibt zwei Hauptformen der Wohnbeihilfen: Die erste besteht aus der Hilfe zu der Zahlung von Hypothekenzinsen für Income Support-Empfänger, was allerdings strengen Bedingungen unterliegt; die zweite Form der Hilfe ist das Wohngeld, das Empfängern von Income Support aber auch Niedrigverdienern gewährt wird. Wohngeld hat einen hohen Stellenwert im Vereinigten

[110]Liegen Ersparnisse über 3.000 £ vor, werden die Leistungen des Income Support gekürzt.
[111]Vgl. dazu Kapitel 2.5.2.

Königreich, was sich in den entsprechend hohen Ausgaben für diesen Transfer widerspiegelt.[112] In diesem Zusammenhang ist auch der Council Tax Benefit, eine bedürftigkeitsgeprüfte Beihilfe zu den örtlichen Gemeindesteuern,[113] zu nennen. Dieser hilft Personen mit geringem Einkommen, indem bis zu hundert Prozent der durch diese Steuern anfallenden Kosten ersetzt werden, und soll die lokalen Unterschiede der Höhe der Steuer ausgleichen, um eine einheitliche nationale Mindestsicherung zu gewährleisten (vgl. Clark et al. 1999).

2.6 Vergleich der Ländersysteme

Nach der Vorstellung der Sozialsysteme der fünf untersuchten Länder soll an dieser Stelle ein kurzer Vergleich der grundsätzlichen Organisation der betrachteten Transfers vorgenommen werden.

Die Leistungen bei Arbeitslosigkeit in Deutschland entsprechen einer „klassischen“ Bismarckschen Versicherungsleistung. Das Arbeitslosengeld wird als prozentualer Anteil am bisherigen Einkommen berechnet, ebenso die Arbeitslosenhilfe, die sich allerdings auf niedrigerem Niveau bewegt, bedürftigkeitsgeprüft gewährt wird und im Gegensatz zum Arbeitslosengeld nicht aus Beiträgen sondern über Steuern staatlich finanziert wird. Das Arbeitslosengeld in Frankreich ist ähnlich organisiert wie in Deutschland. So wird ein Anteilssatz am bisherigen Einkommen gewährt bzw. ein Anteilssatz plus einer ergänzenden Pauschale. Die Arbeitslosenhilfe dagegen ist eine rein pauschale Leistung wie sie eher in Beveridge-geprägten Systemen vorkommt. Prinzipiell verfügt Italien auch über eine beitragsfinanzierte Arbeitslosenversicherung, die an die deutsche Ausgestaltung angelehnt ist. Allerdings bewegt sich dieses normale Arbeitslosengeld auf sehr niedrigem Niveau, es beträgt lediglich 30 Prozent des bisherigen Lohns. Dagegen sind das besondere Arbeitslosengeld für Beschäftigte aus der Bauwirtschaft und die Lohnergänzungszahlungen bei Teilarbeitslosigkeit höher angesetzt. So wird das normale Arbeitslosengeld also in der Realität nicht so umfangreich in Anspruch genommen wie die anderen Zahlungen. Finnland weicht bei den Regelungen bei Arbeitslosigkeit von dieser Bismarckschen Form ab. Es wird als Arbeitslosengeld eine pauschale Grund-

[112]Vgl. dazu auch Kapitel 6.1.

[113]Mehr Informationen zu den örtlichen Gemeindesteuern sind z.B. in Clark et al. (1999) zu finden.

sicherung gewährt, die durch eine verdienstabhängige Zahlung bei freiwilliger Mitgliedschaft in einer Arbeitslosenkasse ergänzt werden kann. Die Arbeitslosenhilfe wird als Pauschale gewährt. Die Finanzierung erfolgt über Beiträge und Steuern. Als einziges unter den untersuchten Ländern weisen die Arbeitslosigkeitsleistungen im Vereinigten Königreich keine verdienstabhängigen Leistungsbestandteile auf. Sowohl Beiträge als auch Transfers sind pauschal, was den typischen Beveridge-Leistungen entspricht, wie sie in den Ländern des Britischen Clusters üblich sind.

Leistungen des Krankengelds werden in Deutschland, Frankreich und Italien als Anteile am Einkommen gewährt. Unterschiede ergeben sich jeweils bezüglich der gewährten Anteilswerte, der gesetzlich vorgesehenen Lohnfortzahlung, der Karenztage und der Dauer der Leistungen.[114] Italien hebt sich weiterhin von den anderen Ländern durch seinen geringeren Deckungsgrad[115] ab. Tendenziell sind die Leistungen in Deutschland dabei am großzügigsten. Die Finanzierung erfolgt in erster Linie über Beiträge, lediglich in Frankreich wird eine Mischfinanzierung aus Steuern und Beiträgen betrieben. Das Krankengeld in Finnland ist wiederum eine Mischung aus einer pauschalen Grundleistung und einer einkommensabhängigen Ergänzung. Allerdings wurden die Leistungen für Geringverdiener bis zum Jahr 2000 im Verhältnis zu 1995 relativ stark eingeschränkt was die vom bisherigen Einkommen abhängigen Teile betrifft, außerdem wurde die Zahl der Karenztage drastisch erhöht, obwohl es keine gesetzlich geregelte Lohnfortzahlung gibt. Die Finanzierung erfolgt über Beiträge und staatliche Beteiligung. Das Krankengeld im Vereinigten Königreich wird im Gegensatz zu den anderen betrachteten Ländern als Pauschalzahlung ausbezahlt. Die Finanzierung wird über Beiträge, Steuern und die Arbeitgeber geleistet. Dabei kommt den Leistungen der Arbeitgeber eine große Bedeutung zu.

Die Invaliditätsrente wird sowohl in Deutschland als auch in Italien über den gemeinsamen Beitrag zur Altersrente finanziert, es handelt sich also um eine Versicherungsleistung, die sich entsprechend nach dem bisherigen Einkommen richtet. Dies ist ebenfalls in Frankreich der Fall, allerdings werden zur Finanzierung gemeinsame Beiträge für Kranken- und Invaliditätsversicherung

[114] Zu den detaillierten Leistungen siehe Kapitel 2.1.3, 2.3.3 und 2.4.3.

[115] Nur Arbeiter fallen unter die Regelungen des Krankengeldes, für Angestellte wird aber eine Lohnfortzahlung garantiert.

herangezogen. Trotz dieser prinzipiellen Gemeinsamkeiten weisen die Länder Besonderheiten hinsichtlich verschiedener Elemente auf. Für Deutschland ist die Pflegeversicherung herauszuheben. Diese ist als weitere Säule des Sozialsystems in ihrer Form einzigartig unter den untersuchten Ländern, wobei es in anderen Ländern durchaus möglich ist, Ergänzungszahlungen für die Pflege zu erhalten. In Frankreich und Italien gibt es weiterhin besondere Leistungen für bedürftige Invalide, die keinen Zugang zu Versicherungsleistungen haben.[116] In Italien kommt der Invaliditätsrente im Vergleich zu den anderen Ländern eine besondere Rolle zu, da diese dort als eine Art Ersatz für die mangelhaft ausgestalteten anderen Leistungen wie z.B. die Mindestsicherung genutzt wird und so die Empfängerzahlen vergleichsweise hoch sind.[117] Die Invaliditätsrente in Finnland ist Teil des Rentensystems, das über Beiträge und Staatsbeteiligung finanziert wird. Wie auch bei anderen Leistungen setzt sich der Transfer aus einer Grundsicherung in Form der pauschalen Volksrente, die über Steuern finanziert wird, und einem über Beiträge finanzierten Erwerbsrentensystem, das sich an den Altersrenten orientiert, zusammen. Allerdings gibt es auch Leistungen für Nichtrentenempfänger. Die Invaliditätsleistungen im Vereinigten Königreich dagegen bestehen wieder durchweg aus pauschalen Zahlungen. Bei diesen handelt es sich entweder um beitragsfinanzierte Versicherungsleistungen oder um bedürftigkeitsgeprüfte Sonderleistungen.

Die grundsätzliche Ausgestaltung der Leistungen bei Arbeitsunfällen und Berufskrankheiten ist in Deutschland, Frankreich, Italien und Finnland sehr ähnlich, auch wenn es selbstverständlich Unterschiede bei der Verwaltungsorganisation und der konkreten Höhe der Leistungen gibt. So erfolgt in allen vier Ländern die Finanzierung bis auf wenige Ausnahmen durch den Arbeitgeber.[118] Die Grundlage für die Berechnung der Leistung bildet jeweils das bisherige Einkommen, Hinterbliebene können im Todesfall ebenfalls mit einer (wenn auch geringeren) Rente rechnen. Die Ausnahme bildet hier wieder das Vereinigte Königreich. Dort liegt die Finanzierung beim Staat, die Leistungen

[116] Vgl. dazu Kapitel 2.3.4 und 2.4.4.

[117] Vgl. dazu Kapitel 2.4.1.

[118] Hier spiegelt sich die Employer Liability-Strategie wider. Wie schon in Kapitel 1.2 erwähnt, findet sich diese Strategie aber nicht unbedingt in Reinform, sondern vermischt sich mit der Sozialversicherungsstrategie. Dixon (1999: 20ff) ordnet Finnland und Deutschland für diese Leistungen die Employer Liability-Strategie als vorherrschende Strategie zu, Italien und Frankreich dagegen die Sozialversicherungsstrategie.

sind an den Geldleistungen bei Krankheit orientiert, für die Hinterbliebenen fallen pauschale Renten an.

Die Mindestsicherung ist in den betrachteten Ländern sehr unterschiedlich ausgestaltet, hier soll nur kurz auf grundsätzliche Unterschiede eingegangen werden. Die Mindestsicherung hebt sich als Transfer von den anderen betrachteten Leistungen ab, da sie letztendlich immer als letzter „Notnagel", wenn keine anderen Ansprüche mehr bestehen, eingesetzt wird und so in allen Ländern eine beitragsunabhängige Leistung darstellt. Gemeinsam ist also zunächst allen untersuchten Ländern, dass die Finanzierung über Steuern (auf lokaler, regionaler oder nationaler Ebene) erfolgt. In Deutschland wird die Sozialhilfe zwar national einheitlich geregelt, aber die konkreten Regelsätze unterscheiden sich je nach Bundesland. Der Grundbetrag kann ergänzt werden durch besondere Zahlungen sowie Wohngeld. Prinzipiell ist die Mindestsicherung in Finnland ähnlich organisiert, allerdings legt die nationale Regierung die Höhe der Leistungen in zwei Kategorien fest. In Frankreich ist die Organisation der Mindestsicherung bedeutend fragmentierter als in Finnland und Deutschland. Es gibt zwar ein allgemeines Minimum in Form des RMI, dieses wird allerdings ergänzt bzw. ersetzt durch eine Vielzahl von Sonderleistungen für bestimmte Gruppen. Eine national einheitliche Lösung existiert in Italien für die Mindestsicherung nicht, wie in keinem der Länder des Südeuropäischen Clusters. Es gibt verschiedene Leistungen auf regionaler oder lokaler Ebene, die aber nicht unbedingt ausreichend sind, weshalb ein Ausweichen auf andere Leistungen notwendig wird wie z.B. auf die Invaliditätsrenten. Ganz im Gegensatz dazu kommt dem Income Support als allgemeinem Minimum im Vereinigten Königreich eine traditionell große Bedeutung zu. Die Höhe der relativ großzügigen Leistungen wird einheitlich auf nationaler Ebene geregelt.[119]

An dieser Stelle soll noch einmal darauf hingewiesen werden, dass die Staaten ihre Sozialtransfers unterschiedlich oder auch gar nicht besteuern. So sind die Transfers in skandinavischen Ländern zu einem relativ hohen Anteil steu-

[119] An dieser Stelle sei auch auf Hölsch und Kraus (2002, 2004) verwiesen, die den Aspekt der (De-)Zentralisierung der Organisation und Verwaltung von Mindestsicherung in Europa untersucht haben. Der Dezentralisierungsgrad der Mindestsicherung wurde dabei über die Aspekte der Finanzierung durch Bund, Länder oder Gemeinden, der formalen Entscheidungsbefugnisse sowie der regionalen Variation der Leistungssätze erfasst. Italien wird dabei als dezentralstes System der hier betrachteten Länder eingestuft. Am zentralsten ist das britische System, gefolgt von Frankreich, Finnland und Deutschland, die im Mittelfeld liegen.

erpflichtig, während bei den angelsächsischen Staaten das Gegenteil der Fall ist (vgl. z.B. Gilbert 2002).

Zusammenfassend kann festgestellt werden, dass in Deutschland typische Bismarck-Leistungen dominieren, also durch Beiträge finanzierte Versicherungsleistungen, deren Höhe vom bisherigen Einkommen abhängt. Auch das italienische System ist angelehnt an die Bismarck-Sozialversicherung. Allerdings bewegen sich die Leistungen auf niedrigerem Niveau, was typisch für die Länder des Südeuropäischen Clusters ist. Ein weiteres Charakteristikum der südeuropäischen Länder zeigt sich darin, dass das Mindestsicherungssystem sehr fragmentiert und weitgehend auf die regionale und lokale Ebene verlagert ist. Im Gegensatz zum italienischen und deutschen System, die den männlichen Arbeitnehmer als Versorger der Familien in den Vordergrund rücken, setzt das finnische System auf Zugang zum Sozialsystem für möglichst viele, also auf einen hohen Deckungsgrad. Lediglich ein Teil der betrachteten Leistungen ist aufbauend auf einer pauschalen Grundsicherung abhängig vom bisherigen Einkommen. Der Staat übernimmt vergleichsweise hohe Finanzierungsanteile, was typisch für die skandinavischen Länder ist. Frankreich stellte sich in der Clusteranalyse von Kraus (2004)[120] als Grenzfall zwischen dem Zentral- und Südeuropäischen Cluster heraus. So weist das französische System typische Bismarck-Elemente auf wie das Sozialversicherungsprinzip mit einer Finanzierung durch Beiträge und Abhängigkeit der Leistungen vom bisherigen Einkommen. Andererseits handelt es sich um ein sehr fragmentiertes System, was ein Merkmal der Länder des Südeuropäischen Clusters ist. Zu finden sind auch Beveridge-Elemente, die sich z.B. im CSG, der auf alle Einkommensarten erhoben wird, zeigen. Während für Deutschland, Frankreich, Italien und Finnland durchaus einige Berührungspunkte festzustellen sind, zeigt sich bei der Betrachtung des britischen Sozialsystems, dass dieses sich stark von den vier anderen unterscheidet. So setzt das Vereinigte Königreich nach dem Beveridge-Prinzip durchweg auf Pauschalleistungen, die mehrheitlich staatlich finanziert werden. Der Fokus der Sozialpolitik liegt hierbei hauptsächlich auf dem unteren Teil der Einkommensverteilung, Bedürftigkeitsprüfungen kommt eine hohe Bedeutung zu.[121]

[120] Vgl. Kapitel 1.3.

[121] 1991 entfallen im Vereinigten Königreich 30,9 Prozent der Ausgaben für Transfers auf bedürftigkeitsgeprüfte Leistungen, in Deutschland dagegen nur 11,8, in Frankreich 9,7, in Italien 8,8 und in Finnland sogar nur 2 Prozent (vgl. Heady et al. 2001).

Teil III

Theoretische Grundlagen: Ungleichheit und Armut

Kapitel 3

Ungleichheit

3.1 Definition von Ungleichheit

Zunächst soll darauf eingegangen werden, was unter Ungleichheit bzw. Disparität zu verstehen ist. Ungleichheit liegt vor, wenn eine Gesamtmerkmalssumme nicht gleichmäßig auf die betrachteten Merkmalsträger verteilt ist. So verfügen z.B. nicht alle betrachteten Personen über dasselbe Einkommen. Damit weicht die vorliegende Verteilung von einer Ein-Punkt-Verteilung ab, welche als Referenzverteilung dient. Die Ungleichheit kommt dann im Unterschied zwischen der vorliegenden Verteilung mit Werten y_i $(i = 1, ..., n)$ und der Ein-Punkt-Verteilung, bei der alle n Einheiten einen Wert von μ (also dem arithmetischen Mittel aller y_i) annehmen, zum Ausdruck. Um ökonomische Ungleichheit zu messen, wird meist auf das Einkommen als Indikator zurückgegriffen.[1] Auch in dieser Arbeit wird Ungleichheit bezüglich des Merkmals Einkommen betrachtet, Einkommen werden im Folgenden mit y_i bezeichnet.[2]

Im Zusammenhang mit der Messung ökonomischer Ungleichheit ist oft auch von sozialer Wohlfahrt die Rede. Dabei handelt es sich um einen schwer abzugrenzenden Begriff. Soziale Wohlfahrt wird von Coulter (1989: 118) definiert als „society's view of the fairness or desirability of a given distribution". Dieser gesellschaftliche Wohlfahrtsbegriff basiert wiederum auf der individuellen Wohlfahrt, die „one's sense of well-being, one's happiness or satisfaction with life, or one's potential (given one's resources) for obtaining these things"

[1] So empfiehlt z.B. Cowell (1995: 4ff), das Einkommen als Indikator zur Messung von Ungleichheit zu verwenden, nicht zuletzt auch aus praktischen Gründen.

[2] Zur Einkommensdefinition siehe Kapitel 5.2.

(Coulter 1989: 118) widerspiegelt. Diese Definitionen lassen erkennen, dass die Bestimmung von Wohlfahrt sich durchaus schwierig gestaltet. An dieser Stelle sei z.B. auf Hauser (1996) verwiesen, der die Problematik der individuellen Wohlfahrtsmessung diskutiert. Der Begriff der sozialen Wohlfahrt fließt explizit bei der Konstruktion der normativen Ungleichheitsmaße ein, welche in Kapitel 3.2.3 erläutert werden.

3.2 Ungleichheitsmaße

Ungleichheitsmaße sollen die Ungleichheit von Verteilungen messen. Sie lassen sich als skalare Abbildung von interpersonellen Einkommensdifferenzen innerhalb der untersuchten Bevölkerung auffassen (vgl. Cowell 1995: 7). Im Folgenden werden verschiedene Ungleichheitsmaße und ihre Eigenschaften vorgestellt. Zunächst wird dabei auf wünschenswerte Eigenschaften von Ungleichheitsmaßen eingegangen. Anschließend erfolgt zuerst die Vorstellung der so genannten deskriptiven und danach der normativen Maße und ihrer Eigenschaften. Dabei wird insbesondere auch auf die Sensitivität der Maße eingegangen. Schmid (1991: 155) definiert die Sensitivität eines Disparitätsmaßes allgemein als „dessen Eigenschaft, eine Veränderung in der zugrunde liegenden (Einkommens- und Vermögens-) Verteilung anzuzeigen.“ Er weist darauf hin, dass dieser Begriff von verschiedenen Autoren recht unterschiedlich ausgelegt wurde beim Nachweis der Sensitivitätseigenschaften. Dementsprechend ist bei den nachfolgenden Ausführungen immer darauf zu achten, wie die Sensitivitätseigenschaften von den jeweiligen Autoren interpretiert wurden.

An dieser Stelle sei weiterhin darauf hingewiesen, dass die folgende Darstellung der Ungleichheitsmaße ausschließlich in deren diskreter Form erfolgt und auf eine stetige Darstellung verzichtet wird. Es ist zu beachten, dass es sich bei ursprünglich stetig formulierten Maßen wie dem Gini-Koeffizient und verwandten Maßen nur um Näherungsformeln handeln kann.[3]

[3]Die stetigen Formeln für den Gini-Koeffizienten, das Mehran- und das Piesch-Maß sind in Piesch (2003a) im Überblick nachlesbar, weitere Literaturhinweise zu den einzelnen Maßen werden in Kapitel 3.2.2 an den entsprechenden Stellen gegeben.

3.2.1 Eigenschaften von Ungleichheitsmaßen

Folgende Eigenschaften von Ungleichheitsmaßen werden als wünschenswert angesehen:[4]

Transferprinzip (Pigou-Dalton-Bedingung)
Das Transferprinzip fordert, dass ein Transfer von reich zu arm die durch das Ungleichheitsmaß angezeigte Ungleichheit verringern soll.

Unabhängigkeit vom Mittelwert
Wenn ein Maß unabhängig vom Mittelwert ist, bleibt der Wert, den dieses Maß ergibt, bei proportionalen Transformationen konstant. Damit sind solche Maße z.B. auch unabhängig von Währungseinheiten, was beim Vergleich der Ungleichheit verschiedener Länder von Vorteil ist.[5]

Symmetrie
Diese Eigenschaft wird auch oft als Anonymität oder Unparteilichkeit zwischen Personen bezeichnet. Dahinter steckt die Forderung, dass das Maß invariant gegenüber Permutationen des Einkommensvektors ist, also das Vertauschen der einzelnen Einkommen zwischen Personen keinen Einfluss auf den Wert des Ungleichheitsmaßes hat.

Prinzip der Populationsvervielfachung
Dieses Prinzip ist erfüllt, wenn ein Ungleichheitsmaß für eine Einkommensverteilung und ein Vielfaches dieser Einkommensverteilung denselben Ungleichheitswert anzeigt.

Eine weitere Forderung betrifft die Zerlegbarkeit von Ungleichheitsmaßen. Da

[4]Siehe z.B. Dalton (1920), Sen und Foster (1997) oder Cowell (2000) zu den Eigenschaften von Ungleichheitsmaßen.

[5]Diese Forderung ist nicht unumstritten (vgl. z.B. Wagenhals 1981: 105f), Kritik wurde z.B. von Kolm (1976a) formuliert. Alternativ zur Abhängigkeit vom Mittelwert gibt es auch die Forderung nach der so genannten Translationsinvarianz, was bedeutet, dass sich der Wert für ein entsprechendes Maß durch die Addition einer positiven Konstante zum Einkommen nicht ändert.

dies für die vorliegende Arbeit nicht relevant ist, wird diese Eigenschaft nicht näher erläutert.[6]

3.2.2 Deskriptive Maße

Gini-Koeffizient und verwandte Maße

Der Gini-Koeffizient, der Gini (1912) zugeschrieben wird, ist eines der weitverbreitetsten Ungleichheitsmaße. Dieses Maß lässt sich in vielfacher Weise darstellen,[7] z.B. in der folgenden (Sen 1975: 41f):

$$G = \frac{\sum\limits_{i=1,j=1}^{n} \mid y_i - y_j \mid}{2n^2\mu} \tag{3.1}$$

Dabei handelt es sich um die mittlere Differenz Δ, die wegen der Gültigkeit von $\Delta \leq 2\mu$ zu $G = \frac{\Delta}{2\mu}$ normiert wurde. Es werden also jeweils die absoluten Einkommensdifferenzen aller möglichen Paare von Personen i und j gemittelt. Weitere mögliche Formen des Gini-Koeffizienten sind in Formel 3.2 dargestellt.

$$G = \sum_{i=1}^{n} \frac{2i - n - 1}{n} \left(\frac{y_i}{n\mu} \right) = \frac{2}{n^2\mu} \sum_{i=1}^{n} i(y_i - \mu) \tag{3.2}$$

Dabei entspricht die letztgenannte Darstellung der den empirischen Berechnungen zugrunde liegenden Formel.[8] Der Gini-Koeffizient steht in engem Zusammenhang mit der so genannten Lorenzkurve (vgl. Abbildung 3.1).

Die Lorenzkurve stellt den kumulierten Anteilen an der untersuchten Bevölkerung[9] die entsprechenden Anteile am Gesamteinkommen gegenüber.[10] Der Gini-Koeffizient entspricht dem Verhältnis der Fläche zwischen der Hauptdia-

---

[6]Zur Eigenschaft der Zerlegbarkeit siehe z.B. Shorrocks (1980).

[7]Zu verschiedenen Darstellungsformen des Gini-Koeffizienten auch in stetiger Form siehe z.B. Piesch (1975) oder Wolf (1997).

[8]Vergleiche dazu Whitehouse (1995). Die dort aufgeführten diskreten Formeln für den Gini-Koeffizienten, das Mehran- und Piesch-Maß (siehe unten) stammen aus Nygård und Sandström (1981: 271ff).

[9]Dabei sind die einzelnen Merkmalsträger ihrem Einkommen nach vom kleinsten zum größten Einkommen geordnet.

[10]Im empirischen Teil werden keine Analysen mit Hilfe von Lorenzkurven durchgeführt. Eine Untersuchung der für diese Arbeit relevanten Transfers anhand so genannter verallgemeinerter Lorenzkurven findet sich aber in Hölsch (2004).

Abbildung 3.1: Lorenzkurve

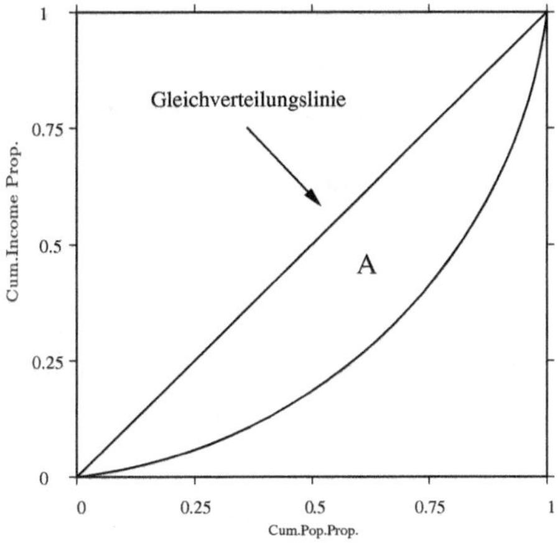

Quelle: Eigene Darstellung

gonalen[11] und der Lorenzkurve, die in der Grafik als A bezeichnet wird, zu der gesamten Dreiecksfläche unter der Hauptdiagonalen. Dieser Zusammenhang wurde von Gini (1914) gezeigt. Der Gini-Koeffizient ergibt einen Wert von null, wenn keine Ungleichheit vorliegt; der maximal erreichbare Wert ist im diskreten Fall $(1 - \frac{1}{n})$ (vgl. z.B. Cowell 1995: 139).[12] Eine mögliche Erweiterung des Gini-Koeffizienten ist das Mehran-Maß. Eine diskretisierte Form dieses von Mehran (1976) eingeführten linearen Maßes wird in Nygård und Sandström (1981: 271ff) aufgeführt:[13]

$$M = \frac{3}{n^3\mu} \sum_{i=1}^{n} i(2n + 1 - i)(y_i - \mu) \qquad (3.3)$$

Liegt keine Ungleichheit vor, ergibt sich als Wert null, der Wert für maximale Ungleichheit ist $(1 - \frac{1}{n^2})$.[14]

Ein weiteres lineares Ungleichheitsmaß ist das von Piesch (1975) eingeführ-

[11] Die Hauptdiagonale repräsentiert die Situation, in der eine extreme Gleichverteilung vorliegt.

[12] Für ein großes n ergibt sich also näherungsweise ein Maximalwert von eins.

[13] Diese Formel wird auch zur Berechnung der Werte im empirischen Teil verwendet. Vgl. dazu Whitehouse (1995). Sie entspricht dem Maß M_3 in Piesch (2003a).

[14] Für ein großes n ergibt sich also näherungsweise ein Maximalwert von eins.

te Piesch-Maß. Eine diskrete Form des Maßes findet sich in Nygård und Sandström (1981: 271ff):[15]

$$P = \frac{3}{2n^3\mu} \sum_{i=1}^{n} i(i-1)(y_i - \mu) \tag{3.4}$$

Das Piesch-Maß kann Werte im Intervall zwischen null und $(1 - \frac{1}{n})(1 - \frac{1}{2n})$ annehmen.[16]

Der Gini-Koeffizient, das Mehran- und das Piesch-Maß erfüllen das Transferprinzip, die Forderung nach Unabhängigkeit vom Mittelwert, das Prinzip der Populationsvervielfachung sowie die Symmetrieeigenschaft. Weiterhin kann der Gini-Koeffizient als gewogener Durchschnitt aus Mehran- und Piesch-Maß dargestellt werden.[17] Es zeigt sich also die enge Verwandtschaft der drei Maße. Unterschiede ergeben sich in der Gewichtung von verschiedenen Einkommensbereichen. Nygård und Sandström (1981: 275f) sowie Piesch (2003b) weisen darauf hin, dass bei rangerhaltenden Transfers der Gini-Koeffizient allen Einkommensbereichen das gleiche Gewicht zukommen lässt. Beim Mehran-Maß liegt ein höheres Gewicht auf dem unteren, beim Piesch-Maß auf dem oberen Einkommensbereich.[18] Schmid (1991) betrachtet ebenfalls die Wirkung von rangerhaltenden Transfers u.a. für den Gini-Koeffizienten im diskreten Fall. Er weist darauf hin, dass die Sensitivität dieses Maßes lediglich von der Differenz der Rangzahlen abhängt aber nicht von der Höhe der betroffenen Einkommenswerte. Dementsprechend liegt nach dieser Argumentation keine Sensitivität in bestimmten Einkommensbereichen vor. Hartmann (1985: 96ff) betrachtet für den Gini-Koeffizienten einen anderen Aspekt der Transfersensitivität, der keine rangerhaltenden Transfers voraussetzt.[19] Er zeigt, dass die Transferempfindlichkeit des Gini von der Anzahl der Personen abhängt, deren

[15]Diese Form wird auch zur Berechnung der Werte für das Piesch-Maß im empirischen Teil verwendet. Vgl. dazu Whitehouse (1995). Sie entspricht dem Maß P_3^* in Piesch (2003a).

[16]Für ein großes n ergibt sich also näherungsweise ein Maximalwert von eins.

[17]Diese Zusammenhänge werden beispielsweise in Piesch (2003a) untersucht, der zeigt, dass $3G = 2P + M$ gilt. Damit wäre es ausreichend, Informationen über zwei dieser Maße zu besitzen, um Aussagen über das dritte treffen zu können. Z.B. Nygård und Sandström (1988) setzen sich mit den Zusammenhängen der drei Maße im Zusammenhang mit der Lorenzkurve auseinander.

[18]Diese Argumentation basiert auf der Betrachtung der jeweiligen Gewichtsfunktionen: G hat eine lineare, M eine konkave und P eine konvexe Gewichtung (in i), die sich entsprechend auf die Transferwirkung überträgt.

[19]Eine ähnliche Argumentation verfolgt Klanberg (1978: 95ff).

Einkommen zwischen denjenigen liegt, die der Transfer betrifft. Wenn also viele Einkommen zwischen denen der beiden betroffenen Personen liegen, wird die Ungleichheitsreduzierung durch diesen Transfer vom Gini-Koeffizienten stärker gewichtet und zwar unabhängig von der absoluten Einkommensdifferenz der Transferpartner. Da typische Einkommensverteilungen in etwa lognormal sind, findet sich die höchste Dichte an Einkommen, also der Modus, im unteren Mittelbereich. Aufgrund der eben beschriebenen Eigenschaft, Transfers stärker zu gewichten, wenn viele Einkommen zwischen den beiden Partnern liegen, weist der Gini nach dieser Argumentation für Einkommensverteilungen eine hohe Sensitivität in eben diesem Bereich auf.

Entropiemaße

Theil (1979) schlägt ein Ungleichheitsmaß vor, das auf den Entropiebegriff der Informationstheorie zurückgeht. Die Wahrscheinlichkeit, dass ein bestimmtes Ereignis eintreten wird, sei x. Der Informationsgehalt der Nachricht, dass dieses Ereignis tatsächlich eingetreten ist, wird dann als $h(x)$ bezeichnet. Diese Funktion von x ist abnehmend, das heißt je unwahrscheinlicher es ist, dass ein Ereignis eintritt, desto interessanter ist es zu wissen, ob es tatsächlich passiert ist. Eine adäquate Formel, um diese Eigenschaft abzubilden, ist der Logarithmus des Kehrwerts von x, also $h(x) = log\frac{1}{x}$. Für n mögliche Ereignisse und $x_i \geq 0$ als Eintrittswahrscheinlichkeiten (Summe aller x_i ergibt eins) erhält man als Entropie bzw. erwarteten Informationsgehalt

$$H(x) = \sum_{i=1}^{n} x_i h(x_i) = \sum_{i=1}^{n} x_i \log\left(\frac{1}{x_i}\right) \tag{3.5}$$

$H(x)$ kann als Gleichheitsmaß interpretiert werden, wenn man x_i als den einer Person zukommenden Einkommensanteil auffasst. Ist jedes $x_i = \frac{1}{n}$, dann erreicht $H(x)$ seinen maximalen Wert von $\log n$. Wird von diesem Maximalwert $H(x)$ abgezogen, erhält man folgendes Ungleichheitsmaß, das als Theil-Maß bezeichnet wird:

$$T = \log n - H(x) = \sum_{i=1}^{n} x_i \log nx_i \tag{3.6}$$

Dieses Maß erfüllt das Transferprinzip, die Symmetrieeigenschaft, die Forderung nach Unabhängigkeit vom Mittelwert und von der Populationsgröße. Es kann Werte zwischen null (extreme Gleichverteilung) und $\log n$ (extreme Ungleichverteilung) annehmen. Kritik an diesem Maß wurde z.B. von Sen (1975: 47) laut, der das Theil-Maß als wenig intuitiv bezeichnet.[20]

Eine Verallgemeinerung dieses Maßes wird durch folgende Formel dargestellt, wobei y_i dem Einkommen der i-ten Einheit entspricht:[21]

$$GE_\alpha = \frac{1}{\alpha(1-\alpha)} \frac{1}{n} \sum_{i=1}^{n} \left[1 - \left(\frac{y_i}{\mu} \right)^\alpha \right] \quad \text{mit} \quad \alpha \neq 0, \alpha \neq 1 \tag{3.7}$$

Als Spezialfälle dieser Familie erhält man für $\alpha = 1$ das Theil-Maß[22]

$$GE_1 = T = \frac{1}{n} \sum_{i=1}^{n} \frac{y_i}{\mu} \log \frac{y_i}{\mu} \tag{3.8}$$

und die mittlere logarithmierte Abweichung (mean logarithmic deviation, kurz MLD)[23] für $\alpha = 0$

$$GE_0 = \frac{1}{n} \sum_{i=1}^{n} \log \frac{\mu}{y_i} \tag{3.9}$$

Der Parameter α bestimmt die Sensitivität des jeweiligen Maßes: Für großes und positives α ist der Index sensitiv gegenüber Veränderungen der Verteilung im oberen Bereich, für negatives α ist die Sensitivität besonders groß für Veränderungen im unteren Einkommensbereich. Sen und Foster (1997: 141) grenzen die Sensitivität gegenüber Transfers folgendermaßen ab: Für $\alpha = 2$ herrscht „Transferneutralität", was bedeutet, dass ein Transfer zwischen zwei Personen mit einer festen Einkommensdistanz voneinander den gleichen Effekt auf hohem oder niedrigem Einkommensniveau hat. $\alpha > 2$ entspricht einer Sensitivität im hohen Einkommensbereich, $\alpha < 2$ entsprechend im niedrigeren Einkommensbereich. Dieses Verhalten wird in Shorrocks (1980: 623) anhand eines Zahlenbeispieles erläutert. Damit sind auch das oben erläuterte Theil-Maß und die MLD als eher sensitiv im unteren Einkommensbereich zu bezeichnen.

---

[20] Als weiterer Kritikpunkt könnte auch gesehen werden, dass die von verschiedenen Autoren (vgl. dazu Wagenhals 1981: 105) geforderte Normierung auf den Wertebereich [0,1] nicht gegeben ist, was evtl. zu Problemen beim Vergleich der Ungleichheit von unterschiedlich großen Gesamtheiten führen kann.

[21] Siehe dazu Shorrocks (1980), Cowell (1980) sowie Cowell und Kuga (1981), die diese Familie von Maßen so definieren.

[22] Die nachfolgende Formel ist äquivalent zu der oben bereits erwähnten.

[23] Die MLD wird auch oft zweites Maß von Theil genannt bzw. ebenfalls als Theil-Maß bezeichnet.

Dabei ist die Sensitivität der MLD im unteren Einkommensbereich stärker ausgeprägt als für das Theil-Maß. Klanberg (1978: 108) ordnet dem Theil-Maß und der MLD ebenfalls eine erhöhte Sensitivität im unteren Bereich zu.[24] Coulter et al. (1992: 1070) bezeichnen schon ab einem $\alpha > 1$ ein GE-Maß[25] als „top-sensitive" und erst für ein $\alpha \leq -1$ als „bottom-sensitive", womit sowohl weder die MLD noch das Theil-Maß als „bottom-sensitive" zu bezeichnen wären. Lüthi (1981) argumentiert dagegen, dass für typische Einkommensverteilungen das Theil-Maß im höchsten Einkommensbereich eine überdurchschnittliche Empfindlichkeit aufweist.[26] Die Vorteile der GE-Familie liegen darin, dass die Maße wünschenswerte Eigenschaften besitzen. Neben der Erfüllung des Transfer- und Populationsprinzips und der Invarianz gegenüber proportionalen Transformationen sind diese Maße additiv zerlegbar.[27]

3.2.3 Normative Maße

Normative Maße beruhen „auf einer expliziten Formulierung von gesellschaftlicher Wohlfahrt und von Wohlfahrtsverlusten aufgrund ungleicher Verteilung" (Sen 1975: 36). Dabei wird auf die so genannte soziale Wohlfahrtsfunktion (SWF) zurückgegriffen, die die Beziehung zwischen Einkommen und Wohlfahrt aufzeigt. Eine SWF soll die möglichen gesellschaftlichen Zustände in der Reihenfolge der Präferenzen der entsprechenden Gesellschaften ordnen (vgl. Cowell 1995: 36). Für die SWF werden folgende Eigenschaften gefordert (vgl. ebd.):

- Die SWF ist individualistisch und nicht abnehmend. Das bedeutet, dass die zu ermittelnde Wohlfahrt von den individuellen Einkommen abhängen soll und bei Anstieg des Einkommens einer Person die soziale Wohlfahrt nicht sinken kann.[28]

[24] Er argumentiert dabei über rangordnungserhaltende Transfers.

[25] GE steht für generalised entropy.

[26] Lüthi (1981) hat die Empfindlichkeit von verschiedenen Ungleichheitsmaßen anhand idealtypischer Einkommensverteilungen untersucht.

[27] Zur additiven Zerlegbarkeit siehe z.B. Shorrocks (1980). Diese Eigenschaft erweist sich als nützlich, wenn eine Zerlegung nach Populationsuntergruppen erfolgen soll. Die GE-Familie ist die einzige Klasse von Maßen, die additiv zerlegbar ist und gleichzeitig die anderen typischen Forderungen an Ungleichheitsmaße erfüllt.

[28] Hier spiegelt sich das Pareto-Prinzip wider.

- Die SWF ist symmetrisch: $W(y_1, y_2, ..., y_n) = W(y_2, y_1, ..., y_n)$, wobei W das Wohlfahrtsniveau und y_i die ökonomische Stellung der Person i gemessen am Einkommen bezeichnet. Der Wert von W ist damit nicht abhängig von einer spezifischen Kennzeichnung der Individuen.

- Die SWF ist additiv: $W(y_1, y_2, ..., y_n) = \sum_{i=1}^{n} U_i(y_i)$ mit $U_i(y_i)$ als dem sozialen Nutzen der Person i.

Wenn diese drei Eigenschaften erfüllt sind, kann die SWF dargestellt werden als $W = U(y_1) + U(y_2) + ... + U(y_n)$. $U(y_i)$ ist der soziale Nutzen der Person i, U ist dabei die gleiche Funktion für jede Person. Der so genannte soziale marginale Nutzen der Person i, der auch als Wohlfahrtsgewicht bezeichnet wird, ist $U'(y_i) = \frac{dU(y_i)}{dy_i}$.
Weitere Eigenschaften sind dann:

- Die SWF ist strikt konkav,[29] das Wohlfahrtsgewicht nimmt also immer ab, wenn y_i zunimmt. Es liegt somit abnehmender Grenznutzen vor.

- Wenn $U(y_i)$ dargestellt werden kann als $U(y_i) = \frac{y_i^{1-\epsilon}-1}{1-\epsilon}$ für $\epsilon \geq 0$ bzw. $U(y_i) = \ln y_i$ für $\epsilon = 1$, dann weist die SWF eine konstante Elastizität oder konstante relative Ungleichheitsaversion auf. ϵ ist der so genannte Ungleichheitsaversionsparameter (inequality aversion parameter).

Daltons Ungleichheitsmaß

Dalton (1920) stellt die Forderung, dass Ungleichheitsmaße mit ökonomischer Wohlfahrt verbunden sein sollten. Das von ihm vorgeschlagene Maß folgt unmittelbar aus dem utilitaristischen Ansatz. Er schlägt vor, das Verhältnis von maximal möglicher Wohlfahrt zur tatsächlich vorhandenen zu betrachten. Er nimmt dabei an, dass die ökonomische Wohlfahrt additiv ist und dass abnehmender Grenznutzen des Einkommens vorliegt.[30] Maximale Wohlfahrt erreicht man unter diesen Voraussetzungen, wenn alle den gleichen Anteil am Einkom-

[29] Diese Forderung wird oft auch abgeschwächt, z.B. zur strikten Quasikonkavität oder sogar zur S-Konkavität (vgl. z.B. Coulter 1989: 118). Zu den verschiedenen Arten von Konkavität siehe z.B. Wagenhals (1981), Kolm (1976b), Shorrocks (1983) oder Sen (1975: 64f).

[30] Vgl. die oben beschriebenen Eigenschaften einer SWF.

men haben. Um ein Ungleichheitsmaß zu erhalten, welches bei Gleichverteilung null ausweist, wird als Dalton-Maß folgende umgeformte Formel verwendet:

$$D = 1 - \frac{\frac{1}{n}\sum_{i=1}^{n} U(y_i)}{U(\mu)} \tag{3.10}$$

Daltons Ungleichheitsmaß erfüllt die Transferbedingung, ist aber nicht invariant gegenüber linearen Transformationen von U. Dieser letzte Punkt rief bei Atkinson (1970) Kritik hervor. Er schlägt daher ein weiteres normatives Maß vor, das im Folgenden vorgestellt wird.

Atkinson-Maße

Atkinson (1970) führte in seinem vielzitierten Aufsatz „On the Measurement of Inequality“ den Begriff des gleichverteilten Einkommensäquivalents y_{EDE} ein. Darunter versteht man die Einkommenshöhe pro Kopf, die das gleiche Ausmaß an sozialer Wohlfahrt wie die vorliegende Verteilung ergeben würde, wenn diese Einkommenshöhe gleichverteilt wäre. Unter zu Hilfenahme dieses Konstruktes schlägt Atkinson das Ungleichheitsmaß

$$A = 1 - \frac{y_{EDE}}{\mu} \tag{3.11}$$

vor, also eins minus das Verhältnis des gleichverteilten Einkommensäquivalents zum Mittelwert der vorliegenden Verteilung. Fällt der Wert von A, ist die Ungleichheit der Verteilung gesunken. Liegt z.B. ein Wert von 0,3 vor, bedeutet dies, dass bei Gleichverteilung des Einkommens nur 70 Prozent des aktuellen nationalen Einkommens benötigt würde, um zur gleichen Wohlfahrt zu gelangen. Anders formuliert kann man auch sagen, dass ein gegebenes, ungleich verteiltes Volkseinkommen dasselbe Wohlfahrtsniveau bietet wie ein um 30 Prozent niedrigeres, aber dafür gleichverteiltes Volkseinkommen. Damit läge der potenzielle Wohlfahrtsgewinn durch Umverteilung bei 30 Prozent des Volkseinkommens. Die Gesellschaft ist in diesem Falle bereit, im Umverteilungsprozess z.B. durch Verwaltungskosten oder Leistungseinbußen bis zu maximal 30 Prozent des Volkseinkommens als Verlust zu akzeptieren, wobei vorausgesetzt wird, dass kein Wohlfahrtsverlust durch fehlende Leistungsanreize bei der Umverteilung entsteht (vgl. z.B. Bohnet 1999: 60f). Atkinsons

Anforderungen an eine Wohlfahrtsfunktion entsprechen den oben formulierten Eigenschaften. Damit erhält man folgende Klasse von Maßen:

$$A_\epsilon = \begin{cases} 1 - \left[\frac{1}{n}\sum\limits_{i=1}^{n}\left(\frac{y_i}{\mu}\right)^{1-\epsilon}\right]^{\frac{1}{1-\epsilon}} & \text{für} \quad \epsilon \geq 0 \quad \text{und} \quad \epsilon \neq 1 \\ 1 - \prod\limits_{i=1}^{n}\left(\frac{y_i}{\mu}\right)^{\frac{1}{n}} & \text{für} \quad \epsilon = 1 \end{cases} \tag{3.12}$$

ϵ zeigt die Ungleichheitsaversion an bzw. die relative Sensitivität gegenüber Transfers auf verschiedenen Einkommensstufen. Je größer ϵ gewählt wird, desto mehr Gewicht liegt auf Transfers am unteren Ende der Einkommensverteilung bzw. umso stärker sinkt der Grenznutzen. Dementsprechend kann die Rangfolge konkreter Einkommensverteilungen je nach Größe von ϵ variieren. Für $\epsilon = 0$ liegt eine lineare Nutzenfunktion zugrunde, damit ergibt sich also für alle Einkommen - egal welcher Höhe - der gleiche marginale Nutzen sprich das gleiche Wohlfahrtsgewicht, bei $\epsilon \to \infty$ dagegen werden nur die niedrigsten Einkommen überhaupt berücksichtigt (vgl. Atkinson 1970: 257). Für den Spezialfall $\epsilon = 1$ ergibt sich als konkretes Maß eins abzüglich des Verhältnisses von geometrischem Mittel zu arithmetischem Mittel. Welches ϵ gewählt wird, bleibt letzten Endes dem Anwender überlassen. In Jenkins (1991: 28ff) findet sich zur Auswirkung verschiedener ϵ ein konkretes Zahlenbeispiel. In der Praxis werden vor allem $\epsilon = 0,5$ oder $\epsilon = 1$ verwendet.

Die Atkinson-Maße sind unabhängig vom Mittelwert, weisen die Symmetrie- und Transfereigenschaft auf und können Werte zwischen null und eins annehmen. Alle Mitglieder der Atkinson-Familie besitzen für $\alpha = 1 - \epsilon$ eine ordinaläquivalente[31] Entsprechung in der Familie der verallgemeinerten Entropiemaße (vgl. z.B. Jenkins 1995: 59).

[31] Ordinaläquivalenz von Ungleichheitsmaßen liegt vor, wenn die Maße verschiedene Verteilungen in der gleichen Rangfolge anordnen (vgl. z.B. Cowell 1995: 9).

Kapitel 4

Armut

4.1 Definition von Armut

Bei der Armutsmessung liegt das Hauptinteresse auf dem Teil der Gesellschaft, der als arm zu betrachten ist, wohingegen die Ungleichheitsmessung sich mit der gesamten Gesellschaft befasst. Zur Bestimmung von Armut müssen zunächst zwei Aspekte beachtet werden: die Identifikation und Aggregation von Armut (vgl. z.B. Burri 1998: 7). Die Identifikation von Armut beinhaltet das Bestimmen der Armutsgrenze, es geht also um die Fragestellung, wer als arm zu betrachten ist. Dementsprechend widmet sich dieses Kapitel zunächst der Frage, was unter dem Begriff „Armut“ zu verstehen ist, um anschließend verschiedene Ansätze zur Bestimmung einer Armutsgrenze zu erläutern. Die Aggregation von Armut beschäftigt sich mit der Konstruktion von Armutsmaßen, die die gesellschaftliche Armut messen sollen. Verschiedene Armutsmaße werden in Kapitel 4.2 vorgestellt.

Eine sehr allgemein gehaltene Definition von Armut liefern Hatzius und Marggraf (1993: 3): „Armut kann allgemein als unzureichende Verwirklichung der Ziele eines Menschen bei der Lebenserhaltung und Lebensgestaltung oder auch als unzureichende Bedürfnisbefriedigung verstanden werden.“ Dieser weite Armutsbegriff bedarf einer näheren Eingrenzung. In der Literatur werden viele verschiedene Armutskonzepte diskutiert, die jeweils andere Schwerpunkte setzen. Hier wird nur auf das dieser Arbeit zugrunde liegende Konzept der relativen Einkommensarmut eingegangen. Ausführungen zu weiteren Armutsbegriffen finden sich z.B. in Seidl (1988), Scheurle (1991, 1996), Sautter und Serries (1993: 15) oder Hatzius und Marggraf (1993).

Dem Konzept der relativen Einkommensarmut liegt die Forderung nach Verteilungsgerechtigkeit zugrunde (vgl. Hatzius und Marggraf 1993: 12). Es wird direkt auf Einkommensgrößen zurückgegriffen, um den Lebensstandard zu beurteilen. Armut wird dabei in Relation zu den Lebensverhältnissen des jeweiligen Landes gesehen. Im Mittelpunkt steht damit die Bestimmung der Armutsgrenze, unter der das Einkommen der „Armen“ liegen soll. Die Festlegung einer Armutsgrenze dient der Identifikation von Armut. Auch hierbei gibt es verschiedene Ansätze zur Bestimmung einer Armutsgrenze (vgl. dazu z.B. Hagenaars (1986: 15ff), Scheurle (1991: 48ff) und Scheurle (1996: 77ff)). In dieser Arbeit werden vor dem Hintergrund des relativen Armutsbegriffs Einkommensgrenzen als Prozentanteil eines Mittelwertes betrachtet.[1] Gebräuchlich sind 40, 50 und/oder 60 Prozent des arithmetischen Mittels oder Medians der Einkommensverteilung. Isengard (2002: 12) bezeichnet es als üblich, drei Armutsgrenzen als Anteile entweder am Median oder arithmetischen Mittel zu berechnen. Dabei bezeichnet sie ein Unterschreiten der Grenze von 40 Prozent des Medians bzw. arithmetischen Mittels als strenge Armut, 50 Prozent als normale (mittlere) Armut und 60 Prozent als armutsnahe Situation. Der Vorteil dieser Bestimmungsmethode liegt in der guten Eignung für ländervergleichende Studien, da diese Grenzen unabhängig von der länderspezifischen Definition von Grundbedarf sind (vgl. z.B. Förster 1994b: 8). Dieses relative Einkommenskonzept wird von der OECD, der EU-Kommission und Eurostat in vielen Studien verwendet (vgl. z.B. Whelan et al. 2002: 33). Die Verwendung solcher Armutsgrenzen birgt allerdings den Nachteil, dass die Festlegung eines bestimmten Prozentsatzes eines Mittelwertes recht willkürlich ist. Diesem Nachteil kann zumindest teilweise durch Verwendung verschiedener Anteile am Mittelwert entgegengewirkt werden.

4.2 Armutsmaße

In diesem Kapitel wird die Aggregation von Armut in Form von Armutsmaßen behandelt. Bei der Betrachtung von Armut müssen hierbei zwei Aspekte beachtet werden (vgl. z.B. Scheurle 1996: 79):

[1]Siehe dazu Kapitel 6.3 im empirischen Teil.

- Ausmaß: Häufigkeit der Betroffenheit von Armut; wie viele sind also von Armut in einer Gesamtheit von Einheiten betroffen?

- Intensität: Stärke der Betroffenheit von Armut; wie arm sind diese Einheiten?

Zur Erfassung von Armut kann wie bei der Ungleichheitsmessung die Einkommensverteilung herangezogen werden.[2] Zusätzlich muss jetzt zunächst die Armutsgrenze bestimmt werden, die im Folgenden als z bezeichnet wird. Arm ist eine Einheit, wenn $y_i < z$, das Einkommen dieser Einheit also unter der Armutsgrenze z liegt. Wie bei den Ungleichheitsmaßen gibt es wünschenswerte Eigenschaften von Armutsmaßen, die zunächst aufgeführt werden. Anschließend werden traditionelle Armutsmaße und axiomatisch begründete Armutsmaße vorgestellt.[3]

4.2.1 Eigenschaften von Armutsmaßen

Hagenaars (1986: 121ff) nennt vier Axiome, die ihrer Meinung nach von den meisten Forschern akzeptiert werden:[4]

Monotonie
Ein Rückgang im Einkommen eines Armen sollte den Armutsindex ansteigen lassen und umgekehrt.

Transfer
Ein Transfer von einer armen Person zu einer reicheren Person sollte zu einem Anstieg des Armutsmaßes führen und umgekehrt. Manchmal wird diese

[2] Denkbar wären hier natürlich auch noch andere Aspekte wie Vermögen oder immaterielle Gesichtspunkte. Zu verschiedenen Möglichkeiten der Definition des Armutsbegriffes siehe z.B. Scheurle (1991, 1996).

[3] An dieser Stelle sei noch auf die Armutsmaße hingewiesen, die auf einer expliziten sozialen Wohlfahrtsfunktion basieren. Beispielhaft sind der Index von Blackorby und Donaldson (1980), die Indizes von Clark et al. (1981) und die Maße von Hagenaars (1986) zu nennen. Da diese Maße im empirischen Teil nicht angewendet werden, wird auf eine ausführliche Darstellung verzichtet.

[4] Hagenaars (1986: 124) weist in diesem Zusammenhang auf das von Kundu und Smith abgeleitete Unmöglichkeitstheorem hin. Dieses besagt, dass bei variierender Bevölkerungsgröße, also z.B. bei Veränderungen durch Geburt oder Tod, nie gleichzeitig alle folgenden Axiome von einem Maß erfüllt werden können.

Forderung auch noch in ein *strenges* und ein *schwaches* Transferaxiom unterschieden. Die strenge Form ist die schon genannte. Bei der schwachen Form wird gefordert, dass sich das Maß bei einem Transfer von einer armen zu einer reicheren Person nur erhöht, wenn dadurch die Anzahl der Armen nicht verringert wird. Wenn im Folgenden nur von der Transferforderung die Rede ist, bezieht es sich auf die strenge Form.

Vervielfachungsinvarianz
Wenn zwei oder mehr identische Populationen verschmolzen werden, sollte sich der Index nicht ändern.

Anteil der Armen
Ein Erhöhen des Anteils der Armen sollte zum Anstieg des Armutsmaßes führen.

4.2.2 Traditionelle Armutsmaße

Armutsquote
Die Armutsquote, die auch als relative Armutshäufigkeit bezeichnet wird, ist das traditionelle Maß für das Ausmaß von Armut. Sie gibt den Anteil armer Einheiten an:

$$H = \frac{q}{n} \tag{4.1}$$

Dabei bezeichnet q die Anzahl der armen Einheiten. Dieses Maß erfüllt zwar das Vervielfachungsaxiom und erhöht sich, wenn der Anteil der Armen steigt, doch werden das Transfer- und Monotonieaxiom nicht erfüllt. Der Hauptkritikpunkt an der Armutsquote ist, dass Transfers unter Armen unberücksichtigt bleiben. Trotzdem erfreut sich die Armutsquote weiterhin großer Beliebtheit in der empirischen Anwendung, da sie einfach anzuwenden und auch für Laien leicht zu interpretieren ist. Um ein besseres Bild von der Armut der untersuchten Bevölkerung zu gewinnen, ist es aber unerlässlich, auf weitere Maße zurückzugreifen, die auch die Intensität der Armut erfassen.

Einkommenslücke (Income Gap Ratio)
Die Einkommenslücke ist ein traditionelles Intensitätsmaß und wird berechnet als

$$IGR = \frac{1}{q}\sum_{i=1}^{q}\frac{z-y_i}{z} = 1-\frac{\overline{y}_p}{z} \tag{4.2}$$

Dabei steht z für die gewählte Armutsgrenze und $\overline{y}_p$ für das durchschnittliche Einkommen der Armen. Die Einkommenslücke kann auch in Prozent angegeben werden und gibt dann die prozentuale Lücke des Durchschnittseinkommens der Armen zur Armutsgrenze an. IGR ist insensitiv gegenüber Transfers zwischen Armen und erfüllt damit das Transferaxiom nicht. Auch wird das Axiom bezüglich des Anteils der Armen verletzt. Erfüllt werden dagegen das Vervielfachungs- und Monotonieaxiom.

Armutslücke (Poverty Gap Ratio)
Die Armutslücke stellt sich dar als

$$PGR = H \cdot IGR = \frac{\sum_{i=1}^{q}(z-y_i)}{nz} \tag{4.3}$$

Die Armutslücke (PGR) ist ebenfalls ein traditionelles Intensitätsmaß. Sie ist das Verhältnis der tatsächlich vorhandenen aggregierten Armutslücke, die als $\sum_{i=1}^{q}(z-y_i)$ berechnet wird und damit die Summe der Abweichungen der einzelnen Einkommen der Armen zur Armutsgrenze angibt, zur aggregierten Armutslücke, die sich ergeben würde, wenn alle Einkommen null wären. Die Armutslücke ergibt sich auch als Produkt aus der Armutsquote und der Einkommenslücke. Dieses Maß hat den Nachteil, dass es das Transferaxiom verletzt: Wenn ein weniger Armer einem sehr Armen etwas wegnimmt, so dass er selbst unter z bleibt, verändert sich PGR nicht. Erfüllt werden aber das Monotonie- und das Vervielfachungsaxiom.

4.2.3 Axiomatischer Ansatz

Maß von Sen
1976 stellte Sen ein Armutsmaß vor, das axiomatisch begründet wurde. Er wollte mit einem einzigen Maß nicht nur gleichzeitig Ausmaß und Intensität von Armut erfassen, sondern auch noch einen dritten Aspekt: die Ungleichheit

der Einkommensverteilung der Armen. Er schlägt das folgende Maß vor (Sen 1976: 224):

$$S = \frac{2}{(q+1)nz} \sum_{i=1}^{q} (z - y_i)\,(q + 1 - i) \tag{4.4}$$

Für eine große Anzahl von Armen lässt sich S approximativ ausdrücken als

$$S = H\,[IGR + (1 - IGR)G]\,, \tag{4.5}$$

wobei G hier der Gini-Koeffizient der Einkommensverteilung der Armen ist. Hier zeigt sich, dass die drei Aspekte Ausmaß durch H, Intensität durch I und Ungleichheit der Einkommensverteilung der Armen durch G vertreten sind. S kann Werte zwischen null und eins annehmen; S wird null, wenn alle ein Einkommen größer als z haben, eins tritt auf, wenn alle ein Einkommen von null aufweisen. Bei der Konstruktion von S ging Sen von bestimmten Axiomen aus, die er für wünschenswert hielt: die Monotonie-, strenge Transfer- und Maßgeblichkeitsforderung. Unter der Maßgeblichkeitsforderung wird verstanden, dass nur das Einkommen der Armen für das Armutsmaß maßgeblich sein soll (vgl. z.B. Scheurle 1991: 77). S erfüllt diese Forderungen, die Transfereigenschaft gilt nur in seiner schwachen Form. Weiterhin erfüllt es die Forderung in Bezug auf den Anteil der Armen und die Vervielfachungsinvarianz.

Kritisiert wurde das Armutsmaß von Sen,[5] weil nicht deutlich wird, was ein konkreter Wert von S inhaltlich nachvollziehbar aussagt. Es ist nicht ersichtlich, welchen Beitrag die einzelnen enthaltenen Aspekte zur Gesamtarmut liefern. Die Bedeutung von S ist vor allem darin zu sehen, dass es als Ausgangspunkt für die Entwicklung weiterer axiomatisch begründeter Maße diente.[6]

Die Maße von Foster/Greer/Thorbecke

Foster et al. (1984) wollten ein additiv zerlegbares Armutsmaß finden, so dass die Gesamtarmut sich als gewogener Durchschnitt der Untergruppenarmutsniveaus ergibt. Die bislang existierenden Maße hielten sie für ungeeignet, da sie den von Sen geforderten Basiseigenschaften nicht genügten. Sens Maß selbst

[5]Zur ausführlichen kritischen Würdigung vgl. Scheurle (1991: 134ff).

[6]Weitere Maße, die in der Tradition von Sen stehen, aber nicht weiter erläutert werden, sind z.B. das Maß von Thon (1979), das Maß von Takayama (1979) oder das Maß von Kakwani (1980).

erfüllt dagegen nicht die Eigenschaft, dass die Veränderung im Einkommen einer bestimmten Untergruppe (ceteris paribus) zu einer Veränderung in der Gesamtarmut in gleicher Richtung führen soll, was als Teilgruppen-Monotonie bezeichnet wird.[7] Foster, Greer und Thorbecke führten daraufhin eine Familie von Maßen ein, die additiv zerlegbar sind:

$$FGT_\alpha = \frac{1}{nz^\alpha}\sum_{i=1}^{q}(z-y_i)^\alpha = \frac{1}{n}\sum_{i=1}^{q}\left(\frac{z-y_i}{z}\right)^\alpha = \frac{1}{n}\sum_{i=1}^{q}\left(1-\frac{y_i}{z}\right)^\alpha \quad \text{mit} \quad \alpha \geq 0 \tag{4.6}$$

Für $\alpha = 0$ ergibt sich die Armutsquote H, für $\alpha = 1$ die Armutslücke PGR. Ist $\alpha > 0$ ist das Monotonieaxiom erfüllt, ist $\alpha > 1$ auch das Transferaxiom. Die Forderungen bezüglich Vervielfachungsinvarianz und (zumindest teilweise) Anteil der Armen werden erfüllt. Allerdings wird das letztgenannte Axiom verletzt, wenn ein Reicher an andere Personen transferiert, so dass er selbst unter z fällt und der Empfänger arm oder reich bleibt. Je größer α ist, umso stärker werden die Ärmsten durch eine stärkere Gewichtung der aggregierten Armutslücke berücksichtigt. Damit fließen in diesem Konzept auch explizit Wohlfahrtsüberlegungen mit ein. In empirischen Arbeiten wird häufig $\alpha = 2$ gewählt.[8] Dabei gehen die Abstände der Einkommen der Armen zu z quadratisch in die Formel ein, große Abstände zur Armutsgrenze werden also stärker gewichtet als bei der Armutslücke PGR.

[7] Siehe dazu auch eine weiterentwickelte Konsistenzforderung in Foster und Shorrocks (1991), die Untergruppenkonsistenz forderten, was bedeutet, dass die Gesamtarmut sinken soll, wenn sich für eine Teilgruppe eine Reduktion ihres Armutswertes ergibt, und die Armut für den Rest der Bevölkerung gleich bleibt. Untergruppenkonsistenz wird von den FGT-Indizes ebenfalls erfüllt.

[8] Auch in dieser Arbeit wird diese Variante der FGT-Familie mit einbezogen, vgl. Kapitel 6.3.

Teil IV

Empirischer Teil

Kapitel 5

Daten und Methoden

5.1 Die Luxembourg Income Study (LIS)

Bei der Luxembourg Income Study (LIS)[1] handelt es sich um harmonisierte, detaillierte Mikrodaten, die vergleichende Studien ermöglichen sollen. Das LIS-Projekt wurde 1983 unter der Patenschaft der luxemburgischen Regierung und dem Center for Population, Poverty and Policy Studies (CEPS) ins Leben gerufen. Inzwischen stehen für fast dreißig Länder vergleichbare Daten zur Verfügung, die im Vier- bis Fünfjahresabstand um neue Daten ergänzt werden. Für diese Arbeit sind die zwei aktuellsten Wellen IV und V relevant, die Daten um 1995 bzw. um 2000 umfassen. Zum Zeitpunkt der Untersuchung waren allerdings noch keine Daten für Frankreich in der Welle V verfügbar, weshalb für dieses Land nur Welle IV in Betracht kommt. In dieser Arbeit wurden die auf Haushaltsebene erfassten Daten verwendet. Tabelle 5.1 listet die für diese Arbeit relevanten Datensätze mit der Originalquelle auf.

Im Folgenden werden die Ursprungsdaten kurz beschrieben. Die Ausführungen beziehen sich, wenn nicht anders gekennzeichnet, auf die im Internet verfügbaren Länderdokumentationen (vgl. LIS 2004a). In diesen Dokumentationen werden Angaben über Herkunft, Zweck und Aufbau der Untersuchung sowie gegebenenfalls über Probleme z.B. durch Non-response[2] gemacht.

Das Sozio-oekonomische Panel (SOEP) ist eine repräsentative Panelbefragung privater Haushalte in Deutschland und wird vom Deutschen Institut

[1] Ausführliche Informationen über das LIS-Projekt finden sich in Smeeding (2002).

[2] Zur Non-response-Problematik vgl. z.B. Foster (1996) oder Schnell (1991, 1997).

Tabelle 5.1: Herkunft der LIS-Daten

Land	**Ursprungsdaten (Originalbezeichnung)**	**Ursprungsdaten (Bezeichnung in LIS)**
Deutschland	Sozio-Oekonomisches Panel (SOEP)	German Socio Economic Panel Study (GSOEP)
Finnland	Income Distribution Survey (IDS)	Income Distribution Survey
Frankreich	Enquête Budget des Familles	Family Budget Survey
Italien	Indagine sui Bilanci delle Famiglie Italiane	The Bank of Italy Survey
Vereinigtes Königreich	The Family Resources Survey	The Family Resources Survey

für Wirtschaftsforschung (DIW) seit 1984 in der Bundesrepublik Deutschland durchgeführt. Dabei werden sozio-ökonomische Daten erhoben. Seit 1990 wird die Befragung auch in Ostdeutschland durchgeführt. Detailliertere Informationen finden sich auf der Internetseite des DIW (vgl. DIW 2004)[3] oder z.B. in Burkhauser et al. (1997).

In Finnland wird von Statistics Finland die staatlich finanzierte Income Distribution Survey (IDS) seit 1977 jährlich durchgeführt, seit 1986 stehen Mikrodaten zur Verfügung. Die Daten werden aus Interviews und administrativen Daten ermittelt. Das Hauptziel dieser Untersuchung ist die Messung von Haushalts- und Individualeinkommen und ihrer Verteilung.

Die französische Enquête Budget des Familles wurde zum ersten Mal 1965 durchgeführt, seit 1979 wird sie alle fünf Jahre vom Institut national de la statistique et des études économiques (INSEE) erhoben. Das Ziel dieser Erhebung ist hauptsächlich, einen Überblick über die ökonomischen Verhältnisse der Haushalte zu geben und dabei Daten über Ausgaben, Konsum und ökonomische Ressourcen zu sammeln. Weitere Informationen finden sich auch auf der Homepage des INSEE (vgl. INSEE 2004).

Die Banca d'Italia, die italienische Nationalbank, lässt von ihrer statistischen Abteilung[4] die Indagine sui Bilanci delle Famiglie Italiane durchführen. Erstmals 1965 erhoben, wird die Studie inzwischen alle zwei Jahre durchgeführt. Durch die Erhebung sollen Informationen über die ökonomischen Akti-

[3]An dieser Stelle ist insbesondere auch das Handbuch zum SOEP, der Desktop Companion, zu erwähnen, der von http://www.diw.de herunterladbar ist.

[4]Die Bezeichnung im italienischen Original lautet Ufficio Informazioni Statistiche.

vitäten von italienischen Familien gesammelt werden. Dabei standen zunächst das Familieneinkommen und Ersparnisse im Vordergrund, im Laufe der Zeit wurde die Umfrage um zusätzliche Aspekte erweitert.

Die Family Resources Survey (FRS) wurde 1992 im Vereinigten Königreich vom damaligen Department of Social Security (DSS)[5] ins Leben gerufen. Die FRS soll das Ministerium mit adäquaten Daten beliefern und wird gemeinsam vom Office for National Statistics (ONS) und dem National Centre for Social Research bearbeitet. Ein Hauptvorteil der FRS besteht darin, dass die erhobene Stichprobe größer ist als z.B. bei der Family Expenditure Survey und sehr detaillierte Informationen über Sozialleistungen enthalten sind. Weitere Informationen über die Family Resources Survey können über die Internetseiten des Department for Work and Pensions unter http://www.dwp.gov.uk/asd/frs abgerufen werden (vgl. Department for Work and Pensions 2004).

Atkinson et al. (1995: 26ff) weisen darauf hin, dass eine perfekte Vergleichbarkeit bei harmonisierten Datensätzen aus verschiedenen Ländern kaum erreicht werden kann. Ein Grund dafür sind die unterschiedlichen Zwecke für die Erstellung der Ausgangsdatensätze in den verschiedenen Ländern: Von der bloßen Intention, Einkommensdaten zu sammeln über die Ableitung aus Einkommensteuerregistern bis zu Ausgabensurveys oder Haushaltspaneldatensätzen ist alles vertreten. Das Ziel des LIS-Projektes ist es, Daten mit einem möglichst hohen Grad an Vergleichbarkeit bereitzustellen, wobei Goerlich und Mas (2001: 362) die LIS-Datenbasis als international am ehesten den Erfordernissen nach Homogenität und Konsistenz entsprechend ansehen. Dieses hohe Maß an Vergleichbarkeit wird erreicht, indem z.B. die Definition von Variablen oder der Haushaltsstruktur weitmöglichst harmonisiert werden.[6] Nicht zuletzt durch diese vergleichsweise sehr verlässliche Datenbasis erklärt sich die zunehmende Nutzung der LIS, was sich in einer Reihe empirischer Studien zeigt wie z.B. Buhmann et al. (1988), Gottschalk und Smeeding (1997), Behrendt (2000, 2002), Fritzell (2001) oder Ferrarini und Nelson (2003).

[5] Heute Department for Work and Pensions (DWP) genannt.

[6] In Kapitel 5.2 wird erläutert, welche konkreten Transfers hinter den verwendeten LIS-Variablen stecken und welche Probleme für die Vergleichbarkeit zwischen den Ländern daraus resultieren könnten.

5.2 Untersuchungseinheit und -merkmal

Bei den LIS-Daten, die für die empirische Untersuchung verwendet werden, handelt es sich um Haushaltsdaten. Als Beobachtungseinheit ist somit der jeweilige Haushalt zu sehen. Nach Atkinson et al. (2002: 27) liegt ein Haushalt vor, wenn eine gemeinsame Unterkunft geteilt und bis zu einem gewissen Grad eine gemeinsame Haushaltsführung ausgeübt wird. Bei diesem Konzept geht man davon aus, dass das Einkommen von den Haushaltsmitgliedern gemeinsam genutzt wird. In den LIS-Daten wird für jedes Land die Haushaltsdefinition der Ursprungsdaten übernommen. Die Definition der Beobachtungseinheit „Haushalt“ ist in der jeweiligen Länderdokumentation beschrieben.[7] Diese Begriffsdefinitonen sind in ihrem Detaillierungsgrad sehr unterschiedlich, wobei die oben genannte Definition nach Atkinson et al. als übergeordnete Begriffsbestimmung weitgehend zutreffend ist.

Wie bereits erwähnt, handelt es sich bei der Haushaltseinheit um die Beobachtungseinheit. Somit sind die in den Daten enthaltenen Einkommen auf Haushaltsebene angegeben. Da die Zusammensetzung der jeweiligen Haushalte stark unterschiedlich sein kann was die Zahl der Mitglieder betrifft, werden Äquivalenzskalen verwendet, um das Haushaltseinkommen entsprechend zu normieren. Dabei wird das Haushaltseinkommen durch die äquivalente Anzahl an Haushaltsmitgliedern geteilt. Äquivalenzskalen können auf unterschiedliche Weise konstruiert bzw. definiert werden (vgl. z.B. Faik 1995). Die Berechnung des in dieser Studie verwendeten Äquivalenzeinkommens beruht auf folgender allgemeiner Formel (vgl. z.B. Buhmann et al. 1988: 19):

$$W = \frac{D}{S^e}$$

Dabei ist W das gesuchte „angepasste“ Einkommen, D das Haushaltseinkommen, S die Haushaltsgröße und e die sogenannte Äquivalenzelastizität. e kann Werte zwischen Null und Eins annehmen. Ein Wert von Null bedeutet, dass das Einkommen gar nicht an die Haushaltsgröße angepasst wird, ein Wert von Eins führt zur Berechnung des Pro-Kopf-Einkommens. Durch die Wahl von e kann man also berücksichtigen, in welchem Maße Economies of Scale unterstellt werden. Je höher der Wert für e gewählt wird, desto geringer sind die unterstellten

[7] Zu diesen Dokumentationen vgl. LIS (2004a). Für Frankreich ist allerdings keine explizite Haushaltsdefinition aufgeführt.

Größenvorteile. Diese Größenvorteile können z.B. entstehen durch Fixkosten für Wohnung, Heizung usw., die gemeinsam genutzt werden. In dieser Studie wird für e ein Wert von 0,5 gewählt, die verwendete Äquivalenzskala ist also die Wurzel aus der Haushaltsgröße. Diese Skala wird häufig in empirischen Studien verwendet,[8] Burkhauser et al. (1996: 385) bezeichnen sie als „International Experts scale". Das Haushaltsäquivalenzeinkommen wird berechnet, indem das verfügbare Haushaltseinkommen[9] durch die Wurzel aus der Anzahl der Haushaltsmitglieder geteilt wird. Damit liegt pro Haushalt ein Haushaltsäquivalenzeinkommen vor. Diese Haushaltsäquivalenzeinkommen werden mit so genannten Personengewichten multipliziert (vgl. Atkinson et al. 1995: 21). Das bedeutet, dass die Haushaltsäquivalenzeinkommen mit der Anzahl der Haushaltsmitglieder gewichtet werden, es wird also jedem Haushaltsmitglied das Haushaltsäquivalenzeinkommen zugewiesen. Damit begibt man sich von der Beobachtungseinheit Haushalt auf die Individualebene.[10]

Wie bereits erwähnt, werden die Berechnungen mit dem verfügbaren Einkommen vorgenommen. Der hier verwendete Einkommensbegriff ist zurückzuführen auf das von LIS definierte jährliche verfügbare Einkommen.[11] Die enthaltenen Bestandteile des hier verwendeten Einkommensbegriffes sind damit Löhne und Gehälter aus selbständiger und unselbständiger Arbeit, Einkommen aus Kapitalvermögen, Einkommen aus staatlichen und privaten Transfers, sonstige Geldeinkünfte abzüglich der Sozialversicherungsbeiträge für Selbständige und Angestellte und der Einkommensteuer. An dieser Stelle sei darauf hingewiesen, dass keine Berechnungen auf Basis des Markt- oder Bruttoeinkommens erfolgen werden, da für Frankreich und Italien keine adäquaten Daten zur Verfügung stehen, die eine angemessene Vergleichbarkeit der Länder untereinander gewährleisten würde.[12]

Um mit den verwendeten Datensätzen arbeiten zu können, werden die Daten bereinigt.[13] Es ergeben sich damit die in Tabelle 5.2 aufgeführten Fallzahlen

[8] Vgl. z.B. Burniaux et al. (1998), Förster und Pellizzari (2000) und Atkinson et al. (1995).

[9] Zur Definition des verfügbaren Einkommens siehe im Folgenden dieses Kapitels.

[10] Ein solches Vorgehen wird von Atkinson et al. (1995) sowie Atkinson et al. (2002) empfohlen und auch in empirischen Studien häufig verwendet, z.B. von Förster und Pellizzari (2000) oder Beblo und Knaus (2001).

[11] Zur detaillierten Zusammensetzung des verfügbaren Einkommens vgl. LIS (2004b).

[12] Für Frankreich und Italien stehen keine Bruttolöhne sondern nur Nettolöhne zur Verfügung.

[13] Ausgeschlossen werden Werte, für die das verfügbare Einkommen gleich oder kleiner

für die berücksichtigten Haushalte in den einzelnen Ländern. Bei den Berechnungen werden die in den jeweiligen Länderdatensätzen enthaltenen Querschnittsgewichte verwendet. Damit wird ausgeglichen, dass einzelne Gruppen in den vorliegenden Daten unter- bzw. überrepräsentiert sind.

Tabelle 5.2: Fallzahlen

Land	**Welle IV**	**Welle V**
Deutschland	6.333	10.976
Finnland	9.257	10.390
Frankreich	11.262	-
Italien	8.091	7.923
Vereinigtes Königreich	26.269	24.831

Um den Einfluss der zu betrachtenden Transfers zu überprüfen, werden die Berechnungen nicht nur mit dem verfügbaren Einkommen durchgeführt, sondern auch jeweils für das verfügbare Einkommen abzüglich des betreffenden Transfers. Durch den Abzug der Transfers kann es vorkommen, dass einzelne Haushalte auf ein Einkommen von kleiner gleich Null zurückfallen. Da für manche Ungleichheitsmaße keine Werte von kleiner gleich Null zugelassen sind,[14] werden diese Fälle auf Werte knapp über Null recodiert.[15]

Die zu betrachtenden Transfers stehen nicht für alle Länder in den jeweiligen Datensätzen zur Verfügung - einerseits weil nicht alle Transfers in allen Ländern existieren, andererseits weil die Transfers in den Daten nicht separat aufgeführt sind. Daher muss vorab geklärt werden, welche Transfers aus den in Kapitel 2 vorgestellten Bereichen für welche Länder zur Verfügung stehen. Grundsätzlich wird für die Berechnungen bezüglich des Arbeitslosengeldes die LIS-Variable „Unemployment insurance" (v21s1), für die Arbeitslosenhilfe „Unemployment assistance" (v25s3) und für die Geldleistungen bei

Null ist; weiterhin werden diejenigen Fälle ausgeschlossen, für die die Variable für Löhne und Gehälter „earning" gleich Null ist, aber in der Variable für den Arbeitsstatus als beschäftigt gelten.

[14]z.B. für die MLD.

[15]Dieses Vorgehen wird z.B. von Atkinson und Brandolini (2001: 787) oder von Jenkins (1991: 34) als eine Möglichkeit gesehen, mit diesem Problem umzugehen. Die zweite genannte Option wäre das Ausschließen dieser Fälle, was für das hier vorliegende Verfahren natürlich wenig sinnvoll wäre. Diese Werte kleiner gleich Null werden für die jeweiligen Länder auf einen Wert kodiert, der einem Wert von einem Cent entspricht. Dabei wurden die entsprechenden Verbrauchergeldparitäten zur Umrechnung in die jeweiligen Landeswährungen herangezogen. Die entsprechende Umrechnungstabelle findet sich in Tabelle B.2, Anhang B.

Krankheit „Sick pay“ (v16) verwendet. Die Bereiche Invalidität und Arbeitsunfälle/Berufskrankheiten sind für manche Länder problematisch was die Datenlage betrifft, da diese in den Daten oft nicht zu trennen sind. Zurückgegriffen wird dabei auf die Variablen „Accident pay“ (v17) und „Disability pay“ (v18). Wenn es möglich ist, wird im empirischen Teil versucht, die zwei Bereiche getrennt zu betrachten. Die Erfassung der Mindestsicherung erfolgt über „Social assistance“ (v25s1), ergänzt durch Berechnungen einschließlich Wohngeld „Near cash housing benefits“ (v26s2). Im Folgenden wird kurz für jedes Land der Inhalt der verwendeten Variablen erläutert.

Deutschland 1994 und 2000:

- *Arbeitslosigkeit:* Es wird lediglich Arbeitslosengeld bei Vollarbeitslosigkeit betrachtet, nicht Kurzarbeit und Schlechtwettergeld. Arbeitslosenhilfe ist ebenfalls in den Daten vorhanden.
- *Krankheit - Geldleistungen:* Zum Krankengeld sind in den Datensätzen keine Informationen enthalten.
- *Invalidität und Arbeitsunfälle/Berufskrankheiten:* Unfallversicherungsleistungen sind einschließlich Witwen- und Waisenrenten enthalten, getrennt verfügbar ist die Invaliditätsrente für Erwerbsunfähigkeit und Berufsunfähigkeit (im Jahr 2000 einschließlich der Pflegeversicherung).
- *Mindestsicherung:* 1994 sind die laufende Hilfe zum Lebensunterhalt und die Hilfe in besonderen Lebenslagen in einer Variable enthalten und nicht zu trennen. 2000 sind diese Leistungen getrennt verfügbar, um allerdings die Vergleichbarkeit mit 1994 zu gewährleisten, werden auch für 2000 beide Leistungen in die Berechnungen mit einbezogen. Wohngeld ist für beide Zeitpunkte verfügbar.

Finnland 1995 und 2000:

- *Arbeitslosigkeit:* Arbeitslosengeld in Form der Grundsicherung und der verdienstabhängigen Sicherung vollständig erfasst, Arbeitslosenhilfe enthalten.

- *Krankheit - Geldleistungen:* Krankengeld[16] sowie Rehabilitationsbeihilfen, die in der MISSOC-Einteilung und auch in Kapitel 2 dieser Arbeit den Leistungen bei Invalidität zugeordnet werden.
- *Invalidität und Arbeitsunfälle/Berufskrankheiten:* Möglich, die beiden Bereiche zu trennen. Für Invalidität ist 1995 allerdings nur das Pflegegeld sowie das Invaliditätsgeld für Nichtrentenempfänger enthalten, 2000 kommt zu diesen Leistungen noch die Basissicherung in Form der Volksrente hinzu. Getrennt davon sind Leistungen bei Arbeitsunfällen und Berufskrankheiten verfügbar.
- *Mindestsicherung:* Beitragsunabhängiges Minimum (toimeentulotuki) sowie Wohngeld sind enthalten.

Frankreich 1994:

- *Arbeitslosigkeit:* Arbeitslosengeld verfügbar, Arbeitslosenhilfe dagegen nicht verfügbar.
- *Krankheit - Geldleistungen:* Krankengeld enthalten.
- *Invalidität und Arbeitsunfälle/Berufskrankheiten:* Trennung der Bereiche nicht möglich. Nur eine Variable verfügbar mit Leistungen für behinderte Erwachsene (A.A.H.), Sondererziehungsbeihilfe für behinderte Kinder[17] sowie Arbeitsunfallrenten.[18] Diese Transfers werden im Folgenden als Leistungen bei Erwerbsunfähigkeit bezeichnet.
- *Mindestsicherung:* RMI zusammen mit der „aide sociale" enthalten, Wohngeld verfügbar.

Italien 1995 und 2000:

- *Arbeitslosigkeit:* Arbeitslosengeld in Form des normalen und besonderen Arbeitslosengeldes enthalten in der Variable v21s1. In Italien haben allerdings auch die recht großzügigen Leistungen bei Teilarbeitslosigkeit

[16]Einschließlich evtl. gezahlter zusätzlicher, also über das gesetzlich vorgeschriebene Maß hinausgehender Leistungen aus Arbeitgeberfonds.

[17]Vgl. dazu Kapitel 2.3.4

[18]Vgl. dazu Kapitel 2.3.5.

einen relativ hohen Stellenwert. Diese sind zusammen mit der Mobilitätsunterstützung in v21sr „Other unemployment benefits“ erfasst. Um dieser Besonderheit der italienischen Arbeitslosigkeitsleistungen Rechnung zu tragen, werden für den Vergleich der italienischen Transfers zusätzlich diese Leistungen bei Teilarbeitslosigkeit und die Mobilitätsunterstützung mit einbezogen.

- *Krankheit - Geldleistungen:* Zum Krankengeld sind keine Daten vorhanden.

- *Invalidität und Arbeitsunfälle/Berufskrankheiten:* In der Variable v17 sind Pensionen der nationalen Versicherungsanstalt für Arbeitsunfälle und Berufskrankheiten (INAIL) enthalten. In v18 sind Leistungen der Invaliditätsversicherung für Arbeitnehmer und Beschäftigte des öffentlichen Dienstes erfasst. Im Jahr 2000 beinhaltet diese Variable zusätzlich die Pensione per invalidi civili, also die Leistung, die gewährt wird, wenn kein Versicherungsanspruch auf Invaliditätsrente vorliegt.

- *Mindestsicherung:* In Variable v25s1 sind für Italien alle ökonomischen Unterstützungsleistungen von Regierungsstellen auf Gemeinde-, Provinz- und Regionalebene sowie zentralstaatlicher Ebene zusammengefasst. Es ist zu berücksichtigen, dass die Abgrenzung der Mindestsicherung nicht in dem Maße möglich ist wie in den anderen betrachteten Ländern, da es nicht eine einheitlich geregelte Mindestsicherung gibt, sondern viele verschiedene Hilfen für spezifische Gruppen, die auch noch von Region zu Region variieren. Wohngeld ist in den Daten nicht erfasst, was sich dadurch erklären lässt, dass nur wenige italienische Regionen spezielles Wohngeld vor allem für ältere Menschen gewähren.

Vereinigtes Königreich 1994 und 1999:

- *Arbeitslosigkeit:* 1994 ist das Arbeitslosengeld, 1999 die Jobseeker's Allowance, die 1996 eingeführt wurde, in der Variable v21s1 enthalten. Für 1999 ist zu beachten, dass sowohl die beitragsabhängige Versicherungsleistung als auch der bedürftigkeitsgeprüfte Teil, also die Arbeitslosenhilfe, enthalten sind, da diese in den Daten nicht zu trennen waren.

- *Krankheit - Geldleistungen:* Für 1994 sind in v16 Sickness Benefit und Statutory Sick Pay enthalten, 1999 ist nur noch der Statutory Sick Pay[19] aufgeführt.

- *Invalidität und Arbeitsunfälle/Berufskrankheiten:* V17 umfasst Industrial Injury Disablement Benefit, Constant Attendance Allowance und Exceptionally Severe Disablement Allowance. V18 umfasst Disability Living Allowance (DLA-self care), Disability Living Allowance (DLA-mobility), Severe Disability Allowance, Attendance Allowance (65+) und Invalidity Benefit, der 1999 durch den Incapacity Benefit ersetzt wird.

- *Mindestsicherung:* Als Mindestsicherung ist der Income Support enthalten, das Wohngeld wird ergänzt durch den Council Tax Benefit, also die Beihilfe zu den örtlichen Gemeindesteuern.

Aus den obigen Darstellungen wird deutlich, dass bei der Interpretation der empirischen Ergebnisse darauf geachtet werden muss, was tatsächlich in den Daten hinter den einzelnen Transfers steckt. Besondere „Problembereiche“ stellen dabei die Sicherung bei Invalidität und Arbeitsunfällen/Berufskrankheiten sowie die Mindestsicherung dar.

5.3 Messung von Effektivität und Effizienz

Im empirischen Teil sollen für verschiedene Armuts- und Ungleichheitsmaße Effektivitäts- und Effizienzberechnungen vorgenommen werden. Somit ist zunächst einmal zu klären, was unter den Begriffen Effektivität und Effizienz zu verstehen ist und wie deren Messung erfolgen soll.

Mitchell (1991: 12) definiert Effektivität im Zusammenhang mit Sozialleistungen als das Ausmaß, indem ein Transfer die Wohlfahrt erhöht. Dementsprechend wird die Effektivität in den empirischen Berechnungen erfasst als prozentuale Reduktion des jeweiligen Armuts- bzw. Ungleichheitsmaßes durch einen Sozialtransfer. Es werden also für die Einkommensverteilung des verfügbaren Einkommens mit und ohne den interessierenden Transfer die Werte für die entsprechenden Maße berechnet.[20] Dann kann angegeben werden, um wie viel

[19] Sickness Benefits wurden abgeschafft, vgl. Kapitel 2.5.4.

[20] Dieses Vorgehen wird z.B. auch in Heady et al. (2001) sowie Sainsbury und Morissens (2002) angewandt.

Prozent der Wert durch Hinzunahme eines Transfers verringert wird. Hierbei ist anzumerken, dass es sich bei der Verteilung des verfügbaren Einkommens abzüglich eines bestimmten Transfers natürlich nur um eine hypothetische Verteilung handeln kann, da erstens in dieser konstruierten Verteilung noch die Beiträge bzw. Steuern, die die jeweiligen Transfers (mit)finanzieren, enthalten sind,[21] und zweitens müssten bei Nichtvorhandensein von bestimmten Transfers betroffene Teile der Bevölkerung nach anderen Finanzierungsquellen privater Art suchen, um ihr Überleben zu sichern.[22]

Bei der Effektivität wird in keiner Weise berücksichtigt, durch welche Kosten der Umverteilungseffekt erreicht wurde. Der von einem Transfer bewirkte Umverteilungseffekt wird nicht nur durch dessen Ausgestaltung sondern auch durch die in den Transfer investierten Ausgaben beeinflusst. Um diesen Aspekt einzubeziehen, werden zusätzlich zur Effektivität Effizienzbetrachtungen vorgenommen. Unter Effizienz soll hier distributive Effizienz verstanden werden. Sie wird im Folgenden berechnet als Reduktion des jeweiligen Armuts- oder Ungleichheitsmaßes durch einen Transfer (Effektivität) im Verhältnis zu den Ausgaben für diesen Transfer. Die Ausgaben für einen Transfer gehen als Anteil der absoluten Ausgaben am Bruttoinlandsprodukt des betrachteten Landes ein. Es handelt sich also um ein Effizienzmaß im klassischen Sinne, bei dem der Outcome (Umverteilung) ins Verhältnis zum Input (Ausgaben) gesetzt wird. Es sei hier deutlich gemacht, dass der Begriff der distributiven Effizienz abzugrenzen ist von anderen Effizienzbegriffen wie z.B. der produktiven und allokativen Effizienz oder der X-Effizienz, wobei die distributive Effizienz in keinem notwendigen Zusammenhang mit diesen anderen Effizienzbegriffen steht.[23] Im Zusammenhang mit Ungleichheitsmaßen wurde ein solches Effizienzmaß z.B. schon von Mitchell (1991) verwendet.[24] Mitchell (1991: 137) erläutert, dass dieses Maß zumindest annähernd angibt, wie sich der von ihr verwendete Gini-Koeffizient prozentual verringert durch jeden Prozentpunkt

[21]Diese Finanzierungsbeiträge können aus den Daten auch nicht dem jeweiligen Transfer zurechenbar eliminiert werden. Siehe dazu auch die Erläuterungen in Teil I, S. 6.

[22]Auf dieses Problem weisen auch Lee und McKenzie (1988) hin, die darauf verweisen, dass bei Nichtvorhandensein eines Transfers die potenziellen Empfänger andere Finanzierungsmöglichkeiten suchen müssten; eine solche „hypothetische Welt“ allerdings steht zum Vergleich nicht für den jeweiligen Fall zur Verfügung.

[23]Zu den anderen genannten Effizienzbegriffen vgl. z.B. Goodin et al. (1999: 21ff) oder Gouyette und Pestieau (1999).

[24]Mitchell (1991: 137) bezeichnet dies allerdings als ein Maß der Kosteneffektivität.

des BIP, der in den entsprechenden Transfer investiert wird.[25] Hier soll darauf hingewiesen werden, dass im Zusammenhang mit der Effizienzmessung bei Armut häufig auf die von Beckerman (1979a,b) vorgeschlagenen Effizienzmaße verwiesen wird, die im Wesentlichen auf der Armutslücke basieren.[26] In dieser Arbeit sollen allerdings mehrere Armutsmaße zur Effizienzmessung herangezogen werden, weshalb der oben vorgeschlagene Ansatz hier geeigneter erscheint.

5.4 Bootstrapping

Für die in Kapitel 3.2 und 4.2 vorgestellten Ungleichheits- und Armutsmaße werden im empirischen Teil jeweils konkrete Werte aus einer Stichprobe des Umfangs n berechnet, die als Punktschätzer $\hat{\theta}$ für den tatsächlichen Ungleichheits- bzw. Armutswert θ der Grundgesamtheit dienen. Damit bleibt zunächst der Stichprobenfehler unberücksichtigt, wie dies in der empirischen Armuts- und Ungleichheitsforschung leider noch allzu häufig der Fall ist.[27] Um Zufallsschwankungen zu berücksichtigen, sollten Konfidenzintervalle berechnet werden. Mills und Zandvakili (1997) weisen darauf hin, dass die parametrischen Standardmethoden der Inferenzstatistik zur Bestimmung solcher Konfidenzintervalle nicht unbedingt geeignet sind; so ist die Stichprobenverteilung für die einzelnen Maße nicht bekannt.[28] Außerdem können als Grenzen der Konfidenzintervalle Werte resultieren, die außerhalb des Wertebereiches der jeweiligen Ungleichheits- oder Armutsmaße liegen können, wie z.B. eine negative Untergrenze für den Gini-Koeffizienten. Deshalb verweisen sie auf die Methode des Bootstrapping und führen Literatur an, die eine gute Performance für verschiedene Anwendungen belegt (vgl. z.B. Burr 1994, Freedman und Peters 1984, Hall 1992). Die Methode des Bootstrapping basiert auf Stichprobenziehungen mit Zurücklegen der Größe n aus der empirischen Verteilung. Aus jeder dieser Stichproben kann die interessierende Größe berechnet werden

[25] Bei einer solchen Interpretation muss allerdings in Betracht gezogen werden, dass für die Reduktion von Ungleichheit bzw. Armut ansteigende marginale Kosten vorliegen könnten.

[26] Eine empirische Anwendung findet sich z.B. auch in Kim (2000).

[27] Gegenbeispiele sind z.B. Biewen (2000) und Heinrich (1998a,b,c).

[28] Einige Forscher haben mit Hilfe geeigneter asymptotischer Theorie Methoden der statistischen Inferenz für Ungleichheitsmaße entwickelt. Darauf soll an dieser Stelle nicht näher eingegangen werden, vgl. dazu z.B. Maasoumi (1998).

und somit auch die Stichprobenverteilung dieser Größe geschätzt werden.[29] In dieser Arbeit werden drei Methoden zur Bestimmung von Konfidenzintervallen mittels Bootstrapping angewendet: die Normalapproximationsmethode (N), die Perzentilmethode (P) und die bias-korrigierte Perzentilmethode (BC). Die Normalapproximationsmethode wird analog zur herkömmlichen parametrischen Methode durchgeführt. Dementsprechend ist ihre Anwendung sinnvoll, wenn der Schätzer normalverteilt ist. Die Perzentilmethode kann auch angewandt werden, wenn die durch das Bootstrapping ermittelte Verteilung des Schätzers asymmetrisch ist. Als Intervallgrenzen werden die entsprechenden Perzentilgrenzen verwendet, z.B. für ein 95%-Konfidenzintervall also das 2,5-und das 97,5-Perzentil. Die bias-korrigierte Perzentilmethode berücksichtigt zusätzlich, dass die über Bootstrapping ermittelte Schätzung der Verteilung von $\hat{\theta}$ verzerrt sein könnte.[30] Über diese drei Methoden werden also zunächst Konfidenzintervalle für die sich für die Ungleichheits- und Armutsmaße ergebenden Werte bestimmt. Die grundsätzliche Aussage, die mit Hilfe des Intervalls getroffen werden kann, ist dann, dass auf dem vorgegebenen Konfidenzniveau der wahre Wert der Grundgesamtheit tatsächlich in diesem Intervall liegt. Voraussetzung für die Anwendung des Bootstrapping ist die Unabhängigkeit der Beobachtungen in den betrachteten Daten. Die Anwendung von Vergleichen über die Zeit bei Paneldaten wurde deshalb durchaus kritisch gesehen, Mills und Zandvakili (1997: 136f) halten dies jedoch nicht für bedenklich hinsichtlich der Unabhängigkeitsbedingung, wenn jeweils Querschnitte mit unabhängigen Individuen beobachtet werden. Ebenso halten sie es für unbedenklich, dass durch Bootstrapping ermittelte Konfidenzintervalle für Ungleichheitswerte für das Einkommen vor und nach Steuern verglichen werden, wenn für beide Einkommensarten getrennt gebootstrapped wurde. Dementsprechend wird für jeden Wert der Armuts- und Ungleichheitsmaße einzeln das entsprechende Konfidenzintervall für das Einkommen mit und ohne Transfer bestimmt. Dann kann z.B. überprüft werden, ob sich die Intervalle vor und nach Transfer schneiden. Sollten sich die Intervalle nicht schneiden, kann man davon ausgehen, dass sich mit gegebener Konfidenz die entsprechenden Werte tatsächlich unterscheiden. Sachs (1984) sowie Schenker und

---

[29] Vgl. dazu ausführlich z.B. Efron und Tibshirani (1993), Mooney und Duval (1993), Sievers (1998), Shao und Tu (1995).

[30] Ist diese Schätzung unverzerrt, stimmen die so ermittelten Konfidenzintervallgrenzen mit denen für die Perzentilmethode überein.

Gentleman (2001)[31] sehen dies als strenges Kriterium an: Schneiden sich zwei Konfidenzintervalle, wäre es trotzdem möglich, dass sich die entsprechenden zwei Ungleichheits- oder Armutswerte signifikant[32] voneinander unterscheiden, während sie bei Nichtschneiden der Intervalle auf jeden Fall signifikant voneinander verschieden sind. Der Einfachheit halber wird daher bei Nichtschneiden von Konfidenzintervallen von einem signifikanten Unterschied gesprochen. Mills und Zandvakili (1997) sowie Heinrich (1998c) bezeichnen Unterschiede zwischen zwei Werten ebenfalls als hoch signifikant, wenn sich deren Konfidenzintervalle, die in diesem Fall über das Bootstrapping-Verfahren[33] ermittelt wurden, nicht schneiden. Um zusätzlich noch zu überprüfen, ob auch ein signifikanter Unterschied im Sinne von herkömmlichen Hypothesentests besteht, wird im Falle des Schneidens von Konfidenzintervallen wie oben beschrieben zusätzlich für die Differenz zwischen zwei Ungleichheits- oder Armutswerten ein Konfidenzintervall bestimmt.[34] Liegt die Null, was gleichbedeutend wäre mit keinerlei Unterschied zwischen den betroffenen Werten, im Intervall, liegt kein signifikanter Unterschied vor. Ist dagegen die Null nicht im Intervall, unterscheiden sich die Werte signifikant auf einem Signifikanzniveau von Eins minus dem gewählten Konfidenzniveau. In dieser Arbeit wird für alle berechneten Intervalle ein Konfidenzniveau von 95 Prozent zugrunde gelegt. Weiterhin sollen auch inferenzstatistische Aussagen über die in Kapitel 5.3 vorgestellten Effektivitätsmaße, also über die Reduktion der Ungleichheits- und Armutsmaße durch Transfers, getroffen werden. Dies wird dadurch ermöglicht, dass für diese Reduktionen ebenfalls Konfidenzintervalle bestimmt werden. Zur sprachlichen Vereinfachung wird beim Vergleich der Intervalle für die Effektivitätsziffern ein Unterschied als signifikant bezeichnet, wenn die entsprechenden Intervalle sich nicht schneiden, wohingegen im Falle der Überlappung von Intervallen der Unterschied als nicht signifikant bezeichnet wird, auch wenn kein Hypothesentest im eigentlichen Sinne durchgeführt wurde.

---

[31]Schenker und Gentleman (2001) vergleichen diese Methode mit der Standardmethode des Signifikanztests unter der Annahme der Konsistenz, asymptotischen Normalverteilung und asymptotischen Unabhängigkeit der Schätzer.

[32]Auf dem Signifikanzniveau, welches dem gewählten Konfidenzniveau entspricht.

[33]Mills und Zandvakili (1997) sowie Heinrich (1998c) wenden die Perzentilmethode zur Bestimmung von Konfidenzintervallen an.

[34]Dieses Vorgehen entspricht einem Test mit der Nullhypothese, dass die Differenz gleich Null ist. Vgl. dazu Mills und Zandvakili (1997: 136).

Kapitel 6

Empirische Ergebnisse

6.1 Übersicht über den Gang der Darstellung

Nachdem in Teil II die detaillierten Regelungen der in die Untersuchung einbezogenen Transfers erläutert wurden und anschließend in Teil III auf die den Berechnungen zugrunde liegenden Ungleichheits- und Armutsmaße eingegangen wurde, dienen die folgenden Kapitel 6.2 und 6.3 der Darstellung der empirischen Ergebnisse, die mit den vorgestellten Ausgestaltungsmerkmalen verknüpft werden. Die Betrachtung erfolgt getrennt nach Ungleichheit und Armut, wobei in Kapitel 6.2 zunächst die Ungleichheitsergebnisse behandelt werden und anschließend in Kapitel 6.3 die Armutsergebnisse. Die grundsätzliche Vorgehensweise ist dabei in den beiden genannten Kapiteln gleich. Als Ausgangspunkt für die detaillierte Betrachtung der Wirkung einzelner Transfers wird jeweils damit begonnen, das Ungleichheits- bzw. Armutsniveau für das verfügbare Einkommen ohne Abzug von Transfers im Ländervergleich vorzustellen (Kapitel 6.2.1 und 6.3.1). Die anschließende Analyse der Wirkung der einzelnen Transfers wird in zwei Schritten vorgenommen. Zunächst werden die Transfers in den Ländern betrachtet, es wird also für jedes Land analysiert, wie die Wirkung der Transfers im Vergleich zueinander ausfällt. Der zweite Analyseschritt besteht aus einer Betrachtung der Transfers im Ländervergleich. Dies bedeutet, dass die Transfers in einzelnen Unterkapiteln betrachtet werden, wobei untersucht wird, wie die Wirkung des jeweiligen Transfers im Ländervergleich ausfällt. Diese beiden Analyseschritte werden zuerst für Ungleichheit und anschließend in entsprechender Weise für Armut durchgeführt.

Es erfolgt dabei wiederum eine Aufgliederung in drei Unterbereiche: Sowohl für die Transferbetrachtung in den Ländern als auch für den Ländervergleich zu jedem Transfer werden zunächst die Effektivität und anschließend die Effizienz betrachtet.[1] Der letzte Unterbereich besteht jeweils darin, dass die in Kapitel 1.4 vorgestellte These, dass mehr Ausgaben für einen Transfer mehr Umverteilungswirkungen zur Folge haben, mit Hilfe von Rangkorrelationen überprüft wird.[2]

Wie in Kapitel 5.3 beschrieben, werden die Effizienzindikatoren berechnet als Verhältnis aus Effektivitätswirkung zu Anteil der Ausgaben für den entsprechenden Transfer am BIP. In Tabelle 6.1 sind die Ausgaben für die betrachteten Transfers als prozentuale Anteile am BIP angegeben, die im Folgenden für die Effizienzberechnungen verwendet werden.

Die hinter den Ausgaben stehenden Transfers spiegeln die in den verwendeten LIS-Variablen enthaltenen Transfers wider.[3] Dabei wurde mit Ausnahme der Mindestsicherung auf Daten der OECD Social Expenditure Database (SOCX) zurückgegriffen. Für Italien sind in Tabelle 6.1 zum Arbeitslosengeld zwei verschiedene Zeilen aufgeführt. Die erste Zeile bezieht sich auf das Arbeitslosengeld, die zweite auf die Ausgaben für Leistungen bei Teilarbeitslosigkeit einschließlich der Mobilitätsunterstützung. Diese zusätzlichen Leistungen wurden ebenfalls in der Tabelle berücksichtigt, da sie in Italien einen besonderen Stellenwert einnehmen. Aufgrund des niedrigen Niveaus des Arbeitslosengeldes wird in Italien verstärkt auf Leistungen bei Teilarbeitslosigkeit zurückgegriffen (vgl. Kapitel 2.4.2). Daher werden im Folgenden für Italien neben dem Arbeitslosengeld die Leistungen bei Teilarbeitslosigkeit ebenfalls berücksichtigt. Bezüglich der Ausgabenanteile für Invalidität in Deutschland ist zu beachten, dass aufgrund der Inhalte der entsprechenden LIS-Variablen 2000 ebenfalls die Pflegeversicherung neben der Invaliditätsrente berücksichtigt wurde. In Finnland sind aus dem gleichen Grund für die Invaliditätsleistungen

---

[1] Für die Ungleichheit sind dies die Kapitel 6.2.2 und 6.2.3 für die Transfers in den Ländern sowie 6.2.5 und 6.2.6 für die Transfers im Ländervergleich. Für die Armut wird dies in den Kapiteln 6.3.2 und 6.3.3 für die Transfers in den Ländern sowie 6.3.5 und 6.3.6 für die Transfers im Ländervergleich vorgenommen.

[2] Für die Ungleichheit wird diese Überprüfung in Kapitel 6.2.4 für die Transfers in den Ländern sowie 6.2.7 für die Transfers im Ländervergleich durchgeführt, für die Armut wird dies in den Kapiteln 6.3.4 für die Transfers in den Ländern sowie 6.3.7 für die Transfers im Ländervergleich vorgenommen.

[3] Zu den Inhalten der Variablen vgl. Kapitel 5.2.

Tabelle 6.1: Prozentualer Anteil der Transferausgaben am BIP

	D		Fin		F		I		UK	
	1994	**2000**	**1995**	**2000**	**1994**	**2000**	**1995**	**2000**	**1994**	**1999**
Arbeitslosengeld	0,89	0,68	2,78	1,07	1,24	1,37[1]	0,37[2] 0,30[3]	0,34[2] 0,18[3]	0,19	0,44
Arbeitslosenhilfe	0,32	0,45	0,66	0,56	0,16	n.v.	-	-	-	-
Krankengeld	0,46	0,31	0,75	0,68	0,49	0,40	0,75	0,71	0,10	0,12
Invalidität	0,73	0,75[4]	0,32[5]	0,74[5]	0,25	0,28	0,66	0,90[6]	2,33	2,13
Arbeitsunfälle/ Berufskrankheiten	0,17	0,16	0,25	0,22	0,38	0,30	n.v.	n.v.	0,18	n.v.
Mindestsicherung[7]	1,40	n.v.	0,40	n.v.	0,20	n.v.	0,60	n.v.	2,50	n.v.
Wohngeld	0,15	0,20	0,46	0,36	0,90	0,87	-	-	1,81	1,53

Quelle: OECD Social Expenditure Database (SOCX) bzw. für Mindestsicherung Eardley et al. (1996a: 35)
n.v. = nicht verfügbar
[1] Ausgaben enthalten Arbeitslosengeld und -hilfe, da diese für 2000 nicht getrennt verfügbar sind; [2] Ausgaben Arbeitslosengeld; [3] Ausgaben Leistungen Teilarbeitslosigkeit+Mobilitätsunterstützung; [4] Ausgaben für Invaliditätsrente enthalten 2000 auch Pflegeversicherung; [5] Ausgaben für Invaliditätsrente enthalten 1995 nur Pflegegeld und Invaliditätsgeld, 2000 zusätzlich Volksrente; [6] Ausgaben für Invaliditätsrente enthalten 2000 auch Pensione per invalidi civili; [7] Ausgaben für Mindestsicherung beziehen sich auf das Jahr 1992.

1995 nur Pflegegeld und Invaliditätsgeld für Nichtrentenempfänger enthalten, 2000 kommt die Volksrente hinzu, also die Basissicherung der Invaliditätsversicherung. Für Frankreich sind in den LIS-Daten die Transfers bei Arbeitsunfall/Berufskrankheiten und bei Invalidität nicht zu trennen. Daher müssen für die entsprechenden Effizienzberechnungen die beiden Ausgabenanteile addiert werden. Zu beachten ist hierbei, dass die Ausgaben für die Transfers bei Invalidität in Frankreich ohne die in der entsprechenden LIS-Variable enthaltene Sondererziehungshilfe angegeben sind, da diese Ausgaben nicht zur Verfügung stehen. Die Invaliditätsrenten in Italien werden 2000 einschließlich der Pensione per invalidi civili angegeben, um Übereinstimmung mit den LIS-Daten zu erreichen. Für die Mindestsicherung ist grundsätzlich anzumerken, dass die einbezogenen Ausgabenanteile aus dem Jahr 1992 stammen. Da keine geeigneten aktuelleren Daten zur Mindestsicherung verfügbar sind, musste auf Daten aus Eardley et al. (1996a) zurückgegriffen werden. Daher kann es sich bei den Effizienzberechnungen für die Mindestsicherung auch lediglich um den Versuch einer Näherung an die tatsächlichen Werte handeln. Da Europa gerade in dem betreffenden Zeitraum zwischen 1992 und 1994/95 von einer

Tabelle 6.2: Arbeitslosenquoten 1991-2002

	1991	1992	1993	1994	1995	1996	1997	1998	1999	2000	2001	2002
EU15	-	-	10,1	10,5	10,1	10,2	10,0	9,4	8,7	7,8	7,4	7,7
D	-	6,4	7,7	8,2	8,0	8,7	9,7	9,1	8,4	7,8	7,8	8,6
F	9,1	10,0	11,3	11,8	11,3	11,9	11,8	11,4	10,7	9,3	8,5	8,7
FIN	6,6	11,7	16,3	16,6	15,4	14,6	12,7	11,4	10,2	9,8	9,1	9,1
I	8,5	8,7	10,1	11,0	11,5	11,5	11,6	11,7	11,3	10,4	9,4	9,0
UK	8,6	9,8	10,0	9,3	8,5	8,0	6,9	6,2	5,9	5,4	5,0	5,1

Quelle: Europäische Kommission (2003)

Rezession getroffen wurde, ist anzunehmen, dass dadurch die Ausgabenzahlen für Mindestsicherung 1994/95 eher höher ausfallen als 1992. Vor allem für Finnland dürfte im Ländervergleich ein höherer Ausgabenanteil zu erwarten sein, da die Auswirkungen der Rezession dieses Land schwer getroffen haben, was sich in hohen Arbeitslosigkeitsraten und in z.T. negativen Wachstumsraten des BIP äußerte. An dieser Stelle ist weiterhin anzumerken, dass in diesen Ausgabendaten zur Mindestsicherung in Frankreich nur Ausgaben für das allgemeine Minimum RMI zur Verfügung stehen, aber nicht für die ebenfalls in der entsprechenden LIS-Variable enthaltene aide sociale (vgl. Kapitel 5.2). Damit dürften die französischen Effizienzindikatoren zur Mindestsicherung leicht überschätzt werden. Da es sich bei der aide sociale allerdings vorwiegend um Sach- und Serviceleistungen handelt (Eardley et al. 1996b: 145), die im Gegensatz zu Geldleistungen nicht in der LIS-Variable enthalten sind, ist davon auszugehen, dass die Verzerrung nicht allzu groß sein dürfte.

Neben den in Tabelle 6.1 aufgeführten Ausgabendaten, die einerseits zur Berechnung der Effizienzziffern, andererseits aber auch als Interpretationshilfe und zur Überprüfung der These über den Zusammenhang zwischen Ausgaben und Umverteilungswirkungen verwendet werden, werden in Tabelle 6.2 die Arbeitslosenquoten von 1991 bis 2002 für die untersuchten Länder sowie für den Durchschnitt der EU15-Länder aufgeführt. Diese sollen ebenfalls als Interpretationshilfe dienen. So beeinflusst die Höhe der Arbeitslosenzahlen z.B. unter Umständen die Wirkung der Leistungen bei Arbeitslosigkeit.[4] Aus diesem

[4]So weist z.B. Ervasti (2002: 189) darauf hin, dass sich ein höheres Arbeitslosigkeitsniveau in höherer Ungleichheit auswirkt, da sich Arbeitslosigkeit tendenziell auf bestimmte Bevölkerungsgruppen konzentriert.

Grunde kann hier bereits die Vermutung geäußert werden, dass eine deutliche Transferwirkung in Form einer hohen Reduktion der Armuts- und Ungleichheitsmaße nicht automatisch mit einer „guten“, also erwünschten Wirkung gleichzusetzen ist. Im Gegenteil könnte hinter einer hohen Wirkung nicht allein der erwünschte Effekt durch die bewusste Ausgestaltung der Transfers stecken, sondern z.B. hohe Arbeitslosenzahlen, die entsprechend viele Empfänger von Leistungen bei Arbeitslosigkeit oder Mindestsicherung nach sich ziehen und somit durchaus hohe Effektivitätswirkungen (mit)hervorrufen.

6.2 Ungleichheit

In diesem Kapitel werden die Ergebnisse für die Ungleichheitsmaße präsentiert. Wie in Kapitel 3 erläutert, besitzen verschiedene Ungleichheitsmaße unterschiedliche Sensitivitätseigenschaften, schätzen also die Veränderungen einer Verteilung unter Umständen unterschiedlich ein. Um zu verhindern, dass bei Verwendung nur eines Maßes durch dessen spezifische Eigenschaften eine „einseitige“ Interpretation vorgenommen werden könnte, werden die Berechnungen im Folgenden mit mehreren Ungleichheitsmaßen durchgeführt. Ungleichheitsmaße mit verschiedenen Sensitivitätseigenschaften, für die Berechnungen durchgeführt werden, sind der Gini-Koeffizient, das Mehran- und Piesch-Maß, das Theil-Maß, die MLD sowie die Atkinson-Maße $A_{0,5}$ und A_1.[5]

Das erste Unterkapitel 6.2.1 ist der Darstellung der Ergebnisse gewidmet, die sich für die Ungleichheit des verfügbaren Einkommens ohne Abzug eines Transfers ergeben. Wie in den folgenden Unterkapiteln werden dabei maximal für zwei Ungleichheitsmaße die Ergebnisse exemplarisch grafisch dargestellt. Sollten hinsichtlich anderer Ungleichheitsmaße unterschiedliche Ergebnisse resultieren, wird darauf im Text verwiesen. Ausgewählt wurden dabei der Gini-Koeffizient und A_1, da diese beiden Maße sich als weitgehend „repräsentativ“ erwiesen, für die anderen Ungleichheitsmaße ergaben sich also prinzipiell in der inhaltlichen Schlussfolgerung gleiche oder zumindest sehr ähnliche Ergebnisse.[6] Nach der Darstellung dieser Gesamtungleichheit der fünf untersuchten Länder im Vergleich werden in Kapitel 6.2.2 die Effektivitätsergebnisse für jedes Land einzeln erläutert. Es wird also untersucht, welche Transfers sich

[5]Siehe Kapitel 3.2 zu den Eigenschaften dieser Ungleichheitsmaße.

[6]Ausführliche Ergebnistabellen sind auf Anfrage beim Autor erhältlich.

pro Land stärker auswirken. Anschließend wird in Kapitel 6.2.3 auf die Effizienz der Transfers in jedem der fünf Länder eingegangen. Eine gesonderte Betrachtung der in Kapitel 1.4 vorgestellten These zur Wirkung der Ausgaben für einen Transfer auf dessen Umverteilung wird in Kapitel 6.2.4 im Hinblick auf die Wirkungen von verschiedenen Transfers in jedem der fünf untersuchten Länder vorgenommen. Die Betrachtung der Effektivität und Effizienz für die einzelnen Transfers im Ländervergleich erfolgt in den Kapiteln 6.2.5 und 6.2.6. Den Abschluss der Betrachtung der Ungleichheitsergebnisse bildet Kapitel 6.2.7, in dem wieder der Zusammenhang zwischen Ausgaben und Wirkung auf die Ungleichheit überprüft wird, dieses Mal im Hinblick auf die einzelnen Transfers im Ländervergleich.

6.2.1 Gesamtungleichheit im Ländervergleich

Bevor auf die Wirkung einzelner Transfers eingegangen wird, sollen an dieser Stelle zunächst die Ergebnisse für die Ungleichheit der Verteilung des verfügbaren Einkommens im Ländervergleich vorgestellt werden. Für den ersten Untersuchungszeitpunkt ergibt sich hinsichtlich aller verwendeten Maße die geringste Ungleichheit in Finnland, gefolgt von Deutschland und Frankreich. Für Italien und das Vereinigte Königreich ergibt sich je nach angewandtem Ungleichheitsmaß ein unterschiedlicher Rang: Für den Gini-Koeffizienten (vgl. Abbildung 6.1), das Piesch- und Theil-Maß sowie $A_{0,5}$ liegt Italien vor dem Vereinigten Königreich an vorletzter Stelle, die im unteren Einkommensbereich sensitiven Maße MLD, A_1 (vgl. Abbildung 6.2) und das Mehran-Maß weisen niedrigere Ungleichheitswerte für das Vereinigte Königreich aus.

Die Einbeziehung der Bootstrapping-Konfidenzintervalle in den Ländervergleich ergibt, dass die finnischen Ungleichheitswerte signifikant niedriger sind als in allen anderen Ländern.[7] Die deutschen und französischen Ungleichheitswerte unterscheiden sich weiterhin deutlich von denen in Italien und im Vereinigten Königreich. Der Vergleich von Frankreich und Deutschland ergibt für die MLD, A_1 und $A_{0,5}$[8] keinen signifikanten Unterschied, für die restlichen

[7]Die Konfidenzintervalle der finnischen Werte weisen keine Überschneidungen mit denen für die anderen Länder auf.

[8]Für $A_{0,5}$ ist allerdings nur für das nach der bias-korrigierten Perzentilmethode ermittelte Konfidenzintervall der Differenz des französischen und deutschen Ungleichheitswertes die

Abbildung 6.1: Gini-Koeffizient im Ländervergleich 1994/95 und 1999/2000

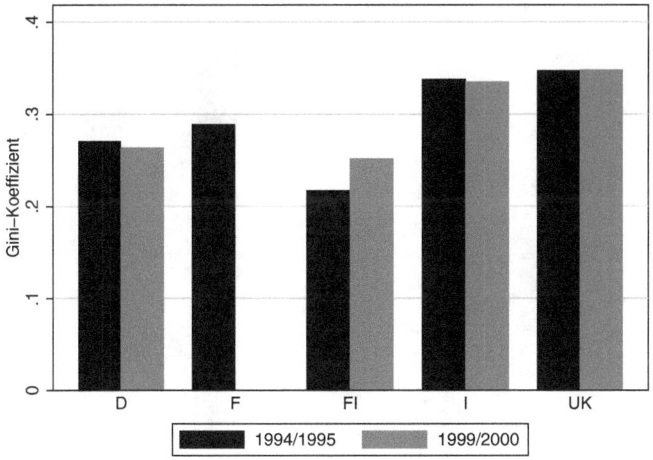

Quelle: Eigene Berechnungen mit LIS-Daten

Maße schneiden sich die Intervalle dagegen nicht. Die Werte für Italien und das Vereinigte Königreich unterscheiden sich nicht signifikant voneinander.

Für den zweiten Untersuchungszeitraum stehen keine Daten für Frankreich zur Verfügung, weshalb sich die Betrachtung auf die verbleibenden vier Länder Deutschland, Finnland, Italien und das Vereinigte Königreich beschränkt. Für Finnland lässt sich feststellen, dass 2000 signifikant höhere Ungleichheitswerte[9] gemessen werden als 1995. Für Deutschland, Italien und das Vereinigte Königreich unterscheiden sich die jeweiligen Werte der beiden Untersuchungszeiträume nicht signifikant.[10] Vergleicht man die Ungleichheit zwischen den Ländern für 1999/2000 weist Finnland trotz des signifikanten Anstieges der Ungleichheit mit einer Ausnahme immer noch die niedrigsten Werte auf (vgl. Abbildungen 6.1 und 6.2); lediglich das Theil-Maß ergibt in Deutschland eine

Null enthalten, also kein signifikanter Unterschied vorhanden, für die Normalapproximations- und Perzentilmethode dagegen ist ein signifikanter Unterschied feststellbar.

[9]Die Bootstrapping-Konfidenzintervalle der Werte für 1995 und 2000 schneiden sich für alle Maße nicht.

[10]Lediglich im Vergleich der Ungleichheit für das Vereinigte Königreich gemessen durch das Mehran-Maß ergibt sich für das Konfidenzintervall der Differenz der Werte für 1994 und 1999 ein signifikant höherer Wert für 1999.

Abbildung 6.2: A_1 im Ländervergleich 1994/95 und 1999/2000

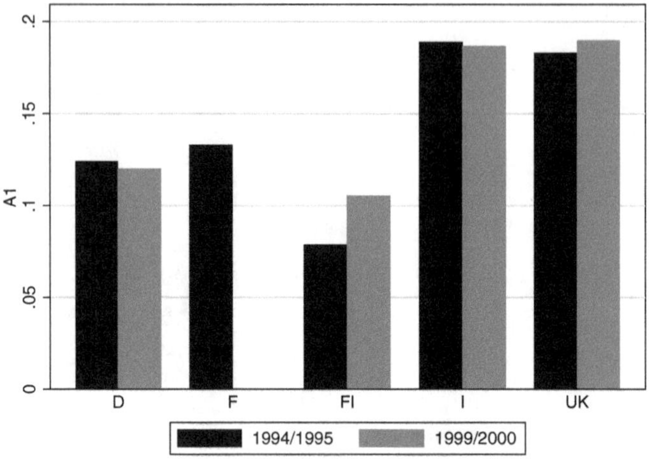

Quelle: Eigene Berechnungen mit LIS-Daten

geringere Ungleichheit als in Finnland. Außerdem zeigt sich beim Vergleich der Konfidenzintervalle für Finnland und Deutschland kein signifikanter Unterschied für das Piesch- und Theil-Maß sowie für $A_{0,5}$. Italien und das Vereinigte Königreich belegen weiterhin die Schlusspositionen, wobei sich dieses Mal eindeutig die höchste Ungleichheit im Vereinigten Königreich ergibt. Finnland und Deutschland weisen wie 1994/95 signifikant niedrigere Ungleichheitswerte als Italien bzw. das Vereinigte Königreich auf.[11] Im direkten Vergleich von Italien und dem Vereinigten Königreich lassen sich zum zweiten Untersuchungszeitpunkt durch die Einbeziehung der Konfidenzintervalle der Differenz der jeweiligen Werte für den Gini-Koeffizienten sowie das Maß von Theil und Piesch signifikant höhere Werte im Vereinigten Königreich feststellen.

Der Vergleich der beiden Untersuchungszeitpunkte ergibt zusammenfassend für Finnland die niedrigste Ungleichheit, wobei diese Position 1999/2000 nicht mehr so deutlich gehalten wird, gefolgt von Deutschland (und 1994/95 Frankreich). Italien und das Vereinigte Königreich belegen deutlich die letzten

[11] Die Konfidenzintervalle für Finnland und Deutschland im Vergleich mit Italien bzw. dem Vereinigten Königreich schneiden sich nicht.

Plätze mit den höchsten Ungleichheitswerten, wobei das Vereinigte Königreich 1999/2000 schlechter abschneidet als zum ersten Untersuchungszeitpunkt.

Die im Ländervergleich niedrige Ungleichheit der Verteilung des verfügbaren Einkommens in Finnland wurde schon durch zahlreiche vorangegangene Studien bestätigt, wie in Kapitel 1.4 erläutert wurde.[12] Die Länder des Nordeuropäischen Clusters und damit auch Finnland streben bewusst das Erreichen von mehr Gleichheit an, die in Kapitel 1.4 vermutete niedrige Ungleichheit der Einkommensverteilung wurde hier bestätigt. Für Finnland war weiterhin auffällig, dass ein signifikanter Anstieg der Ungleichheit von 1995 auf 2000 stattfand. Auf den ersten Blick verwundert dieser Anstieg, man könnte eher ein Abnehmen vermuten, da sich Finnland seit der schweren Rezession Mitte der neunziger Jahre wirtschaftlich wieder erholt hat, was sich z.B. in der wieder gesunkenen Arbeitslosenquote (vgl. Tabelle 6.2, S. 142) zeigt. Riihelä et al. (2001) haben dieses Phänomen der steigenden Ungleichheit auch nach der Rezession untersucht. Sie kamen dabei zu dem Ergebnis, dass nicht nur das Arbeitseinkommen sondern vor allem das Kapitaleinkommen zur Ungleichheit und damit auch zum Anstieg der Ungleichheit beiträgt. Weiterhin konnten sie in den neunziger Jahren eine sinkende Umverteilungswirkung von Steuern und Transfers beobachten.

Der deutsche und der französische Wohlfahrtsstaat sehen das Erreichen von Gleichheit zwar nicht als zentrale Aufgabe an, aber dennoch ist die Ungleichheit der Verteilung des verfügbaren Einkommens relativ gering. Dafür mag einerseits das im Vergleich zu Italien und dem Vereinigten Königreich etwas höhere Transferniveau verantwortlich sein, andererseits aber auch das in Kapitel 1.4 beschriebene niedrigere Niveau der Ungleichheit des Einkommens vor Steuern und Transfers in Frankreich und Deutschland im Vergleich zu Italien und dem Vereinigten Königreich.

In Kapitel 1.4 wurde bereits die Vermutung geäußert, dass Italien eine eher hohe Ungleichheit der Einkommensverteilung nach Steuern und Transfers aufweisen dürfte, da der italienische Wohlfahrtsstaat relativ einseitig die ältere Generation der Arbeitsmarktinsider begünstigt und als Land des Südeuropäischen Clusters einen begrenzten Umverteilungseffekt erzielt. Dieser Eindruck wird durch die Analyse der Ungleichheit in diesem Kapitel bestätigt.

Das Vereinigte Königreich zielt bei seinen Umverteilungsmaßnahmen vor

[12] Vgl. dazu z.B. NOSOSCO (2002).

allem auf die untersten Einkommensbereiche ab. Als Ausgangspunkt dient dabei eine relativ hohe Ungleichheit des Einkommens vor Steuern und Transfers (vgl. Kapitel 1.4). Dementsprechend ist die Ungleichheit der Einkommensverteilung nach Steuern und Transfers insgesamt im Ländervergleich recht hoch, meist sogar am höchsten. Lediglich für die im unteren Einkommensbereich sensitiven Maße lässt sich zumindest 1994/95 eine geringere Ungleichheit als in Italien erzielen. Hier spiegelt sich die oben beschriebene Ausrichtung auf die unteren Einkommensbereiche wider.

Wie in Kapitel 1.4 bereits erwähnt und in den Interpretationen schon angedeutet wurde, sollte die Verknüpfung der Ungleichheitsergebnisse mit den Eigenschaften von Wohlfahrtsstaaten durchaus unter Vorbehalt betrachtet werden. Weitere Faktoren wie die schon erwähnte Ungleichheit des Einkommens vor Steuern oder Transfers bzw. andere Rahmenbedingungen wie die wirtschaftliche Situation nehmen ebenfalls Einfluss auf die Ungleichheit des verfügbaren Einkommens.

6.2.2 Transfers in den Ländern: Effektivität

In den Kapiteln 6.2.2.1 bis 6.2.2.5 erfolgt für jedes Land eine Analyse der Effektivitätswirkungen der Transfers. Dafür werden in jedem der Unterkapitel zunächst die Werte mit und ohne den jeweiligen Transfer mit Hilfe der für diese Ungleichheitsergebnisse berechneten Konfidenzintervalle verglichen, um festzustellen, ob der jeweilige Transfer die Ungleichheitswerte signifikant beeinflusst. Anschließend werden mit den berechneten Reduktionswerten für beide Beobachtungsjahre Rangfolgen für die betrachteten Transfers gebildet, wobei die für die Reduktionen ermittelten Konfidenzintervalle einbezogen werden. Diese Konfidenzintervalle werden ebenfalls wieder beim Vergleich der Reduktionswerte in den beiden Beobachtungsjahren herangezogen, um zu beurteilen, ob sich die Werte 1994/95 und 1999/2000 signifikant unterscheiden. Abschließend werden in jedem Unterkapitel die beschriebenen Ergebnisse interpretiert bzw. auf ihre Ursachen hin beleuchtet.

6.2.2.1 Deutschland

Zunächst soll überprüft werden, ob sich die Ungleichheitswerte für die Verteilung des verfügbaren Einkommens mit und ohne den jeweiligen Transfer signifikant unterscheiden. Ein Vergleich der Bootstrapping-Konfidenzintervalle der Werte für das verfügbare Einkommen mit und ohne den jeweiligen Transfer ergibt folgendes Bild. Im Hinblick auf die Mindestsicherung einschließlich Wohngeld zeigt sich für die Daten von 1994 zumindest bei Einbezug der Intervalle für die Differenz der Werte mit und ohne diesen Transfer bezüglich aller Maße ein signifikanter Unterschied.[13] Bei der Betrachtung der Leistungen der Mindestsicherung ohne Wohngeld dagegen findet sich nur für die Ungleichheitsmaße A_1 und $A_{0,5}$ ein signifikanter Unterschied, der erst durch die Betrachtung der Konfidenzintervalle der Differenzen festgestellt werden kann. Die Leistungen bei Invalidität sowie die Arbeitslosenhilfe bewirken lediglich für die MLD, $A_{0,5}$ und A_1 einen signifikanten Unterschied.[14] Was das Arbeitslosengeld betrifft, schneiden sich die Konfidenzintervalle der Werte mit und ohne Transfer für A_1 und die MLD nicht, für die anderen Ungleichheitsmaße sind keine signifikanten Unterschiede nachweisbar. Die Berechnungen für die Leistungen bei Arbeitsunfällen ergeben keinerlei signifikante Unterschiede. Im Jahr 2000 ergibt sich hinsichtlich der Mindestsicherung einschließlich Wohngeld dasselbe Ergebnis, für alle anderen Leistungen dagegen lassen sich Veränderungen erkennen. So zeigen sich im Hinblick auf die Mindestsicherung, zumindest für die Konfidenzintervalle der Differenzen, nicht nur für A_1 und $A_{0,5}$, sondern auch für die MLD signifikante Unterschiede. Durchweg signifikante Unterschiede finden sich für die Invaliditätsrenten, die Arbeitslosenhilfe und die Arbeitsunfallrenten.[15] Für das Arbeitslosengeld dagegen kann man nur bezüglich des Mehran-Maßes einen signifikanten Unterschied feststellen. Bei dieser ersten Betrachtung der Transferwirkungen fällt also auf, dass sich im Jahr 2000 mehr signifikante Un-

[13] Für die Maße MLD und A_1 schneiden sich die Konfidenzintervalle für die Werte mit und ohne Transfer nicht; für alle anderen Maße liegt ein Schneiden der entsprechenden Intervalle vor, ein signifikanter Unterschied lässt sich also erst durch die Berechnung der Konfidenzintervalle für die Differenz feststellen.

[14] Bei den Invaliditätsrenten schneiden sich dabei die Konfidenzintervalle für die Werte mit und ohne Transfer für die MLD und A_1 nicht; für $A_{0,5}$ bzw. für die Arbeitslosenhilfe ist erst durch das Intervall der Differenz ein signifikanter Unterschied nachweisbar.

[15] Bei den Arbeitsunfallrenten ist lediglich für das Intervall der Differenzen, das für die MLD nach der Methode der Normalapproximation berechnet wurde, die Null im Intervall enthalten.

terschiede der Werte mit und ohne Transfer finden, und der Einfluss des Arbeitslosengeldes auf die Ungleichheit der Verteilung 2000 im Vergleich zu den anderen Transfers weniger ausgeprägt erscheint als 1994.

Die Betrachtung der Effektivität, also das Heranziehen der durch Hinzunahme eines Transfers erreichten prozentualen Reduktion der Ungleichheitsmaße, ergibt für 1994, dass die stärksten Wirkungen vom Arbeitslosengeld und den Invaliditätsrenten ausgehen, gefolgt von der Mindestsicherung einschließlich Wohngeld, der Arbeitslosenhilfe, der Mindestsicherung und letztendlich den Leistungen bei Arbeitsunfällen. Dabei ergeben alle Maße die gleiche Rangfolge mit Ausnahme der Ränge des Arbeitslosengeldes und der Invaliditätsrente: Hinsichtlich der MLD und A_1 resultiert die höchste Reduktion für die Invaliditätsrente, gefolgt vom Arbeitslosengeld, für alle anderen Maße rückt das Arbeitslosengeld an die Spitzenposition. Stellvertretend für alle berechneten Maße werden daher die Reduktionen des Gini-Koeffizienten und A_1 (vgl. Abbildung 6.3) dargestellt.

Abbildung 6.3: Reduktion A_1 und Gini-Koeffizient, Deutschland 1994 und 2000

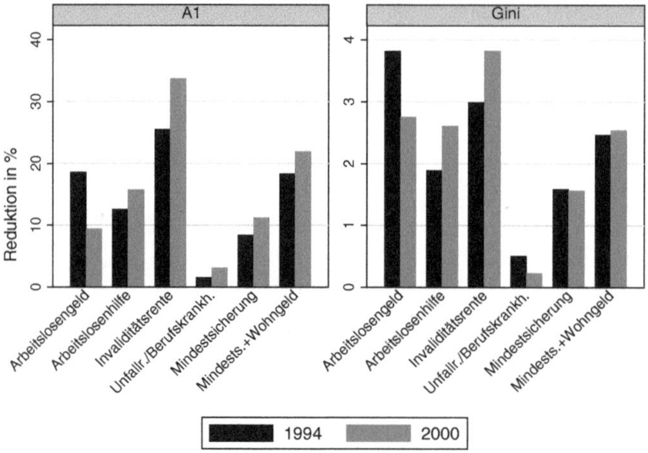

Quelle: Eigene Berechnungen mit LIS-Daten

Die Miteinbeziehung von Bootstrapping-Konfidenzintervallen zeigt, dass sich lediglich eine Reduktion deutlich von den anderen unterscheidet: Das Intervall für die Reduktion durch die Arbeitsunfallrenten schneidet sich mit keinem anderen Intervall, die Reduktion ist eindeutig am geringsten. Für die restlichen Reduktionen sind je nach verwendetem Ungleichheitsmaß Überschneidungen der Konfidenzintervalle festzustellen; lediglich für die Invaliditätsrenten im Vergleich mit der Mindestsicherung findet sich für keines der angewandten Maße eine Überschneidung.

Für das Jahr 2000 ergeben sich Änderungen in der Rangfolge der Reduktionen durch die einzelnen Transfers (vgl. dazu Abbildung 6.3). So weisen jetzt alle verwendeten Ungleichheitsmaße bezüglich der Invaliditätsrente die höchsten Reduktionen aus, was 1994 lediglich für die MLD und A_1 der Fall war. An zweiter Stelle ist die Mindestsicherung einschließlich Wohngeld positioniert mit Ausnahme der Ergebnisse für den Gini-Koeffizienten und das Piesch-Maß: Was diese zwei Maße betrifft, fällt die Mindestsicherung einschließlich Wohngeld auf Platz vier, wohingegen die Reduktion für das Arbeitslosengeld auf den zweiten Rang vorrückt. Die dritthöchste Reduktion ergibt sich für die Arbeitslosenhilfe. An vierter Stelle ist das Arbeitslosengeld für das Mehran- und Theil-Maß sowie für $A_{0,5}$ positioniert, hinsichtlich des Gini- und Piesch-Maßes rückt es an die zweite Stelle. Lediglich für die MLD und A_1 ergibt sich die fünfthöchste Reduktion für das Arbeitslosengeld. Was diese Maße angeht, rückt die Mindestsicherung, deren Reduktion ansonsten an fünfter Stelle zu finden ist, auf den vierten Rang vor. Die eindeutig niedrigste Reduktion ist für alle Maße bei den Arbeitsunfallrenten zu verzeichnen.

Die Einbeziehung der Bootstrapping-Konfidenzintervalle bestätigt für den zweiten Untersuchungszeitpunkt allerdings nicht mehr ganz so klar, dass die Reduktion für die Arbeitsunfallrenten eindeutig die niedrigste ist, da zumindest beim Vergleich mit der Mindestsicherung und dem Arbeitslosengeld für A_1 und die MLD Schnitte der Intervalle festzustellen sind. Für die übrigen Intervalle finden sich je nach Maß und Transfer wie 1994 zahlreiche Überschneidungen; Ausnahmen sind der Vergleich von Arbeitslosenhilfe mit Arbeitsunfallrenten bzw. mit Invaliditätsrenten sowie der Vergleich von Invaliditätsrenten und Mindestsicherung.

Vergleicht man die Effektivitätswerte der einzelnen Transferarten 1994 und 2000, ist ein Anstieg der Reduktionen für die Arbeitslosenhilfe, die Invaliditätsrente und die Mindestsicherung einschließlich Wohngeld zu verzeichnen. Ein eindeutiges Sinken der Werte ist nur bezüglich des Arbeitslosengeldes zu erkennen. Für die Arbeitsunfallrenten ist tendenziell ein Absinken der Effektivität festzustellen, allerdings zeigen die Reduktionen von A_1 und MLD einen Anstieg an. Bezüglich der Mindestsicherung finden sich Anstiege der Werte für das Theil-Maß, die MLD und die Atkinson-Maße, für die anderen Ungleichheitsmaße dagegen sinken die Reduktionen. Berücksichtigt man allerdings die Konfidenzintervalle für die Reduktionen, zeigen sich sehr wenige signifikante Änderungen; lediglich für das Arbeitslosengeld schneiden sich die auf Basis des Piesch-Maßes berechneten Intervalle nicht, gleiches gilt für die mit dem Gini-Koeffizienten und $A_{0,5}$ nach der P- und BC-Methode ermittelten Intervalle.

Zusammenfassend lässt sich beim Vergleich der Effektivitätswirkung der verschiedenen Transferarten in Deutschland feststellen, dass der Einfluss der Invaliditätsrenten 2000 (wenn auch nicht signifikant) stärker als 1994 ausfällt, was sich in der hinsichtlich aller Maße ausgewiesenen Spitzenposition für die 2000 durch die Invaliditätsrente erreichte Effektivität ausdrückt. Diese Verbesserung lässt sich vermutlich auf die Einführung der Pflegeversicherung zurückführen, deren Leistungen 2000 ebenfalls in den Daten zur Invaliditätsrente enthalten sind, weiterhin wirken sich die 2000 beschlossenen deutlichen Kürzungen noch nicht aus. 1994 bestanden die einbezogenen Versicherungsleistungen nur aus einkommensabhängigen, nicht bedürftigkeitsgeprüften Transfers, 2000 kamen dazu die je nach Pflegebedarf gestaffelten pauschalen Leistungen der Pflegeversicherung. Die Mitberücksichtigung der Pflegeversicherung erweitert auch den Kreis derer, die die Transfers bei Invalidität beanspruchen können. So wird die Invaliditätsrente mit dem Erreichen des 65. Lebensjahres in eine Altersrente umgewandelt, während die Leistungen der Pflegeversicherung auch nach dieser Altersgrenze in Anspruch genommen werden können.[16]

Die Verschlechterung der Position des Arbeitslosengeldes von 1994 auf 2000 und die gleichzeitig beobachtbare höhere Effektivitätswirkung der Arbeitslosenhilfe mag zunächst überraschen, wurde doch bei der Arbeitslosenhilfe zu Beginn 2000 die so genannte originäre Arbeitslosenhilfe abgeschafft (vgl. Kapitel 2.1.2), außerdem sind die Leistungen der bedürftigkeitsgeprüften Arbeitslosenhilfe bedeutend niedriger als die des Arbeitslosengeldes. Bezieht man in die Überlegungen allerdings die Entwicklung der Empfängerzahlen von Arbeitslosengeld und Arbeitslosenhilfe mit ein, ist diese Auswirkung auf die Effektivität

[16]Wie aus dem Pflegebericht 2001 (vgl. Statistisches Bundesamt 2003) hervorgeht, liegt die Mehrzahl der Pflegebedürftigen sogar klar über der Altersgrenze von 65 Jahren.

nicht erstaunlich. 1994 betrug die absolute Empfängerzahl für das Arbeitslosengeld 1.912.964, für die Arbeitslosenhilfe dagegen 949.858 (vgl. Bäcker et al. 2000). Nach einem kurzen Rückgang der Zahl der Arbeitslosengeldempfänger folgte ein Anstieg der Zahlen bis 1997, danach allerdings ging die Empfängerzahl deutlich zurück, so dass der Wert von 1994 im Jahr 2000 mit 1.694.576 sogar unterschritten wurde. Die Empfängerzahlen für die Arbeitslosenhilfe dagegen stiegen zwischen 1991 und 1998 stark an, so dass 2000 ein Wert von 1.456.672 erreicht wurde. Die „Kluft" zwischen den Empfängerzahlen für das Arbeitslosengeld und die Arbeitslosenhilfe hat sich damit von 1994 bis 2000 deutlich verringert. Gepaart mit der Ausrichtung auf Bedürftige, die beim Arbeitslosengeld so nicht stattfindet, reicht diese Entwicklung also, um 2000 bei der Effektivität bezüglich der Ungleichheit besser abzuschneiden als das Arbeitslosengeld. Der entscheidende Faktor beim Vergleich der beiden einkommensabhängigen Transfers scheint an dieser Stelle weniger die grundsätzliche Ausgestaltung, sondern die Anzahl der Empfänger des jeweiligen Transfers zu sein. Dass das Arbeitslosengeld als einkommensabhängiger Transfer ohne Bedürftigkeitsprüfung gewährt wird, zeigt sich weiterhin darin, dass die Effektivitätswirkung des Arbeitslosengeldes 1994 durch die im unteren Bereich sensitiven Maße A_1 und MLD vergleichsweise geringer ausfällt bzw. 2000 eine bessere Effektivitätswirkung durch die weniger im unteren Bereich sensitiven Maße von Gini und Piesch angezeigt wird.

Offenbar hat das Wohngeld einen deutlichen Einfluss auf die Wirkung der Mindestsicherung. Während sich für die Mindestsicherung einschließlich Wohngeld hinsichtlich aller Maße ein signifikanter Unterschied beim Vergleich der Werte für das verfügbare Einkommen mit und ohne Transfer zeigt, ist dies für die Mindestsicherung ohne Wohngeld nicht der Fall. Allerdings unterscheiden sich die durch Mindestsicherung mit und ohne Wohngeld erreichten Reduktionen nicht signifikant voneinander. Ganz deutlich zeigt sich dagegen, dass die Arbeitsunfallrenten die niedrigste Wirkung erzielen, wobei diese Reduktionswerte 2000 nicht durchweg signifikant die niedrigsten sind. Hierbei ist zu bemerken, dass diese Leistungsart schon in ihrer Ausrichtung auf einen im Vergleich zu den anderen Transfers kleinen Empfängerkreis ausgerichtet ist und somit auch eher geringe Umverteilungswirkungen zu erwarten sind.

6.2.2.2 Finnland

Zunächst soll für Finnland mit Hilfe der Bootstrapping-Konfidenzintervalle überprüft werden, ob sich die Ungleichheitswerte für das verfügbare Einkommen mit und ohne den jeweiligen Transfer signifikant unterscheiden. Für 1995 ist ein signifikanter Unterschied zwischen den Werten für das verfügbare Einkommen mit und ohne Arbeitslosengeld feststellbar,[17] gleiches gilt für die Arbeitslosenhilfe mit Ausnahme des Piesch- und Theil-Maßes sowie für die Mindestsicherung einschließlich Wohngeld außer für das Theil-Maß. Beim Krankengeld, den Leistungen bei Arbeitsunfällen und Berufskrankheiten sowie bei Invalidität und bei der Mindestsicherung sind sowohl beim Vergleich der Konfidenzintervalle als auch über die Konfidenzintervalle der Differenzen keine signifikanten Unterschiede festzustellen. Für das Jahr 2000 unterscheiden sich die Werte der Berechnungen mit und ohne Arbeitslosengeld nicht mehr so deutlich: $A_{0,5}$,[18] das Piesch- und das Theil-Maß weisen im Gegensatz zu den anderen Ungleichheitsmaßen keinen signifikanten Unterschied aus. Für die Arbeitslosenhilfe ist im Jahr 2000 nicht nur für das Piesch- und das Theil-Maß sondern auch für den Gini-Koeffizienten und $A_{0,5}$ kein signifikanter Unterschied zu erkennen; lediglich die im untersten Einkommensbereich sensitiven Maße A_1, das Mehran-Maß und die MLD zeigen einen signifikanten Unterschied an. Auch bei der Mindestsicherung einschließlich Wohngeld ist jetzt für mehrere Maße (Piesch, Theil, $A_{0,5}$) kein signifikanter Unterschied messbar. Für das Krankengeld, die Leistungen bei Arbeitsunfällen und Berufskrankheiten sowie bei Invalidität und für die Mindestsicherung lässt sich auch 2000 kein signifikanter Unterschied nachweisen. Dieser Vergleich der Werte mit und ohne Transfer lässt bereits vermuten, dass die Leistungen bei Arbeitslosigkeit und die Mindestsicherung einschließlich Wohngeld sich stärker auf das verfügbare Einkommen auswirken als die anderen Transfers. Um dies zu untersuchen, wird jetzt die Effektivität, also die durch einen Transfer erreichte Reduktion der Ungleichheit, näher betrachtet.

[17]Dies zeigt sich deutlich dadurch, dass sich für alle Maße die Konfidenzintervalle nicht schneiden.

[18]Für die ermittelten Konfidenzintervalle der Differenzen ergibt sich bei der Normalapproximationsmethode und der bias-korrigierten Perzentilmethode, dass die Null im Intervall liegt und somit kein signifikanter Unterschied vorliegt. Für die Perzentilmethode hingegen liegt die Null nicht im Intervall und somit weist das Konfidenzintervall für diese Methode einen signifikanten Unterschied aus.

Zum ersten Untersuchungszeitpunkt ergibt sich für die Reduktion durch Hinzunahme der Transfers hinsichtlich aller sieben Ungleichheitsmaße eine eindeutige Reihenfolge: Die höchste Reduktion erfolgt durch das Arbeitslosengeld, gefolgt von der Arbeitslosenhilfe, der Mindestsicherung, den Leistungen bei Arbeitsunfällen und Berufskrankheiten, dem Krankengeld und den Invaliditätsrenten. Berücksichtigt man zusätzlich zur Mindestsicherung das Wohngeld, rückt diese Reduktion allerdings vor die Reduktion durch die Arbeitslosenhilfe (vgl. Abb. 6.4).

Abbildung 6.4: Reduktion A_1 und Gini-Koeffizient, Finnland 1995 und 2000

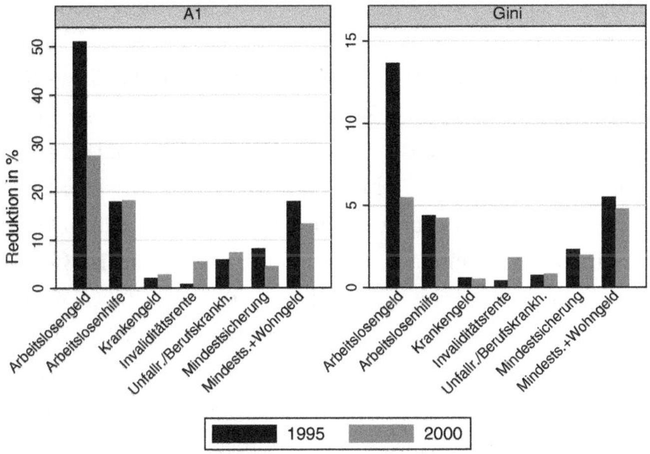

Quelle: Eigene Berechnungen mit LIS-Daten

Für die Effektivitätsziffern wurden ebenfalls Konfidenzintervalle bestimmt. Vergleicht man diese für die unterschiedlichen Transfers, fällt auf, dass das Intervall der Reduktion durch das Arbeitslosengeld sich mit keinem Intervall der anderen Transfers schneidet und sich somit die Effektivität des Arbeitslosengeldes signifikant von derjenigen der anderen Transfers unterscheidet. Die Konfidenzintervalle der Reduktionen durch die restlichen Transfers heben sich nicht so deutlich ab, wobei Schnitte vor allem für die in der Rangfolge hintereinander stehenden Transfers festzustellen sind. Keine Schnitte weisen z.B. die Reduktionen durch die Arbeitslosenhilfe und die Mindestsicherung einschließlich Wohngeld mit den Leistungen bei Arbeitsunfällen bzw. Berufskrankheiten sowie bei Invalidität und Krankengeld auf. Diese zwei „Gruppen" heben sich somit ebenfalls voneinander ab.

Für den zweiten Untersuchungszeitpunkt, also das Jahr 2000, stellt sich die Situation leicht anders dar. Für den Gini-Koeffizient (vgl. Abbildung 6.4), das Mehran- und das Piesch-Maß ist die Reduktion durch das Arbeitslosengeld weiterhin an erster Stelle, gefolgt von Arbeitslosenhilfe, Mindestsicherung, Invaliditätsleistungen, Leistungen bei Arbeitsunfällen und Berufskrankheiten und Krankengeld. Berücksichtigt man zusätzlich zur Mindestsicherung das Wohngeld, rückt diese Reduktion wie 1995 vor die Reduktion durch die Arbeitslosenhilfe. Für das Theil-Maß ergibt sich fast die gleiche Reihenfolge, es rücken lediglich die Invaliditätsleistungen vor die Mindestsicherung. Was A_1 (vgl. Abbildung 6.4) und die MLD betrifft, fällt die Reihenfolge für das Jahr 2000 allerdings etwas anders aus: Zwar weisen auch für diese Maße das Arbeitslosengeld und die Arbeitslosenhilfe die höchsten Reduktionen auf, darauf folgen aber die Leistungen bei Arbeitsunfällen und Berufskrankheiten sowie bei Invalidität, die Mindestsicherung und das Krankengeld. Die Reduktion durch Hinzunahme des Wohngeldes zur Mindestsicherung ist für diese Maße nicht vor sondern nach der Arbeitslosenhilfe angesiedelt. Somit werden für diese im unteren Einkommensbereich sensitiven Maße die Effektivitätswirkungen der Leistungen bei Arbeitsunfällen und Berufskrankheiten stärker bewertet als die der Invaliditätsleistungen und der Mindestsicherung. Von den bisher vorgestellten Ergebnissen für 2000 weicht wiederum die sich für $A_{0,5}$ ergebende Reihenfolge der Reduktionen ab: Die höchsten Reduktionen ergeben sich für das Arbeitslosengeld, die Arbeitslosenhilfe und die Mindestsicherung einschließlich Wohngeld, daran schließen sich die Invaliditätsleistungen, die Mindestsicherung, die Leistungen bei Arbeitsunfällen und Berufskrankheiten sowie das Krankengeld an. Die Effektivität der Leistungen bei Invalidität wird für dieses Maß also im Vergleich zu den anderen Transfers höher eingeordnet.

Bezieht man die Konfidenzintervalle für die Reduktionen im Jahr 2000 in die Betrachtungen mit ein, fällt auf, dass sich die Reduktion durch das Arbeitslosengeld nicht mehr so deutlich abhebt wie 1995, was bereits in den niedrigeren Reduktionswerten zum Ausdruck kommt: So sind nun Überschneidungen der Konfidenzintervalle der Reduktion durch das Arbeitslosengeld mit denen der Reduktion durch die Arbeitslosenhilfe[19] und durch die Mindestsicherung einschließlich Wohngeld festzustellen.[20] Die für 1995 identifizierten zwei „Gruppen“, also Arbeitslosenhilfe und Mindestsicherung einschließlich Wohngeld gegenüber Leistungen bei Arbeitsunfällen bzw. Berufskrankheiten sowie bei Invalidität und Krankengeld, sind auch für 2000 erkennbar.

Vergleicht man die Reduktionen der Jahre 1995 und 2000, wie z.B. in Abbildung 6.4, fällt vor allem der deutlich höhere Wert für das Arbeitslosengeld im Jahr 1995 auf; so schneiden sich auch die Konfidenzintervalle der Reduktion durch das Arbeitslosengeld für 1995 und 2000 nicht. Weiterhin ist im Jahresvergleich der höhere Wert der Effektivität der Invaliditätsleistungen 2000 auffällig, was durch die sich unterscheidenden Konfidenzintervalle für diese zwei Werte noch bestätigt wird.[21] Die Reduktionen durch die Mindestsicherung sind 2000 für alle Maße (wenn auch nicht signifikant) geringer als 1995.

Zusammenfassend kann also festgestellt werden, dass der höchste Einfluss bezüglich der Ungleichheit vom Arbeitslosengeld ausgeht, wobei diese Wirkung 2000 schwächer ausfällt. Dabei dürfte sich vor allem das vergleichsweise hohe Leistungsniveau der teilweise einkommensabhängigen und nicht bedürftigkeitsgeprüften Leistung ausgewirkt haben.[22] War die Arbeitslosigkeit Mitte der neunziger Jahre in Finnland sehr hoch, fiel sie 2000 wieder geringer aus (vgl. Tab. 6.2, S. 142). Damit lässt sich die schwächere Wirkung des Arbeitslosengeldes im Jahr 2000 erklären. Dieser Rückgang der Arbeitslosenzahlen hat allerdings nicht „gereicht“, um das Arbeitslosengeld von seiner Spitzenposition zu verdrängen. Ein weiterer Grund für den Rückgang der Wirkung des Arbeitslosengeldes von 1995 auf 2000 könnten die in Kapitel 2.2.2 beschriebenen verschärften Anforderungen bezüglich der Anwartschaftszeit und die Erhöhung der Zahl der Karenztage sein. Die pauschale, bedürftigkeitsgeprüfte Arbeitslosenhilfe weist ebenfalls hohe Reduktionen aus, auch wenn

[19] Überschneidungen sind für A_1, $A_{0,5}$, Mehran, Theil und MLD feststellbar; keine Schnitte dagegen kommen bei Piesch- und Gini-Maß vor.

[20] Überschneidungen sind für A_1, Gini, Mehran und Theil feststellbar; keine Schnitte dagegen kommen bei Piesch-Maß, MLD und $A_{0,5}$ vor.

[21] Die Konfidenzintervalle für die verbleibenden Transfers schneiden sich für den Vergleich der beiden Zeitpunkte.

[22] Clasen et al. (2001) nennen für das Jahr 1997 für Finnland als Einkommensersatzrate eines Empfängers, der vorher den Lohn eines durchschnittlichen Arbeiters verdiente, 60,7 Prozent. In Deutschland wird diese Einkommensersatzrate mit nur 58,4 Prozent, im Vereinigten Königreich sogar mit nur 20,2 Prozent angegeben.

diese immer noch niedriger sind als für das Arbeitslosengeld. Dies lässt sich vermutlich auf die niedrigeren Transferleistungen im Vergleich zum Arbeitslosengeld zurückführen. Im Gegensatz zum Arbeitslosengeld gehen die Reduktionen von 1995 auf 2000 trotz ebenfalls vorgenommener Leistungskürzungen bzgl. der Zahl der Karenztage und Anwartschaftszeiten allerdings nicht deutlich zurück. Um dies zu erklären, können die Empfängerzahlen des jeweiligen Transfers herangezogen werden.[23] Während die Zahl der Arbeitslosengeldempfänger von 1994 bis 2000 merkbar zurückging, stieg die Zahl der Arbeitslosenhilfeempfänger deutlich an. Koskela und Uusitalo (2003) führen diesen Anstieg der Empfängerzahlen für die Arbeitslosenhilfe, der bei deutlich gesunkener Arbeitslosenquote zunächst überraschen mag, darauf zurück, dass diese Transferleistung 1994 eingeführt wurde und erst mit leichter Zeitverzögerung die Zahl der Empfänger tatsächlich anstieg.[24] Durch die Einführung des Transfers sank nach und nach die Zahl derer, die nur die Basissicherung des Arbeitslosengeldes empfingen, und dann stattdessen in die Arbeitslosenhilfe rutschten.[25]

Die geringere Reduktion durch die Mindestsicherung 2000 im Vergleich zu 1995 lässt sich über die gesunkenen Empfängerzahlen begründen.[26] Hier spiegelt sich die Verbesserung der wirtschaftlichen Situation einhergehend mit sinkenden Arbeitslosenquoten nach der Rezession Mitte der neunziger Jahre wider. Der Rückgang der Effektivität könnte ebenfalls dadurch beeinflusst worden sein, dass zwischen 1995 und 2000 Kürzungen der Mindestsicherungsleistungen vorgenommen wurden (vgl. Kap. 2.2.6). Die Ergebnisse belegen außerdem, dass die Hinzunahme des Wohngeldes zur Mindestsicherung eine deutlich höhere Wirkung erzeugt. Weiterhin zeigt sich, dass die Effektivitätswirkung der Invaliditätsleistungen 2000 signifikant höher als 1995 ist. Der Grund hierfür dürfte darin liegen, dass 1995 nur das Pflegegeld und das Invaliditäts-

[23]Die Entwicklung der Empfängerzahlen von 1980 bis 2000 sind in Koskela und Uusitalo (2003: 22) dargestellt.

[24]Es könnte ebenfalls vermutet werden, dass bei sinkender Arbeitslosenquote der Anteil der Langzeitarbeitslosen (länger als ein Jahr arbeitslos) an allen Arbeitslosen evtl. gewachsen ist und dadurch ein Sinken der Wirkung der Arbeitslosenhilfe „verhindert" werden könnte. Wie in Koskela und Uusitalo (2003: 34f) ersichtlich, sank der Anteil der Langzeitarbeitslosen von 1995 auf 2001 aber sogar, was dieses Argument entkräftet.

[25]Bei Einführung der Arbeitslosenhilfe 1994 wurden die Zugangsvoraussetzungen zur Grundsicherung des Arbeitslosengeldes verschärft.

[26]Vgl. zu den Empfängerzahlen NOSOSCO (2002: 175).

geld für Nichtrentenempfänger in den Daten enthalten waren, wohingegen 2000 zusätzlich noch die Basissicherung in Form der Volksrente einbezogen wird. Dieser zusätzliche Transfer, der ebenso wie die beiden anderen Transfers nicht vom bisherigen Einkommen abhängt und ohne Bedürftigkeitsprüfung[27] gewährt wird, scheint für die deutliche Erhöhung der Effektivitätswirkung verantwortlich zu sein. Ein durchweg recht schwaches Ergebnis ist dagegen für das Krankengeld erkennbar, welches ohne Bedürftigkeitsprüfung und teilweise vom Einkommen abhängig ausgezahlt wird. Im Vergleich mit anderen Transfers ist hierbei zu beachten, dass das Krankengeld lediglich als vorübergehende Hilfe zur Überbrückung kürzerer Krankheitszeiten dient und sich daran im Bedarfsfall andere Leistungen wie die Invaliditätsrenten, die dauerhaft gewährt werden können, anschließen.

6.2.2.3 Frankreich

Der Vergleich der Bootstrapping-Konfidenzintervalle für das verfügbare Einkommen mit und ohne Transfer bzw. der Konfidenzintervalle für die Differenz dieser Werte ergibt für das einzig verfügbare Jahr 1994, dass sich die Ungleichheitswerte für das verfügbare Einkommen mit und ohne Arbeitslosengeld signifikant unterscheiden. Gleiches gilt bezüglich der Mindestsicherung einschließlich Wohngeld.[28] Für die Leistungen bei Erwerbsunfähigkeit[29] zeigt sich, dass lediglich hinsichtlich der im untersten Einkommensbereich sensitiven Maße A_1 und MLD ein signifikanter Unterschied vorliegt, die restlichen Maße weisen keinen signifikanten Unterschied aus. Das Krankengeld und die Mindestsicherung[30] bewirken keinen signifikanten Unterschied. Es liegt also die Vermutung nahe, dass der deutlichste Einfluss vom Arbeitslosengeld und

[27] Hier ist allerdings zu beachten, dass die Transfers selbstverständlich nicht gewährt werden, wenn der Empfänger fähig ist, einer Anstellung nachzugehen, die ihm ein angemessenes Leben ermöglicht.

[28] Für beide Transfers gilt dabei eine Ausnahme: Die Konfidenzintervalle, die für die Differenz der Werte des Theil-Maßes mittels Bootstrapping nach der Normalapproximationsmethode ermittelt wurden, enthalten die Null und weisen somit keinen signifikanten Unterschied aus.

[29] Darunter fallen sowohl Leistungen bei Invalidität als auch bei Arbeitsunfällen, die für die französischen Daten nicht zu trennen sind. Vgl. dazu Kapitel 5.2.

[30] Ausnahme bei der Mindestsicherung ist das nach der Perzentilmethode ermittelte Konfidenzintervall der Differenz der beiden Werte für die MLD, das die Null nicht enthält und somit einen signifikanten Unterschied ausweist.

der Mindestsicherung einschließlich Wohngeld ausgeht, der geringste Einfluss dagegen von der Mindestsicherung und dem Krankengeld.

Was die Effektivitätsmaße betrifft, ergibt sich für alle einbezogenen Maße, dass die höchste Reduktion durch das Arbeitslosengeld erreicht wird, gefolgt von Erwerbsunfähigkeitsleistungen, Mindestsicherung und Krankengeld. Bei Mitberücksichtigung des Wohngeldes steht die Mindestsicherung an der Spitze (vgl. Abbildung 6.5), nur für die MLD und A_1 weist das Arbeitslosengeld weiterhin die höchste Reduktion auf.

Abbildung 6.5: Reduktion Gini-Koeffizient, Frankreich 1994

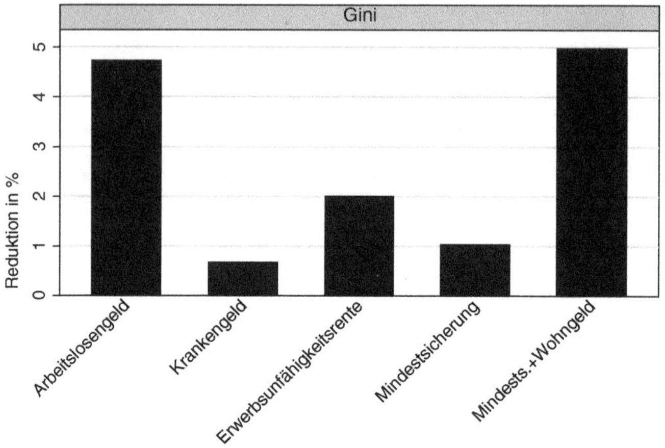

Quelle: Eigene Berechnungen mit LIS-Daten

Werden die Konfidenzintervalle für die Effektivitätsziffern mit einbezogen, bestätigt sich der deutliche Einfluss von Arbeitslosengeld und Mindestsicherung einschließlich Wohngeld: Während sich die Intervalle für die Reduktionen dieser beiden Transfers schneiden, ist mit den Konfidenzintervallen der Reduktionen durch die anderen Transfers keine Überschneidung feststellbar. Beim Vergleich der Konfidenzintervalle für die Reduktion durch das Krankengeld, die Mindestsicherung und die Leistungen bei Erwerbsunfähigkeit lassen sich nur bei den Intervallen für das Krankengeld im Vergleich zur Mindestsicherung im Hinblick auf das Piesch-Maß und beim Vergleich der Erwerbsunfähigkeitsleistungen mit der Mindestsicherung für die MLD und A_1 Überschneidungen finden.

Die höchsten Wirkungen gehen also von der Mindestsicherung einschließlich Wohngeld sowie vom Arbeitslosengeld aus, was durch die Konfidenzintervalle bestätigt wird. Somit zeigen zwei recht unterschiedlich ausgestaltete Transfers ähnlich hohe Wirkungen: die bedürftigkeitsgeprüfte, pauschale Mindestsicherung mit Wohngeld sowie das einkommensabhängige, nicht bedürftigkeitsgeprüfte Arbeitslosengeld. Der hohe Einfluss des erst genannten Transfers dürfte sich allerdings vorwiegend auf den hohen Stellenwert, der in Frankreich dem Wohngeld zukommt, zurückführen lassen: So bezogen 1992 1,1 Prozent der Bevölkerung Leistungen der Mindestsicherung, wohingegen 8,8 Prozent der Bevölkerung Wohngeld bezogen (vgl. Eardley et al. 1996a: 39).

6.2.2.4 Italien

Wie in Kapitel 5.2 bereits erwähnt, werden zusätzlich zum normalen Arbeitslosengeld aufgrund ihres besonderen Stellenwertes in Italien auch die Leistungen bei Teilarbeitslosigkeit einbezogen. Neben den einzeln durchgeführten Berechnungen für das Arbeitslosengeld und die Leistungen bei Teilarbeitslosigkeit werden daher Berechnungen für die Summe der verschiedenen Leistungen, welche im Folgenden als Arbeitslosigkeitsleistungen bezeichnet werden, durchgeführt. Damit soll der besonderen Stellung der Teilarbeitslosigkeitsleistungen in Italien Rechnung getragen werden und ihr Einfluss überprüft werden.

Vergleicht man zunächst die Bootstrapping-Konfidenzintervalle der Ungleichheitswerte für das verfügbare Einkommen ohne und mit den jeweiligen Transfers im Jahr 1995, finden sich für alle Leistungen bei Arbeitslosigkeit, Leistungen bei Arbeitsunfällen und Berufskrankheiten sowie für die Mindestsicherung keine signifikanten Unterschiede. Hinsichtlich der Leistungen bei Invalidität lassen sich dagegen signifikante Unterschiede feststellen. Diese treten für die im untersten Einkommensbereich sensitiven Maße A_1 und die MLD besonders deutlich zu Tage, da sich hier die Konfidenzintervalle für die Werte vor und nach Invaliditätsleistungen nicht schneiden; was $A_{0,5}$ betrifft, weist das Intervall für die Differenz der beiden Werte einen signifikanten Unterschied aus, gleiches gilt für das nach der Perzentil- und der Normalapproximationsmethode berechnete Intervall der Differenz beim Mehran-Maß. Für alle anderen Maße ist kein signifikanter Unterschied messbar. Zum zweiten Beobachtungszeitpunkt im Jahr 2000 lassen sich ebenfalls nur für die Invaliditätsleistungen signifikante Unterschiede feststellen: Wie 1995 überschneiden sich die Konfidenzintervalle für die Werte vor und nach Invaliditätsleistungen bezüglich A_1 und der MLD nicht; $A_{0,5}$ dagegen weist nur bei dem nach der bias-korrigierten Perzentilmethode berechneten Intervall für die Differenz der beiden Werte einen signifikanten Unterschied aus, bezüglich aller anderen Maße kann kein signifikanter Unterschied festgestellt werden. Damit ist also in beiden Jahren lediglich für die Invaliditätsleistungen ein deutlicher Einfluss feststellbar.

1995 bewirken die Invaliditätsrenten deutlich die höchste Reduktion aller Ungleichheitsmaße, gefolgt von den Arbeitslosigkeitsleistungen, die aus Arbeitslosengeld und Leistungen bei Teilarbeitslosigkeit bestehen, den Leistungen bei Arbeitsunfällen und Berufskrankheiten sowie den Leistungen der Mindestsicherung (vgl. Abbildung 6.6). Die einzelnen Teilleistungen bei Arbeitslosigkeit sind immer vor den Leistungen bei Arbeitsunfällen und Berufskrankheiten und der Mindestsicherung platziert, aber immer hinter den Invaliditätsrenten und den Arbeitslosigkeitsleistungen. Vergleicht man die beiden Teilleistungen bei Arbeitslosigkeit, zeigt sich Folgendes: Bezüglich des Gini-Index (vgl. Abbildung 6.6), des Mehran- und Theil-Maßes sowie $A_{0,5}$ ergibt sich eine höhere Reduktion für das Arbeitslosengeld, bezüglich des Piesch-Maßes, der MLD und A_1 (vgl. Abbildung 6.6) weisen dagegen die Leistungen bei Teilarbeitslosigkeit höhere Wirkungen auf.

Beim Vergleich der Konfidenzintervalle für die Effektivität aller Transfers weisen die Intervalle für die Arbeitslosigkeitsleistungen und die Leistungen bei Invalidität keine Überschneidungen mit denen für die Mindestsicherung und den Leistungen bei Arbeitsunfällen und Berufskrankheiten auf. Die Intervalle für die Mindestsicherung und die Leistungen bei Arbeitsunfällen und Berufskrankheiten überschneiden sich dagegen. Vergleicht man die Konfidenzintervalle für die Reduktionen der beiden einzelnen Leistungen bei Arbeitslosigkeit miteinander, ergeben sich bei allen Maßen Überschneidungen.[31] Beim Vergleich des Arbeitslosengeldes und der Leistungen bei Teilarbeitslosigkeit mit den Arbeitsunfallrenten zeigen sich für alle Maße Überschneidungen der

[31] Für den Vergleich der Intervalle für die Teilleistungen mit der Summe aus den Teilleistungen zeigen sich ebenfalls Überschneidungen mit Ausnahme des Vergleichs der Leistungen bei Teilarbeitslosigkeit mit der Summe der Arbeitslosigkeitsleistungen für Gini-, Piesch-, Mehran- und Theil-Maß.

Abbildung 6.6: Reduktion A_1 und Gini-Koeffizient, Italien 1995 und 2000

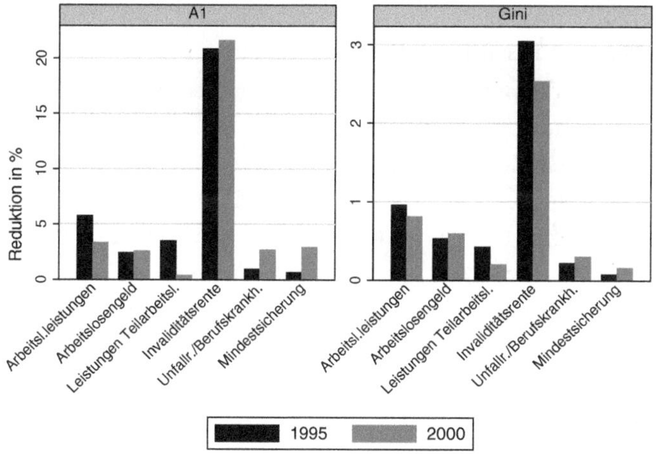

Quelle: Eigene Berechnungen mit LIS-Daten
Arbeitslosigkeitsleistungen beinhalten das Arbeitslosengeld und die Leistungen bei Teilarbeitslosigkeit

Konfidenzintervalle, im Hinblick auf die Mindestsicherung dagegen nur für A_1 und die MLD.

2000 sind die höchsten Reduktionswerte ebenfalls wieder für die Invaliditätsrenten, gefolgt von den Arbeitslosigkeitsleistungen festzustellen (vgl. Abbildung 6.6). Die Reihenfolge der Reduktionswerte der anderen Transfers variiert je nach verwendetem Maß: Bis auf die Berechnungen mit der MLD und A_1 folgt an dritter Stelle das Arbeitslosengeld, für diese beiden im unteren Einkommensbereich sensitiven Maße wird diese Position dagegen von der Mindestsicherung besetzt. Auf dem vierten Rang liegen wieder für alle Maße die Arbeitsunfallrenten. Auf dem letzten Rang sind bis auf das Gini- und Piesch-Maß die Reduktionen der Leistungen bei Teilarbeitslosigkeit zu finden, für die beiden genannten Ausnahmen ist die Mindestsicherung Schlusslicht.

Die Konfidenzintervalle der Effektivitätsziffern zeigen für das Jahr 2000 lediglich für die Invaliditätsleistungen keine Überschneidungen mit allen anderen Transfers. Die Intervalle für die Reduktion der Mindestsicherung und für die Leistungen bei Arbeitsunfällen und Berufskrankheiten überschneiden sich hinsichtlich aller Ungleichheitsmaße. Im Gegensatz zu 1995 sind nun auch für die verschiedenen Leistungen bei Arbeitslosigkeit zahlreiche Überschneidungen der Intervalle mit denen für die Mindestsicherung und die Leistungen bei Arbeitsunfällen und Berufskrankheiten zu finden.

Vergleicht man die prozentualen Reduktionen der Jahre 1995 und 2000 für Italien (vgl. Abbildung 6.6), fällt zunächst auf, dass die Ungleichheitsreduktion der Invaliditätsrente im Jahr 2000 für alle Maße außer den im unteren Einkommensbereich sensitiven Maßen A_1 und MLD geringer ausfällt als 1995. Allerdings schneiden sich die Konfidenzintervalle der Reduktionen für 1995 und 2000 sowohl für die Invaliditätsrente als auch für die anderen Transfers. Die einzige Ausnahme hiervon bilden die nicht überlappenden Konfidenzintervalle für die Leistungen bei Teilarbeitslosigkeit, deren Effektivität für 1995 höher angezeigt wird.

Insgesamt lässt sich also eindeutig zeigen, dass die Invaliditätsrenten den größten Einfluss auf die Ungleichheit der Einkommensverteilung ausüben. Diese Transferart bietet im Vergleich zu anderen Transfers relativ großzügige Leistungen, was zu einer Art Flucht in die Leistungen bei Invalidität führt. So weisen z.B. Gough (1996) oder Baldini et al. (1995) darauf hin, dass die Invaliditätsrente als ein Ersatz für die Mindestsicherung gesehen wird, welche in Italien nur mangelhaft ausgestaltet ist. Hier tritt also genau die Wirkung ein, die Gilbert (2001: 220) als „Bubble Effect" bezeichnet: Wenn die Leistungen eines Transferbereiches[32] niedrig gehalten werden, bläht sich dafür ein anderer auf, da die Betroffenen sich in die besser ausgestalteten Programme flüchten. Dementsprechend steht dieser deutlichen Wirkung der Leistungen bei Invalidität die deutlich geringere der Mindestsicherung gegenüber. Wie in Kapitel 2.4.6 erläutert, sind die Leistungen der Mindestsicherung in Italien nur unzureichend ausgestaltet, es existiert keine einheitliche nationale Regelung der Mindestsicherung und Wohngeld wird nur in bestimmten Regionen oder für bestimmte Gruppen gewährt.

Der bis auf die Ergebnisse für A_1 und die MLD festgestellte Rückgang der Effektivitätswerte für die Invaliditätsrente könnte eventuell darauf zurückzuführen sein, dass die Kumulation mit anderen Einkommen und Transfers für diese Leistungen im Vergleich zu 1995 im Jahr 2000 erschwert ist sowie die Kon-

[32] Er bezieht sich auf Leistungen bei Arbeitslosigkeit, Krankheit, Invalidität sowie auf die Mindestsicherung, also eben die Bereiche, die hier auch berücksichtigt werden.

trollen für Leistungsempfänger verschärft wurden (vgl. Kapitel 2.4.4). Für das Jahr 2000 sind in den Daten zusätzlich zur Versicherungsleistung aber auch die Leistungen enthalten, die nicht von bisherigen Beitragszahlungen abhängen.[33] Dass nur für die im unteren Einkommensbereich sensitiven Maße A_1 und MLD ein Anstieg der Effektivität von 1995 auf 2000 zu verzeichnen war, könnte darauf zurückzuführen sein, dass diese bedürftigkeitsgeprüften Leistungen aufgenommen wurden, die vor allem im unteren Einkommensbereich ihre Wirkung entfalten. Da die Veränderungen bei der Reduktion durch die Invaliditätsrente aber nicht signifikant sind, ist diese Folgerung nur vorsichtig zu ziehen.

Auffällig war bei der Betrachtung der Wirkungen der Leistungen bei Teilarbeitslosigkeit, die auch die Mobilitätsunterstützung beinhalten, dass für diese Transferart 2000 ein signifikanter Rückgang der Reduktion im Vergleich zu 1995 festgestellt werden konnte. Die Anteile der Ausgaben am BIP für die Transferart zeigen ebenfalls einen deutlichen Rückgang von 0,30 Prozent 1995 auf 0,18 Prozent 2000 an. Franzini (2001) stellt einen im Lauf der neunziger Jahre stattfindenden Bedeutungsverlust der Leistungen bei Teilarbeitslosigkeit fest, der zwischen 1995 und 1997 besonders deutlich ausfiel. Er hebt hervor, dass dieser Rückgang nicht auf eine Veränderung der Ausgestaltung der Transfers zurückzuführen ist. Der Hauptgrund sei vielmehr darin zu sehen, dass Verträge zunehmend nur noch zeitlich begrenzt ausgestellt werden und besondere Arbeitsformen wie freie Mitarbeit zunehmen. Damit entfällt für Unternehmen die Notwendigkeit, in Krisenzeiten Mitarbeiter entlassen zu müssen bzw. Leistungen bei Teilarbeitslosigkeit oder entsprechend die Mobilitätsunterstützung in Anspruch zu nehmen, da bestehende Zeitverträge einfach nicht mehr verlängert werden oder keine Aufträge mehr an freie Mitarbeiter vergeben werden. Diese Zunahme an Flexibilität sorgt dementsprechend für eine sinkende Inanspruchnahme der Leistungen bei Teilarbeitslosigkeit und der Mobilitätsunterstützung.

6.2.2.5 Vereinigtes Königreich

Mit Hilfe der Bootstrapping-Konfidenzintervalle soll zunächst wieder überprüft werden, ob sich die Ungleichheitswerte für das verfügbare Einkommen mit und ohne den jeweiligen Transfer unterscheiden. Am deutlichsten sind die

[33] Zu den Inhalten der Variablen vgl. Kapitel 5.2.

Unterschiede bei der Mindestsicherung: Dort schneiden sich die Konfidenzintervalle für die Ungleichheit bezüglich des verfügbaren Einkommens mit und ohne Mindestsicherung bzw. Mindestsicherung einschließlich Wohngeld weder 1994 noch 1999.[34] Was die Invaliditätsleistungen betrifft, liegen bis auf die Ergebnisse für das Theil-Maß ebenfalls signifikante Unterschiede sowohl für 1994 als auch 1999 vor. Beim Arbeitslosengeld lassen sich lediglich hinsichtlich der im unteren Einkommensbereich sensitiven Maße A_1 und MLD signifikante Unterschiede durch die Überprüfung der Konfidenzintervalle der Differenzen feststellen, für die anderen Maße dagegen ist kein signifikanter Unterschied zu erkennen.[35] Keinerlei signifikante Unterschiede lassen sich dagegen für das Krankengeld und die Leistungen bei Arbeitsunfällen und Berufskrankheiten feststellen. Aufgrund der bisher vorgestellten Ergebnisse lässt sich vermuten, dass die Mindestsicherung und die Invaliditätsrenten sich relativ stark auswirken, wohingegen das Krankengeld und die Leistungen bei Arbeitsunfällen und Berufskrankheiten wenig Einfluss zeigen werden.

Im Jahr 1994 entfällt für alle Maße die höchste Ungleichheitsreduktion eindeutig auf die Mindestsicherung einschließlich Wohngeld, gefolgt von der Mindestsicherung ohne Wohngeld, der Invaliditätsrente und dem Arbeitslosengeld. Wie in Abbildung 6.7 für den Gini-Koeffizienten dargestellt, folgen mit sehr geringen Reduktionswerten die Unfallrente und das Krankengeld. Bei diesem geringen Unterschied der Reduktionswerte überrascht es daher nicht, dass für die MLD, $A_{0,5}$ und A_1 (vgl. Abbildung 6.7) die Unfallrente hinter das Krankengeld auf den letzten Rang rutscht.

Die Miteinbeziehung der Konfidenzintervalle für die Effektivitätsziffern bestätigt den in absoluten Werten geringen Abstand der Reduktionen durch das Krankengeld und die Arbeitsunfallleistungen: Hinsichtlich aller Maße schneiden sich die Intervalle für diese beiden Reduktionen. Gleiches gilt für den Vergleich Mindestsicherung mit Mindestsicherung einschließlich Wohngeld. Ansonsten sind keine Überschneidungen feststellbar.

Für den zweiten Untersuchungszeitpunkt ist ebenfalls wieder im Hinblick

[34] Die einzige Ausnahme bilden hierbei die Intervalle für das Theil-Maß in Bezug auf die Mindestsicherung ohne Wohngeld, für 1994 liegt für dieses Maß allerdings die Null nicht im Intervall der Differenz der betroffenen Werte.

[35] Eine Ausnahme hiervon stellen die Ergebnisse für das ebenfalls im unteren Einkommensbereich sensitive Mehran-Maß 1999 dar: Die Überprüfung mit Hilfe des Konfidenzintervalls für die Differenz der Werte mit und ohne Arbeitslosengeld ergab einen signifikanten Unterschied.

Abbildung 6.7: Reduktion A_1 und Gini-Koeffizient, Vereinigtes Königreich 1994 und 1999

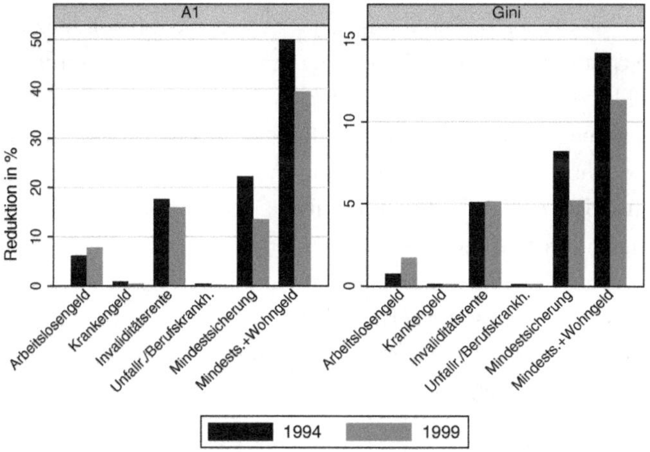

Quelle: Eigene Berechnungen mit LIS-Daten

auf alle Maße die Mindestsicherung einschließlich Wohngeld der Transfer, der die höchsten Reduktionszahlen bewirkt. Doch schon bei der Mindestsicherung ohne Wohngeld weisen verschiedene Maße unterschiedliche Ergebnisse aus. Beim Gini-Koeffizienten (vgl. Abbildung 6.7), dem Mehran-Maß und $A_{0,5}$ ergibt sich für die Mindestsicherung die zweithöchste Reduktion, gefolgt von den Invaliditätsrenten, dem Arbeitslosengeld, den Leistungen bei Arbeitsunfällen und Berufskrankheiten sowie dem Krankengeld. Was die anderen vier Maße betrifft, schiebt sich die Invaliditätsrente vor die Mindestsicherung. Weiterhin fällt die Unfallversicherung für A_1 (vgl. Abbildung 6.7) und die MLD auf den letzten Rang zurück.

Der Vergleich der Konfidenzintervalle für die Effektivität im Jahr 1999 ergibt die gleichen Überschneidungen wie 1994 mit einer Ausnahme: 1999 ist zusätzlich ein Schnitt der Intervalle für die Mindestsicherung und die Invaliditätsrenten bezüglich aller Maße mit Ausnahme des Mehran-Maßes zu finden, was vermutlich auf den recht starken Rückgang der Reduktionswerte für die Mindestsicherung zurückzuführen ist.

Vergleicht man die Ergebnisse der beiden Untersuchungszeitpunkte 1994 und 1999 (vgl. Abbildung 6.7), fällt zunächst auf, dass die Effektivitätswerte der Mindestsicherung bzw. der Mindestsicherung einschließlich Wohngeld deutlich sinken. Dagegen steigen die Reduktionswerte für das Arbeitslosengeld. Diese Ergebnisse werden dadurch bestätigt, dass sich die Konfidenzintervalle zu den zwei Zeitpunkten bei der Mindestsicherung nicht schneiden und beim Arbeitslosengeld lediglich für die MLD und A_1 Überlappungen feststellbar sind. Für das Krankengeld ist hinsichtlich aller Maße ein leichter Rückgang der Werte feststellbar, wobei dieser Rückgang durch die Konfidenzintervalle nicht bestätigt wird. Bei den Arbeitsunfallrenten sind praktisch keine Veränderungen der geringen Reduktionen feststellbar, lediglich für die MLD und A_1 ist ein leichter Rückgang der Werte zu verzeichnen. Die Änderungen bei den Invaliditätsrenten sind ebenfalls nur gering, wobei je nach Maß Zu- oder Abnahmen der Werte messbar sind, wobei sich die Konfidenzintervalle aber immer schneiden.

Bei allen untersuchten Transfers handelt es sich um die für das Britische Cluster typischen Pauschalleistungen. Die höchsten Transferwirkungen gehen insgesamt von der bedürftigkeitsgeprüften Mindestsicherung mit und ohne Wohngeld aus, auch wenn diese 1999 schwächer ausfallen. Dies könnte darauf zurückzuführen sein, dass der 1994 noch existierende Income Support für die Arbeitslosen „ausgelagert" wurde in die 1996 eingeführte Job Seeker's Allowance (JSA),[36] was sich wiederum in der höheren Reduktion durch das Arbeitslosengeld 1999 im Vergleich zu 1994 zeigt. Trotz der höheren Reduktionswerte kann das Arbeitslosengeld nicht die Position der Leistungen bei Mindestsicherung angreifen und ebenfalls nicht die der Invaliditätsrenten, die nach der Mindestsicherung die höchsten Reduktionen aufweisen. Der dominierende Einfluss der Mindestsicherung spiegelt hier die deutliche Ausrichtung des britischen Wohlfahrtsstaates auf die Armutsbekämpfung wider. Die Leistungen des pauschalen Arbeitslosengeldes sind entsprechend nicht so großzügig ausgebaut wie in anderen europäischen Ländern wie z.B. Deutschland, die stärker auf die Sicherung des Lebensstandards abzielen: Für das Jahr 1997 nennen Clasen et al. (2001: 207) eine Einkommensersatzrate[37] von nur 20,2 Prozent,

[36] Vergleiche dazu Kapitel 2.5.2.

[37] Bezogen auf einen Empfänger, der vor dem Transferbezug das durchschnittliche Einkommen eines Arbeiters (nach Steuern) verdiente.

wohingegen Deutschland oder Finnland Ersatzraten von 58,4 bzw. 60,7 Prozent aufweisen.

Von den Invaliditätsleistungen, die sowohl bedürftigkeitsgeprüfte als auch nicht bedürftigkeitsgeprüfte Leistungen beinhalten, gehen ebenfalls hohe Reduktionswirkungen aus. Diese hohen Wirkungen sind aber vermutlich nicht allein auf die Ausgestaltung der Transfers zurückzuführen, wobei sehr wohl von einer indirekten Wirkung der Ausgestaltung gesprochen werden kann, da diese zur „Flucht“ aus anderen Transfers in die Invaliditätsrente bewegen könnte: Die Empfängerzahlen stiegen bis Mitte der neunziger Jahre sehr stark an, so dass 1995 eine Verschärfung der Zugangsberechtigung sowie eine Reduzierung des zu empfangenden Höchstbetrages erfolgte, um dieser Flut Herr zu werden.[38] Zwar reduzierte sich dadurch die Empfängerzahl, allerdings nicht sehr deutlich, so dass das Niveau Anfang der achtziger Jahre immer noch weit überschritten wird.[39] Durch diese Maßnahmen haben sich die Effektivitätswirkungen nicht signifikant verringert, manche Maße zeigen sogar leicht höhere Werte für 1999 an. Die Änderung der Ausgestaltung der Transfers vom Invalidity Benefit in den Incapacity Benefit hat sich somit praktisch nicht in den Effektivitätswirkungen bezüglich Ungleichheit niedergeschlagen. Gleiches gilt im Übrigen für das Krankengeld, das im Zuge der Reformen von 1995 zusammen mit den Invaliditätsleistungen neu gestaltet wurde.[40] Zwar fand ein Rückgang der Effektivitätswerte von 1994 auf 1999 statt, dieser ist allerdings von kaum merkbarem Ausmaß und nicht signifikant, so dass auch hier die Änderung der Ausgestaltung nicht zu einer spürbaren Änderung der Effektivität beitrug. Insgesamt sind die geringsten Effektivitätswerte dem Krankengeld und den Unfallrenten zuzuordnen, was mit der grundsätzlichen Ausrichtung dieser Leistungsarten zusammenhängen mag. Die Unfallrenten sind nur für einen recht eng beschränkten Empfängerkreis vorgesehen. Beim Krankengeld ist hier anzumerken, dass dieses meist nur für kurze Zeiträume in Anspruch genommen wird bzw. nach der maximalen Bezugsdauer von anderen Leistungen abgelöst wird.

[38] Vgl. dazu Kapitel 2.5.4 sowie zu den gestiegenen Empfängerzahlen Judge (2001) oder Kalisch et al. (1998).

[39] Vgl. zu den Empfängerzahlen seit 1995 National Statistics (2002).

[40] Vgl. dazu Kapitel 2.5.3.

6.2.3 Transfers in den Ländern: Effizienz

In den folgenden Kapiteln 6.2.3.1 bis 6.2.3.5 werden die Ergebnisse für die Effizienz vorgestellt. Wie in Kapitel 5.3 erläutert, werden die Effizienzindikatoren berechnet, indem die in Kapitel 6.2.2 vorgestellten Ungleichheitsreduktionen durch die entsprechenden Anteile der Ausgaben für den jeweiligen Transfer am BIP geteilt werden. Nicht für alle Transfers stehen entsprechende Ausgabenanteile zur Verfügung, in diesem Fall muss auf die Berechnung der Effizienzindikatoren verzichtet werden.[41] Für die Mindestsicherung sind nur Ausgaben für 1992 aus Eardley et al. (1996a) verfügbar, die zur Berechnung der Effizienzwerte 1994/95 herangezogen werden. Auf die Effizienzberechnungen 1999/2000 wird verzichtet, da keine aktuelleren Ausgabendaten vorliegen. Für das Wohngeld dagegen sind auch Daten der Social Expenditure Database für 1994/95 verfügbar, die bei den Effizienzberechnungen für die Mindestsicherung einschließlich Wohngeld verwendet werden.[42] Bootstrapping-Konfidenzintervalle werden für die Effizienzindikatoren nicht berechnet.

In den folgenden Kapiteln werden zunächst die Rangfolgen der Effizienzergebnisse der Transfers für 1994/95 und 1999/2000 für jedes der fünf untersuchten Länder erläutert. Anschließend werden diese Ergebnisse mit denen für die Effektivität verglichen, die in den Kapiteln 6.2.2.1 bis 6.2.2.5 vorgestellt wurden.

6.2.3.1 Deutschland

Die eindeutig höchsten Effizienzwerte werden für alle verwendeten Ungleichheitsmaße 1994 für die Arbeitslosenhilfe, die niedrigsten dagegen für die Mindestsicherung ausgewiesen. Die zweithöchste Effizienz lässt sich hinsichtlich der Mehrzahl der zugrunde gelegten Maße für die Invaliditätsrente feststellen, gefolgt vom Arbeitslosengeld; lediglich bezüglich des Gini-Koeffizienten (vgl. Abb. 6.8) und des Piesch-Maßes ist die Effizienzziffer für das Arbeitslosengeld höher als für die Invaliditätsrenten. Der vierte Rang wird für die Mehrzahl der Maße von den Arbeitsunfallrenten belegt, gefolgt von der Mindestsicherung

[41] In Kapitel 6.1 wird erläutert, welche Ausgaben zur Verfügung stehen.

[42] Es werden auch Effizienzberechnungen mit denen in Eardley et al. (1996a) zur Verfügung stehenden Wohngeldausgaben von 1992 durchgeführt. Ergeben sich Unterschiede zu den Ergebnissen mit den Ausgabendaten der Social Expenditure Database, wird an den entsprechenden Stellen darauf hingewiesen.

einschließlich Wohngeld. Für A_1 und die MLD dagegen schneidet die Mindestsicherung einschließlich Wohngeld besser ab als die Arbeitsunfallrenten.

Abbildung 6.8: Effizienzindikator A_1 und Gini-Koeffizient, Deutschland 1994 und 2000

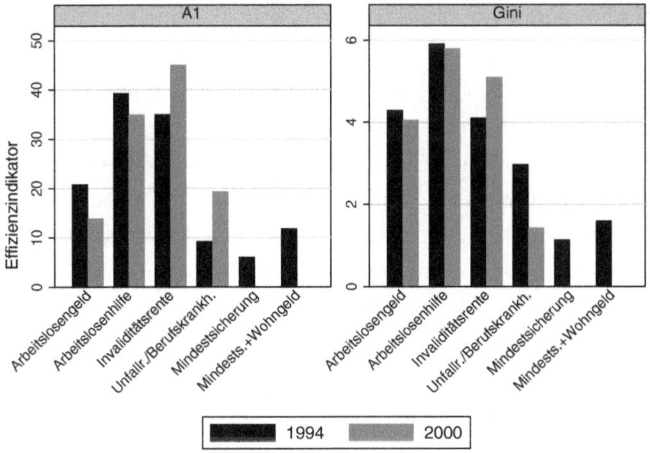

Quelle: Eigene Berechnungen mit LIS-Daten und Ausgabendaten der OECD Social Expenditure Database (SOCX) sowie aus Eardley et al. (1996a: 35)

Im Jahr 2000 lässt sich für alle Maße außer der MLD und A_1 die gleiche Rangfolge feststellen (vgl. Abb. 6.8): Die höchste Effizienz wird von der Arbeitslosenhilfe erreicht, gefolgt von Invaliditätsrente, Arbeitslosengeld und Arbeitsunfallrenten. Für die MLD und A_1 (vgl. Abb. 6.8) schneiden die Invaliditätsrenten besser ab als die Arbeitslosenhilfe, die nun von Arbeitsunfallrenten und Arbeitslosengeld gefolgt wird. Es lässt sich also feststellen, dass aus Effizienzgesichtspunkten die Invaliditätsrente 2000 ihre Position im Vergleich zu 1994 verbessern kann. Für die Berechnungen, die die im untersten Einkommensbereich sensitiven Maße A_1 und MLD zugrunde legen, zeigt sich für die Arbeitslosenhilfe und das Arbeitslosengeld dagegen eine Verschlechterung, für die Arbeitsunfallrenten eine Verbesserung von 1994 auf 2000. Der Vergleich der Höhe der Effizienzwerte von 1994 und 2000 macht diese Veränderung ebenfalls nochmals deutlich. Die Werte für die Invaliditätsrente steigen bezüglich aller

Maße, wohingegen die Werte für das Arbeitslosengeld und die Arbeitslosenhilfe[43] zurückgehen. Für die Arbeitsunfallrenten sinkt die Effizienz mit Ausnahme der Berechnungen mit der MLD und A_1, für die sich auch eine Verbesserung der Rangposition feststellen ließ.

Vergleicht man die Effizienz- mit den Effektivitätsergebnissen aus Kapitel 6.2.2.1, so kann insgesamt festgestellt werden, dass die Arbeitslosenhilfe und die Arbeitsunfallrenten für die Effizienz besser abschneiden als für die Effektivität: Die Arbeitslosenhilfe ist 1994 hinsichtlich der Effizienz sogar auf dem ersten Rang zu finden, 2000 bis auf die MLD und A_1 ebenso, wohingegen für die Effektivität vergleichsweise schlechtere Platzierungen zu finden waren. Die Arbeitsunfallrenten werden bei der Effizienz ebenfalls besser eingeordnet als bei der Effektivität, für die die Arbeitsunfallrenten auf dem letzten Rang liegen. Für die Effizienz schneiden andererseits das Arbeitslosengeld sowie die Leistungen bei Mindestsicherung schlechter ab. Weist das Arbeitslosengeld für die Effektivität jeweils einen der höchsten Werte aus, fällt es für die Effizienz auf mittlere Ränge zurück. Die Mindestsicherung sowie die Mindestsicherung einschließlich Wohngeld, für die wegen mangelnder Ausgabendaten nur Effizienzberechnungen für 1994 durchgeführt wurden, fallen auf die letzten Plätze zurück, wohingegen diese Leistungen für die Effektivität noch besser abschnitten.

Die Verbesserung der Position der Arbeitsunfallrenten bei der Effizienz im Vergleich zur Effektivität dürfte in erster Linie auf die im Vergleich zu den anderen Transfers sehr niedrigen Ausgaben zurückzuführen sein (vgl. Tabelle 6.1, S. 141), allerdings können die niedrigen Ausgaben die niedrige Effektivität nicht soweit kompensieren, dass die Effizienzwerte für die Arbeitsunfallrenten tatsächlich an der Spitze liegen. Die Arbeitslosenhilfe konnte ebenfalls von vergleichsweise geringen Ausgaben profitieren und sich so tatsächlich auf die erste Position verbessern. Damit kann also festgestellt werden, dass die bedürftigkeitsgeprüfte, aber einkommensabhängige Arbeitslosenhilfe im Hinblick auf die Effizienz besser abschneidet als das nicht bedürftigkeitsgeprüfte, aber auf höherem Niveau einkommensabhängige Arbeitslosengeld, das entsprechend höhere Kosten verursacht. Die bedürftigkeitsgeprüften Mindestsicherungsleistungen fallen für die Effizienz zurück, da die Leistungen vergleichs-

[43]Lediglich für die Berechnungen mit dem Theil-Maß steigen die Werte für die Arbeitslosenhilfe.

weise hohe Ausgaben nach sich ziehen. Diese Ergebnisse lassen also nicht eindeutig den Schluss zu, dass Targeting in Form von Bedürftigkeitsprüfungen zu einer höheren Effizienz führt.

6.2.3.2 Finnland

1994 sind die höchsten Effizienzzahlen in Finnland für die Arbeitslosenhilfe festzustellen.[44] An zweiter Stelle liegt die Mindestsicherung einschließlich Wohngeld, gefolgt von der Mindestsicherung ohne Wohngeld, dem Arbeitslosengeld, den Arbeitsunfallrenten, den Invaliditätsleistungen und dem Krankengeld (vgl. Abb. 6.9). Was die MLD und A_1 betrifft, finden sich dagegen Abweichungen von dieser Reihenfolge (vgl. Abb. 6.9): Hier folgen auf die Arbeitslosenhilfe die Renten bei Berufskrankheit und Arbeitsunfällen, dann erst kommen die Mindestsicherung einschließlich Wohngeld, die Mindestsicherung, das Arbeitslosengeld und letztendlich das Krankengeld und die Invaliditätsleistungen, die ihre Ränge ebenfalls vertauscht haben.

Im zweiten Beobachtungsjahr weist immer noch die Mehrzahl der Berechnungen die höchste Effizienz für die Arbeitslosenhilfe aus, dieses Mal gefolgt vom Arbeitslosengeld und den Arbeitsunfallrenten. Nur für die MLD und A_1 weicht diese Reihenfolge ab mit den Arbeitsunfallrenten an erster Stelle, der Arbeitslosenhilfe an zweiter und dem Arbeitslosengeld an dritter Stelle. Auf dem vierten Rang liegen für alle Maße die Leistungen bei Invalidität, gefolgt vom Krankengeld.

Der Vergleich der Effizienzwerte von 1995 und 2000 ergibt, dass für fast alle Transfers 2000 höhere Indikatorenwerte ausgewiesen werden. Beim Arbeitslosengeld und der Arbeitslosenhilfe bilden dabei die Berechnungen für das Theil-Maß die Ausnahme, für die leicht niedrigere Werte festgestellt werden konnten, für das Krankengeld war dies beim Gini-Koeffizienten sowie dem Mehran- und Piesch-Maß der Fall. Auffällig ist beim Vergleich der beiden Jahre, dass die Effizienz der Renten bei Arbeitsunfällen und Berufskrankheiten für die MLD und A_1 relativ deutlich zunimmt, was zu der oben beschriebenen Verbesserung in der Rangfolge der Effizienzwerte führt.

Vergleicht man diese Ergebnisse mit denen für die Effektivität, dann zeigt

[44] Die einzige Ausnahme hiervon sind die Berechnungen mit dem Piesch-Maß, hier ist die höchste Effizienz für die Mindestsicherung einschließlich Wohngeld zu finden, gefolgt von der Arbeitslosenhilfe.

Abbildung 6.9: Effizienzindikator A_1 und Gini-Koeffizient, Finnland 1995 und 2000

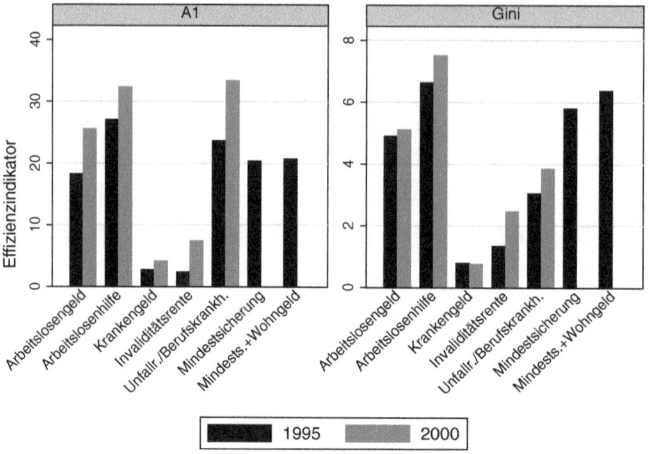

Quelle: Eigene Berechnungen mit LIS-Daten und Ausgabendaten der OECD Social Expenditure Database (SOCX) sowie aus Eardley et al. (1996a: 35)

sich, dass das Arbeitslosengeld, das die höchsten Werte für die Effektivität aufweist, hinsichtlich der Effizienz auf mittlere Ränge zurückfällt. Dagegen ist für die Arbeitslosenhilfe, die ein niedrigeres Leistungsniveau aufweist als das Arbeitslosengeld aber damit einhergehend auch weniger Ausgaben verursacht, festzustellen, dass sie sich im Vergleich zur Effektivität auf den ersten Rang verbessern kann. Ansonsten ergeben sich keine wesentlichen Verschiebungen im Vergleich zwischen Effektivität und Effizienz. Erwähnenswert ist lediglich das sehr gute Abschneiden der Leistungen bei Arbeitsunfällen und Berufskrankheiten für die Effizienz berechnet mit den im unteren Einkommensbereich sensitiven Maßen MLD und A_1, was 1994 zum zweiten Rang und 2000 sogar zum ersten Rang führt. Weiterhin schneiden die Invaliditätsleistungen im Vergleich zum Krankengeld 1995 bei der Effizienz besser ab als für die Effektivität.

Für Finnland lässt sich also feststellen, dass hinsichtlich der Effizienz bedürftigkeitsgeprüfte, pauschale Transfers die besten Ergebnisse liefern, wohingegen das nicht bedürftigkeitsgeprüfte und zum Teil in der Leistungshöhe vom bisherigen Einkommen abhängige Arbeitslosengeld im Vergleich zur Effektivität zurückfiel. Dies ist ein Hinweis darauf, dass Targeting in Form von Bedürftigkeitsprüfung in Kombination mit Pauschalleistungen zu einer besseren Effizienz führen, wohingegen diese These nicht ohne weiteres auf die Effektivität anzuwenden ist, da dort das Arbeitslosengeld das Ranking anführt.

6.2.3.3 Frankreich

Da für Frankreich nur Daten von 1994 zur Verfügung stehen, erfolgt hier die Betrachtung dieses Untersuchungsjahres. Dabei lässt sich eine eindeutige Reihenfolge der Effizienzindikatoren erkennen (vgl. Abb. 6.10): Die höchsten Werte sind für die Mindestsicherung feststellbar,[45] gefolgt von der Mindestsicherung einschließlich Wohngeld, dem Arbeitslosengeld, den Erwerbsunfähigkeitsleistungen und dem Krankengeld.

Abbildung 6.10: Effizienzindikator Gini-Koeffizient, Frankreich 1994

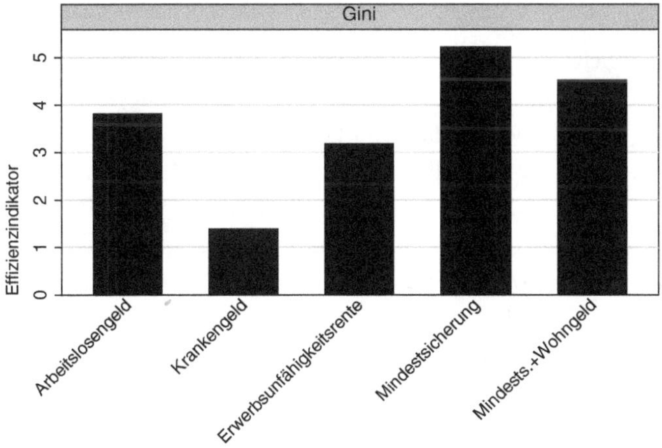

Quelle: Eigene Berechnungen mit LIS-Daten und Ausgabendaten der OECD Social Expenditure Database (SOCX) sowie aus Eardley et al. (1996a: 35)

[45] Hier lässt sich eine einzige Ausnahme finden: Wenn für die Berechnung der Effizienz der Mindestsicherung einschließlich Wohngeld nicht die Ausgabendaten für das Wohngeld der OECD Social Expenditure Data verwendet werden sondern die aus Eardley et al. (1996a), dann ist der Effizienzwert berechnet mit dem Piesch-Maß für die Mindestsicherung einschließlich Wohngeld größer als für die Mindestsicherung ohne Wohngeld.

Vergleicht man diese Ergebnisse mit den Effektivitätsberechnungen, fällt auf, dass die Mindestsicherung sich vom vorletzten auf den ersten Platz verbessern kann. Entsprechend verschieben sich die Ränge der folgenden Transfers jeweils um einen nach hinten, wobei auch für die Maße A_1 und MLD das Arbeitslosengeld hinter die Mindestsicherung einschließlich Wohngeld zurückfällt. Wie in Kapitel 6.2.2.3 bereits festgestellt, erklärt sich die gute Effektivität für die Mindestsicherung einschließlich Wohngeld durch den hohen Stellenwert, den das Wohngeld in Frankreich einnimmt. Allerdings stehen dem auch entsprechende Ausgaben gegenüber: 1994 wurden 0,9 Prozent des BIP allein für Wohngeld ausgegeben, unter den untersuchten Transfers lagen nur die Ausgaben für das Arbeitslosengeld mit 1,24 Prozent höher. Dagegen wurden für die Mindestsicherung ohne Wohngeld[46] nur 0,2 Prozent des BIP aufgewendet, was zu dieser deutlichen Verbesserung in der Rangfolge der Effizienzzahlen im Vergleich mit den Effektivitätsergebnissen führt. Der einzige Transfer, der hinsichtlich aller Maße sowohl für die Effizienz als auch für die Effektivität den gleichen Rang einnimmt, ist das Krankengeld, das immer die niedrigsten Werte aufweist.

Für Frankreich zeigt sich also, dass die höchste Effizienz von bedürftigkeitsgeprüften und pauschalen Leistungen der Mindestsicherung ausgeht. Allerdings folgen darauf dicht die vom bisherigen Einkommen abhängigen Leistungen der Arbeitslosenversicherung. Da die Effizienzzahlen zur Mindestsicherung vermutlich leicht überschätzt werden (vgl. Kapitel 6.1), ist eher davon auszugehen, dass das Arbeitslosengeld mit den Mindestsicherungsleistungen gleichziehen kann. Es zeigt sich also sowohl für die Effektivität als auch für die Effizienz, dass das Arbeitslosengeld in Form einer Bismarck-Versicherungsleistung sehr gut abschneidet. Für die Mindestsicherung ohne Wohngeld erfolgt dagegen erst für die Effizienz eine höhere Einstufung in der Rangfolge.

6.2.3.4 Italien

Die Effizienzberechnungen in Italien können für die Arbeitsunfallrenten nicht vorgenommen werden, da für diese Transferart keine Ausgabendaten in der OECD Social Expenditure Database vorliegen. Somit beschränken sich die

[46] Diese Zahl bezieht sich allerdings auf 1992 und enthält nicht die aide sociale, weshalb man davon ausgehen kann, dass die tatsächlichen Ausgaben 1994 höher liegen würden.

Betrachtungen auf die verschiedenen Leistungen bei Arbeitslosigkeit, die Invaliditätsrente und die Mindestsicherung.

Abbildung 6.11: Effizienzindikator A_1 und Gini-Koeffizient, Italien 1995 und 2000

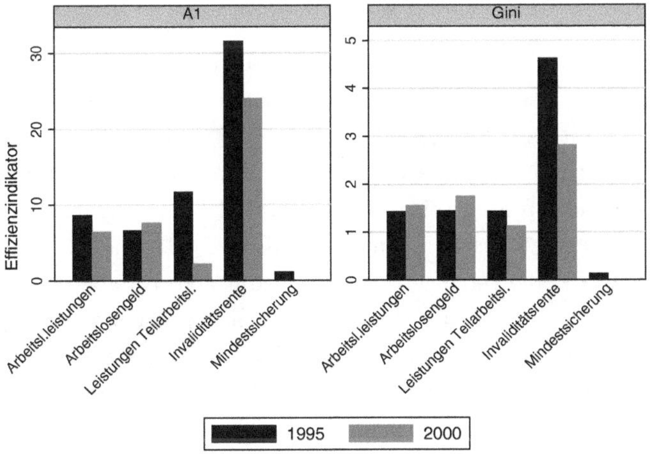

Quelle: Eigene Berechnungen mit LIS-Daten und Ausgabendaten der OECD Social Expenditure Database (SOCX) sowie aus Eardley et al. (1996a: 35)

1995 weisen eindeutig die Invaliditätsrenten die höchste und die Mindestsicherung die niedrigste Effizienz auf (vgl. Abb. 6.11). Dazwischen liegen die verschiedenen Leistungen bei Arbeitslosigkeit, die in Italien näher betrachtet werden, um der besonderen Bedeutung der Leistungen bei Teilarbeitslosigkeit gerecht zu werden. Je nach zugrunde gelegtem Maß schneiden das normale Arbeitslosengeld und die Leistungen bei Teilarbeitslosigkeit unterschiedlich ab. Für den Gini-Koeffizienten, das Mehran- und Theil-Maß sowie die MLD weist das Arbeitslosengeld eine höhere Effizienz als die Leistungen bei Teilarbeitslosigkeit auf, für das Piesch-Maß und die Atkinson-Maße ist es umgekehrt (vgl. Abb. 6.11). Bezieht man die Leistungen bei Arbeitslosigkeit als Summe aus Arbeitslosengeld und Leistungen bei Teilarbeitslosigkeit in die Überlegungen mit ein, ist weiterhin festzustellen, dass hinsichtlich des Gini-Koeffizienten und des Theil-Maßes diese Leistungen bei Arbeitslosigkeit im Vergleich aller Transfers auf dem vorletzten, also vierten Platz liegen, für alle anderen Maße auf dem dritten.

Für das zweite Beobachtungsjahr 2000 lässt sich eine ganz eindeutige Reihenfolge der Effizienzzahlen finden (vgl. Abb. 6.11): Die höchste Effizienz erreicht wiederum die Invaliditätsrente, gefolgt vom Arbeitslosengeld, den Gesamtleistungen bei Arbeitslosigkeit sowie den Leistungen bei Teilarbeitslosigkeit.

Vergleicht man die Höhe der Effizienzwerte von 1995 und 2000 miteinander, so zeigt sich, dass die Werte für die Leistungen bei Teilarbeitslosigkeit sowie die Invaliditätsrenten gesunken sind. Das Absinken der Effizienzwerte der Invaliditätsrenten könnte auf die Hinzunahme der beitragsunabhängigen Leistungen zurückzuführen sein: Wie in Kapitel 6.2.2.4 zu beobachten war, steigen die Effektivitätswerte nur für A_1 und die MLD von 1995 auf 2000 an, für die restlichen Maße verringert sich die Reduktion. Da aber durch die Hinzunahme dieses weiteren Transfers die Ausgabenanteile ansteigen (vgl. Tabelle 6.1, S. 141), erstaunt es nicht, dass die Effizienzwerte 2000 niedriger ausfallen. Die Berücksichtigung der bedürftigkeitsgeprüften Invaliditätsleistungen trägt damit zu einer Senkung der Effizienz bei. Bei den Leistungen bei Teilarbeitslosigkeit scheint sich die in Kapitel 6.2.2.4 angesprochene Flexibilisierung des Arbeitsmarktes auch auf die Effizienz auszuwirken, die genauso wie die Effektivitätsindikatoren niedriger als 1995 ist. Beim Arbeitslosengeld dagegen ist bis auf die Berechnungen mit der MLD ein Anstieg der Werte zu verzeichnen, bei den Gesamtleistungen bei Arbeitslosigkeit ebenfalls, allerdings ist hier für die MLD, $A_{0,5}$ sowie A_1 ein Sinken der Werte erkennbar. Insgesamt kann aber festgestellt werden, dass die Veränderung der Effizienzzahlen von 1995 auf 2000 in keiner Weise den ersten Rang der Invaliditätsrente bei der Effizienz gefährdet.

Die Gegenüberstellung der Effizienz- und der Effektivitätsergebnisse zeigt, dass für beide Betrachtungsweisen die Invaliditätsleistungen die größten Effekte erzielen. Darin kommt das Gewicht zur Geltung, das diese Transferart im Vergleich zu den anderen untersuchten Leistungen hat. Dieser deutliche Abstand zeigt sich sowohl für den Fall, in dem nur die Versicherungsleistungen enthalten waren als auch für die Hinzunahme bedürftigkeitsgeprüfter Invaliditätsleistungen. Es bestätigt sich also der schon in Kapitel 6.2.2.4 gewonnene Eindruck, dass sich hier die Flucht von anderen mangelhaft ausgestalteten Transfers wie der Mindestsicherung deutlich auswirkt und damit den Invaliditätsleistungen neben der höchsten Effektivität auch die höchste Effizienz zugeschrieben werden kann. Umgekehrt wird der Mindestsicherung, die eher mangelhaft ausgestaltet ist, sowohl die geringste Effektivität als auch Effizienz zugewiesen.

6.2.3.5 Vereinigtes Königreich

1994 ergibt sich eine recht eindeutige Reihenfolge der Effizienzwerte im Vereinigten Königreich: Die höchste Effizienz lässt sich für das Arbeitslosengeld feststellen, gefolgt von der Mindestsicherung mit Wohngeld,[47] der Mindestsicherung, der Invaliditätsrente, dem Krankengeld und den Arbeitsunfallrenten (vgl. Abb. 6.12). Lediglich für das Mehran-Maß liegt die Mindestsicherung vor der Mindestsicherung einschließlich Wohngeld.

Neben den Effizienzbetrachtungen hinsichtlich der Mindestsicherung fallen 1999 auch diejenigen bezüglich der Arbeitsunfallrenten weg, da für dieses Jahr keine Daten für die Ausgaben dieser Transferart verfügbar sind. Die Betrachtung beschränkt sich 1999 somit auf drei Leistungsarten, welche für alle zugrunde gelegten Maße in die gleiche Reihenfolge gebracht werden können: Die höchste Effizienz erreicht weiterhin das Arbeitslosengeld, gefolgt von der Invaliditätsrente und dem Krankengeld. Es zeigt sich hier, dass die grundlegenden Änderungen in der Ausgestaltung der drei Transfers zwischen 1994 und 1999 (vgl. Kapitel 2.5.2, 2.5.3, 2.5.4) nichts an ihrer Einordnung untereinander bezüglich der Effizienz ändert.

Der Vergleich der Effizienzwerte von 1994 und 1999 ergibt für das Krankengeld eindeutig ein Absinken der Indikatorwerte, das evtl. auf die zwischenzeitliche Reform des Krankengeldes zurückzuführen ist (vgl. dazu Kap. 2.5.3).[48] Für das Arbeitslosengeld ist ebenfalls eher ein Absinken festzustellen, lediglich bezüglich des Gini-Koeffizienten und des Mehran-Maßes ist ein Anstieg der Effizienzwerte beobachtbar. Was die Invaliditätsrente betrifft, ist tenden-

[47] Für das Vereinigte Königreich wurden keine zusätzlichen Berechnungen durchgeführt, was sich ergeben hätte, wenn für das Wohngeld ebenfalls die Ausgabendaten aus Eardley et al. (1996a) verwendet werden, da bei Eardley et al. (1996a) die Ausgaben für den Council Tax Benefit (in den LIS-Daten im Wohngeld enthalten) nicht von den Ausgaben für freie Schulmahlzeiten zu trennen war. Vgl. zu den Inhalten der LIS-Variablen auch Kapitel 5.2.

[48] Hierbei ist zu beachten, dass in den Daten 1994 sowohl Sickness Benefit als auch Statutory Sick Pay enthalten waren, wohingegen 1999 nur noch Statutory Sick Pay für die entsprechende Variable zur Verfügung stand. Der short-term Incapacity Benefit, der die Sickness Benefits ersetzt, ist nicht enthalten. Vgl. zum Inhalt der Variablen Kapitel 5.2.

Abbildung 6.12: Effizienzindikator Gini-Koeffizient, Vereinigtes Königreich 1994 und 1999

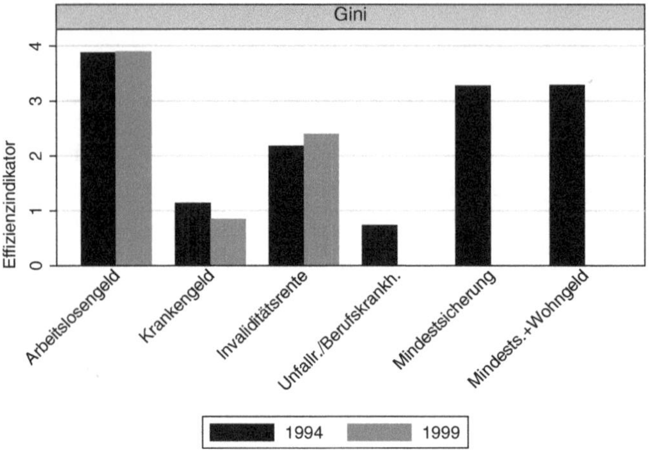

Quelle: Eigene Berechnungen mit LIS-Daten und Ausgabendaten der OECD Social Expenditure Database (SOCX) sowie aus Eardley et al. (1996a: 35)

ziell eher ein Ansteigen zu verzeichnen, allerdings ist für die MLD und A_1 ein leichtes Absinken zu beobachten. Die Invaliditätsrente wurde zusammen mit dem Krankengeld 1995 grundlegend reformiert, was sich hier also einerseits in einer geringeren Effizienz für das Krankengeld und andererseits einer tendenziell höheren Effizienz der Invaliditätsleistungen niederschlägt. Effizienzsteigernd könnte insbesondere die Verschärfung des Zugangs zur Invaliditätsrente gewirkt haben.

Stellt man einen Vergleich der Effizienz- und Effektivitätswerte an, zeigt sich, dass das bei der Effektivität im Mittelfeld liegende Arbeitslosengeld sich für die Effizienz deutlich auf den ersten Rang verbessert. Dagegen werden für 1994 die betrachteten Leistungen bei Mindestsicherung auf den zweiten und dritten Rang verdrängt, da den hohen Umverteilungseffekten auch hohe Ausgaben gegenüberstehen (vgl. Tabelle 6.1, S. 141). Auf den beiden hinteren Rängen ändert sich dagegen nicht viel: Das Krankengeld und die Arbeitsunfallrenten sind nicht nur die Transfers mit den geringsten Effektivitäts- sondern auch mit den geringsten Effizienzwerten. Die Invaliditätsrente rutscht im Vergleich mit der Effektivität bei der Effizienz durch das „Aufrücken" des Arbeitslosengeldes einen Platz nach hinten.

Es zeigt sich also, dass sich zwar im Hinblick auf die Effektivität klar die Ausrichtung des britischen Wohlfahrtsstaates auf die Armutsreduzierung in Form des Income Support und des Wohngeldes widerspiegelt, allerdings bestätigt sich diese „Vormachtstellung" der Mindestsicherung für die Effizienz nicht. Das hier dominierende Arbeitslosengeld bewegt sich auf im europäischen Vergleich geringem Niveau und die Leistungen werden als Pauschalbeträge unabhängig von der bisherigen Gehaltshöhe ausgezahlt. Somit spiegeln sich allein in der Ausgestaltung dieses Transfers die Prinzipien des britischen Wohlfahrtsstaates wider, dessen Ziel eben nicht der Erhalt des bisherigen Status, sondern die Verhinderung von Armut ist, um die Zeit bis zum Antreten der nächsten Arbeitsstelle zu überbrücken.

6.2.4 Transfers in den Ländern: Zusammenhang mit Ausgaben

In Kapitel 1.4 wurde bereits die These erläutert, dass mehr Ausgaben für einen Transfer höhere Umverteilungswirkungen nach sich ziehen. Diese These soll jetzt für die fünf untersuchten Länder überprüft werden: Ziehen hohe Ausgaben für bestimmte Transfers in einem Land auch hohe Ungleichheitsreduktionen nach sich bzw. sind für niedrigere Ausgaben auch niedrigere Ungleichheitsreduktionen zu verzeichnen? Um diese These zu überprüfen, werden für die Effektivitätswerte, also die berechneten Ungleichheitsreduktionen, und die Anteile der Ausgaben für den jeweiligen Transfer am BIP pro Land Rangkorrelationskoeffizienten nach Spearman berechnet. Diese Korrelationen sollen als Indikator für einen möglichen Zusammenhang zwischen Ausgaben und Umverteilungswirkungen dienen, Aussagen über die Kausalität zwischen diesen beiden Aspekten können selbstverständlich nicht direkt aus den ermittelten Rangkorrelationen abgeleitet werden.[49] Beispielhaft werden dabei nur Berechnungen für den Gini-Koeffizienten und A_1 berücksichtigt, da die sich aus den Berechnungen mit diesen Maßen ergebenden Rangfolgen der Effektivitätswerte auch die für die anderen Ungleichheitsmaße resultierenden Rangfolgen weitge-

[49] Zum Rangkorrelationskoeffizienten von Spearman bzw. zur Interpretation von Korrelationswerten vgl. z.B. Fahrmeir et al. (2004).

Tabelle 6.3: Rangkorrelationen: Effektivität - Ausgabenanteile für Transfervergleich in den untersuchten Ländern, Ungleichheit

	Gini		A_1	
	1994/1995	**1999/2000**	**1994/1995**	**1999/2000**
D	0,37	1,00	0,31	0,80
Fin	0,71	0,50	0,71	0,20
F	0,80	-	0,90	-
I	0,50	1,00	0,50	1,00
UK	1,00	1,00	0,94	1,00

Quelle: Eigene Berechnungen mit LIS-Daten und OECD Social Expenditure Database (SOCX) bzw. für Mindestsicherung Eardley et al. (1996a: 35)

hend widerspiegeln. Die Ergebnisse für die berechneten Korrelationen zwischen Ausgaben und Effektivitätswerten sind in Tabelle 6.3 aufgelistet.

Für Deutschland lassen sich für 1994 nur schwache positive Zusammenhänge erkennen, 2000 dagegen sind hohe Korrelationen zu verzeichnen: Für den Gini-Koeffizienten ergibt sich gar eine vollständige Übereinstimmung zwischen der Rangfolge der Ausgaben und der Reduktionen. Dabei ist allerdings zu beachten, dass wegen fehlender Ausgabendaten die Mindestsicherung sowie die Mindestsicherung einschließlich Wohngeld 2000 nicht mehr berücksichtigt werden können. Für Finnland ergeben sich 1995 mittlere positive Korrelationen, 2000 allerdings liegen die Werte eher im Bereich eines schwachen Zusammenhangs. In Frankreich können dagegen für das vorliegende Jahr 1994 hohe positive Korrelationen festgestellt werden. Für Italien zeigen sich 1995 nur niedrige Korrelationen, für 2000 dagegen wird ein perfekter gleichgerichteter Zusammenhang angezeigt. Hierbei sollte allerdings berücksichtigt werden, dass 2000 nur die Invaliditätsrente und das Arbeitslosengeld einbezogen werden, da keine aktuelleren Ausgabendaten für die Mindestsicherung vorliegen.[50] Durchweg hohe positive Zusammenhänge zwischen den Ausgaben und den Reduktionen können für das Vereinigte Königreich festgestellt werden. So bestätigt sich also am deutlichsten für das Vereinigte Königreich die eingangs formulierte These. Hierbei ist zu bemerken, dass die Transfers im Vereinigten Königreich durchweg aus pauschalen Leistungen bestehen und Bedürftigkeitsprüfungen einen

[50] Hier werden die Leistungen bei Teilarbeitslosigkeit nicht berücksichtigt. Für die Leistungen bei Arbeitsunfällen liegen keine Ausgaben vor, weshalb dieser Transfer auch nicht in die Berechnungen einbezogen werden kann.

Tabelle 6.4: Rangkorrelationen: Effizienz - Ausgabenanteile für Transfervergleich in den untersuchten Ländern, Ungleichheit

	Gini		**A_1**	
	1994/1995	**1999/2000**	**1994/1995**	**1999/2000**
D	-0,54	0,40	-0,31	0,40
Fin	0,25	-0,10	-0,11	-0,60
F	-0,10	-	-0,10	-
I	0,50	1,00	0,50	1,00
UK	0,60	0,50	0,43	0,50

Quelle: Eigene Berechnungen mit LIS-Daten und OECD Social Expenditure Database (SOCX) bzw. für Mindestsicherung Eardley et al. (1996a: 35)

hohen Stellenwert einnehmen. Im Gegensatz zu den anderen Ländern, deren Leistungen weniger homogen gestaltet sind, nehmen im Vereinigten Königreich die Ausgaben für einen Transfer also deutlicheren Einfluss auf die Umverteilung. Bis auf einzelne Ausnahmen deuten aber die Ergebnisse in den anderen Ländern ebenfalls auf eine Bestätigung der These hin.

An dieser Stelle soll weiterhin überprüft werden, ob hohe Ausgaben auch hohe Effizienzwerte nach sich ziehen bzw. geringe Ausgaben und geringe Effizienzwerte aufeinander treffen. Zur Überprüfung dieser These werden ebenfalls Rangkorrelationen berechnet, dieses Mal allerdings für die Ausgabenanteile und die Effizienzwerte anstatt der Effektivitätswerte. Die Ergebnisse dieser Berechnungen sind in Tabelle 6.4 dargestellt.

Dabei ergeben sich deutlich andere Resultate als für die Effektivität. So sind zahlreiche negative Korrelationen zu beobachten, wobei die meisten Werte eher auf geringe Zusammenhänge hindeuten. Finnland, für das bei der Überprüfung für die Effektivität mittlere bis geringe positive Zusammenhänge festzustellen waren, weist nun bis auf die Ergebnisse hinsichtlich des Gini-Koeffizienten 1995 negative Korrelationen auf, wobei nur für A_1 im Jahr 2000 ein erwähnenswerter Zusammenhang feststellbar ist. Zumindest was die Ergebnisse des im unteren Einkommensbereich sensitiven Maßes betrifft, kann die Vermutung geäußert werden, dass höhere Ausgaben mit niedrigeren Effizienzwerten korrelieren und umgekehrt. Unveränderte Korrelationswerte im Vergleich zur Effizienz weist lediglich Italien auf. Für Deutschland sind 1994 negative, für 2000 dagegen positive Korrelationen feststellbar, allerdings sind diese Zusammenhänge eher als schwach bis mittelstark zu bewerten. Die für die Effektivität erreichten hohen positiven Zusammenhänge in Frankreich schlagen für die Effizienz in schwache negative Korrelationen um, ein nennenswerter Zusammenhang zwischen Effizienz und Ausgaben scheint somit nicht gegeben. Konnten für das Vereinigte Königreich hinsichtlich der Effektivität noch starke positive Zusammenhänge festgestellt werden, sind bezüglich der Effizienz lediglich mittlere positive Korrelationen zu verzeichnen.

Für den Zusammenhang zwischen Effektivität und Ausgaben konnten also vorwiegend Belege für die Bestätigung der eingangs angesprochenen These gefunden werden. Bezüglich der Betrachtung der Effizienz und der Ausgaben finden sich dagegen kaum klare Zusammenhänge. Lediglich im Hinblick auf A_1 in Finnland ist für das Jahr 2000 ein höherer negativer Zusammenhang feststellbar, davon abgesehen ist nur noch in Italien ein deutlicher positiver Zusammenhang 2000 für die zwei einbezogenen Transfers festzustellen. Ansonsten sind nur schwache bis mittlere Zusammenhänge abzulesen.

6.2.5 Transfers im Ländervergleich: Effektivität

In den Kapiteln 6.2.5.1 bis 6.2.5.5 wird die Effektivitätswirkung aller betrachteten Transfers einzeln im Ländervergleich untersucht. Es werden also die Ungleichheitsreduktionen pro Transferart für 1994/95 als auch 1999/2000 im Ländervergleich betrachtet, wobei die für die Effektivitätsindikatoren berechneten Konfidenzintervalle berücksichtigt werden um festzustellen, ob sich die Ergebnisse für die untersuchten Länder signifikant unterscheiden. Der Darstellung dieser Ergebnisse folgt deren Interpretation und Hinweise auf mögliche Ursachen der Resultate.

6.2.5.1 Leistungen bei Arbeitslosigkeit

Die Betrachtung der Leistungen bei Arbeitslosigkeit umfasst zwei Transfers: das Arbeitslosengeld und die Arbeitslosenhilfe. Zunächst erfolgt die Darstellung der Effektivitätswirkungen für das Arbeitslosengeld. Dabei ergeben sich für den ersten Untersuchungszeitpunkt eindeutig die höchsten Wirkungen für Finnland, gefolgt von Frankreich, Deutschland, dem Vereinigten Königreich und Italien (vgl. Abbildung 6.13). Vergleicht man die Bootstrapping-Konfidenzintervalle der jeweiligen Reduktionen, so sind wenig Überschneidungen zu finden: Lediglich für die Intervalle der Reduktionen durch das Arbeitslosengeld in Frankreich und Deutschland sowie in Italien und dem Vereinigten Königreich außer im Hinblick auf A_1 und die MLD sind Überschneidungen feststellbar. Dies bestätigt die eindeutige Spitzenposition für die finnischen Effektivitätsziffern.

Abbildung 6.13: Reduktion Gini-Koeffizient, Arbeitslosengeld im Ländervergleich 1994/95 und 1999/2000

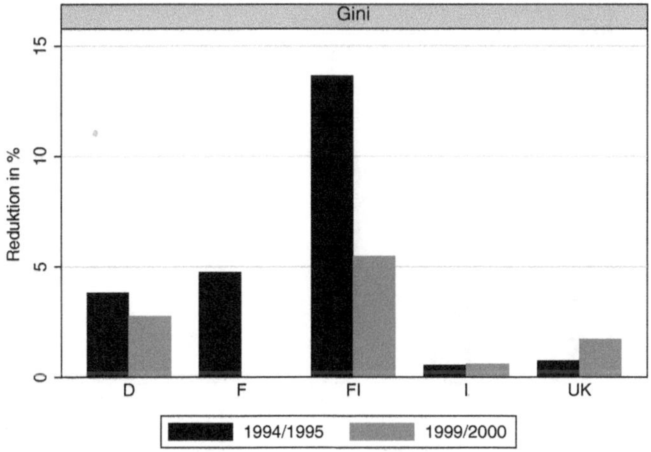

Quelle: Eigene Berechnungen mit LIS-Daten

1999/2000 ergeben sich keinerlei Änderungen dieser Rangfolge, lediglich Frankreich, für das keine Daten zu diesem Zeitpunkt zur Verfügung stehen, fällt aus der Betrachtung heraus. Der Vergleich der Konfidenzintervalle zeigt, dass sich Überschneidungen für die Intervalle der Werte des Vereinigten Königreichs und Deutschlands ergeben, die mit A_1 und der MLD berechnet wurden.

Um zu berücksichtigen, dass die Leistungen bei Teilarbeitslosigkeit in Italien eine bedeutende Rolle spielen, wird der Ländervergleich zusätzlich auch für den Fall durchgeführt, dass in Italien gleichzeitig das normale Arbeitslosengeld und die Leistungen bei Teilarbeitslosigkeit einfließen. Für den ersten Untersuchungszeitpunkt bewirkt die Berücksichtigung dieser zusätzlichen Transfers, dass Italien bis auf die MLD und A_1 besser abschneidet als das Vereinigte Königreich, wie in Abbildung 6.14 deutlich wird. Bezüglich der Überschneidungen der Konfidenzintervalle ergibt sich als einziger Unterschied zu den Untersuchungen ohne Leistungen bei Teilarbeitslosigkeit, dass sich im Vergleich mit dem Vereinigten Königreich Überlappungen für alle Maße ergeben, also die Ergebnisse für die MLD und A_1 nicht ausgenommen sind wie zuvor.

Abbildung 6.14: Reduktion Gini-Koeffizient, Arbeitslosengeld (Italien einschl. Leistungen bei Teilarbeitslosigkeit) im Ländervergleich 1994/95 und 1999/2000

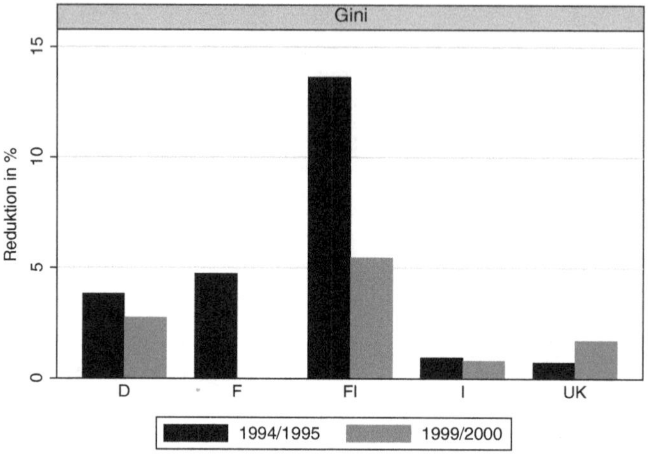

Quelle: Eigene Berechnungen mit LIS-Daten

Zum zweiten Untersuchungszeitpunkt reicht die Hinzunahme dieses weiteren Transfers nicht aus, um die im Vergleich zu 1994 deutlich höheren Werte der Ungleichheitsreduktion für das Vereinigte Königreich zu übertreffen, die durch Umgestaltung der Leistungen für Arbeitslose zu Stande gekommen sind (vgl. Kapitel 2.5.2 und 6.2.2.5). Somit ergibt sich die gleiche Rangfolge der Reduktionen wie ohne die italienischen Teilarbeitslosigkeitsleistungen, was dadurch unterstrichen wird, dass die Betrachtung der Konfidenzintervalle keine Veränderung bezüglich der Überschneidungen ergibt.

Es zeigt sich somit, dass Finnland im Ländervergleich für das Arbeitslosengeld die höchsten Effektivitätszahlen ausweist. Dieser Transfer besteht in Finnland aus einer Kombination aus pauschaler Grundsicherung und einkommensabhängiger Leistung. Das deutlich gute Abschneiden dürfte sich auf diese vergleichsweise hohen Leistungen[51] und die im Vergleich zu den anderen Ländern hohen Arbeitslosenquoten[52] zurückführen lassen. Die nächsthöheren Reduktionen, die sich untereinander nicht signifikant unterscheiden, lassen sich für Frankreich und Deutschland feststellen. Diese ähneln sich von der grundsätzlichen Ausgestaltung, da beides nicht bedürftigkeitsgeprüfte und vom bisherigen Einkommen abhängige Bismarcksche Versicherungsleistungen sind. Die Arbeitslosenquote liegt allerdings für beide Untersuchungszeitpunkte in Frankreich höher als in Deutschland. Die am Ende der Rangordnung stehenden Länder sind das Vereinigte Königreich und Italien. Die grundsätzliche Ausgestaltung des Arbeitslosengeldes ist in diesen beiden Ländern unterschiedlich: Während in Italien das Arbeitslosengeld als Anteil am bisherigen Einkommen gewährt wird, werden im Vereinigten Königreich pauschale Leistungen angesetzt. Gemeinsam ist den beiden Ländern, dass die Leistungen ohne Bedürftigkeitsprüfung gewährt werden,[53] und dass in beiden Ländern das Leistungsniveau im Vergleich zu den anderen Ländern sehr niedrig angesetzt ist.[54]

Als zweite Leistung bei Arbeitslosigkeit wird die Arbeitslosenhilfe betrachtet. Dieser Transfer ist lediglich für Deutschland und Finnland in den Daten verfügbar, weshalb keine grafische Darstellung erfolgt. Zu beiden Untersuchungszeitpunkten sind die Reduktionen durch die Arbeitslosenhilfe in Finnland deutlich höher als in Deutschland. Eine Überschneidung der Konfidenzintervalle lässt sich 1994/1995 für die MLD und A_1 sowie 1999/2000 zusätzlich für das Theil-Maß feststellen.

Sowohl in Finnland als auch in Deutschland wird Arbeitslosenhilfe nur nach einer Bedürftigkeitsprüfung gewährt, wobei in Finnland pauschale Leistungen

---

[51] Zu den Einkommensersatzraten der Transfers bei Arbeitslosigkeit vgl. z.B. Clasen et al. (2001), OECD (1997) oder World Health Organisation (2004). Die sich ergebenden Ersatzraten hängen davon ab, ob Netto- oder Bruttoersatzraten angegeben wurden und ob eine durchschnittliche Ersatzrate oder eine für bestimmte Gruppen berechnet wurde, weiterhin wurden z.T. die Leistungen der Arbeitslosenhilfe mitberücksichtigt. Finnland schneidet auf jeden Fall immer besser als Italien und das Vereinigte Königreich ab und weist entweder höhere oder ungefähr gleich hohe Ersatzraten wie Deutschland und Frankreich auf.

[52] Vgl. zu den entsprechenden Arbeitslosenquoten Tabelle 6.1, S. 141. 1995 findet sich in Finnland die eindeutig höchste Arbeitslosenquote, 2000 dagegen liegt diese in Italien etwas höher.

[53] 1999 ist für das Vereinigte Königreich allerdings auch der bedürftigkeitsgeprüfte Teil des JSA enthalten.

[54] Vgl. dazu wiederum die Einkommensersatzraten in Clasen et al. (2001), OECD (1997) oder World Health Organisation (2004).

und in Deutschland vom bisherigen Einkommen abhängige Leistungen vorgesehen sind. Weiterhin sind die Arbeitslosenquoten in Finnland höher als in Deutschland, was zu einer höheren Reduktion beitragen könnte. Da sich die Konfidenzintervalle für die im untersten Einkommensbereich sensitiven Maße MLD und A_1 schneiden, liegt Evidenz dafür vor, dass die Umverteilungswirkung der Arbeitslosenhilfe in Finnland im Vergleich zu Deutschland in diesem Einkommensbereich nicht mehr so deutlich höher ausfällt.

6.2.5.2 Geldleistungen bei Krankheit

Das nicht bedürftigkeitsgeprüfte Krankengeld ist für Finnland, Frankreich und das Vereinigte Königreich in den Daten von 1994/95 verfügbar, für 1999/2000 sind für Frankreich dagegen keine Daten vorhanden. Zum ersten Untersuchungszeitpunkt sind für das Vereinigte Königreich klar die geringsten Reduktionen festzustellen. Ob Frankreich oder Finnland die höheren Reduktionen durch das Krankengeld aufweisen, hängt vom verwendeten Ungleichheitsmaß ab. Bezüglich des Gini-Koeffizienten (vgl. Abbildung 6.15), des Mehran- und des Piesch-Maßes finden sich höhere Reduktionen für Frankreich, hinsichtlich des Theil-Maßes, der MLD, $A_{0,5}$ und A_1 (vgl. Abbildung 6.15) dagegen schneidet Finnland besser ab. Die Bootstrapping-Konfidenzintervalle der Reduktionen für Finnland und Frankreich überlappen sich für alle Maße, wohingegen die Intervalle für die Reduktionen im Vereinigten Königreich sich nur für A_1 und die MLD mit denen der beiden anderen Länder schneiden. Dies deutet ebenfalls daraufhin, dass die Unterschiede zwischen Finnland und Frankreich nicht allzu deutlich sind, wohingegen das Vereinigte Königreich abgesehen von im untersten Einkommensbereich sensitiven Maßen deutlich geringere Effektivitätszahlen vorweist.

Für 1999/2000 ist lediglich ein Vergleich der Wirkung des Krankengeldes bezüglich Finnland und dem Vereinigten Königreich möglich, da für Frankreich keine Daten zur Verfügung stehen. Hier zeigt sich eindeutig (vgl. Abbildung 6.15), dass die Reduktion durch das Krankengeld in Finnland höher als im Vereinigten Königreich ist, was dadurch bestätigt wird, dass sich die Konfidenzintervalle für die Reduktionen in den beiden Ländern für kein Maß schneiden.

Es ist also eindeutig feststellbar, dass die geringste Umverteilungswirkung vom aus Pauschalleistungen bestehenden Krankengeld im Vereinigten König-

Abbildung 6.15: Reduktion A_1 und Gini-Koeffizient, Krankengeld im Ländervergleich 1994/95 und 1999/2000

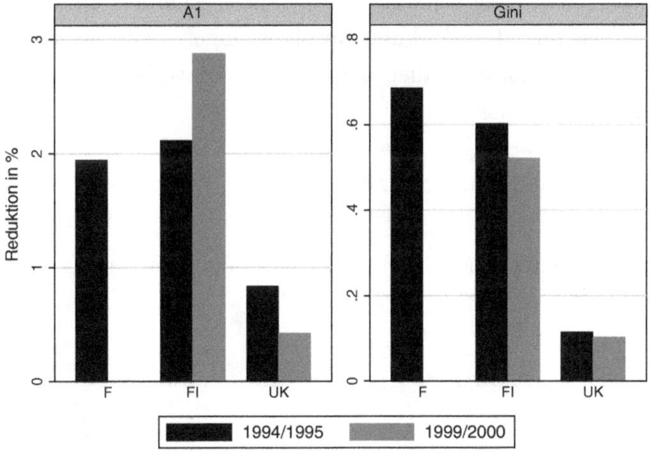

Quelle: Eigene Berechnungen mit LIS-Daten

reich ausgeht. Dagegen schneiden Frankreich und Finnland mit ähnlichen Effektivitätswerten besser ab. Sowohl in Finnland als auch in Frankreich sind diese Leistungen abhängig vom bisherigen Einkommen, allerdings erfolgt in Finnland auch für diesen Transfer die Aufteilung in einen Grundbetrag und einen prozentualen Teil des bisherigen Einkommens, wohingegen in Frankreich festgelegte Prozentsätze am bisherigen Einkommen gewährt werden. An dieser Stelle sollte weiterhin beachtet werden, dass in Finnland zusätzlich zum eigentlichen Krankengeld das so genannte Rehabilitationsgeld in den Daten enthalten ist. Dieses kann nach Ausschöpfung des Anspruches auf Krankengeld als vorläufige Invaliditätsrente gewährt werden und wurde dementsprechend in Kapitel 2.2 den Invaliditätsleistungen zugeordnet. Es ist davon auszugehen, dass ohne diese zusätzliche Leistung das Krankengeld in Finnland etwas niedrigere Effektivitätswerte aufweisen würde.

6.2.5.3 Leistungen bei Invalidität

Ebenso wie für die Leistungen bei Arbeitsunfällen und Berufskrankheiten sind die Invaliditätsrenten nicht separat in den französischen Daten verfügbar, weshalb die Betrachtung der Wirkung der Leistungen bei Invalidität lediglich für Deutschland, Finnland, Italien und das Vereinigte Königreich erfolgt. Die Rangfolge der Ungleichheitsreduktionen durch Invaliditätsleistungen 1994/95 differiert je nach verwendetem Maß. Beispielhaft sind in der Abbildung 6.16 die Ergebnisse für den Gini-Koeffizienten und A_1 dargestellt.

Abbildung 6.16: Reduktion A_1 und Gini-Koeffizient, Leistungen bei Invalidität im Ländervergleich 1994/95 und 1999/2000

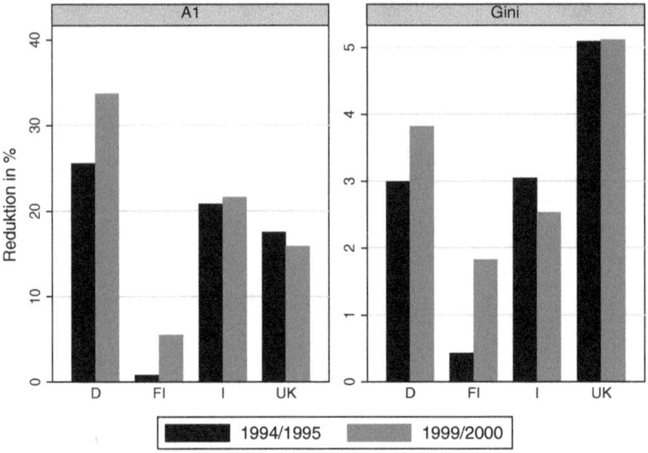

Quelle: Eigene Berechnungen mit LIS-Daten

Hinsichtlich des Gini-Koeffizienten und des Piesch-Maßes ergibt sich, dass die Effektivitätsziffern für das Vereinigte Königreich am höchsten sind, gefolgt von Italien, Deutschland und Finnland. Bezüglich des Mehran- und Theil-Maßes sowie $A_{0,5}$ vertauschen Italien und Deutschland die Ränge, so dass Deutschland für diese Maße besser abschneidet. Was die im unteren Einkommensbereich sensitiven Maße MLD und A_1 betrifft, verändert sich die Reihenfolge stärker: Die höchsten Reduktionen finden sich in Deutschland, gefolgt von

Italien, dem Vereinigten Königreich und Finnland. Damit fällt das Vereinigte Königreich für diese Maße in der Rangfolge zurück. Die eindeutig letzte Position von Finnland wird durch die Überprüfung der Konfidenzintervalle bestätigt, für die sich keinerlei Überlappungen mit den Intervallen für die anderen Länder finden. Italien und Deutschland, die je nach Maß die Ränge tauschen, weisen dagegen für alle Ungleichheitsmaße sich überschneidende Konfidenzintervalle auf. Vergleicht man die Konfidenzintervalle für das Vereinigte Königreich mit denen für Deutschland und Italien, so finden sich Überlappungen mit Ausnahme des Gini-Koeffizienten, des Mehran- und Piesch-Maßes im Vergleich mit Deutschland sowie für die Atkinson-Maße und die MLD im Vergleich mit Italien.

Bezüglich des zweiten Untersuchungszeitpunktes sind die Ergebnisse etwas einheitlicher. Was den Gini-Koeffizienten (vgl. Abbildung 6.16), das Mehran-, Piesch- und Theil-Maß betrifft, liegt das Vereinigte Königreich wie 1994/95 an der Spitze, gefolgt von Deutschland, Italien und Finnland. Für die MLD, $A_{0,5}$ und A_1 dagegen weist Deutschland die höchsten Reduktionen auf, gefolgt von Italien und dem Vereinigten Königreich (für $A_{0,5}$ vertauschen diese beiden Länder die Ränge), Schlusslicht bleibt Finnland. Abermals wird diese Position für Finnland durch den Vergleich der Konfidenzintervalle bestätigt, für die sich fast keine Überschneidungen finden.[55] Vergleicht man die Konfidenzintervalle der Reduktionen in Italien durch die Invaliditätsrente mit den verbleibenden zwei Ländern, so finden sich lediglich Überschneidungen für A_1[56] und die MLD mit den Intervallen für Deutschland und das Vereinigte Königreich. Weiterhin sind beim Vergleich der Intervalle für das Vereinigte Königreich und Deutschland für $A_{0,5}$ und das Theil-Maß Überschneidungen zu finden.

Eindeutig die geringste Umverteilung erzielen also insgesamt die finnischen Leistungen mit dem pauschalen Invaliditätsgeld für Nichtrentenempfänger und dem Pflegegeld. Daran ändert sich auch nichts durch die Aufnahme der ebenfalls pauschalen Volksrente 2000, auch wenn dadurch höhere Reduktionen als 1995 erzielt werden. Allerdings ist zu vermuten, dass bei Mitberücksichtigung der Erwerbsrenten bei Invalidität bedeutend höhere Reduktionen erzielt worden wären, die evtl. im Bereich der Reduktionen für die anderen Länder liegen

[55]Lediglich für den Vergleich der Konfidenzintervalle mit Italien finden sich für den Gini- und Mehran-Index Überschneidungen.

[56]Eine Ausnahme bilden hierbei im Vergleich mit Deutschland die nach der BC-Methode berechneten Intervalle.

könnten. Die höchsten Reduktionen werden meist vom Vereinigten Königreich erzielt, wobei für A_1 und die MLD Deutschland diese Position übernimmt. Wie bereits in Kapitel 6.2.2.5 festgestellt wurde, fand im Vereinigten Königreich vermutlich eine „Flucht“ in die Leistungen der Invaliditätsrente statt, was sich in entsprechend hohen Empfängerzahlen niederschlägt. Allerdings scheint es so, dass die Umverteilung sich für die untersten Einkommensbereiche in Deutschland stärker auswirkt als im Vereinigten Königreich, da wie oben beschrieben die Reduktionen in Deutschland für A_1 und die MLD vor denen des Vereinigten Königreiches liegen. In Deutschland handelt es sich bei den Transfers um Versicherungsleistungen, deren Höhe vom bisherigen Einkommen abhängt, außer bei der Pflegeversicherung, die in Form von Pauschalbeträgen nach der jeweiligen Pflegestufe gewährt wird. Im Vereinigten Königreich dagegen handelt es sich durchweg um Pauschalleistungen, wobei allerdings sowohl beitragsfinanzierte Versicherungsleistungen als auch bedürftigkeitsgeprüfte Sonderleistungen enthalten sind. Für die im unteren Einkommensbereich sensitiven Maße A_1 und MLD schiebt sich Italien sogar vor das Vereinigte Königreich. So besteht Evidenz dafür, dass die einkommensabhängigen Versicherungsleistungen, die 2000 durch die pauschale und bedürftigkeitsgeprüfte Leistung für Nichtrentenempfänger ergänzt wird, im Vergleich zum Vereinigten Königreich eher Umverteilungswirkungen im unteren Einkommensbereich bewirken. Den beiden Ländern ist gemeinsam, dass die hohe Wirkung der Invaliditätsrenten durch die Flucht aus weniger großzügig ausgestalteten Transfers mitbestimmt wird.

6.2.5.4 Leistungen bei Arbeitsunfällen und Berufskrankheiten

Der Ländervergleich für die Leistungen bei Arbeitsunfällen und Berufskrankheiten erfolgt für Deutschland, Finnland, Italien und das Vereinigte Königreich. Für Frankreich sind keine separaten Leistungen bei Arbeitsunfällen und Berufskrankheiten in den Daten verfügbar. 1994/95 ergibt sich für die Reduktionen hinsichtlich aller verwendeten Maße außer $A_{0,5}$ die gleiche Reihenfolge (vgl. Abbildung 6.17): Die höchsten Reduktionen werden in Finnland erzielt, gefolgt von Deutschland, Italien und dem Vereinigten Königreich. Für $A_{0,5}$ tauschen Deutschland und Italien die Plätze. Der Vergleich der verschiedenen Konfidenzintervalle lässt viele Überlappungen erkennen. Lediglich beim Vergleich der Intervalle für Finnland und Italien mit Ausnahme von A_1 und MLD, für Finnland mit dem Vereinigten Königreich und für den Vergleich Vereinigtes

Königreich mit Deutschland bis auf A_1, MLD und Mehran-Maß[57] sind keine Überschneidungen feststellbar.

Abbildung 6.17: Reduktion A_1 und Gini-Koeffizient, Leistungen bei Arbeitsunfällen und Berufskrankheiten im Ländervergleich 1994/95 und 1999/2000

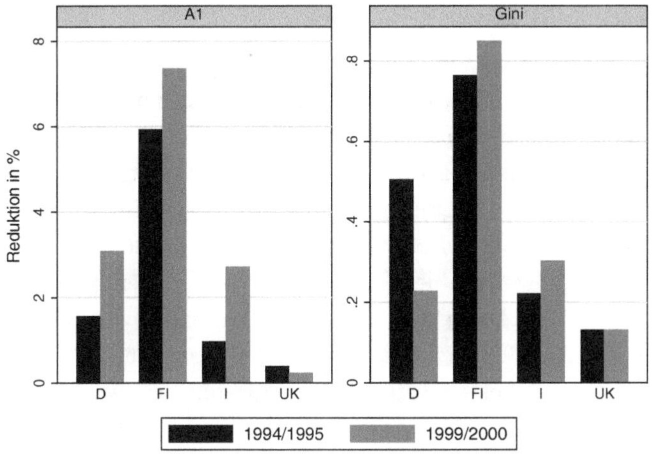

Quelle: Eigene Berechnungen mit LIS-Daten

1999/2000 ergibt sich für die MLD und A_1 (vgl. Abbildung 6.17) die gleiche Reihenfolge wie bei der Mehrheit der Maße 1994/95, hinsichtlich der anderen Maße dagegen rückt Italien vor Deutschland (vgl. Abbildung 6.17). Bezüglich der Bootstrapping-Konfidenzintervalle lässt sich feststellen, dass lediglich für das Vereinigte Königreich im Vergleich mit Finnland bzw. Italien für keines der Ungleichheitsmaße Überschneidungen festzustellen sind, was zeigt, dass die Reduktionen in Finnland und Italien deutlich höher ausfallen als im Vereinigten Königreich.[58]

Die geringsten Effektivitätswirkungen gehen somit von den Arbeitsunfallrenten im Vereinigten Königreich aus. Hier zeigt sich, dass das Vereinigte

[57]Für das Mehran-Maß finden sich allerdings nur für die nach der Normalapproximationsmethode ermittelten Konfidenzintervalle Überschneidungen.

[58]Keine Überschneidungen finden sich weiterhin für Finnland im Vergleich mit Italien außer für A_1, die MLD und das Piesch-Maß sowie für Finnland im Vergleich mit Deutschland außer für die MLD, A_1 und $A_{0,5}$.

Königreich, in dem die Ausgestaltung dieser Leistungen von der in den anderen Ländern abweicht (vgl. Kapitel 2.6), sich auch in der Effektivitätswirkung absetzt. So handelt es sich bei den Transfers im Vereinigten Königreich um staatlich finanzierte Pauschalleistungen, wohingegen in den anderen Ländern durch die Arbeitgeber finanzierte, einkommensabhängige Leistungen gewährt werden. Unter den Ländern mit einer ähnlichen Ausgestaltung werden in Finnland die höchsten Reduktionswerte erzielt.

An dieser Stelle soll nun wenigstens der Versuch unternommen werden, die in den französischen Daten enthaltenen Sozialleistungen bei Invalidität und Arbeitsunfällen/Berufskrankheiten mit denen der anderen Länder zu vergleichen. Daher werden für die vier anderen Länder Berechnungen durchgeführt, bei denen die Wirkungen der Leistungen bei Invalidität sowie Arbeitsunfällen und Berufskrankheiten zusammen betrachtet werden und dann mit den Ergebnissen der „kombinierten“ Variable in den französischen Daten verglichen werden. Da für Frankreich nur Daten von 1994 verfügbar sind, wird dieser Vergleich lediglich für den ersten Untersuchungszeitpunkt durchgeführt. Es sei noch einmal betont, dass der durchgeführte Vergleich lediglich als grober Anhaltspunkt verstanden werden kann, da die eigentliche Invaliditätsrente in Frankreich gar nicht in den Daten enthalten ist. Für den Gini-Koeffizienten (vgl. Abbildung 6.18), das Mehran-, Piesch- und Theil-Maß sowie $A_{0,5}$ ergibt sich, dass im Vereinigten Königreich die höchsten Reduktionen erzielt werden, gefolgt von Deutschland, Italien, Frankreich und Finnland. Was A_1 (vgl. Abbildung 6.18) und die MLD betrifft, tauschen Italien, Deutschland und das Vereinigte Königreich ihre Ränge, so dass die höchsten Reduktionen für Deutschland erreicht werden, gefolgt von Italien und dem Vereinigten Königreich.

Vergleicht man die Konfidenzintervalle für die in Frankreich erreichten Reduktionen mit denen der anderen Länder, so zeigt sich, dass keine Überschneidungen mit den Intervallen in Italien, Deutschland und dem Vereinigten Königreich zu finden sind. Im Vergleich mit Finnland sind lediglich für die Atkinson-Maße und die MLD Überschneidungen feststellbar. Insgesamt sind die für Frankreich berechneten Reduktionen durch Leistungen bei Erwerbsunfähigkeit im Vergleich zu Italien, Deutschland und dem Vereinigten Königreich deutlich geringer, im Vergleich zu Finnland dagegen liegen höhere Werte vor. Es ist allerdings zu vermuten, dass bei Miteinbeziehung von Invaliditätsrenten in Frankreich höhere Reduktionswerte feststellbar wären, die

Abbildung 6.18: Reduktion A_1 und Gini-Koeffizient, Leistungen bei Erwerbsunfähigkeit im Ländervergleich 1994/95

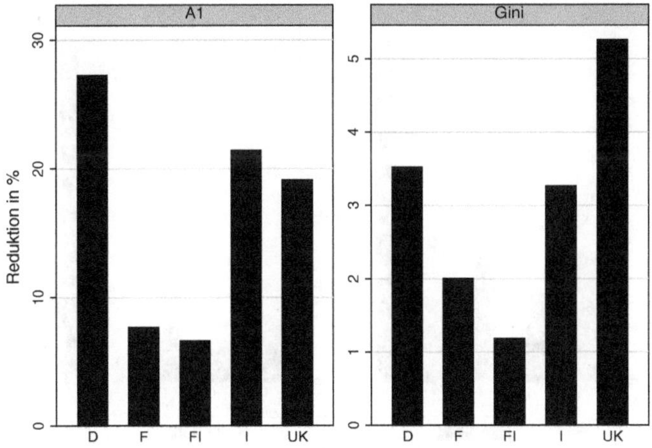

Quelle: Eigene Berechnungen mit LIS-Daten

eventuell mit denen in Italien, Deutschland und dem Vereinigten Königreich konkurrieren könnten.

6.2.5.5 Mindestsicherung

Die höchste Reduktion durch die Leistungen der Mindestsicherung wird für beide Untersuchungszeitpunkte eindeutig für alle Maße im Vereinigten Königreich erreicht, die niedrigsten Reduktionen werden dagegen für Italien angezeigt. 1994/95 zeigt sich für den Gini-Koeffizient (vgl. Abbildung 6.19), das Mehran-, Piesch- und Theil-Maß sowie für $A_{0,5}$, dass die zweithöchsten Reduktionen in Finnland, gefolgt von Deutschland und Frankreich festzustellen sind. Bezüglich der MLD und A_1 (vgl. Abbildung 6.19) tauschen Deutschland und Finnland die Ränge, Deutschland weist also für diese Maße höhere Reduktionen auf.

Zum zweiten Untersuchungszeitpunkt 1999/2000 ergibt sich das gleiche Bild, allerdings weisen die für Deutschland berechneten Reduktionen nun auch für das Theil-Maß und $A_{0,5}$ höhere Werte als für Finnland auf. Die eindeutig

Abbildung 6.19: Reduktion A_1 und Gini-Koeffizient, Mindestsicherung im Ländervergleich 1994/95 und 1999/2000

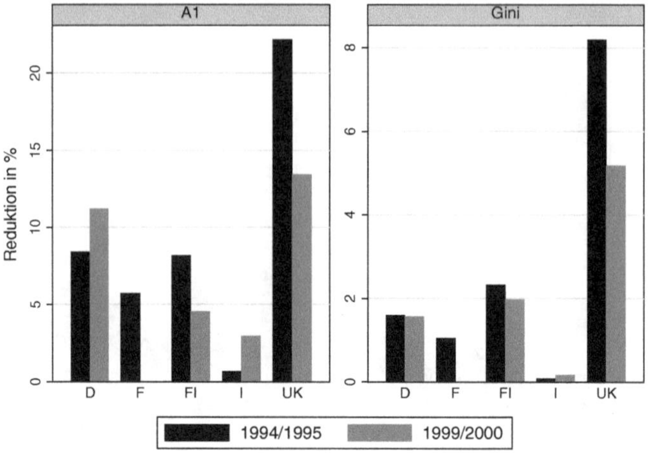

Quelle: Eigene Berechnungen mit LIS-Daten

geringsten Reduktionen in Italien bzw. höchsten Reduktionen im Vereinigten Königreich werden durch den Vergleich der Konfidenzintervalle für die Reduktionen mit den anderen Ländern bestätigt, für die sich nur vereinzelt Überschneidungen finden.[59] Der Vergleich der Länder mit mittleren Reduktionsziffern ergibt, dass sich ebenfalls nur für bestimmte Maße Überschneidungen ergeben.[60]

Es zeigt sich also, dass die zentrale Stellung der Mindestsicherung im Sozialsystem des Vereinigten Königreichs auch für eine herausragende Stellung im Vergleich mit Ländern sorgt, in denen die Mindestsicherung lediglich als aller-

[59] Überschneidungen finden sich 1994/95 für das Vereinigte Königreich im Vergleich mit Deutschland für A_1, sowie 1999/2000 für das Vereinigte Königreich im Vergleich mit Deutschland für A_1 und die MLD und Italien im Vergleich mit Finnland ebenfalls für A_1 und die MLD.

[60] 1994/95 ergeben sich für den Vergleich von Frankreich und Deutschland Überschneidungen für das Mehran-Maß, A_1, MLD, weiterhin für Gini und $A_{0,5}$ lediglich für die Berechnungen nach der N-Methode. Im Vergleich der Intervalle für Frankreich und Finnland ergeben sich Überschneidungen für A_1 und MLD, für den Vergleich Finnland - Deutschland sind Überlappungen für alle Maße außer Gini und Piesch feststellbar. 1999/2000 ergibt der Vergleich Deutschland - Finnland Überschneidungen für alle Maße außer A_1 und MLD.

letztes Sicherheitsnetz nach Ausschöpfung aller anderen Möglichkeiten greifen soll. Die Einführung der Job Seeker's Allowance hat im Vereinigten Königreich durch eine Verlagerung einiger Income Support-Empfänger in diesen neuen Transfer zwar 2000 deutlich niedrigere Reduktionswerte zur Folge, allerdings wird dadurch die Spitzenposition im Ländervergleich nicht gefährdet. Das extreme Gegenbeispiel zur Mindestsicherung im Vereinigten Königreich stellt Italien dar, für das sich die eindeutig geringsten Effektivitätswirkungen zeigen. In Italien ist ein eher niedriger Deckungsgrad durch die Mindestsicherung gegeben, es existiert kein national einheitliches System,[61] so dass z.T. eine „Flucht" in andere Leistungen wie die Invaliditätsrenten stattfindet (vgl. Kapitel 2.4.6). Mittlere Effektivitätszahlen weisen Finnland, Deutschland und Frankreich auf. Auffällig beim Vergleich dieser drei Länder untereinander ist, dass Deutschland im Vergleich zu Finnland tendenziell besser abschneidet, wenn den Berechnungen Maße zugrunde liegen, die im unteren Einkommensbereich sensitiv sind. Was die Ausgestaltung der Transfers betrifft, ist weiterhin für Frankreich festzustellen, dass im Vergleich zu Finnland und Deutschland der Transfer nicht zeitlich unbegrenzt gewährt wird.

In einem nächsten Schritt sollen nun die Berechnungen für die Mindestsicherung einschließlich Wohngeld durchgeführt werden, um zu überprüfen, ob die Miteinbeziehung des Wohngeldes die Ergebnisse entscheidend beeinflusst. Für Italien sind keine Daten zum Wohngeld vorhanden,[62] weshalb im Folgenden nur Deutschland, Finnland, Frankreich (1994) und das Vereinigte Königreich betrachtet werden. Beispielhaft für die Ergebnisse dieser Berechnungen sind in Abbildung 6.20 die sich für A_1 und den Gini-Koeffizienten ergebenden Reduktionen dargestellt.

Durch die Berücksichtigung des Wohngeldes ändert sich bei der Effektivität nichts an der „Vormachtstellung" des Vereinigten Königreichs mit den eindeu-

[61] Eine genauere Untersuchung des Aspektes der (De-)Zentralisierung der Organisation und Verwaltung von Mindestsicherung in Europa im Zusammenhang mit Umverteilungseffekten wurde in Hölsch und Kraus (2002, 2004) vorgenommen. Der Dezentralisierungsgrad der Mindestsicherung wurde dabei über die Aspekte der Finanzierung durch Bund, Länder oder Gemeinden, der formalen Entscheidungsbefugnisse sowie der regionalen Variation der Leistungssätze vorgenommen. Italien wird dabei als dezentralstes System der hier betrachteten Länder eingestuft. Am zentralsten ist das britische System, gefolgt von Frankreich, Finnland und Deutschland, die im Mittelfeld liegen.

[62] In Italien gibt es kein national geregeltes Wohngeld, lediglich bestimmte Regionen bieten für bestimmte Gruppen Wohngeld an.

Abbildung 6.20: Reduktion A_1 und Gini-Koeffizient, Mindestsicherung einschließlich Wohngeld im Ländervergleich 1994/95 und 1999/2000

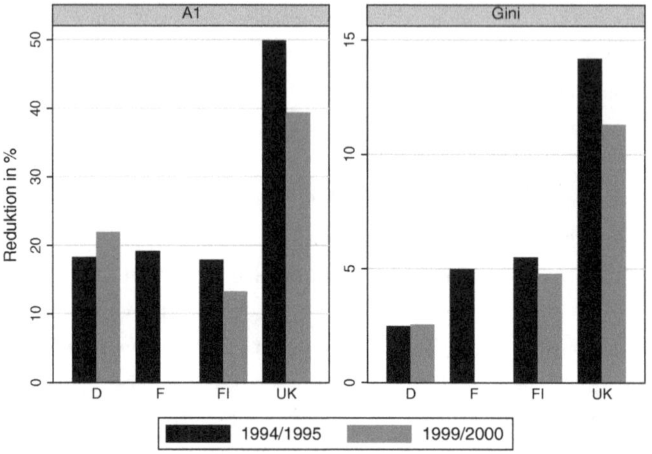

Quelle: Eigene Berechnungen mit LIS-Daten

tig höchsten Reduktionen, was sich auch darin widerspiegelt, dass keinerlei Überschneidungen der Konfidenzintervalle für die Reduktionen im Vereinigten Königreich im Vergleich zu den anderen Ländern zu finden sind. 1994/95 ergaben sich vor allem für Frankreich und Deutschland Veränderungen im Vergleich zu den Berechnungen ohne Wohngeld. Für den Gini-Koeffizienten, das Mehran-, Piesch- und Theil-Maß tauschen diese beiden Länder die Ränge, da Frankreich bedeutend höhere Effektivitätsziffern im Vergleich zu den Berechnungen ohne Wohngeld aufweist. Was die MLD und A_1 betrifft, schiebt sich Frankreich auch vor Finnland, das damit nach Deutschland auf dem vierten Rang liegt. Für $A_{0,5}$ weist Frankreich ebenfalls die zweithöchsten Reduktionen nach dem Vereinigten Königreich auf, allerdings finden sich für dieses Maß in Finnland höhere Reduktionen als in Deutschland. Vergleicht man die Konfidenzintervalle der Reduktionen von Frankreich und Finnland, so ergeben sich im Gegensatz zu den Berechnungen ohne Wohngeld für alle Maße Überschneidungen, was darauf schließen lässt, dass der Unterschied zwischen den Reduktionen nicht deutlich ausgeprägt ist. Ein Vergleich der Intervalle für Deutschland mit Frankreich und Finnland ergibt dagegen nur Überschneidungen für A_1 und die MLD. 1999/2000 bleiben lediglich drei Länder für einen Vergleich übrig, da für Frankreich keine Daten für diese Jahre vorliegen. Vergleicht man die sich ergebenden Rangfolgen mit den Berechnungen ohne Wohngeld, fällt nur für $A_{0,5}$ ein Unterschied auf: Ohne Wohngeld ergibt sich für den zweiten Untersuchungszeitpunkt eine höhere Reduktion für Deutschland als für Finnland, während die Berechnungen mit Wohngeld höhere Effektivitätswerte für Finnland liefern. Allerdings zeigt sich für alle Maße außer die von Gini, Mehran und Piesch,[63] dass sich die Konfidenzintervalle der Reduktionen in Finnland und Deutschland überlappen.

Der Einbezug des Wohngeldes ändert also nichts an der Position des Vereinigten Königreiches. Die deutlichste Veränderung ergibt sich dagegen in der Verbesserung der Position Frankreichs. Das lässt sich durch die hohe Bedeutung des Wohngeldes in Frankreich erklären: So bezogen 1992 8,8 Prozent der Bevölkerung Wohngeld gegenüber 1,1 Prozent, die Mindestsicherung empfingen. In Deutschland dagegen waren 2,8 Prozent auf Wohngeld, aber 4,5 Prozent auf Sozialhilfe angewiesen (vgl. Eardley et al. 1996a: 39).

6.2.6 Transfers im Ländervergleich: Effizienz

Die folgenden Kapitel 6.2.6.1 bis 6.2.6.5 dienen der Vorstellung der Ergebnisse für die Effizienz bezüglich der einzelnen Transferleistungen jeweils im Ländervergleich. Da die Effizienzindikatoren als Quotient aus Ungleichheitsreduktion durch Ausgabenanteil für den jeweiligen Transfer am BIP berechnet werden, ist es notwendig, dass die Ausgabenanteile tatsächlich zur Verfügung stehen. Ist dies nicht der Fall, muss an gegebener Stelle auf die Berechnungen verzichtet werden.[64] Im Gegensatz zu den Ergebnissen der Effektivität werden für die Effizienz keine Bootstrapping-Konfidenzintervalle ermittelt.

In den folgenden Unterkapiteln werden für jeden Transfer zunächst die Ergebnisse für 1994/95 und 1999/2000 im Ländervergleich erläutert. Diese Ergebnisse werden anschließend mit denen für die Effektivität verglichen, die in den Kapiteln 6.2.5.1 bis 6.2.5.5 vorgestellt wurden.

[63]Keine Überschneidungen ergeben sich auch für die nach der N-Methode berechneten Intervalle bei der MLD und A_1.

[64]Vgl. zu den Ausgabenanteilen Tabelle 6.1 auf S. 141 und insbesondere zur Problematik der Ausgaben für Mindestsicherung auch Kapitel 6.2.3.

6.2.6.1 Leistungen bei Arbeitslosigkeit

Bei den Leistungen bei Arbeitslosigkeit sind wieder zwei Transfers zu beachten: das Arbeitslosengeld und die Arbeitslosenhilfe, wobei die Effizienzanalyse zuerst für das Arbeitslosengeld vorgestellt wird. Hinsichtlich des Arbeitslosengeldes resultieren je nach zugrunde liegendem Ungleichheitsmaß unterschiedliche Reihenfolgen der Effizienzzahlen für 1994/95. Bezüglich des Gini-Koeffizienten (vgl. Abb. 6.21) und des Mehran-Maßes wird die höchste Effizienz für Finnland erreicht, gefolgt von Deutschland, dem Vereinigten Königreich, Frankreich und Italien. Für das Piesch- und Theil-Maß tauschen Frankreich und das Vereinigte Königreich ihre Positionen. Eine stärkere Veränderung der Reihenfolge ist dagegen für die MLD, $A_{0,5}$ und A_1 (vgl. Abb. 6.21) festzustellen: Die höchste Effizienz wird hier im Vereinigten Königreich erreicht, Deutschland bleibt wie bei allen anderen Maßen auf dem zweiten Rang, gefolgt von Finnland, Frankreich und Italien, das hinsichtlich aller Maße auf dem letzten Platz liegt.

Abbildung 6.21: Effizienzindikator A_1 und Gini-Koeffizient, Arbeitslosengeld im Ländervergleich 1994/95 und 1999/2000

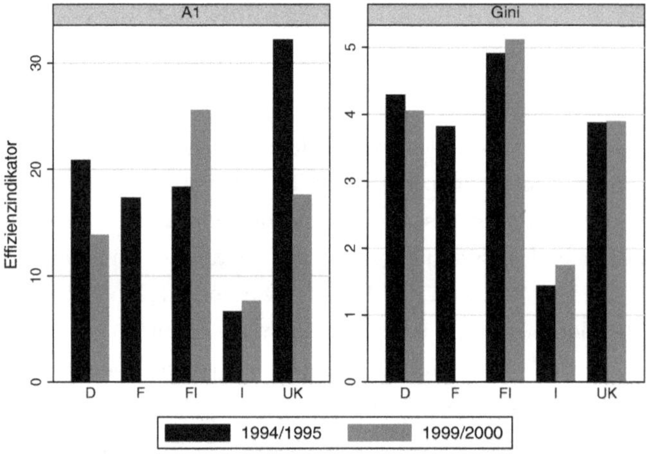

Quelle: Eigene Berechnungen mit LIS-Daten und Ausgabendaten der OECD Social Expenditure Database (SOCX)

Im Beobachtungszeitraum 1999/2000 weist Finnland für alle Maße die höchste Effizienz auf. Was die MLD, A_1 und das Mehran-Maß betrifft, folgen das Vereinigte Königreich, Deutschland und Italien. Für den Gini-Koeffizienten, das Piesch- und das Theil-Maß sowie $A_{0,5}$ tauschen das Vereinigte Königreich und Deutschland ihre Plätze.

Für Italien wurden die Effizienzindikatoren der Gesamtleistungen bei Arbeitslosigkeit, also das Arbeitslosengeld plus die Leistungen bei Teilarbeitslosigkeit, ebenfalls berechnet. Der Vergleich dieser Effizienzwerte mit denen der anderen Länder ergab die gleichen Reihenfolgen wie oben beschrieben, Italien kann sich auch für diese Berechnungen nicht vom letzten Platz lösen.

Der Vergleich der Effizienz- und Effektivitätsergebnisse zeigt, dass Italien für das Arbeitslosengeld immer auf dem letzten Rang verbleibt. Eine Verbesserung ist dagegen für das Vereinigte Königreich festzustellen. Vom eindeutig vorletzten Platz bei der Effektivität findet eine Verbesserung in der Rangfolge statt. Das beste Ergebnis wird dabei 1994/95 für die Berechnungen mit der MLD und den Atkinson-Maßen erzielt, für die das Vereinigte Königreich sogar auf den ersten Rang rückt. Dies könnte darauf hinweisen, dass das damalige Arbeitslosengeld im Vereinigten Königreich im Vergleich zu Finnland und Deutschland eher auf die unteren Einkommensbereiche ausgerichtet war, da in diesem Bereich sensitive Maße bessere Effizienzergebnisse ausweisen. 1999 dagegen ist für diese Maße im Vereinigten Königreich ein Absinken der Effizienzindikatoren zu verzeichnen, was vermutlich auf die starken Veränderungen in der institutionellen Ausgestaltung durch die Einführung der Job Seeker's Allowance zurückzuführen ist, die allerdings auch durch eine deutliche Verringerung der Arbeitslosenquote begleitet werden (vgl. Tab. 6.2, S. 142). Frankreich fällt bei der Effizienz für alle Maße auf den vorletzten Rang zurück, lediglich für das Piesch- und das Theil-Maß schneidet das Vereinigte Königreich schlechter ab. Die deutlich besseren Ergebnisse der (zumindest teilweise) einkommensabhängigen Versicherungsleistungen in Finnland, Deutschland und Frankreich bei der Effektivität können also für die Effizienz nicht mehr eindeutig bestätigt werden, da diese erheblichen Wirkungen über vergleichsweise hohe Ausgaben „erkauft“ werden (vgl. Tab. 6.1, S. 141). Durch niedrige Ausgaben gelingt es dem Vereinigten Königreich mit seinen pauschalen Leistungen für die Effizienzergebnisse zu diesen Ländern aufzuschließen bzw. sogar bessere Ergebnisse zu erzielen. In Italien werden zwar auch einkommensabhängige Arbeitslosigkeitsleistungen angeboten, allerdings reicht deren niedriges Niveau nicht aus, um hinsichtlich der Effektivität und Effizienz mit den anderen Ländern mithalten zu können.

Nun soll noch ein kurzer Vergleich der Effizienzwerte für die Arbeitslosenhilfe erfolgen.[65] 1994/95 weist Finnland bis auf die MLD und die beiden Atkinson-Maße eine höhere Effizienz als Deutschland auf, 2000 kann Deutschland nur noch für die MLD und A_1 bessere Effizienzergebnisse erzielen. Damit kann Deutschland immerhin für die Berechnungen auf Basis der im unteren Einkommensbereich sensitiven Maße Finnland „überholen", was für die Effektivität nicht gelang. Die pauschalen Leistungen in Finnland werden also für diese im unteren Einkommensbereich sensitiven Maße zwar als effektiver, aber als weniger effizient als die einkommensabhängigen Leistungen in Deutschland eingestuft.

6.2.6.2 Geldleistungen bei Krankheit

Daten zum Krankengeld sind 1994/95 für Finnland, Frankreich und das Vereinigte Königreich verfügbar. Die eindeutig niedrigsten Effizienzwerte sind für alle verwendeten Maße in Finnland festzustellen. Ob Frankreich oder das Vereinigte Königreich höhere Effizienzzahlen aufweisen, hängt vom zugrunde gelegten Maß ab: Für den Gini-Koeffizienten (vgl. Abb. 6.22), das Mehran-, das Piesch- sowie das Theil-Maß schneidet Frankreich besser ab, für die MLD, $A_{0,5}$ sowie A_1 (vgl. Abb. 6.22) liegt das Vereinigte Königreich vorn.

Zum zweiten Beobachtungszeitpunkt werden nur noch Finnland und das Vereinigte Königreich analysiert, da für Frankreich nur Daten aus dem Jahr 1994 vorhanden sind. Hier hängt die Reihenfolge der beiden Länder von den verwendeten Maßen ab: Hinsichtlich des Gini-Koeffizienten, des Mehran- und des Piesch-Maßes sind höhere Effizienzziffern für das Vereinigte Königreich abzulesen; bezüglich des Theil-Maßes, der MLD und der Atkinson-Maße ist dies dagegen für Finnland der Fall, das 1994/95 noch eindeutig an letzter Stelle lag. Diese Verbesserung ist aber vor allem auf einen deutlichen Rückgang der Effizienzwerte im Vereinigten Königreich von 1994 auf 1999 zurückzuführen, wie in Abb. 6.22 deutlich wird. Dieser Rückgang der Werte dürfte sich auf das Absinken der Effektivitätswerte einerseits und eine leichte Erhöhung der Ausgabenanteile andererseits zurückführen lassen. An dieser Stelle sei nochmals

[65] Eine grafische Darstellung erfolgt an dieser Stelle nicht, da nur für Deutschland und Finnland Berechnungen durchgeführt werden können.

Abbildung 6.22: Effizienzindikator A_1 und Gini-Koeffizient, Krankengeld im Ländervergleich 1994/95 und 1999/2000

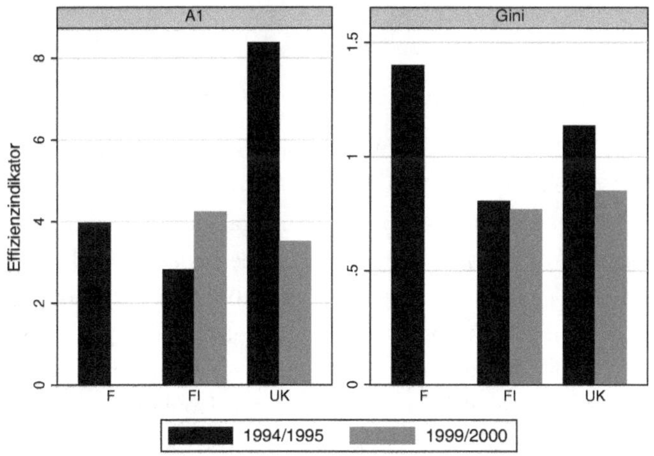

Quelle: Eigene Berechnungen mit LIS-Daten und Ausgabendaten der OECD Social Expenditure Database (SOCX)

erwähnt, dass zwischen den beiden Untersuchungszeitpunkten eine umfassende Reform der Geldleistungen bei Krankheit im Vereinigten Königreich vorgenommen wurde (vgl. Kapitel 2.5.3), die sich hier vermutlich niederschlägt.[66]

Vergleicht man die Effektivitäts- und die Effizienzergebnisse, so fällt auf, dass Finnland bei der Effizienz deutlich schlechter abschneidet, wohingegen das Vereinigte Königreich seine Position verbessern kann. Der Vergleich der für die Effizienzberechnungen verwendeten Ausgabenanteile zeigt, dass die Ausgabenanteile in Finnland ca. sieben mal so hoch wie im Vereinigten Königreich sind. Damit lässt sich diese Verschiebung erklären. Frankreich, das bezüglich der Ausgabenanteile zwischen diesen beiden Extremen liegt, kann dagegen seine Position behaupten. Es zeigt sich also, dass die Pauschalleistungen im Vereinigten Königreich zwar wenig effektiv, aber dafür effizienter sind, wohingegen die

[66]Hierbei ist zu beachten, dass in den Daten 1994 sowohl Sickness Benefit als auch Statutory Sick Pay enthalten waren, wohingegen 1999 nur noch Statutory Sick Pay für die entsprechende Variable zur Verfügung stand. Der short-term Incapacity Benefit, der die Sickness Benefits ersetzt, ist nicht enthalten. Vgl. zum Inhalt der Variablen Kapitel 5.2.

teilweise vom Einkommen abhängigen Leistungen in Finnland zwar effektiv, aber aufgrund der hohen Ausgaben weniger effizient sind. Die als Prozentsätze am bisherigen Einkommen gewährten Leistungen in Frankreich ergeben dagegen fast die gleichen Positionen für Effektivität und Effizienz.

6.2.6.3 Leistungen bei Invalidität

Ein Ländervergleich bezüglich der Leistungen bei Invalidität schließt lediglich Deutschland, Finnland, Italien und das Vereinigte Königreich ein, da für Frankreich in den LIS-Daten keine gesonderten Angaben zu Invaliditätsleistungen herausfilterbar sind. Für alle Ungleichheitsmaße bis auf die MLD und A_1 ergibt sich 1994/95 die gleiche Reihenfolge (vgl. Abb. 6.23): Die höchste Effizienz zeigt sich für Italien, gefolgt von Deutschland, dem Vereinigten Königreich und Finnland. Für die MLD und A_1 ist die niedrigste Effizienz zwar weiterhin in Finnland und die zweitniedrigste im Vereinigten Königreich festzustellen, die höchste Effizienz zeigt sich bei Verwendung dieser Maße allerdings für Deutschland, danach folgt Italien.

Für 1999/2000 ist bei der Mehrzahl der zugrunde gelegten Maße feststellbar, dass in Deutschland die höchste Effizienz der Invaliditätsleistungen vorliegt, gefolgt von Italien, Finnland und dem Vereinigten Königreich. Lediglich für das Piesch-Maß und die MLD tauschen Finnland und das Vereinigte Königreich die Ränge, wobei die Effizienzergebnisse für die beiden Länder eng beieinander liegen. Im Vergleich zu 1994/95 schiebt sich Deutschland also eindeutig auf Platz eins. Diese leichte Verbesserung der Position Deutschlands im Vergleich zu 1994/95 dürfte sich wohl einerseits auf die zwischenzeitliche Einführung der als Pauschalleistungen gewährten Pflegeversicherung zurückführen lassen. Andererseits ist für Italien 2000 zusätzlich zu der einkommensabhängigen Versicherungsleistung der Invaliditätsrente die Pensione per invalidi civili enthalten, die als Pauschalleistung gewährt wird, wenn kein Versicherungsanspruch auf Invaliditätsrente vorliegt. Dies begründet vermutlich das Sinken der Effizienzwerte in Italien von 1995 bis 2000 und „begünstigt“ somit den eindeutigen ersten Rang für Deutschland.

Vergleicht man die Ergebnisse für die Effektivität und die Effizienz, fällt auf, dass Finnland sich nur für einige Maße bei den Effizienzberechnungen 1999/2000 vom letzten auf den vorletzten Rang verbessern kann. Dieses etwas bessere Abschneiden könnte auf die Miteinbeziehung der Volksrente im Jahr

Abbildung 6.23: Effizienzindikator A_1 und Gini-Koeffizient, Leistungen bei Invalidität im Ländervergleich 1994/95 und 1999/2000

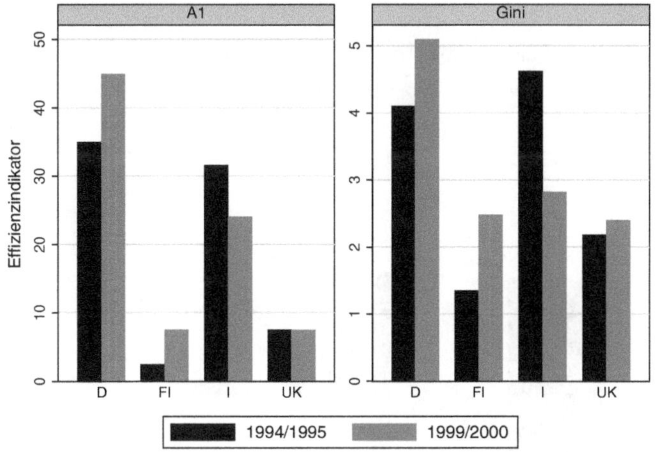

Quelle: Eigene Berechnungen mit LIS-Daten und Ausgabendaten der OECD Social Expenditure Database (SOCX)

2000 zurückzuführen sein. Eindeutig schlechter schneidet das Vereinigte Königreich für die Effizienz im Vergleich zur Effektivität ab, während sich Deutschland und Italien für die Effizienz eher verbessern. Das schlechtere Abschneiden des Vereinigten Königreichs mit seinen aus verschiedenen Pauschalleistungen zusammengesetzten Leistungen im Vergleich zu Deutschland und Italien bei der Effizienz dürfte sich auf das vergleichsweise hohe Niveau der Ausgaben für Invaliditätsrenten im Vereinigten Königreich zurückführen lassen.

6.2.6.4 Leistungen bei Arbeitsunfällen und Berufskrankheiten

Da für Frankreich keine separaten LIS-Daten zu Leistungen bei Arbeitsunfällen und Berufskrankheiten vorliegen, und in Italien keine Ausgabendaten für diese Transferart in der OECD Social Expenditure Database verfügbar sind, beschränkt sich 1994/95 die Betrachtung auf Deutschland, Finnland und das Vereinigte Königreich. Die Rangfolge gemäß den Effizienzindikatoren ist recht eindeutig: Die höchsten Werte werden für Finnland erreicht, gefolgt von Deutschland und dem Vereinigten Königreich, das ganz eindeutig die niedrigsten Werte aufweist (vgl. Abb. 6.24). Lediglich für die Berechnungen mit dem Piesch-Maß schneidet Deutschland besser als Finnland ab.

Abbildung 6.24: Effizienzindikator Gini-Koeffizient, Leistungen bei Arbeitsunfällen und Berufskrankheiten im Ländervergleich 1994/95 und 1999/2000

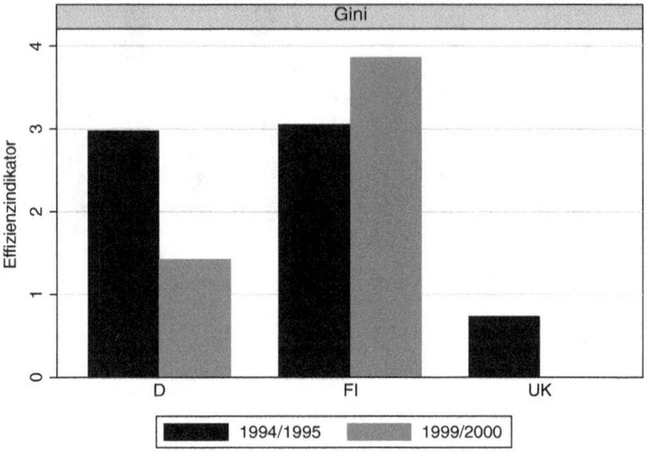

Quelle: Eigene Berechnungen mit LIS-Daten und Ausgabendaten der OECD Social Expenditure Database (SOCX)

Im Jahr 2000 ist nur ein Vergleich von Deutschland und Finnland möglich, da in den Ausgabendaten von 1999 keine Angaben zu Arbeitsunfällen und Berufskrankheiten für das Vereinigte Königreich enthalten sind. Dabei ergeben sich im Hinblick auf alle verwendeten Maße eindeutig höhere Effizienzwerte in Finnland.

So zeigt sich also, dass sich die grundsätzlichen Ergebnisse für die Effektivität und die Effizienz bezüglich der Arbeitsunfallrenten nicht unterscheiden: In Finnland sind die höchsten und im Vereinigten Königreich die niedrigsten Werte zu finden. Vergleicht man die Ausgabenanteile für Arbeitsunfallrenten/Berufskrankheiten (vgl. Tab. 6.1, S. 141), so zeigt sich, dass diese nicht stark voneinander abweichen. Man kann somit feststellen, dass das Vereinigte Königreich sich nicht nur in der Ausgestaltung, sondern auch in der Effektivitäts- und Effizienzwirkung von den anderen Ländern abhebt, da es jeweils eindeutig die niedrigsten Werte aufweist. Die Ausgestaltung der Leistungen bei Arbeitsunfällen und Berufskrankheiten unterscheidet sich für das Vereinigte Königreich insofern von der in den anderen Ländern, als dass am Krankengeld orientierte Pauschalleistungen, die staatlich finanziert sind, gewährt werden, wohingegen in den anderen Ländern vorwiegend vom Arbeitgeber finanzierte, einkommensabhängige Leistungen üblich sind.

Wie schon in Kapitel 6.2.5.4 soll auch hier der Versuch unternommen werden, einen Vergleich der Erwerbsunfähigkeitsleistungen Deutschlands, Finnlands und des Vereinigten Königreiches[67] mit denen für Frankreich 1994/95 vorzunehmen. Dazu werden die Leistungen bei Arbeitsunfällen und Berufskrankheiten und bei Invalidität für die erst genannten Länder gemeinsam betrachtet. Für die Mehrzahl der berechneten Effizienzindikatoren ergibt sich, dass die höchsten Werte in Deutschland erzielt werden, gefolgt von Frankreich, Finnland und dem Vereinigten Königreich. Lediglich für den Gini-Koeffizienten (vgl. Abb. 6.25) und das Piesch-Maß vertauschen Finnland und das Vereinigte Königreich die Ränge.

Vergleicht man diese Ergebnisse mit denjenigen für die Effektivität, fällt zunächst die Verbesserung Frankreichs in der Rangfolge auf, das sich für die Effektivität immer auf dem vorletzten Platz befand. Der Vergleich der Ausgaben für die Erwerbsunfähigkeitsleistungen zeigt, dass Frankreich die niedrigsten Ausgabenanteile aufweist, wodurch sich dieses Land bei der Effizienzrangfolge verbessern kann. Hierbei ist allerdings anzumerken, dass die für Frankreich berechneten Effizienzindikatoren tatsächlich wohl etwas niedriger sind, da für die Ausgabenanteile keine Daten für die Sondererziehungsbeihilfe enthalten sind. Am besten für die Effizienz schneidet allerdings Deutschland ab, das schon für die Effektivität auf dem zweiten oder dritten Rang platziert war. Das Vereinigte Königreich mit seinen vergleichsweise hohen Ausgaben fällt dagegen für die Effizienz zurück. Finnland, das für die Effektivität noch eindeutig auf dem letzten Rang lag, kann sich leicht verbessern.

[67]Italien geht nicht in diesen Vergleich ein, da wegen fehlender Ausgaben für Arbeitsunfallrenten keine sinnvollen Effizienzberechnungen für Erwerbsunfähigkeitsleistungen vorgenommen werden können.

Abbildung 6.25: Effizienzindikator A_1 und Gini-Koeffizient, Leistungen bei Erwerbsunfähigkeit im Ländervergleich 1994/95

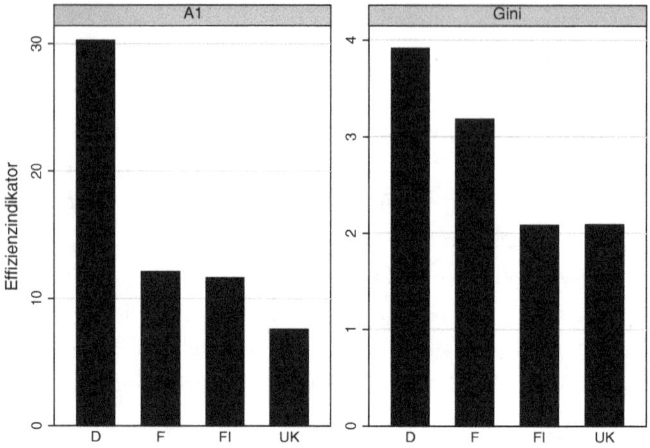

Quelle: Eigene Berechnungen mit LIS-Daten und Ausgabendaten der OECD Social Expenditure Database (SOCX)

6.2.6.5 Mindestsicherung

Um Effizienzberechnungen zur Mindestsicherung vorzunehmen, muss auf Ausgabendaten von 1992 zurückgegriffen werden, da neuere vergleichbare Ausgabendaten nicht verfügbar sind.[68] Aus diesem Grund werden die Berechnungen auch nur für 1994/95 durchgeführt. Die Berechnungen mit dem Gini-Koeffizienten und verwandten Maßen ergeben, dass die höchste Effizienz in Finnland, gefolgt von Frankreich, dem Vereinigten Königreich, Deutschland und Italien erreicht wird (vgl. Abb. 6.26). Für die Berechnungen auf Basis der anderen vier Ungleichheitsmaße ändert sich an dieser Reihenfolge lediglich, dass Frankreich vor Finnland die höchste Effizienz aufweist. An dieser Stelle sei nochmals darauf hingewiesen, dass wie in Kapitel 6.1 schon erläutert der tatsächliche Ausgabenanteil der finnischen Mindestsicherung 1995 wohl im Ländervergleich höher wäre. Somit wären auch die berechneten Effizienzziffern

[68]Vgl. dazu auch Kapitel 6.1.

im Ländervergleich niedriger als hier ausgewiesen, und es ist nicht auszuschließen, dass Finnland evtl. in der Rangfolge etwas schlechter abschneiden würde.

Abbildung 6.26: Effizienzindikator A_1 und Gini-Koeffizient, Mindestsicherung im Ländervergleich 1994/95

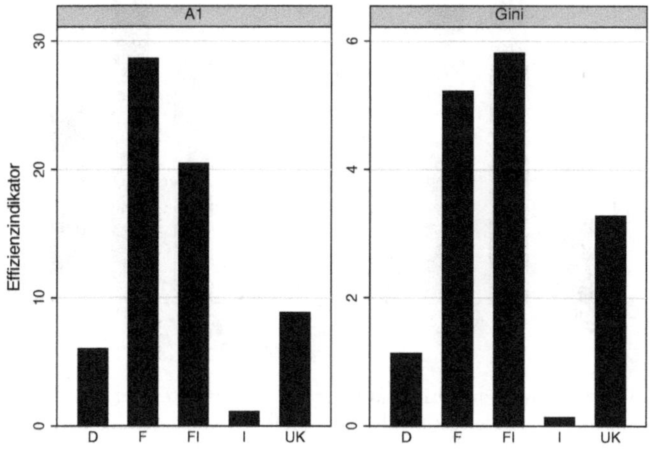

Quelle: Eigene Berechnungen mit LIS-Daten und Ausgabendaten aus Eardley et al. (1996a: 35)

Der Vergleich dieser Ergebnisse mit denen für die Effektivität zeigt, dass das Vereinigte Königreich im Hinblick auf die Effizienz eindeutig weiter hinten in der Rangfolge platziert wird, dagegen rücken Frankreich und Finnland auf die vordersten Ränge. Für die Effizienz schneiden damit Länder besser ab, deren Mindestsicherung in erster Linie darauf ausgerichtet ist, als letztes Sicherheitsnetz zu dienen, wenn andere Ansprüche ausgeschöpft sind. Ein weiterer Erklärungsfaktor bezüglich der Effektivitäts- und Effizienzwirkungen wird von Hölsch und Kraus (2002, 2004) in der (De-)Zentralisierung der Organisation und Verwaltung der Mindestsicherung gesehen.[69] Dabei weisen Frankreich

[69] Zur Argumentation bzgl. den Vor- und Nachteilen der Dezentralisierung vgl. Hölsch und Kraus (2002, 2004). Die Einstufung des Dezentralisierungsgrades wird anhand der Kriterien Finanzierungsanteile von Bund, Länder, Gemeinden, der formalen Entscheidungsbefugnisse sowie der Variation der Leistungssätze in verschiedenen Regionen vorgenommen.

Abbildung 6.27: Effizienzindikator A_1 und Gini-Koeffizient, Mindestsicherung einschließlich Wohngeld im Ländervergleich 1994/95

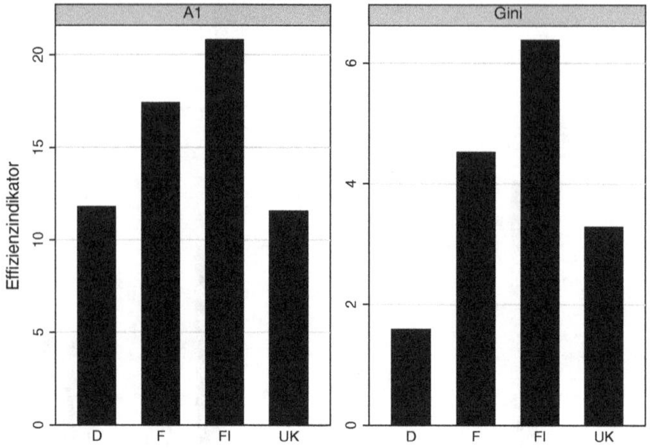

Quelle: Eigene Berechnungen mit LIS-Daten und Ausgabendaten der OECD Social Expenditure Database (SOCX) sowie aus Eardley et al. (1996a: 35)

und Finnland mittlere Zentralisierungsgrade auf, Italien wird als sehr dezentral, das Vereinigte Königreich als sehr zentral eingestuft. Das deutsche System ist etwas dezentraler als Frankreich und Finnland eingeordnet. Am effizientesten schneiden damit die Länder mit gemäßigtem Zentralisierungsgrad ab, am schlechtesten das dezentralste Land Italien. Die Veränderung der Reihenfolge für die Effizienz im Vergleich zur Effektivität dürfte darauf zurückzuführen sein, dass die hohen Effektivitätsziffern im Vereinigten Königreich über recht hohe Ausgaben „erkauft" werden, was sich entsprechend in geringeren Effizienzwerten niederschlägt. Der Bereich der Mindestsicherung, welcher eine bedeutende Stellung unter den Wohlfahrtsleistungen im Vereinigten Königreich einnimmt, erreicht somit eine hohe Effektivität, wohingegen die Effizienz lediglich im mittleren Bereich anzusiedeln ist. Dagegen zeigt sich die geringe Bedeutung, die der Mindestsicherung in Italien zukommt, eindeutig darin, dass sowohl für die Effektivität als auch für die Effizienz die niedrigsten Werte im Ländervergleich vorliegen.

Um die mögliche Auswirkung des Wohngeldes zu berücksichtigen, werden im Folgenden die Effizienzberechnungen auch für die Leistungen der Mindestsicherung einschließlich Wohngeld vorgenommen (vgl. Abb. 6.27). Da in Italien kein Wohngeld auf nationaler Ebene existiert, beschränkt sich der Vergleich auf Deutschland, Finnland, Frankreich und das Vereinigte Königreich. Hier wird die höchste Effizienz eindeutig in Finnland, gefolgt von Frankreich erreicht. Es folgen das Vereinigte Königreich und Deutschland, wobei für A_1 Deutschland besser als das Vereinigte Königreich abschneidet. Insgesamt bewirkt also die Hinzunahme des Wohngeldes, dass sich die Position Finnlands im Vergleich zu den Ergebnissen ohne Wohngeld verbessert.

Vergleicht man diese Effizienzergebnisse mit denen für die Effektivität, lässt sich ebenso wie bei den Ergebnissen ohne Wohngeld feststellen, dass sich die Position des Vereinigten Königreiches verschlechtert. Dagegen verbessert sich die Position Finnlands und Frankreichs, deren Effizienzergebnisse höher als die im Vereinigten Königreich sind. Vergleicht man die Ausgabenanteile für Mindestsicherung und Wohngeld der verschiedenen Länder (vgl. Tab. 6.1, S. 141), so wird deutlich, dass im Vereinigten Königreich eindeutig die höchsten Ausgaben für diese beiden Transfers anfallen. Damit lässt sich die Verschlechterung dieses Landes in der Rangfolge im Vergleich zur Effektivität erklären.

6.2.7 Transfers im Ländervergleich: Zusammenhang mit Ausgaben

Auch an dieser Stelle soll zum Abschluss der Betrachtungen zur Wirkung der Transfers im Ländervergleich eine Überprüfung der These vorgenommen werden, dass höhere Ausgaben höhere Umverteilungswirkungen nach sich ziehen. Wie in Kapitel 6.2.4 werden dazu Rangkorrelationskoeffizienten nach Spearman zwischen den Effektivitätswerten und den Ausgabenanteilen der jeweiligen Transfers berechnet. Dieses Mal wird allerdings eine Betrachtung pro Transfer angestellt, d.h. für jeden Transfer werden den Reduktionswerten in den untersuchten Ländern die entsprechenden Ausgabenanteile gegenübergestellt. Die ermittelten Rangkorrelationskoeffizienten werden in Tabelle 6.5 dargestellt.

Hohe positive Zusammenhänge lassen sich für das Arbeitslosengeld und die Arbeitslosenhilfe feststellen. Bei der Arbeitslosenhilfe sollte allerdings beachtet werden, dass lediglich Finnland und Deutschland in die Berechnungen mit

Tabelle 6.5: Rangkorrelationen: Effektivität - Ausgabenanteile für Transfers im Ländervergleich, Ungleichheit

	Gini		A_1	
	1994/1995	**1999/2000**	**1994/1995**	**1999/2000**
Arbeitslosengeld	0,90	1,00	0,90	1,00
Arbeitslosenhilfe	1,00	1,00	1,00	1,00
Krankengeld	0,50	1,00	1,00	1,00
Invaliditätsleist.	0,80	0,80	0,40	0,20
Unfallr./Berufskrankh.	0,50	1,00	0,50	1,00
Mindestsicherung	0,50	-	0,70	-
Mindests.+Wohngeld	0,20	-	0,80	-

Quelle: Eigene Berechnungen mit LIS-Daten und OECD Social Expenditure Database (SOCX) bzw. für Mindestsicherung Eardley et al. (1996a: 35)

einbezogen werden können, womit sich schon dadurch ein Wert von eins ergibt, dass in Finnland sowohl die höheren Ausgabenanteile als auch die höheren Reduktionswirkungen festzustellen sind. Gleiches gilt auch für das Krankengeld, für das drei Mal ein Wert von eins erreicht wird: 1994/95 gehen drei Länder in die Betrachtungen mit ein, 1999/2000 sind es sogar nur zwei. Die Ergebnisse für die Invaliditätsleistungen zeigen hinsichtlich des Gini-Koeffizienten mittlere bis hohe positive Korrelationen an; für das im unteren Einkommensbereich sensitive Maß A_1 sind allerdings nur schwache Zusammenhänge feststellbar. Für die Unfallrenten ergeben sich wieder positive Korrelationen, die allerdings nicht durchweg hoch sind. Im Hinblick auf die Mindestsicherung und die Mindestsicherung einschließlich Wohngeld zeigt sich, dass positive Zusammenhänge vorliegen, allerdings sind nur für A_1 etwas höhere Korrelationen feststellbar. Dieses Maß ist sensitiv im unteren Einkommensbereich, auf welchen die Mindestsicherungsleistungen ausgerichtet sind.

Untersucht man die Korrelationen zwischen den Effizienzwerten und den Ausgaben für die einzelnen Transfers, ergeben sich z.T. deutlich andere Werte als für den Zusammenhang zwischen Effektivität und Ausgaben. Für 1999/2000 zeigt sich zwar weiterhin ein hoher positiver Zusammenhang für das Arbeitslosengeld, allerdings sind für 1994/95 bedeutend niedrigere Korrelationen feststellbar, wobei für A_1 sogar ein schwacher negativer Zusammenhang resultiert. Bemerkenswert ist hierbei, dass die Arbeitslosenquoten in den betrachteten Ländern 1994 bzw. 1995 z.T. bedeutend höher als 1999 bzw. 2000 waren. Für

Tabelle 6.6: Rangkorrelationen: Effizienz - Ausgabenanteile für Transfers im Ländervergleich, Ungleichheit

	Gini		A_1	
	1994/1995	**1999/2000**	**1994/1995**	**1999/2000**
Arbeitslosengeld	0,50	1,00	-0,30	0,80
Arbeitslosenhilfe	1,00	1,00	-1,00	-1,00
Krankengeld	-0,50	-1,00	-1,00	1,00
Invaliditätsleist.	0,20	-0,40	0,40	-0,40
Unfallr./Berufskrankh.	0,50	1,00	0,50	1,00
Mindestsicherung	-0,50	-	-0,60	-
Mindests.+Wohngeld	-0,80	-	-1,00	-

Quelle: Eigene Berechnungen mit LIS-Daten und OECD Social Expenditure Database (SOCX) bzw. für Mindestsicherung Eardley et al. (1996a: 35)

die Arbeitslosenhilfe ergeben sich für den Gini-Koeffizienten zwar weiterhin positive Werte, allerdings kehrt sich für das im unteren Einkommensbereich sensitive A_1 die Richtung des Zusammenhangs um. Was das Krankengeld betrifft, ist ebenfalls eine Umkehrung des Vorzeichens feststellbar, wobei für A_1 1999/2000 weiterhin ein positiver Zusammenhang vorliegt. Im Hinblick auf die Invaliditätsleistungen sind nur geringe Zusammenhänge feststellbar, allerdings sind diese Korrelationen für 1999/2000 entgegengerichtet. Der einzige Transfer, für den sich keinerlei Änderung sowohl bezüglich des Vorzeichens als auch der absoluten Werte ergibt, ist die Unfallrente. Für die Mindestsicherungsleistungen kehren sich die Vorzeichen um, für die Mindestsicherung einschließlich Wohngeld fallen die entgegengerichteten Korrelationen sogar recht stark aus.

Die zu überprüfende These kann somit für die Effektivität tendenziell bestätigt werden, lediglich für einzelne Ausnahmen sind die festgestellten positiven Korrelationen nur schwach ausgeprägt. Im Hinblick auf den Zusammenhang der Ausgaben mit den Effizienzwerten kann dagegen kein klares Fazit gezogen werden. Für die Mindestsicherungsleistungen zeigen sich negative Zusammenhänge, für das Krankengeld weiterhin positive. Hinsichtlich der anderen Transfers dagegen wechselt je nach Jahr und/oder Maß das Vorzeichen.

6.3 Armut

Analog zu Kapitel 6.2 für Ungleichheit werden in diesem Kapitel die Ergebnisse der empirischen Berechnungen für Armut vorgestellt. Zur Messung der Armut werden die Armutsquote, die Armutslücke (PGR), die Einkommenslücke (IGR), FGT_2 sowie das Sen-Maß herangezogen.[70] Wie in Kapitel 4 erläutert wurde, ist ein wichtiger Aspekt bei der Messung von Armut die Festlegung der Armutsgrenze. In dieser Arbeit wird ein relativer Armutsbegriff zugrunde gelegt. Um zu verhindern, dass es durch die willkürliche Wahl einer einzigen Armutsgrenze zu einer einseitigen Darstellung der Ergebnisse kommt, werden die Berechnungen für vier verschiedene Armutsgrenzen durchgeführt. Diese liegen bei 40, 50 und 60 Prozent des Medianäquivalenzeinkommens[71] sowie 50 Prozent des arithmetischen Mittels der Äquivalenzeinkommen.[72] Um die Beschreibung der Ergebnisse übersichtlich zu gestalten, werden in der Regel immer nur die Ergebnisse für die Armutsgrenze von 50 Prozent des Median präsentiert. Resultieren für andere Armutsgrenzen inhaltlich verschiedene Ergebnisse, wird an den entsprechenden Stellen darauf hingewiesen.[73] In diesem Sinne werden nicht immer die Ergebnisse für alle berechneten Armutsmaße dargestellt, sondern lediglich für ausgewählte Maße, für die sich inhaltlich unterschiedliche Resultate ergeben. Die Berechnung der Konfidenzintervalle sowie der Effizienzergebnisse werden exemplarisch nur für eine Armutsgrenze von 50 Prozent des Median durchgeführt.

Das erste Unterkapitel 6.3.1 dient der Darstellung der Ergebnisse, die sich für die Armutsberechnungen mit dem verfügbaren Einkommen ohne Abzug eines Transfers 1994/95 bzw. 1999/2000 ergeben. Dabei werden die vier verschiedenen Armutsgrenzen und die entsprechenden Ergebnisse für die berechneten Armutsmaße im Ländervergleich präsentiert. Nach der Darstellung dieser Ergebnisse für die Gesamtarmut der fünf untersuchten Länder im Vergleich wird in Kapitel 6.3.2 auf die Effektivitätsergebnisse für jedes Land einzeln eingegangen. Es wird untersucht, welche Transfers sich pro Land stärker auswirken. Wie bereits erwähnt, erfolgt die Darstellung der Ergebnisse für dieses und die

[70] Zu den Eigenschaften der jeweiligen Maße vgl. Kapitel 4.2.

[71] Zur Vereinfachung wird im Folgenden meist lediglich von Anteilen am Medianeinkommen die Rede sein, damit soll das Medianäquivalenzeinkommen gemeint sein.

[72] Zur verwendeten Äquivalenzskala vgl. Kapitel 5.2.

[73] Detaillierte Ergebnistabellen sind auf Wunsch beim Autor erhältlich.

folgenden Unterkapitel nur anhand der Armutsgrenze von 50 Prozent des Median, auf unterschiedliche Resultate für andere Armutsgrenzen wird hingewiesen. Anschließend wird in Kapitel 6.3.3 auf die Effizienz der Transfers in jedem der fünf Länder eingegangen, die allerdings nur für eine Armutsgrenze von 50 Prozent des Median beispielhaft bestimmt wird. Eine gesonderte Betrachtung der in Kapitel 1.4 vorgestellten These zum Zusammenhang der Ausgaben für einen Transfer und der erzielten Umverteilung wird in Kapitel 6.3.4 im Hinblick auf die Wirkungen von verschiedenen Transfers auf Armut in jedem der fünf untersuchten Länder vorgenommen. Die Vorstellung der Effektivitäts- und Effizienzergebnisse der einzelnen Transfers im Ländervergleich erfolgt in den Kapiteln 6.3.5 und 6.3.6. Im letzten Unterkapitel 6.3.7 wird wieder der Zusammenhang zwischen Ausgaben und Armutswirkung überprüft, dieses Mal allerdings im Hinblick auf die einzelnen Transfers im Ländervergleich.

6.3.1 Gesamtarmut im Ländervergleich

Bevor die Ergebnisse für die Armutsmaße gemessen am verfügbaren Einkommen für die Länder verglichen werden, sollen zunächst kurz die den Berechnungen zugrunde liegenden Armutsgrenzen vorgestellt werden. Die verwendeten Armutsgrenzen sind Anteile am Medianäquivalenzeinkommen und dem arithmetischen Mittel des Äquivalenzeinkommens und zwar 40, 50 und 60 Prozent vom Median bzw. 50 Prozent des arithmetischen Mittels des verfügbaren Einkommens. Die sich ergebenden Armutsgrenzen sind in Tabelle 6.7 dargestellt.[74]

Beim Vergleich der Armutsgrenzen fällt auf, dass im Vereinigten Königreich die Armutsgrenze von 50 Prozent des arithmetischen Mittels höher liegt als für 60 Prozent des Median, in allen anderen Ländern ist dies umgekehrt. Daraus könnte folgen, dass die Ergebnisse der Rangfolge für 50 Prozent des arithmetischen Mittels im Ländervergleich durchaus von denen für die anderen Armutsgrenzen abweichen. Die höchsten Armutsgrenzen weisen Deutschland und Frankreich auf, die niedrigsten Italien.

Im Folgenden werden die Ergebnisse der Berechnungen der Armutsmaße mit den verschiedenen Grenzen vorgestellt. In den Abbildungen 6.28 bis 6.31

[74]Um die Vergleichbarkeit zwischen den Ländern zu erleichtern, werden die Armutsgrenzen in Verbrauchergeldparitäten umgerechnet. Die zugrunde gelegten Verbrauchergeldparitäten sind in Anhang B, Tabelle B.2 aufgeführt.

Tabelle 6.7: Armutsgrenzen 1994/95 und 1999/2000 als Anteile am Median und arithmetischen Mittel (in Verbrauchergeldparitäten)

Land	**1994/1995**				**1999/2000**			
		Median		arith.Mit.		Median		arith.Mit.
	40%	50%	60%	50%	40%	50%	60%	50%
D	5.921,7	7.402,1	8.882,5	8.303,3	6.917,8	8.647,3	10.376,7	9.609,1
FI	4.724,4	5.905,5	7.086,6	6.334,8	5.431,7	6.789,6	8.147,6	7.443,0
F	5.498,4	6.872,9	8.247,5	7.985,3	-	-	-	-
I	4.381,3	5.476,6	6.571,9	6.411,4	4.448,2	5.560,3	6.672,4	6.550,0
UK	4.407,9	5.509,9	6.611,8	6.764,3	4.979,9	6.224,9	7.469,8	7.622,5

Quelle: Eigene Berechnungen mit LIS-Daten

werden die Ergebnisse für die Armutsquote, PGR, IGR und FGT_2 dargestellt.[75] Es wird deutlich, dass für alle Armutsmaße bei Anwendung der verschiedenen Grenzen und für beide Untersuchungszeitpunkte Finnland die niedrigsten Armutswerte aufweist. Die Reihenfolge der vier weiteren Länder hängt dagegen stark von der jeweiligen Armutsgrenze und dem verwendeten Armutsmaß ab.

1994/95 ergibt sich für eine Armutsgrenze von 40 Prozent des Median für alle Maße die gleiche Reihenfolge, wenn man von den niedrigsten zu den höchsten Armutswerten ordnet: Nach Finnland folgt Frankreich als das Land mit den zweitniedrigsten Armutswerten. Das Vereinigte Königreich, Deutschland und Italien weisen höhere Werte auf. Diese Reihenfolge ergibt sich auch für FGT_2 und die Einkommenslücke (IGR), wenn die Berechnungen mit einer Armutsgrenze von 50 Prozent des Median durchgeführt werden. Für die Armutsquote, die Armutslücke (PGR) und das Sen-Maß dagegen vertauschen Deutschland und das Vereinigte Königreich die Plätze, so dass Deutschland nun an dritter Stelle nach Finnland und Frankreich liegt. Wendet man die Armutsgrenze von 60 Prozent des Median an, rückt Frankreich für die Armutsquote und die Einkommenslücke vom zweiten auf den dritten Rang. Für die Armutsquote „überholt“ Deutschland Frankreich. Bei der Einkommenslücke rückt das Vereinigte Königreich auf den zweiten Rang. Dort ist damit die prozentuale Lücke der Durchschnittseinkommen der Armen zur Armutsgrenze, also eben die Einkommenslücke, durch ein Erhöhen der Armutsgrenze weniger stark gestiegen als in Frankreich. Bis auf diesen zweiten Rang für die Einkommenslücke fällt

[75]Die Berechnungen wurden ebenfalls für das Sen-Maß durchgeführt, die grafische Darstellung unterbleibt aus Platzgründen.

Abbildung 6.28: Armutsquote im Ländervergleich 1994/95 und 1999/2000, verschiedene Armutsgrenzen

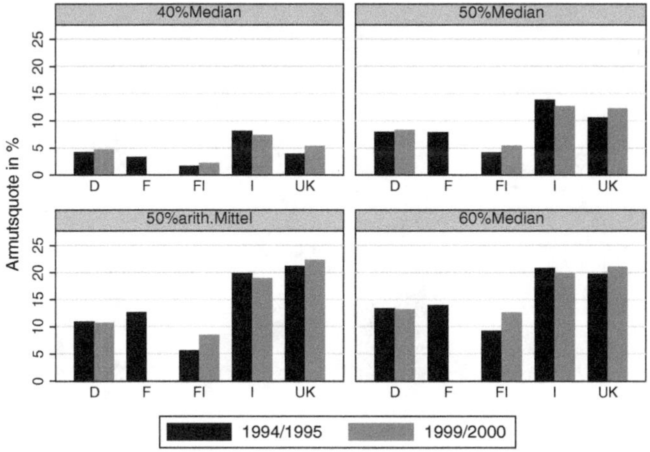

Quelle: Eigene Berechnungen mit LIS-Daten

das Vereinigte Königreich nun aber für alle anderen Maße auf den vorletzten Rang vor Italien. Für eine Armutsgrenze von 50 Prozent des arithmetischen Mittels fällt das Vereinigte Königreich für die Armutsquote sogar hinter Italien zurück. Bis auf die Verschlechterung des Ranges für das Vereinigte Königreich bei der Armutsquote bleiben die Rangordnungen gleich wie für die Grenze von 60 Prozent des Median. Die vergleichsweise höheren Werte für die Armutsquote bei einer Grenze von 50 Prozent des arithmetischen Mittels spiegeln wider, dass das Vereinigte Königreich im Gegensatz zu den anderen Ländern für 50 Prozent des arithmetischen Mittels eine höhere Armutsgrenze als für 60 Prozent des Median aufweist.

Bootstrapping-Konfidenzintervalle wurden nur für die Armutsgrenze von 50 Prozent des Median ermittelt. Keinerlei Überschneidungen können für den Vergleich von Finnland mit Deutschland bzw. Italien sowie von Italien mit dem Vereinigten Königreich festgestellt werden. Überschneidungen ergeben sich dagegen vor allem für die Einkommenslücke. Hier erfolgte eine Überprüfung der Konfidenzintervalle der Differenzen der absoluten Werte. Für den Vergleich

Abbildung 6.29: Armutslücke (PGR) im Ländervergleich 1994/95 und 1999/2000, verschiedene Armutsgrenzen

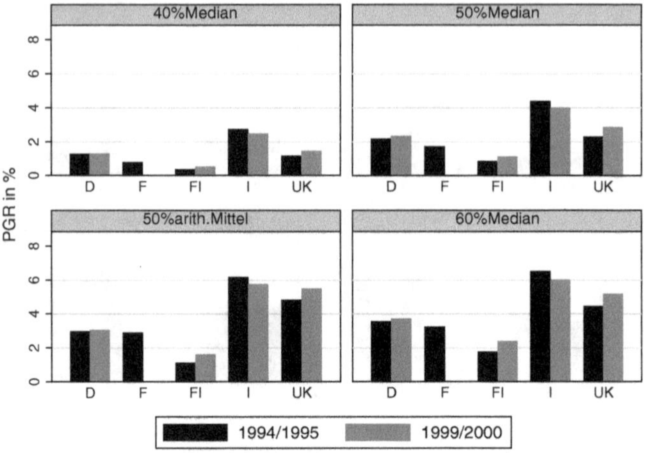

Quelle: Eigene Berechnungen mit LIS-Daten

der Einkommenslücken von Frankreich, Finnland und dem Vereinigten Königreich lassen sich demnach keine signifikanten Unterschiede feststellen. Weiterhin sind keine signifikanten Unterschiede beim Vergleich der Armutsquoten von Deutschland und Frankreich sowie beim Vergleich von Armutslücke, Sen-Maß und FGT_2 für Deutschland und das Vereinigte Königreich zu finden.

Für eine Armutsgrenze von 50 Prozent des Median wird weiterhin überprüft, ob für die einzelnen Länder signifikant höhere bzw. niedrigere Werte im Vergleich der beiden Untersuchungszeitpunkte vorliegen. Die absoluten Werte in Deutschland für 1994 und 2000 unterscheiden sich nicht sehr stark, was sich auch darin zeigt, dass keinerlei signifikante Unterschiede festzustellen sind. In Finnland sind mit Ausnahme der Einkommenslücke die Werte 2000 signifikant höher. Für die Einkommenslücke dagegen liegt die Null im Konfidenzintervall der Differenzen der Werte für 1995 und 2000. Für die absoluten Werte der Einkommenslücke lassen sich bezüglich der Armutsgrenzen 50 Prozent des arithmetischen Mittels und 60 Prozent des Medians 2000 sogar niedrigere Werte als 1995 feststellen. Für Italien sind 2000 keine signifikant höheren bzw. niedrige-

Abbildung 6.30: Einkommenslücke (IGR) im Ländervergleich 1994/95 und 1999/2000, verschiedene Armutsgrenzen

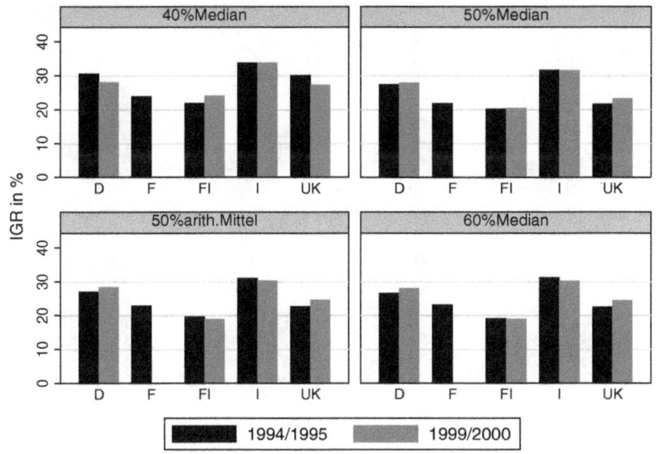

Quelle: Eigene Berechnungen mit LIS-Daten

ren Werte zu finden. Signifikant höhere Armutswerte können dagegen 1999 im Vergleich zu 1994 im Vereinigten Königreich festgestellt werden.[76]

Die Ergebnisse für den zweiten Untersuchungszeitpunkt sind ebenfalls in den Abbildungen 6.28 bis 6.31 dargestellt. Hier liegt Finnland trotz im Vergleich zu 1995 signifikant höherer Werte weiterhin mit den niedrigsten Armutswerten für alle Maße und Grenzen an erster Stelle. Italien weist wie schon 1994/95 für die Armutsgrenzen von 40 und 50 Prozent des Median die höchsten Armutswerte auf, lediglich für die Armutsschwelle von 50 Prozent des arithmetischen Mittels ist wie schon zum ersten Untersuchungszeitpunkt eine niedrigere Armutsquote als im Vereinigten Königreich zu messen. Gleiches gilt jetzt auch für die Armutsgrenze von 60 Prozent des Median. Deutschland findet sich für alle Grenzen und Maße mit Ausnahme der Einkommenslücke auf dem zweiten Rang; für dieses Maß schiebt sich das Vereinigte Königreich für alle Armutsgrenzen vor Deutschland auf den zweiten Platz. Bis auf die Ergebnisse der

[76]Die Konfidenzintervalle der absoluten Werte schneiden sich lediglich für die Einkommenslücke, für die dann das Konfidenzintervall für die Differenz der beiden Werte einen signifikanten Unterschied ausweist.

Abbildung 6.31: FGT_2 im Ländervergleich 1994/95 und 1999/2000, verschiedene Armutsgrenzen

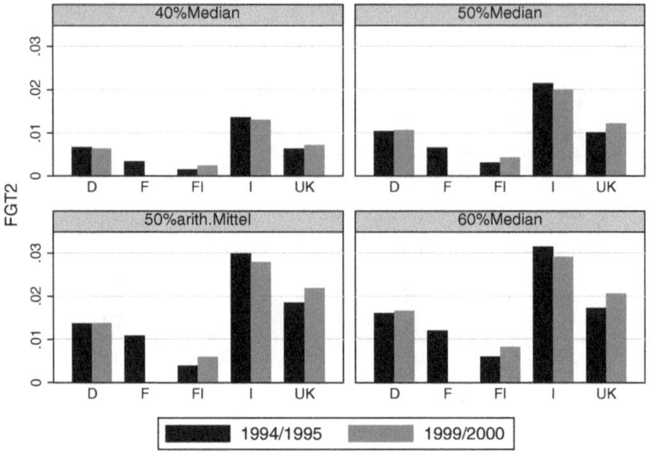

Quelle: Eigene Berechnungen mit LIS-Daten

Einkommenslücke scheinen also die im Vergleich zu 1994 signifikant höheren Armutswerte im Vereinigten Königreich verglichen mit Deutschland und zum Teil Italien eine Verschlechterung der britischen Position bewirkt zu haben.

Auch für 1999/2000 wurden Konfidenzintervalle lediglich mit der Armutsgrenze von 50 Prozent des Median berechnet. Was den Vergleich der Armutswerte von Finnland mit Deutschland bzw. mit Italien betrifft, finden sich wie 1994/95 keine Überschneidungen. Falls diese auftreten, wurden ebenfalls wieder Konfidenzintervalle für die Differenzen der absoluten Werte ermittelt. Dabei ergaben sich nur beim Vergleich von Deutschland mit dem Vereinigten Königreich für FGT_2 sowie für den Vergleich der Armutsquote für Italien mit dem Vereinigten Königreich keine signifikanten Unterschiede.

Zusammenfassend kann festgestellt werden, dass die Anwendung unterschiedlicher Armutsgrenzen und Armutsmaße durchaus zu unterschiedlichen Ergebnissen im Ländervergleich der Armut gemessen am verfügbaren Einkommen führt. Für Finnland finden sich eindeutig die niedrigsten Armutswerte für beide Zeitpunkte, auch wenn 2000 eine signifikant höhere Armut gemessen wurde. Das bewusste Streben nach geringer Armut in Finnland (vgl. Kapitel 1.4) zeigt sich also auch in entsprechenden Ergebnissen.

Tendenziell finden sich in Italien die höchsten Armutswerte. Dieses Ergebnis spiegelt die Eigenschaften des Wohlfahrtsstaates insofern wider, als dass viele Sozialleistungen wie in Kapitel 2.4 beschrieben unzureichend ausgestaltet sind. Insbesondere die Mindestsicherung, der eine entscheidende Rolle bei der Hilfe für die Armen zukommt, ist im europäischen Vergleich nur mangelhaft ausgestaltet.

Für die anderen Länder hängt das Abschneiden vom verwendeten Maß und der Armutsgrenze ab. So schneidet Frankreich für die Einkommenslücke und die Armutsquote für höhere Armutsgrenzen schlechter ab als für niedrigere Grenzen. Deutschland fällt dagegen für die niedrigste Grenze 1994/95 hinter Frankreich und das Vereinigte Königreich zurück, für höhere Grenzen schiebt sich Deutschland in der Rangfolge tendenziell nach vorne. 1999/2000 liegt Deutschland bis auf die Einkommenslücke immer auf dem zweiten Rang hinter Finnland, was vermutlich auf die im Vergleich zu 1994 nicht signifikant gestiegenen Armutswerte zurückzuführen ist. Deutschland und Frankreich finden sich also für die Armutswerte des verfügbaren Einkommens tendenziell im oberen Mittelfeld. Es zeigt sich hier wiederum, dass diese beiden Wohlfahrtsstaaten nicht in erster Linie auf die untersten Einkommensbereiche ausgerichtet sind (vgl. Kapitel 1.4), ausreichende Sozialleistungen und Mindestsicherungsmaßnahmen werden aber durchaus angeboten.

Das Vereinigte Königreich fällt durch die 1999 signifikant höheren Armutswerte in der Rangfolge eher zurück, einzige Ausnahme ist die Einkommenslücke. Für diese schneidet das Vereinigte Königreich im Vergleich zu den anderen Maßen besser ab. In Kapitel 1.4 wurde bereits auf vorangegangene Studien verwiesen, die ergaben, dass das Vereinigte Königreich für höhere Armutsgrenzen im Ländervergleich schlechter abschneidet als für niedrigere Armutsgrenzen. Dies wird durch die oben erläuterten Ergebnisse bestätigt. Darin zeigt sich wiederum die Ausrichtung des britischen Wohlfahrtsstaates auf die untersten Einkommensbereiche. Weiterhin lässt sich feststellen, dass das Vereinigte Königreich im Ländervergleich relativ niedrige Werte bei der Einkommenslücke erzielt. Der Abstand des Durchschnittseinkommens der Armen zur gewählten Armutsgrenze ist also im Vergleich gesehen gering. Diese Ergebnisse könnten so interpretiert werden, dass im Vereinigten Königreich die Armen zwar der Armutsgrenze im Schnitt „näher" sind als in den anderen Ländern (außer Finnland), es aber dafür insgesamt nicht so gut gelingt ihren Anteil an der Bevölkerung gemessen an der Armutsquote zu verringern. Wie bereits erwähnt, entspricht dies aber durchaus den Zielen des britischen Wohlfahrtsstaates, der auf die untersten Einkommensbereiche ausgerichtet ist.

Nach dieser Analyse der Armut bezüglich des verfügbaren Einkommens wird nun für jedes Land die Effektivitätswirkung der verschiedenen Transfers untersucht. Vorher sei allerdings noch einmal darauf hingewiesen, dass die oben vorgenommene Verknüpfung des Niveaus der Armut mit den grundsätzlichen Zielen und Eigenschaften des jeweiligen Wohlfahrtsstaates nur bedingt Gültigkeit haben kann, da auch andere Faktoren wie z.B. das Armutsniveau des Einkommens vor Steuern und Transfers bzw. andere Rahmenbedingungen wie z.B. die wirtschaftliche Situation des jeweiligen Landes die Armutswerte beeinflussen (vgl. dazu auch Kapitel 1.4).

6.3.2 Transfers in den Ländern: Effektivität

In den folgenden Unterkapiteln 6.3.2.1 bis 6.3.2.5 werden die Wirkungen der Transfers in jedem Land untersucht. Dazu werden in jedem Kapitel zuerst die Armutswerte mit und ohne Transfer mit Hilfe der berechneten Konfidenzintervalle verglichen um festzustellen, ob die jeweilige Leistung die Armut signifikant beeinflusst. Darauf folgt die Analyse der durch die Transfers erreichten Reduktionen der Armutswerte für beide Beobachtungsjahre, wobei die für die Effektivitätswerte ermittelten Konfidenzintervalle einbezogen werden. Diese werden auch herangezogen, um zu beurteilen, ob sich die Reduktionswerte 1994/95 und 1999/2000 signifikant unterscheiden. Als Abschluss der einzelnen Kapitel werden die gewonnenen Ergebnisse interpretiert bzw. die möglichen Ursachen für diese Resultate gesucht. Die jeweilige Darstellung der Ergebnisse erfolgt nur für die Armutsgrenze von 50 Prozent des Median. Resultieren für andere Armutsschwellen inhaltlich unterschiedliche Ergebnisse, wird darauf hingewiesen.

6.3.2.1 Deutschland

Auch für die Armutsmaße soll zunächst mit Hilfe der Konfidenzintervalle überprüft werden, ob signifikante Unterschiede resultieren, wenn man die Ergebnisse für die Verteilung des verfügbaren Einkommens mit und ohne Transfer vergleicht. Signifikante Unterschiede ergeben sich für Deutschland 1994 für das Arbeitslosengeld, die Invaliditätsrente und die Mindestsicherung einschließlich Wohngeld.[77] Für die Arbeitslosenhilfe und die Mindestsicherung schneiden sich zwar die Konfidenzintervalle für die Werte mit und ohne Transfer, die Überprüfung anhand der Konfidenzintervalle für die Differenz der Werte ergibt bis auf einzelne Ausnahmen[78] einen signifikanten Unterschied. Keine signifikanten Differenzen ergeben sich dagegen beim Vergleich der Werte mit und ohne Leistungen bei Arbeitsunfällen. Für 2000 sind die eindeutigsten Unterschiede für die Werte mit und ohne Invaliditätsleistungen festzustellen, da sich hier keinerlei Überschneidungen der Konfidenzintervalle finden. Weiterhin zeigen sich für die Arbeitslosenhilfe und für die Mindestsicherung einschließlich Wohngeld signifikante Unterschiede.[79] Für das Arbeitslosengeld lässt sich dieses Mal kein signifikanter Unterschied bei den Berechnungen für die Einkommenslücke finden, gleiches gilt für die Mindestsicherung bezüglich der Armutsquote. Unverändert im Vergleich zu 1994 bleibt, dass für die Leistungen bei Arbeitsunfällen keine signifikanten Unterschiede festgestellt werden können. Es lässt sich also insgesamt im Vergleich der beiden Untersuchungszeitpunkte erkennen, dass der Einfluss der Invaliditätsrente von 1994 auf 2000 zunimmt, wohingegen das Arbeitslosengeld leicht an Einfluss zu verlieren scheint.

Die Betrachtung der Effektivität ergibt, dass sich je nach verwendetem Armutsmaß andere Rangfolgen ergeben. Daher werden in den Abbildungen 6.32 und 6.33 die Reduktionen dargestellt, die sich für die Armutsquote, die Armutslücke, die Einkommenslücke und FGT_2 ergeben.[80] Für 1994 kristallisiert sich eine „Spitzengruppe“ mit den höchsten Reduktionen für das Arbeitslosengeld und die Invaliditätsrente heraus. Berücksichtigt man auch die Mindestsicherung einschließlich Wohngeld, kann diese auch zu den Transfers, die die

[77]Dabei war lediglich beim Arbeitslosengeld für die Einkommenslücke und bei der Mindestsicherung einschließlich Wohngeld sowie bei der Invaliditätsrente für die Armutsquote eine Überprüfung durch Konfidenzintervalle der Differenz der Werte mit und ohne Transfer nötig, die ergab, dass ein signifikanter Unterschied besteht.

[78]Für die Arbeitslosenhilfe liegt die Null bei der Armutsquote für die Berechnungen nach N- und BC-Methode im Intervall, für die Mindestsicherung ist dies für alle Konfidenzintervalle der Armutsquote gegeben.

[79]Die Intervalle der absoluten Werte mit und ohne Transfer überschneiden sich lediglich für die Armutsquote, die Überprüfung der Konfidenzintervalle für die Differenz ergibt allerdings signifikante Unterschiede.

[80]Die Ergebnisse für den Sen-Index werden aus Platzgründen nicht grafisch dargestellt.

Abbildung 6.32: Reduktion Armutsquote und Armutslücke (PGR), Deutschland 1994 und 2000, Armutsgrenze 50 Prozent Median

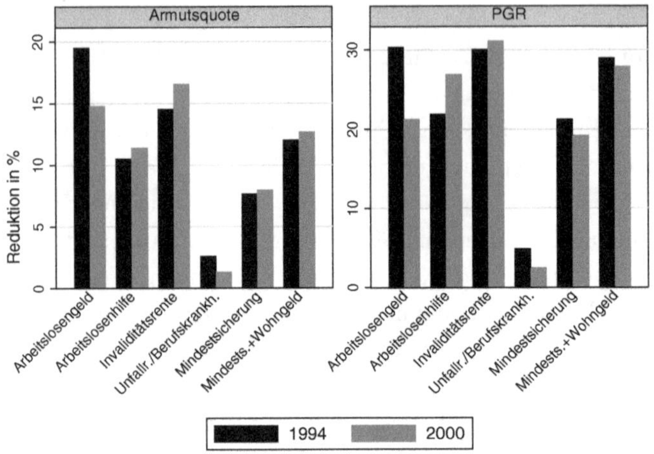

Quelle: Eigene Berechnungen mit LIS-Daten

höchsten Reduktionen der Armutswerte erzielen, gezählt werden. Die genaue Rangfolge dieser drei Transfers variiert nicht nur je Maß, sondern meist auch für verschiedene Armutsgrenzen. Nur für die Armutsquote liegt das Arbeitslosengeld eindeutig mit den höchsten Reduktionen vorne, für FGT_2 trifft dies auf die Invaliditätsrente zu. Lediglich die Einkommenslücke ergibt als Transfers mit den höchsten Reduktionen je nach Armutsgrenze die Mindestsicherung einschließlich Wohngeld und die Invaliditätsrente. Darauf folgt die Mindestsicherung und dann erst das Arbeitslosengeld, wobei für die Armutsgrenze von 60 Prozent des Median die beiden Transfers die Plätze tauschen bzw. für 40 Prozent des Median fällt das Arbeitslosengeld sogar hinter die Arbeitslosenhilfe zurück. Die eindeutig niedrigsten Reduktionen ergeben sich hinsichtlich aller Maße für die Arbeitsunfallrenten. Bis auf die Einkommenslücke und auch die Armutslücke bei 40 Prozent des Median als Armutsgrenze liegt die Mindestsicherung auf dem vorletzten Platz, die Arbeitslosenhilfe schneidet noch etwas besser ab. Es zeichnet sich also insgesamt ab, dass das Arbeitslosengeld für niedrigere Armutsgrenzen, für das FGT_2-Maß, das größere Abstände

Abbildung 6.33: Reduktion FGT_2 und Einkommenslücke (IGR), Deutschland 1994 und 2000, Armutsgrenze 50 Prozent Median

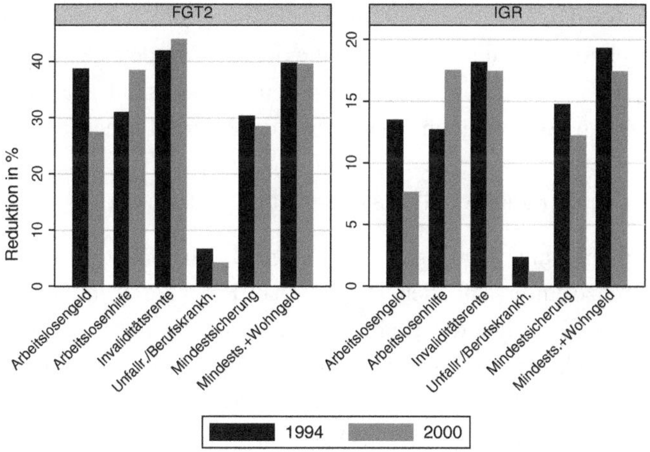

Quelle: Eigene Berechnungen mit LIS-Daten

zur Armutsschwelle stärker gewichtet, sowie für die Einkommenslücke etwas schlechter eingeordnet wird. Letzteres liegt evtl. daran, dass sich die Anzahl der Armen, von der dieses Maß abhängt, verringert, was sich wiederum in der starken Reduktion der Armutsquote zeigt. Die Mindestsicherung dagegen wirkt zwar insgesamt nicht sehr armutsreduzierend im Vergleich zu den anderen Transfers, aber Verbesserungen in der Rangfolge sind erwartungsgemäß für niedrigere Armutsgrenzen zu beobachten sowie für die Einkommenslücke. Da die Mindestsicherung für die Armutsquote, die Aufschluss über die Reduktion der Zahl der Armen gibt, im Vergleich zu den anderen Transfers eher mäßig abschneidet, hat sich die Zahl der Armen durch Hinzunahme dieses Transfers nicht so stark verringert. Somit ist zu vermuten, dass Arme oft auch nach der Berücksichtigung der Mindestsicherung arm bleiben, aber die Lücke zur Armutsgrenze durch die Mindestsicherung deutlich verringert wird.

Die Überprüfung der Konfidenzintervalle der Reduktionen für 50 Prozent des Median als Armutsgrenze ergibt zahlreiche Überschneidungen. Bis auf den Vergleich mit der Mindestsicherung bezüglich der Reduktion der Armutsquote finden sich für die Arbeitsunfallrenten keine Überschneidungen. Weiterhin zeigt der Vergleich der Reduktion durch das Arbeitslosengeld mit der Arbeitslosenhilfe bzw. Mindestsicherung gemessen an der Armutsquote keine Überlappung, gleiches gilt für den Vergleich der Invaliditätsrente mit der Mindestsicherung. Es scheint sich also ein schlechtes Abschneiden der Mindestsicherung bezüglich der Armutsquote im Vergleich zu den anderen Transfers mit Ausnahme der Arbeitsunfallrenten abzuzeichnen. Auch wenn die Mindestsicherung durchaus die Situation der Armen bessern kann, so kann die tatsächliche Anzahl der Armen im Vergleich zu den anderen Transfers nicht wesentlich verringert werden.

Auch für das Jahr 2000 finden sich je nach verwendetem Maß bzw. verwendeter Grenze unterschiedliche Ergebnisse. Für eine Armutsgrenze von 50 Prozent des Median sind die Reduktionen in Abbildung 6.32 und 6.33 dargestellt. Bezüglich der niedrigsten Reduktion bietet sich ein eindeutiges Bild für alle Maße und alle Grenzen: Die niedrigsten Effektivitätsziffern werden für die Arbeitsunfallrenten erreicht. Auch für die höchste Reduktion liegt ein relativ eindeutiges Bild vor, die Invaliditätsrente steht für fast alle Maße an erster Stelle. Was die Einkommenslücke betrifft, ist dies nur bei einer Armutsgrenze von 40 Prozent des Median der Fall. Für 50 Prozent des Median wird die Einkommenslücke mehr durch die Arbeitslosenhilfe als durch Invaliditätsrenten reduziert; für 60 Prozent des Median schneidet die Mindestsicherung einschließlich Wohngeld besser ab; für 50 Prozent des arithmetischen Mittels weisen sogar die Reduktionen für die Mindestsicherung einschließlich Wohngeld und für die Arbeitslosenhilfe höhere Werte als die Invaliditätsrenten auf. Die drei niedrigsten Reduktionen sind für die Einkommenslücke dagegen für alle Grenzen gleich: Die Mindestsicherung wird gefolgt von Arbeitslosengeld und Arbeitsunfallrenten. Hinsichtlich der Armutslücke, FGT_2 und des Sen-Maßes liegen diese drei Transfers ebenfalls hinten, allerdings in variierender Reihenfolge für verschiedene Grenzen. Eindeutig ist für diese Maße dagegen, dass auf die Reduktion durch Invaliditätsrenten die durch Mindestsicherung einschließlich Wohngeld und durch Arbeitslosenhilfe folgen. Für die Armutsquote ist auffällig, dass das Arbeitslosengeld besser abschneidet als für die anderen Maße, allerdings haben sich die Effektivitätswerte im Vergleich zu 1994 deutlich reduziert. Insgesamt lässt sich feststellen, dass das Arbeitslosengeld geringere Reduktionen im Vergleich zu den anderen Transfers aufweist, als dies 1994 der Fall war, wobei ebenfalls die Armutsquote tendenziell die besten Ergebnisse erbringt. Dagegen weist die Arbeitslosenhilfe inzwischen im Transfervergleich eine bessere Position auf.

Die deutlich niedrigsten Effektivitätswerte für die Arbeitsunfallrenten werden durch die Miteinbeziehung der Konfidenzintervalle noch bestätigt, da sich keinerlei Überschneidungen mit den Konfidenzintervallen der Reduktionen der anderen Transfers ergeben. Ansonsten sind wie schon 1994 wieder zahlreiche Überschneidungen feststellbar. Keine Schnitte finden sich lediglich für die Intervalle der Reduktion des Arbeitslosengeldes mit denen der Arbeitslosenhilfe bzw. Mindestsicherung einschließlich Wohngeld für die Einkommenslücke,[81] mit denen der Invaliditätsrente für alle Maße außer der Armutsquote sowie im Vergleich mit der Mindestsicherung für die Armutsquote. Weiterhin kann man keine Überschneidungen feststellen für den Vergleich der Intervalle für die Invaliditätsrente mit der Mindestsicherung hinsichtlich aller Maße außer der Einkommenslücke sowie im Vergleich mit der Mindestsicherung einschließlich Wohngeld für die Armutslücke und das Sen-Maß.

Vergleicht man die Reduktionen der beiden Untersuchungszeitpunkte 1994 und 2000, so fällt auf, dass sich einerseits die Reduktionen der Armutswerte für das Arbeitslosengeld und die Arbeitsunfallrenten[82] verringert haben, wohingegen die Werte für die Arbeitslosenhilfe gestiegen sind. Für die Invaliditätsrente zeichnen sich 2000 eher höhere Effektivitätswerte ab, lediglich für die Einkommenslücke[83] liegen niedrigere Werte vor. Für die Mindestsicherung und die Mindestsicherung einschließlich Wohngeld erhält man je nach verwendetem Maß und verwendeter Grenze einen höheren Wert für 1994 oder 2000. Obwohl manche Reduktionen im Zeitvergleich deutlich zurückzugehen bzw. anzusteigen scheinen, ergibt der Vergleich der Bootstrapping-Konfidenzintervalle für alle Transfers Überschneidungen. Es ist somit nicht gesichert, dass tatsächlich ein Zurückgehen oder Ansteigen der Effektivitätswerte im Zeitvergleich gegeben ist.

Zusammenfassend kann man feststellen, dass sich die Effektivitätsziffern für die Invaliditätsrente von 1994 auf 2000 erhöht haben, dieser Anstieg jedoch

[81]Weiterhin gibt es auch keine Überschneidung beim Vergleich Arbeitslosengeld mit Mindestsicherung einschließlich Wohngeld, wenn die Intervalle für FGT_2 mit der BC-Methode berechnet werden.

[82]Einzige Ausnahme bildet bei den Arbeitsunfallrenten dabei die Reduktion, die bei einer Armutsgrenze von 40 Prozent des Median mit der Einkommenslücke berechnet wurde.

[83]Mit Ausnahme der Berechnungen für die Einkommenslücke bei einer Grenze von 40 Prozent des Median, für die 2000 höhere Werte vorliegen.

nicht signifikant ist. Die Verbesserung in der Rangfolge für die Invaliditätsrente kann vermutlich auf die Hinzunahme der Pflegeversicherung im Jahr 2000 zurückgeführt werden, wodurch sich einerseits der Kreis der Berechtigten erweitert hat und andererseits auch eine pauschale Leistung gestaffelt nach Pflegestufe zu der vom bisherigen Einkommen abhängigen Invaliditätsversicherung hinzukommt.[84] Auffällig ist weiterhin, dass das nicht bedürftigkeitsgeprüfte Arbeitslosengeld in der Rangfolge der Effektivitätsziffern 2000 zurückfällt, wohingegen die bedürftigkeitsgeprüfte Arbeitslosenhilfe sich 2000 tendenziell besser positionieren kann als 1994, obwohl die originäre Arbeitslosenhilfe inzwischen abgeschafft wurde. Eine mögliche Erklärung dafür könnte, wie bereits in Kapitel 6.2.2.1 erläutert, der Anstieg der Zahl der Arbeitslosenhilfeempfänger im Gegensatz zum Rückgang der Zahl der Arbeitslosengeldempfänger sein. Allerdings kann sich das Arbeitslosengeld für die Armutsquote noch am besten behaupten, für welche die Effektivität des Arbeitslosengeldes höher ist als für die Arbeitslosenhilfe. Dies deutet darauf hin, dass es durch das Arbeitslosengeld mit seinem höheren Leistungsniveau eher gelingt, Empfänger über die Armutsschwelle zu heben als durch die Arbeitslosenhilfe.

Die Mindestsicherungsleistungen üben durch Hinzunahme des Wohngeldes vor allem Einfluss auf die Reduktion der Intensitätsmaße aus, die Mindestsicherungsleistungen ohne Wohngeld zeigen im Transfervergleich eine insgesamt mittlere armutsreduzierende Wirkung. Erwähnenswert ist hierbei, dass die Mindestsicherung tendenziell für höhere Armutsgrenzen und hinsichtlich der Armutsquote im Transfervergleich etwas schlechter abschneidet als für niedrigere Armutsgrenzen und die Intensitätsmaße. Hier zeigt sich die Ausrichtung der Mindestsicherung auf die Ärmsten, denen dieser Transfer als letztes Sicherheitsnetz dienen soll. Die signifikant[85] niedrigsten Effektivitätswerte sind für die Arbeitsunfallrenten festzustellen, die auf einen vergleichsweise kleinen Kreis von Empfängern ausgerichtet sind. Die geringere Bedeutung der Arbeitsunfallrenten im Vergleich zu den anderen betrachteten Transfers zeigt sich auch darin, dass für diese Leistungsart vergleichsweise geringe Ausgaben anfallen (vgl. Tab. 6.1, S. 141).

[84] Vgl. dazu auch die Kapitel 2.1.4 und 6.2.2.1.

[85] Lediglich für die Armutsquote 1994 ergibt sich kein signifikanter Unterschied im Vergleich mit den Effektivitätswerten für die Mindestsicherung.

6.3.2.2 Finnland

Zunächst erfolgt wieder die Analyse der für die Armutsgrenze von 50 Prozent des Median berechneten Bootstrapping-Konfidenzintervalle im Hinblick darauf, ob sich die absoluten Armutswerte für die Verteilung mit und ohne jeweiligen Transfer unterscheiden. Für 1995 zeigt sich, dass die Intervalle mit und ohne Arbeitslosengeld, Arbeitslosenhilfe bzw. Mindestsicherung einschließlich Wohngeld sich nicht schneiden, also ein deutlicher Unterschied für die Werte mit und ohne Transfer vorliegt. Für die Invaliditätsleistungen kann ebenfalls ein signifikanter Unterschied festgestellt werden, wobei hier für die Armutsquote und die Einkommenslücke eine Überprüfung mittels der Konfidenzintervalle der Differenz der Werte nötig war. Bis auf die Einkommenslücke lässt sich auch für die Mindestsicherung ein signifikanter Unterschied feststellen, für das Krankengeld und die Leistungen bei Arbeitsunfällen und Berufskrankheiten dagegen liegen keine signifikanten Unterschiede vor. Diese Ergebnisse lassen sich fast genau so auf das Jahr 2000 übertragen; lediglich für die Leistungen bei Arbeitsunfällen und Berufskrankheiten finden sich vereinzelt Intervalle für die Differenz der Werte mit und ohne Transfer, in denen die Null nicht enthalten ist und somit ein signifikanter Unterschied vorliegt.[86] Es ist also für beide Jahre zu erwarten, dass die Leistungen bei Arbeitslosigkeit die Armut am deutlichsten reduzieren, das Krankengeld und die Arbeitsunfallrenten am wenigsten.

Die Effektivitätsbetrachtungen ergeben für verschiedene Maße und verschiedene Grenzen etwas unterschiedliche Ergebnisse. In den Abbildungen 6.34 und 6.35 werden die Ergebnisse für die Armutsquote, die Armutslücke, FGT_2 und die Einkommenslücke für eine Grenze von 50 Prozent des Median dargestellt. Für das erste Untersuchungsjahr 1995 ist sämtlichen Berechnungen gemein, dass die höchste Reduktion durch das Arbeitslosengeld, die niedrigste durch die Invaliditätsleistungen erreicht wird. Tendenziell kann für die Arbeitslosenhilfe die zweithöchste Reduktion gemessen werden, Ausnahmen ergeben sich bei Einbezug der Reduktion durch die Mindestsicherung einschließlich Wohngeld, die für die Armutsquote und die Armutslücke bei den Berechnungen für 60 Prozent des Median höher ist als die durch Arbeitslosenhilfe. Mit zwei Ausnahmen erweist sich die Reduktion durch das Krankengeld als

[86] Dies ist der Fall für die Ermittlung der Intervalle für die Armutslücke nach der Perzentilmethode sowie für das Sen-Maß und FGT_2 nach der Perzentil- und BC-Methode.

Abbildung 6.34: Reduktion Armutsquote und Armutslücke (PGR), Finnland 1995 und 2000, Armutsgrenze 50 Prozent Median

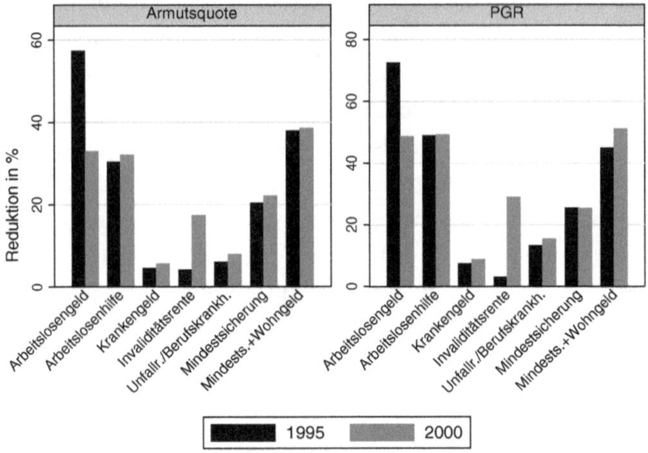

Quelle: Eigene Berechnungen mit LIS-Daten

zweitniedrigste; lediglich die Berechnungen anhand der Armutsquote mit einer Armutsschwelle von 60 Prozent des Median und 50 Prozent des arithmetischen Mittels ergeben für die Arbeitsunfallrenten niedrigere Reduktionen als für das Krankengeld. Mittelhohe Reduktionen werden je nach Maß oder Grenze von unterschiedlichen Transfers besetzt. Hinsichtlich der Armutsquote ergibt sich für alle Grenzen, dass die Reduktion durch das Arbeitslosengeld gefolgt wird von der durch Mindestsicherung einschließlich Wohngeld, Arbeitslosenhilfe und Mindestsicherung. Bei der Einkommenslücke nehmen die Mindestsicherung einschließlich Wohngeld, die Arbeitsunfallrenten und die Mindestsicherung bezüglich ihrer Effektivitätszahlen je nach angewandter Grenze unterschiedliche Positionen ein: Für 40 Prozent des Median schneiden Arbeitsunfallrenten und Mindestsicherung besser ab als die Mindestsicherung einschließlich Wohngeld, für höhere Grenzen dreht sich das Bild um. Für die drei restlichen Maße ergeben sich eindeutig nach Arbeitslosengeld, Arbeitslosenhilfe und Mindestsicherung einschließlich Wohngeld die nächsthöchsten Reduktionen für die Mindestsicherung und die Leistungen bei Arbeitsunfällen und Berufskrank-

Abbildung 6.35: Reduktion FGT_2 und Einkommenslücke (IGR), Finnland 1995 und 2000, Armutsgrenze 50 Prozent Median

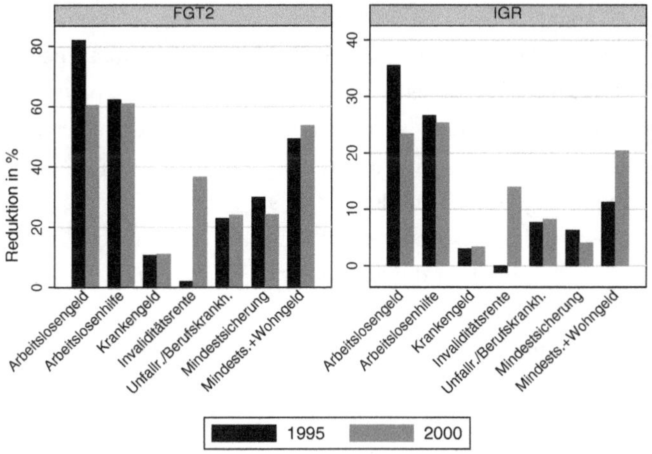

Quelle: Eigene Berechnungen mit LIS-Daten

heiten. Insgesamt kann also festgestellt werden, dass das erwartete gute Abschneiden der Leistungen bei Arbeitslosigkeit bestätigt wurde, wohingegen das schlechte Abschneiden der Invaliditätsleistungen aus den zu Anfang vorgenommenen Signifikanzbetrachtungen nicht unbedingt zu vermuten gewesen wäre.

Die eindeutig hohen Reduktionen durch das Arbeitslosengeld spiegeln sich auch im Vergleich der Konfidenzintervalle für die Reduktionen wider; so finden sich lediglich für den Vergleich mit der Arbeitslosenhilfe bezüglich der Einkommenslücke Überschneidungen. Für den Vergleich der Arbeitslosenhilfe mit den anderen Transfers sind ansonsten nur Überlappungen mit den Intervallen für die Mindestsicherung einschließlich Wohngeld abgesehen von den Berechnungen hinsichtlich der Einkommenslücke feststellbar. Für das Krankengeld, die Mindestsicherung, die Mindestsicherung einschließlich Wohngeld sowie die Leistungen bei Berufskrankheiten und Arbeitsunfällen können einige Überschneidungen festgestellt werden. Obwohl die Ergebnisse für die Invaliditätsleistungen eindeutig erscheinen, da immer die niedrigste Reduktion angezeigt wird, kann dies hier nicht so deutlich bestätigt werden, da tatsächlich einzelne Überschneidungen mit anderen Intervallen gefunden werden können.[87] An dieser Stelle sei erwähnt, dass bei einer Armutsgrenze von 50 Prozent des Median durch Hinzunahme der Invaliditätsleistungen der Wert für die Einkommenslücke sogar höher anstatt niedriger wird, was sich in einer negativen Effektivitätszahl äußert (vgl. Abb. 6.35).[88] Eine solche Zunahme der Einkommenslücke ist dadurch erklärbar, dass die Anzahl der Armen durch Hinzunahme des Transfers reduziert wird, was durch eine Verringerung der Lücke der verbleibenden Armen zur Armutsgrenze nicht mehr „ausgeglichen" werden kann. Allerdings zeigt das Konfidenzintervall für die entsprechende negative Reduktion eine positive Obergrenze. Es kann also auf einem Konfidenzniveau von 95 Prozent nicht gesichert davon ausgegangen werden, dass der wahre Wert tatsächlich auch negativ ist.

Die Ergebnisse für das Jahr 2000 zeigen, dass die Effektivität des Arbeitslosengeldes nicht mehr eindeutig an erster Stelle steht wie noch 1995 (vgl. Abb. 6.34 und 6.35). So ist die Reduktion durch das Arbeitslosengeld lediglich für das Sen-Maß berechnet mit den Armutsgrenzen 40 Prozent des Median und 50 Prozent des arithmetischen Mittels am höchsten. Für die anderen Maße und Grenzen schneiden die Arbeitslosenhilfe und/oder die Mindestsicherung einschließlich Wohngeld sogar noch besser ab. Im Gegensatz zu 1995 stehen jetzt auch nicht mehr die Invaliditätsleistungen an letzter Stelle sondern das Krankengeld.[89] Die Invaliditätsleistungen dagegen weisen für alle Maße eine höhere Reduktion als das Krankengeld und die Leistungen bei Arbeitsunfällen und Berufskrankheiten auf, bis auf die Armutsquote ist die Reduktion auch noch höher als die durch die Mindestsicherung. Die Berechnungen für die Armutsquote ergeben im Gegensatz zu den anderen Armutsmaßen für alle Grenzen eine eindeutige Reihenfolge für die Effektivität: Die höchste Reduktion wird durch die Mindestsicherung einschließlich Wohngeld erzielt, gefolgt von Arbeitslosengeld, Arbeitslosenhilfe, Mindestsicherung, Invaliditätsleistungen, Arbeitsunfallrenten und Krankengeld.

---

[87] Diese Überschneidungen treten auf im Vergleich mit dem Krankengeld für die Einkommenslücke und mit den Arbeitsunfallrenten für die Armutsquote.

[88] Für die Einkommenslücke berechnet mit einer Grenze von 50 Prozent des arithmetischen Mittels erhält man ebenfalls eine negative Effektivitätszahl.

[89] Lediglich die mit der Einkommenslücke bei einer Armutsschwelle von 40 Prozent des Median durchgeführten Berechnungen ergeben, dass die Mindestsicherung eine geringere Reduktion erzeugt als das Krankengeld.

Die Überprüfung der Bootstrapping-Konfidenzintervalle für das Jahr 2000 spiegelt die geringere Wirkung des Arbeitslosengeldes im Vergleich zu den anderen Transfers wider; zeigten sich 1995 nur beim Vergleich mit den Intervallen für die Reduktion der Einkommenslücke durch die Arbeitslosenhilfe Überlappungen, so überschneiden sich jetzt die Intervalle für das Arbeitslosengeld mit denen der Arbeitslosenhilfe für alle Maße, ebenso im Vergleich mit der Mindestsicherung einschließlich Wohngeld und bezüglich der Einkommenslücke für die Invaliditätsleistungen. Diese Überschneidungen mit den Intervallen der Invaliditätsleistungen und der Mindestsicherung einschließlich Wohngeld finden sich auch für die Arbeitslosenhilfe. Was das Krankengeld betrifft, zeigen sich weniger Überschneidungen als 1995. Nur mit den Intervallen für die Arbeitsunfallrenten bezüglich aller Maße und für die Mindestsicherung bezüglich der Einkommenslücke sind Überlappungen feststellbar, was die Verschlechterung des Krankengeldes in der Rangfolge der Effektivität noch bestätigt. Die Intervalle für die Arbeitsunfallrenten weisen weiterhin noch Überschneidungen mit der Invaliditätsrente für die Einkommenslücke und FGT_2 sowie mit der Mindestsicherung für die Einkommenslücke, FGT_2 und das Sen-Maß auf. Die Überprüfung der Intervalle für die Invaliditätsleistungen ergibt weitere Überschneidungen mit den Intervallen der Mindestsicherung für alle Maße sowie mit denen der Mindestsicherung einschließlich Wohngeld bezüglich der Einkommenslücke.

Betrachtet man die Reduktionen für die einzelnen Transfers im Jahresvergleich, so fällt sofort der starke Rückgang der Reduktion durch das Arbeitslosengeld von 1995 auf 2000 auf, der dann auch für die Verschlechterung der Position des Arbeitslosengeldes im Vergleich zu den anderen Transfers sorgt. Bis auf die Einkommenslücke weisen die Konfidenzintervalle für die Reduktionen 1995 und 2000 keinerlei Überschneidungen auf, was dafür spricht, dass tatsächlich eine Reduzierung der Effektivitätsziffern vorliegt. Für die Invaliditätsleistungen ist ebenfalls ein deutlicher Unterschied von 1995 auf 2000 auffällig. Allerdings handelt es sich dabei um eine deutliche Steigerung der Effektivität, die durch die Konfidenzintervallüberprüfung unterstrichen wird, für die keine Überlappungen zu finden sind. Für die anderen Transfers dagegen zeigen sich keine solch deutlichen Steigerungen oder Senkungen der Effektivitätszahlen. Dementsprechend ergibt die Überprüfung der Intervalle für die Reduktionen von 1995 und 2000, dass für alle Maße Schnitte vorliegen.

Insgesamt lässt sich also feststellen, dass 1995 das Arbeitslosengeld eindeutig die höchsten Effektivitätsziffern aufwies, dann allerdings 2000 deutlich niedrigere Werte zu messen waren, wohingegen die Arbeitslosenhilfe und/oder die Mindestsicherung einschließlich Wohngeld durch mehr oder minder gleichbleibende Werte 2000 besser als das Arbeitslosengeld abschneiden. Dieser Rückgang für das Arbeitslosengeld deutet darauf hin, dass 1995 nicht allein das hohe Leistungsniveau des aus pauschalen sowie einkommensabhängigen Teilen bestehenden Transfers für die hohen Effektivitätsziffern verantwortlich war, sondern vermutlich auch die hohe Arbeitslosigkeit.[90] Allerdings muss neben dem deutlichen Rückgang der Arbeitslosigkeit von 1995 auf 2000 auch darauf hingewiesen werden, dass die Anforderungen zum Empfang des Arbeitslosengeldes bezüglich der Anwartschaftszeit und der Zahl der Karenztage verschärft wurden (vgl. Kapitel 2.2.2). Eine solche Verschärfung fand auch für die Arbeitslosenhilfe statt, für die allerdings keine solch drastische Reduzierung der Effektivitätswirkung stattfand. Wie bereits in Kapitel 6.2.2.2 erläutert wurde, dürften sich die deutliche Reduzierung der Wirkung des Arbeitslosengeldes einerseits und die kaum merkbar zurückgegangenen bzw. vereinzelt sogar höheren Werte für die Reduktion durch die Arbeitslosenhilfe andererseits darauf zurückführen lassen, dass die Empfängerzahlen für das Arbeitslosengeld gesunken und die für die Arbeitslosenhilfe gestiegen sind.

Die Zahl der Empfänger von Mindestsicherung ist von 1995 auf 2000 gesunken, wie bereits in Kapitel 6.2.2.2 festgestellt wurde. Im Gegensatz zu den Ungleichheitsergebnissen lässt sich aber nicht für alle Armutsmaße eine Reduktion der Effektivitätswerte für die Mindestsicherung zeigen. Rückgänge konnten nur für die Armutslücke, FGT_2 und das Sen-Maß festgestellt werden, sowie für die zwei niedrigeren Armutsgrenzen für die Einkommenslücke und die zwei höheren Armutsgrenzen für die Armutsquote. Der Anteil der Armen konnte 2000 trotz gesunkener Empfängerzahl damit zumindest für niedrigere Armutsgrenzen stärker gesenkt werden wie 1995. Hierbei sei wieder darauf hingewiesen, dass zwischen 1995 und 2000 Kürzungen bei den Leistungen der Mindestsicherung vorgenommen wurden (vgl. Kapitel 2.2.6), die sich hier eventuell negativ auf die Effektivität bezüglich der Intensitätsmaße auswirken. Wie sich in den hohen Reduktionszahlen für die Mindestsicherung einschließlich Wohngeld im Gegensatz zur Mindestsicherung ohne Wohngeld zeigt, hat das Wohngeld

[90] Vgl. zu den Arbeitslosenquoten Tabelle 6.2, S. 142.

einen spürbaren Einfluss auf die Wirkung der Mindestsicherung. Eine deutliche Erhöhung der Reduktionswerte kann für die Invaliditätsleistungen im Vergleich von 1995 auf 2000 beobachtet werden. 1995 waren die ohne Bedürftigkeitsprüfung gewährten und nicht vom bisherigen Einkommen abhängigen Leistungen bei Invalidität noch als die Transfers mit dem geringsten Einfluss identifiziert worden, 2000 dagegen wird diese Position vom Krankengeld eingenommen. Der deutliche Anstieg von 1995 auf 2000 ist vermutlich darauf zurückzuführen, dass im Jahr 2000 neben dem Pflegegeld und dem Invaliditätsgeld für Nichtrentenempfänger auch die ebenfalls ohne Bedürftigkeitsprüfung gewährte, pauschale Basissicherung in Form der Volksrente in den Daten zu Leistungen bei Invalidität enthalten waren. Entsprechend kann vermutet werden, dass die Invaliditätsleistungen besser in der Rangfolge platziert wären, wenn eine Einbeziehung der Erwerbsrenten bei Invalidität möglich wäre.

6.3.2.3 Frankreich

Für die Armutsgrenze von 50 Prozent des Median werden zunächst wieder die Bootstrapping-Konfidenzintervalle für die Werte mit und ohne jeweiligen Transfer verglichen, allerdings nur für 1994, da für den zweiten Untersuchungszeitpunkt keine französischen Daten vorliegen. Dabei können keine Überschneidungen für das Arbeitslosengeld und die Mindestsicherung einschließlich Wohngeld festgestellt werden. Für die Leistungen bei Erwerbsunfähigkeit liegen keine Überschneidungen außer bei der Armutsquote vor, für welche die Überprüfung mittels Intervall für die Differenz der Werte allerdings ebenfalls einen signifikanten Unterschied ergibt. Bezüglich der Mindestsicherung zeigt sich, dass kein signifikanter Unterschied für die Berechnungen mit der Armutsquote vorliegt. Lediglich für das Krankengeld sind hinsichtlich aller Maße keine signifikanten Unterschiede festzustellen. Dementsprechend ist abzusehen, dass sich für das Krankengeld recht geringe Effektivitätswerte ergeben werden.

Die Effektivitätswerte für die Armutsquote, die Armutslücke sowie die Einkommenslücke sind in den Abbildungen 6.36 und 6.37 dargestellt. Wie vermutet ergeben sich für die Reduktionen durch das Krankengeld geringe Werte, so dass diese hinsichtlich aller berücksichtigten Armutsmaße für die Berechnungen mit einer Armutsgrenze von 40 Prozent des Median am geringsten im Vergleich der Transferwirkungen sind. Lediglich bezüglich der Armutsquote bei Armutsgrenzen von 50 und 60 Prozent des Median bzw. 50 Prozent des arithmetischen

Abbildung 6.36: Reduktion Armutsquote und Armutslücke (PGR), Frankreich 1994, Armutsgrenze 50 Prozent Median

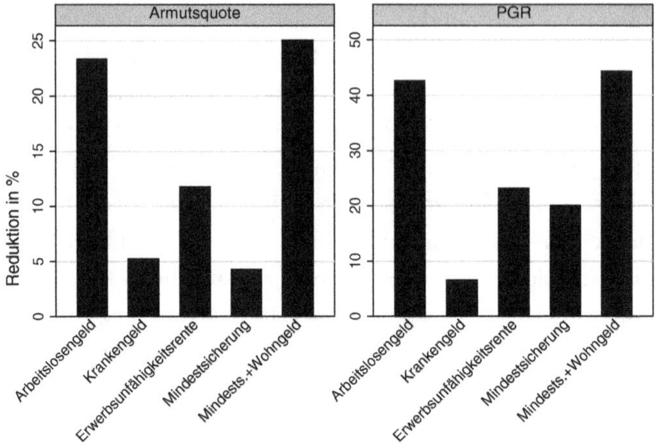

Quelle: Eigene Berechnungen mit LIS-Daten

Mittels ergeben sich für die Mindestsicherung geringere Reduktionen.[91] Damit gelingt es über die Mindestsicherung also vergleichsweise schlecht, Betroffene tatsächlich auch über die Armutsgrenze zu heben. Eindeutig die höchsten Effektivitätswerte sind bei allen Maßen und Grenzen für die Mindestsicherung einschließlich Wohngeld und das Arbeitslosengeld aufgetreten. Hinsichtlich der Armutsquote, der Armutslücke, FGT_2[92] und des Sen-Maßes folgen darauf die Leistungen bei Erwerbsunfähigkeit. Lediglich für die Einkommenslücke rückt die Mindestsicherung an die dritte Stelle und schneidet damit besser ab als die Erwerbsunfähigkeitsleistungen und das Krankengeld. Dies mag daran liegen, dass durch die Mindestsicherung die Anzahl der Armen nicht sehr stark reduziert wird, was sich im schlechten Abschneiden für die Armutsquote zeigt. Allerdings werden die Armen durchaus von den Leistungen der Mindestsiche-

[91]Für die Armutsquote ergab sich bei der Mindestsicherung auch kein signifikanter Unterschied beim Vergleich der absoluten Werte, wie oben erläutert wurde.

[92]Für die Armutslücke und FGT_2 gibt es dabei eine Ausnahme: Für eine Armutsgrenze von 40 Prozent des Median weist die Mindestsicherung eine höhere Armutsreduktion als die Erwerbsunfähigkeitsleistungen auf.

Abbildung 6.37: Reduktion Einkommenslücke (IGR), Frankreich 1994, Armutsgrenze 50 Prozent Median

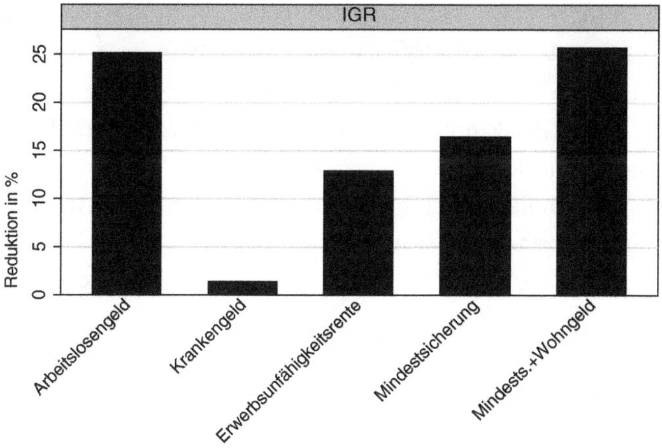

Quelle: Eigene Berechnungen mit LIS-Daten

rung erreicht, so dass sich ihr Durchschnittseinkommen durch Hinzunahme der Mindestsicherung erhöht.

Die Analyse der Konfidenzintervalle für die Reduktionen durch die Transfers zeigt, dass sich beim Vergleich von Arbeitslosengeld und Mindestsicherung einschließlich Wohngeld Überlappungen ergeben. Dies ist nicht weiter erstaunlich, wenn man berücksichtigt, wie nahe die Effektivitätsziffern beieinander liegen (vgl. Abb. 6.36 und 6.37). Aus dem gleichen Grund überrascht die Überschneidung für die Armutsquote beim Vergleich von Krankengeld und Mindestsicherung nicht. Weiterhin liegen für die Intervalle der Reduktion durch die Erwerbsunfähigkeitsleistungen und durch die Mindestsicherung bezüglich aller Maße bis auf die Armutsquote Überschneidungen vor.

Zusammenfassend kann also festgestellt werden, dass die eindeutig höchsten Wirkungen von der Mindestsicherung einschließlich Wohngeld und vom Arbeitslosengeld ausgehen. Die Gründe für diese hohen Wirkungen sind für die beiden Transferarten vermutlich unterschiedliche. Beim Arbeitslosengeld, dessen Höhe vom bisherigen Einkommen abhängt und das ohne Prüfung von

Bedürftigkeit gewährt wird, mag durchaus in erster Linie die Höhe des Leistungsniveaus für die Armutsreduktion verantwortlich sein. Bei der Mindestsicherung mit Wohngeld spiegelt sich dagegen die hohe Bedeutung des Wohngeldes in Frankreich wider. Dies zeigt sich einerseits in der weitaus geringeren Effektivitätswirkung der Mindestsicherung ohne Wohngeld und andererseits darin, dass der Anteil der Wohngeldempfänger in der Bevölkerung bedeutend höher als der Anteil der Empfänger von Mindestsicherung ist.[93] Die Mindestsicherung ohne Wohngeld schneidet insgesamt hinsichtlich der Intensitätsmaße und niedrigerer Armutsgrenzen etwas besser ab als für die Armutsquote und höhere Armutsgrenzen. Hier zeigt sich die Ausrichtung dieses Transfers auf die Armutsbekämpfung als letztes Sicherheitsnetz nach Ausschöpfung anderer Leistungen.

6.3.2.4 Italien

Der Vergleich der Bootstrapping-Konfidenzintervalle der absoluten Armutswerte mit und ohne Transfer für 1995 zeigt, dass sich zahlreiche Überlappungen finden. Lediglich für die Invaliditätsrente treten bei den Berechnungen mit der Armutslücke, FGT_2 und dem Sen-Maß keine Überschneidungen auf, für die Armutsquote und die Einkommenslücke sind durch die Überprüfung der Differenzintervalle ebenfalls signifikante Unterschiede feststellbar.[94] Für alle anderen Transfers, also die Leistungen bei Arbeitslosigkeit, bei Arbeitsunfällen und Berufskrankheiten sowie für die Mindestsicherung, ergibt sich kein signifikanter Unterschied der Werte mit und ohne jeweiligen Transfer. Die Berechnungen für das Jahr 2000 ergeben praktisch die gleichen Resultate.[95] Die Transfers scheinen sich also für beide Untersuchungszeitpunkte bezüglich Armut nicht sehr stark auf die Einkommensverteilung auszuwirken, lediglich für die Invaliditätsrenten zeigen sich signifikante Unterschiede. Daher ist anzunehmen, dass im

[93] 1992 lag der Anteil der Wohngeldempfänger achtmal höher als der Anteil der Empfänger von Mindestsicherung (vgl. Eardley et al. 1996a: 39).

[94] Für die Einkommenslücke ergibt sich nur ein Schnitt der absoluten Werte für die nach der Normalapproximationsmethode berechneten Intervalle.

[95] Lediglich bei den Invaliditätsrenten gibt es leichte Unterschiede: So ist 2000 bei den nach der N- und BC-Methode ermittelten Intervallen bei der Armutsquote die Null im Intervall der Differenzen der absoluten Werte, also wird kein signifikanter Unterschied angezeigt. Für die Einkommenslücke finden sich für alle Berechnungsmethoden Schnitte, allerdings liegt trotzdem ein signifikanter Unterschied vor.

Folgenden für die Invaliditätsrenten die höchsten Effektivitätsziffern festzustellen sind.

Abbildung 6.38: Reduktion Armutsquote und Armutslücke (PGR), Italien 1995 und 2000, Armutsgrenze 50 Prozent Median

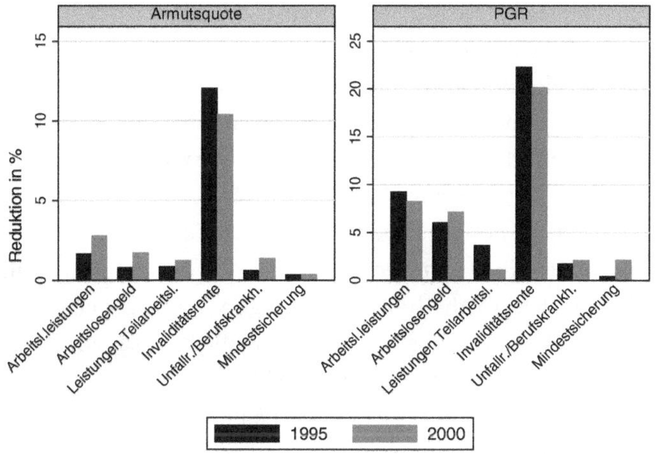

Quelle: Eigene Berechnungen mit LIS-Daten
Arbeitslosigkeitsleistungen beinhalten das Arbeitslosengeld und die Leistungen bei Teilarbeitslosigkeit

Den Erwartungen entsprechend sind die Effektivitätszahlen für die Invaliditätsrente eindeutig am höchsten hinsichtlich aller Maße und Grenzen sowie für beide untersuchten Jahre. Eine gesonderte Betrachtung der Leistungen bei Arbeitslosigkeit ist auch an dieser Stelle wie in Kapitel 6.2.2.4 wieder notwendig. Die Arbeitslosigkeitsleistungen als Summe des Arbeitslosengeldes und der Leistungen bei Teilarbeitslosigkeit weisen die zweithöchste Reduktion nach den Invaliditätsleistungen sowohl für 1995 als auch 2000 auf. 1995 folgen darauf das Arbeitslosengeld und die Leistungen bei Teilarbeitslosigkeit mit zwei Ausnahmen: Hinsichtlich der Armutsquote bei einer Armutsgrenze von 50 Prozent des Median ist die Reduktion durch die Leistungen bei Teilarbeitslosigkeit höher als die durch das Arbeitslosengeld und bezüglich der Armutsquote berechnet mit einer Grenze von 60 Prozent des Median fallen die Leistungen bei

Teilarbeitslosigkeit hinter die Arbeitsunfallrenten zurück, die außer für die genannte Ausnahme hinter den Leistungen bei Arbeitslosigkeit liegen. Eindeutig an letzter Stelle bezüglich der Effektivität liegt die Mindestsicherung.

Die Bootstrapping-Konfidenzintervalle für die Reduktionen 1995 bestätigen die dominante Position der Invaliditätsrenten; lediglich hinsichtlich der Einkommenslücke im Vergleich mit dem normalen Arbeitslosengeld finden sich Überschneidungen. Sonstige Überschneidungen betreffen vor allem die Intervalle der einzelnen Arbeitslosigkeitsleistungen untereinander, weiterhin schneiden sich diese mit den Intervallen der Leistungen bei Arbeitsunfallrenten und Berufskrankheiten für alle Maße[96] und mit denen der Mindestsicherung für die Armutsquote.[97] Weiterhin überlappen sich die Intervalle für die Arbeitsunfallrenten und die Mindestsicherung.

Im Jahr 2000 sind die höchsten Effektivitätszahlen zwar weiterhin für die Invaliditätsrenten und die Gesamtleistungen bei Arbeitslosigkeit zu finden. Für die restlichen Transfers ist die Reihenfolge dagegen weniger eindeutig, je nach Maß und verwendeter Grenze ist sie unterschiedlich. Insgesamt kann konstatiert werden, dass die Mindestsicherung nicht mehr eindeutig die geringsten Reduktionen aufweist,[98] diese Position übernehmen in der Mehrzahl der Fälle die Leistungen bei Teilarbeitslosigkeit.[99]

Die Konfidenzintervalle spiegeln die Verbesserung der Mindestsicherung bzw. Verschlechterung der Leistungen bei Arbeitslosigkeit wider: Der Vergleich der Mindestsicherung jeweils mit den beiden Teilleistungen bei Arbeitslosigkeit ergibt nun Schnitte bezüglich aller Maße. Für die Summe aus beiden Teilleistungen sind Überschneidungen im Hinblick auf alle Maße außer der Armutslücke zu finden statt nur hinsichtlich der Armutsquote wie 1995. Dafür sind beim Vergleich der einzelnen Arbeitslosigkeitsleistungen untereinander nicht mehr solch eindeutige Überschneidungen wie 1995 auffindbar. Die Intervalle für die Effektivität der Invaliditätsrente überschneiden sich wie 1995 mit denen für das normale Arbeitslosengeld bezüglich der Einkommenslücke

[96]Dabei ergibt sich für die Summe der beiden Arbeitslosigkeitsleistungen allerdings nur ein Schnitt für die Armutsquote.

[97]Für die Summe der beiden Teilleistungen bei Arbeitslosigkeit ergibt sich allerdings nur ein Schnitt für das nach der N-Methode ermittelte Intervall.

[98]Lediglich für die Armutsquote bei einer Grenze von 50 Prozent ist dies nun der Fall.

[99]Für die Armutsquote bei einer Grenze von 60 Prozent des Median und 50 Prozent des arithmetischen Mittels übernimmt den letzten Rang das normale Arbeitslosengeld, das ansonsten die dritthöchste Reduktion aufweist.

und nun auch zusätzlich mit denen für die Arbeitsunfallrenten ebenfalls hinsichtlich Einkommenslücke.

Der Vergleich der Ergebnisse für die Konfidenzintervalle der Reduktionen 1995 und 2000 ergibt, dass sich im Hinblick auf das Arbeitslosengeld, die Summe der Teilleistungen bei Arbeitslosigkeit, die Arbeitsunfallrenten sowie die Invaliditätsrenten Überschneidungen bezüglich aller Maße ergeben. Was die Leistungen bei Teilarbeitslosigkeit anbetrifft, kann hinsichtlich der Armutslücke, der Einkommenslücke und FGT_2 festgestellt werden, dass keine Überschneidungen vorliegen. Im Hinblick auf diese Maße scheint also tatsächlich ein Sinken[100] der Effektivitätswerte 2000 im Vergleich zu 1995 vorzuliegen. Dies erklärt auch die Verschlechterung in der Rangfolge der Effektivitätswerte 2000. Weiterhin liegen keine Überschneidungen der Konfidenzintervalle 1995 und 2000 für die Reduktionen durch die Mindestsicherung berechnet mit allen Maßen bis auf die Armutsquote[101] vor, wobei diese Reduktionen 1995 geringer waren. Dadurch nimmt die Mindestsicherung 2000 einen tendenziell höheren Rang ein.

Insgesamt erweist sich die Invaliditätsrente eindeutig als der Transfer mit den höchsten Auswirkungen. Es lässt sich der schon in Kapitel 6.2.2.4 angesprochene „Bubble Effect“ vermuten, also die Flucht von unzureichend ausgestalteten Transfers in großzügigere Transfers. Im Falle Italiens dürfte als Auslöser für diesen Effekt in erster Linie die unzureichend ausgestaltete Mindestsicherung verantwortlich sein, für die auch nur eine geringe Effektivitätswirkung festgestellt werden konnte. Hinsichtlich der Invaliditätsrenten ist ein leichter Rückgang der Reduktionswirkung von 1995 auf 2000 konstatiert worden, der eventuell auf schärfere Kontrollen und der Einschränkung der Möglichkeit, die Leistungen mit anderen Transfers und Einkommen zu kumulieren, zurückzuführen ist. Ein weiterer Unterschied zwischen den Berechnungen 1995 und 2000 besteht darin, dass 2000 neben den Versicherungsleistungen bei Invalidität auch die bedürftigkeitsgeprüfte Invaliditätsleistung enthalten ist.[102] Da der bedürftigkeitsgeprüfte Transfer auf den unteren Teil der Einkommensver-

[100] Der in Abb. 6.38 zu beobachtende Anstieg von 1995 auf 2000 für die Armutsquote erweist sich als nicht signifikant.

[101] Außerdem liegt für das nach der P-Methode berechnete Intervall für die Reduktion der Einkommenslücke eine Überschneidung vor.

[102] Zu den Inhalten der Variablen siehe Kapitel 5.2, zu den verschiedenen Invaliditätsleistungen vgl. Kapitel 2.4.4.

teilung ausgerichtet ist, wäre unter Umständen eher ein Anstieg zu vermuten gewesen. Allerdings erweist sich der festgestellte geringe Rückgang der Reduktionswerte als nicht signifikant, er könnte daher auch auf zufällige Effekte zurückzuführen sein. Dagegen ist die Erhöhung der Effektivität für die Mindestsicherung von 1995 auf 2000 bis auf die Ergebnisse hinsichtlich der Armutsquote signifikant. Die in beiden Untersuchungsjahren ähnlich hohen Reduktionswerte bezüglich der Armutsquote deuten darauf hin, dass der Anteil der Armen nicht reduziert wurde. Andererseits wird diesen Armen 2000 etwas besser geholfen, was sich im Anstieg der Effektivität bei den anderen Armutsmaßen, die die Intensität der Armut messen, zeigt. Zumindest für drei von fünf Maßen kann im Hinblick auf die Leistungen bei Teilarbeitslosigkeit ein signifikantes Sinken der Effektivitätswerte von 1995 auf 2000 festgestellt werden. Wie bereits in Kapitel 6.2.2.4 erläutert wurde, könnte der Argumentation von Franzini (2001) folgend dieser Rückgang dadurch begründet sein, dass die Zunahme von befristeten Arbeitsverhältnissen und freier Mitarbeit von 1995 auf 2000 eine Inanspruchnahme der Leistungen bei Teilarbeitslosigkeit in bisherigem Maße zunehmend schwerer macht und dadurch die Umverteilungswirkung durch diese Leistungen ebenfalls zurückgeht.

6.3.2.5 Vereinigtes Königreich

Sowohl 1994 als auch 1999 ergibt die Überprüfung der Konfidenzintervalle, die für die absoluten Werte mit und ohne jeweiligen Transfer ermittelt wurden, dass sich keinerlei Überlappungen bei den Berechnungen bezüglich der Invaliditätsrente, der Mindestsicherung sowie der Mindestsicherung einschließlich Wohngeld ergeben. Im Gegensatz dazu ergibt die Analyse der Intervalle der Differenz der absoluten Werte mit und ohne Transfer, dass sich im Hinblick auf das Krankengeld und die Arbeitsunfallrenten keinerlei signifikante Unterschiede ergeben. Bezüglich des Arbeitslosengeldes gibt es Unterschiede zwischen den beiden untersuchten Jahren. 1994 treten einige Überschneidungen auf, wobei lediglich im Hinblick auf die Armutsquote kein signifikanter Unterschied vorlag. Dagegen finden sich 1999 keine Überlappungen hinsichtlich aller Maße. Insgesamt dürften die höchsten Reduktionen von der Invaliditätsrente, der Mindestsicherung und der Mindestsicherung einschließlich Wohngeld zu erwarten sein, die geringsten dagegen vom Krankengeld und den Arbeitsunfallrenten.

1994 ergibt sich eine recht eindeutige Rangfolge der Reduktionen durch

Abbildung 6.39: Reduktion Armutsquote und Armutslücke (PGR), Vereinigtes Königreich 1994 und 1999, Armutsgrenze 50 Prozent Median

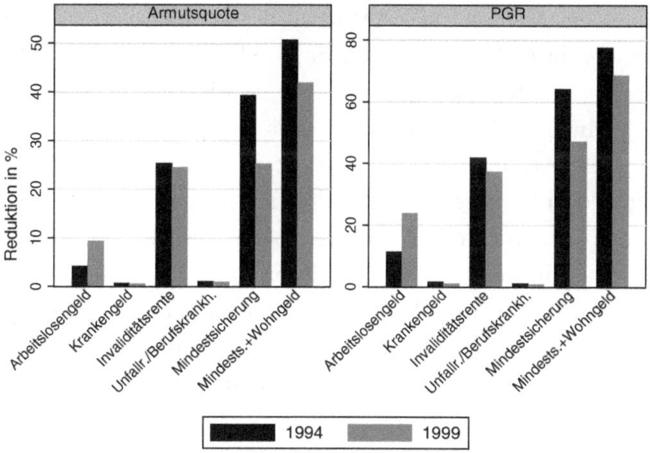

Quelle: Eigene Berechnungen mit LIS-Daten

die betrachteten Transfers (vgl. Abbildung 6.39). Die höchste Reduktion wird hinsichtlich aller Maße durch die Mindestsicherung einschließlich Wohngeld erreicht, gefolgt von der Mindestsicherung, den Invaliditätsrenten, dem Arbeitslosengeld, dem Krankengeld und den Arbeitsunfallrenten. Ausnahmen von dieser Reihenfolge ergeben sich bezüglich der Einkommenslücke bei der Armutsgrenze von 40 Prozent des Median, wobei hier die Invaliditätsrente in der Rangfolge höher eingestuft wird als die Mindestsicherung, sowie bezüglich der Armutsquote bei den Armutsgrenzen von 50 Prozent des arithmetischen Mittels bzw. 60 Prozent des Median, hierbei fällt das Krankengeld hinter die Arbeitsunfallrenten zurück. Die Miteinbeziehung der Bootstrapping-Konfidenzintervalle bestätigt dieses recht eindeutige Bild. Lediglich im Hinblick auf die Reduktionen des Krankengeldes im Vergleich zu den Arbeitsunfallrenten bzw. der Mindestsicherung im Vergleich zur Mindestsicherung einschließlich Wohngeld schneiden sich die Konfidenzintervalle.

1999 entspricht die Reihenfolge der Reduktionen zwar immer noch prinzipiell der von 1994, es ergeben sich aber mehr Abweichungen bei Verwendung unterschiedlicher Armutsgrenzen. Hinsichtlich der Armutsquote befindet sich das Krankengeld nun immer an letzter Stelle bis auf die Berechnungen mit 40 Prozent des Median. Weiterhin rückt die Reduktion durch die Invaliditätsrente bei 60 Prozent des Median und 50 Prozent des arithmetischen Mittels als Armutsgrenzen vor die der Mindestsicherung. Im Hinblick auf die restlichen Maße gibt es noch zwei weitere Ausnahmen: Für die Einkommenslücke (40 Prozent des Median) schiebt sich die Invaliditätsrente ebenfalls vor die Mindestsicherung und für die Armutslücke (50 Prozent des arithmetischen Mittels) fällt das Krankengeld auf den letzten Platz zurück. Ebenso wie 1994 ergeben sich bezüglich der Konfidenzintervalle Schnitte beim Vergleich der Reduktionen für die Mindestsicherung mit der Mindestsicherung einschließlich Wohngeld und für das Krankengeld mit den Arbeitsunfallrenten. Zusätzlich finden sich jetzt noch Überschneidungen beim Vergleich von Arbeitslosengeld und Invaliditätsrenten bei den Berechnungen mit der Einkommenslücke und beim Vergleich von Mindestsicherung und Invaliditätsrente bezüglich der Armutsquote.

Vergleicht man die Höhe der Reduktionen durch die einzelnen Transfers für 1994 und 1999, so fällt eindeutig auf, dass diese hinsichtlich des Arbeitslosengeldes steigen, was auch durch die Analyse der Konfidenzintervalle bestätigt wird. Was die restlichen Transfers betrifft, zeichnet sich dagegen eher ein Sinken der Effektivitätswerte ab. Dabei sollte allerdings berücksichtigt werden, dass 1999 eine signifikant höhere Armut für das verfügbare Einkommen festgestellt werden konnte. Durch dieses insgesamt höhere Armutsniveau dürfte es auch schwieriger sein, höhere Reduktionseffekte für 1999 im Vergleich zu 1994 zu erzielen. Was die zwei betrachteten Formen der Mindestsicherung sowie die Invaliditätsrente mit Ausnahme der Armutsquote angeht, bestätigt die Konfidenzintervallanalyse den Rückgang der Effektivität bei der Armutsgrenze von 50 Prozent des Median.[103] Bezüglich der Leistungen bei Arbeitsunfällen und Berufskrankheiten sowie des Krankengeldes schneiden sich dagegen die Intervalle für die beiden Jahre.

Insgesamt ergibt sich recht eindeutig, dass die höchsten Reduktionen durch die Mindestsicherung einschließlich Wohngeld bzw. die Mindestsicherung und die Invaliditätsrente erreicht werden und die niedrigsten durch die Arbeitsun-

[103]Bezüglich der Armutsquote sind bei Armutsgrenzen von 50 Prozent des arithmetischen Mittels und 60 Prozent des Median 1999 höhere anstatt niedrigere Werte für die Reduktion durch die Invaliditätsleistungen feststellbar.

fallrenten und das Krankengeld. Die niedrigen Werte für die Arbeitsunfallrenten und das Krankengeld sind über die Ausrichtung auf einen eng begrenzten Empfängerkreis bzw. die zeitliche Beschränkung auf kürzere Krankheitszeiten erklärbar. Die ungewöhnlich hohen Effektivitätszahlen der Mindestsicherungsleistungen im Vergleich zu den anderen Transfers zeigen deutlich die große Bedeutung dieser Transferart im Sozialsystem des Vereinigten Königreichs und die besondere Fokussierung auf die Armutsreduzierung. Allerdings muss festgestellt werden, dass außer hinsichtlich der Armutsquote 1999 eine niedrigere Wirkung der Mindestsicherungsleistungen als 1994 zu messen ist. Dieser Rückgang dürfte sich auf die Einführung der Job Seeker's Allowance (JSA) zurückführen lassen (vgl. Kapitel 2.5.2). Dadurch wurden viele bisherige Income Support-Empfänger zu Empfängern von Arbeitslosigkeitsleistungen. Diese Vermutung wird auch dadurch bestätigt, dass gleichzeitig eine signifikante Zunahme der Effektivitätswirkung der Arbeitslosigkeitsleistungen stattfand. Bemerkenswert ist auch die deutliche Wirkung der Invaliditätsrenten. Einen entscheidenden Einfluss auf diese hohen Effektivitätsziffern dürfte die „Masse" der Empfänger haben: Bis Mitte der neunziger Jahre kam es zu einem deutlichen Anstieg der Empfängerzahlen, die danach nur mäßig rückläufig waren.[104] Die zwischen 1994 und 1999 stattgefundene Verschärfung der Zugangsberechtigung und Leistungskürzung[105] könnte dementsprechend für den bis auf die Berechnungen mit der Armutsquote signifikanten Rückgang der Armutsreduktion verantwortlich sein. Bezüglich des Krankengeldes lässt sich insgesamt eine leichte Verschlechterung in der Rangfolge 1999 im Vergleich zu 1994 feststellen, wobei allerdings kein signifikanter Rückgang der Werte nachzuweisen war. Hier spiegelt sich eventuell wie bei der Invaliditätsrente die zwischen 1994 und 1999 stattgefundene grundlegende Reform von Krankengeld und Invaliditätsrente wider.

[104] Vgl. dazu ausführlicher Kapitel 6.2.2.5.
[105] Vgl. dazu auch Kapitel 2.5.4.

6.3.3 Transfers in den Ländern: Effizienz

In den Kapiteln 6.3.3.1 bis 6.3.3.5 werden die Ergebnisse für die Effizienz bezüglich der Armutsberechnungen vorgestellt. Dabei werden die Effizienzindikatoren berechnet, indem die in Kapitel 6.3.2 präsentierten Armutsreduktionen durch die entsprechenden Anteile der Ausgaben am BIP für den jeweiligen Transfer geteilt werden. Wie bereits in Kapitel 6.2.3 näher erläutert wurde, stehen nicht für alle Transfers geeignete Ausgabenanteile zur Verfügung, weshalb für diese Transfers auf die Effizienzberechnungen verzichtet wird.[106] Im Hinblick auf die Mindestsicherung werden wie in Kapitel 6.2.3 lediglich Berechnungen für 1994/95 durchgeführt, da nur Ausgaben für 1992 aus Eardley et al. (1996a) zur Verfügung stehen, die zur Berechnung der Effizienzwerte 1994/95 herangezogen werden.[107] Die Effizienzwerte werden exemplarisch nur für die Armutsgrenze von 50 Prozent des Median berechnet, Bootstrapping-Konfidenzintervalle werden nicht bestimmt. In den folgenden Kapiteln werden pro betrachtetem Land zunächst die Rangfolgen der Effizienzergebnisse der Transfers für 1994/95 und 1999/2000 vorgestellt. Daran schließt sich ein Vergleich dieser Ergebnisse mit denen für die Effektivität, die in den Kapiteln 6.3.2.1 bis 6.3.2.5 dargestellt wurden, an.

6.3.3.1 Deutschland

Eindeutig die höchsten Effizienzwerte lassen sich 1994 in Deutschland für die Arbeitslosenhilfe feststellen. Welche Transferart die nächsthöchsten Effizienzzahlen auf sich vereint, hängt vom zugrunde gelegten Armutsmaß ab: Für die Armutsquote und die Armutslücke entfallen die zweithöchsten Effizienzwerte auf das Arbeitslosengeld, gefolgt von der Invaliditätsrente. Werden für die Effizienzberechnungen die Einkommenslücke, FGT_2 und das Sen-Maß verwendet, vertauschen die beiden Transfers die Ränge (vgl. Abb. 6.40). Die darauf folgenden Positionen sind wieder unabhängig vom Maß gleich: Auf das Arbeitslosengeld und die Invaliditätsrenten folgen die Arbeitsunfallrenten, die Mindestsicherung einschließlich Wohngeld sowie die Mindestsicherung ohne Wohngeld.

Im zweiten Beobachtungsjahr 2000 ergibt sich bezüglich aller verwendeter Armutsmaße die gleiche Reihenfolge, wobei ebenfalls die Arbeitslosenhilfe

[106] In Kapitel 6.1 wird dargestellt, welche Ausgaben zur Verfügung stehen.
[107] Siehe auch die Einleitung zu Kapitel 6.2.3.

Abbildung 6.40: Effizienzindikator Armutsquote und FGT_2, Deutschland 1994 und 2000

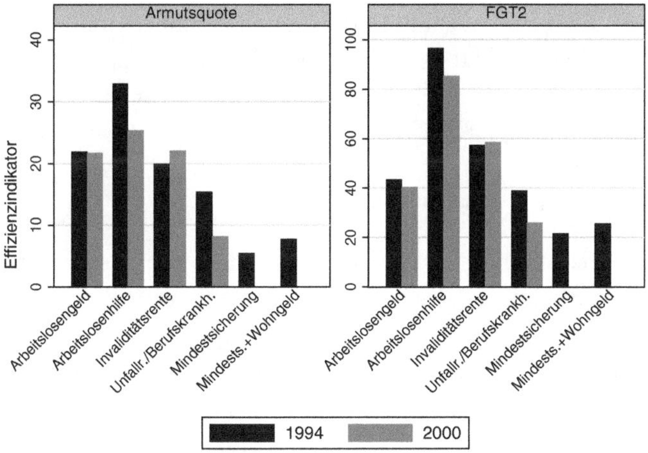

Quelle: Eigene Berechnungen mit LIS-Daten und Ausgabendaten der OECD Social Expenditure Database (SOCX) sowie aus Eardley et al. (1996a: 35)

die höchsten Effizienzwerte erreicht, gefolgt von der Invaliditätsrente, dem Arbeitslosengeld und den Arbeitsunfallrenten. Die Invaliditätsrente konnte somit im Vergleich zu 1994 ihre Position hinsichtlich der Effizienz verbessern. Diese Verbesserung spiegelt sich auch deutlich wider, wenn man die Effizienzwerte 1994 und 2000 für die einzelnen Transfers miteinander vergleicht: Während die Werte im Hinblick auf alle anderen Transfers sinken, ist für die Invaliditätsrente - mit Ausnahme der Berechnungen auf Basis der Einkommenslücke - ein Anstieg zu verzeichnen.

Beim Vergleich der Effizienz- mit den Effektivitätsergebnissen fällt auf, dass die Arbeitslosenhilfe gegenüber den durch die anderen Transfers erreichten Effizienzresultaten eindeutig höhere Werte ausweist als dies für die Effektivität der Fall war. In der Rangfolge fallen das Arbeitslosengeld und die Invaliditätsrente hinter die Arbeitslosenhilfe zurück. Die Arbeitsunfallrenten rücken ebenfalls in der Rangfolge vor, für die Effektivität waren sie noch eindeutig auf dem letzten Rang zu finden. Es konnten sich also die Transfers verbessern, auf die die geringsten Ausgabenanteile entfallen. Mit der Arbeitslosenhilfe schneidet eindeutig ein bedürftigkeitsgeprüfter Transfer, der allerdings nicht als Pauschalbetrag sondern abhängig vom bisherigen Einkommen gezahlt wird, am besten für die Effizienz ab. Das Arbeitslosengeld und die Invaliditätsrente, die weniger effizient als effektiv sind, sind beides einkommensabhängige Versicherungsleistungen, wobei 2000 bei der Invaliditätsrente die pauschal ausgezahlte Pflegeversicherung dazukommt, was für eine Verbesserung bezüglich der Position in der Effizienzrangfolge sorgt.

6.3.3.2 Finnland

Die Effizienzberechnungen für 1995 ergeben mit Ausnahme der Armutsquote in Finnland für die Invaliditätsleistungen die niedrigsten Werte, etwas besser werden das Krankengeld und das Arbeitslosengeld eingestuft (vgl. Abb. 6.41 und 6.42). Hinsichtlich der Armutsquote vertauschen das Krankengeld und die Leistungen bei Invalidität die Plätze, so dass die niedrigste Effizienz bezüglich des Krankengeldes festgestellt wird. Die Reihenfolge der Transfers im Hinblick auf die höheren Effizienzzahlen hängt vom zugrunde gelegten Maß ab. Für alle Maße außer der Armutsquote ergibt sich die höchste Effizienz bezüglich der Arbeitslosenhilfe, für die Armutsquote nimmt diese Position die Mindestsicherung ein, gefolgt von der Arbeitslosenhilfe, der Mindestsicherung einschließlich Wohngeld und den Arbeitsunfallrenten. Hinsichtlich der Armutslücke und des Sen-Maßes wird die zweithöchste Effizienz für die Mindestsicherung erreicht, darauf folgen die Arbeitsunfallrenten und die Mindestsicherung einschließlich Wohngeld. Was die Einkommenslücke und FGT_2 betrifft, schneiden dagegen die Arbeitsunfallrenten besser ab als die Mindestsicherung.

Im Jahr 2000 ergibt sich für alle Maße die gleiche Rangfolge bezüglich der Effizienzindikatoren (vgl. Abb. 6.41 und 6.42): Die höchste Effizienz ist hinsichtlich der Arbeitslosenhilfe feststellbar, darauf folgen die Arbeitsunfallrenten, das Arbeitslosengeld, die Invaliditätsleistungen und das Krankengeld. Tendenziell ist also für die Invaliditätsleistungen eine leichte Verbesserung, für das Krankengeld dagegen eine Verschlechterung in der Rangfolge feststellbar. Der Vergleich der absoluten Höhe der Effizienzindikatoren 1995 und 2000 ergibt, dass im Jahr 2000 durchgehend höhere Werte gemessen wurden.

Vergleicht man die Rangfolgen, die sich für die Effektivität und Effizienz ergeben, zeigt sich, dass die Arbeitslosenhilfe im Vergleich zur Effektivität vorrückt, so dass sie recht eindeutig an erster Stelle für die Effizienz liegt. Da-

Abbildung 6.41: Effizienzindikator Armutsquote und Armutslücke (PGR), Finnland 1995 und 2000

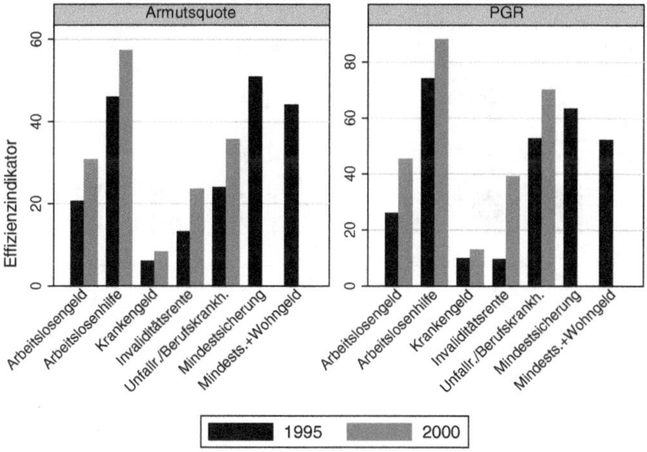

Quelle: Eigene Berechnungen mit LIS-Daten und Ausgabendaten der OECD Social Expenditure Database (SOCX) sowie aus Eardley et al. (1996a: 35)

gegen fällt das Arbeitslosengeld in der Rangfolge zurück, die Leistungen bei Arbeitsunfällen schieben sich sogar am Arbeitslosengeld vorbei. Leichte Verbesserungen in der Platzierung sind für die Invaliditätsleistungen feststellbar, die aber auch bezüglich der Effizienz eher am Ende der Rangfolge zu finden sind. Weiter nach vorn können sich auch die Leistungen der Mindestsicherung schieben, die zusammen mit der Arbeitslosenhilfe 1995 die „Spitzengruppe" bilden. Es zeigt sich also, dass für die Effizienz bedürftigkeitsgeprüfte Transfers, die als Pauschalbetrag ausbezahlt werden, die Rangfolge anführen. Dagegen hat sich die Position des Arbeitslosengeldes, das als Versicherungsleistung teils pauschal, teils einkommensabhängig gewährt wird, im Vergleich zur Effektivität verschlechtert.

Abbildung 6.42: Effizienzindikator Einkommenslücke (IGR), Finnland 1995 und 2000

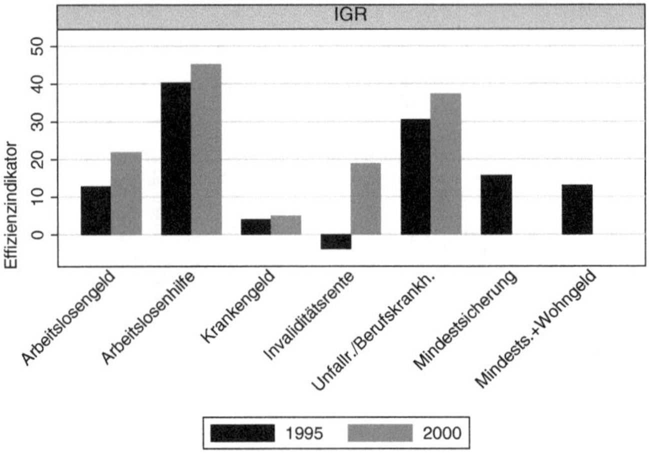

Quelle: Eigene Berechnungen mit LIS-Daten und Ausgabendaten der OECD Social Expenditure Database (SOCX) sowie aus Eardley et al. (1996a: 35)

6.3.3.3 Frankreich

Hinsichtlich der Berechnungen mit der Armuts- und Einkommenslücke sowie mit dem Sen-Maß wird in Frankreich die höchste Effizienz von der Mindestsicherung erreicht, daran schließen sich die Mindestsicherung einschließlich Wohngeld, die Erwerbsunfähigkeitsleistungen, das Arbeitslosengeld und als Schlusslicht das Krankengeld an (vgl. Abb. 6.43). Bezüglich des FGT_2-Maßes wechseln die Mindestsicherung einschließlich Wohngeld und die Erwerbsunfähigkeitsleistungen ihre Positionen; allerdings liegt die Mindestsicherung einschließlich Wohngeld für dieses Maß ebenfalls vor den Erwerbsunfähigkeitsleistungen, wenn bei den Effizienzberechnungen die Wohngeldausgaben aus Eardley et al. (1996a) anstatt aus der OECD Social Expenditure Database verwendet werden. Die Ergebnisse, die unter Verwendung der Armutsquote erzielt werden, weichen von den bisher vorgestellten Ergebnissen ab (vgl. Abb. 6.43). Zwar werden die niedrigsten Effizienzwerte immer noch vom Krankengeld erreicht, die höchsten werden jetzt aber für die Mindestsicherung einschließlich Wohngeld ausgewiesen, gefolgt von der Mindestsicherung, dem Arbeitslosengeld und den Erwerbsunfähigkeitsleistungen.

Abbildung 6.43: Effizienzindikator Armutsquote und Armutslücke (PGR), Frankreich 1994

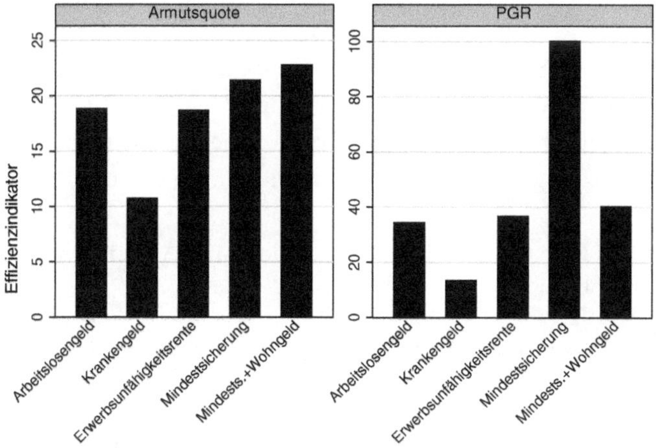

Quelle: Eigene Berechnungen mit LIS-Daten und Ausgabendaten der OECD Social Expenditure Database (SOCX) sowie aus Eardley et al. (1996a: 35)

Die hohen Effektivitätswerte, die durch die Mindestsicherung einschließlich Wohngeld bzw. die niedrigen Werte, die durch die Mindestsicherung erreicht wurden, relativieren sich bei Einbezug der Ausgaben: In der Rangfolge der Effizienzwerte konnte sich die Mindestsicherung deutlich nach oben schieben, die Mindestsicherung einschließlich Wohngeld rutscht in der Rangfolge nur leicht nach hinten, wohingegen das Arbeitslosengeld sich etwas deutlicher verschlechtert. Keine offensichtliche Veränderung gegenüber den Ergebnissen bei Effektivität hat sich für das Krankengeld ergeben, das im Hinblick auf die Effizienz an letzter Stelle steht. In Frankreich sind hinsichtlich der Armutsbetrachtungen offenbar die pauschalen, bedürftigkeitsgeprüften Transfers der Mindestsicherung effizienter als die einkommensabhängigen Versicherungsleistungen des Krankengeldes und vor allem des Arbeitslosengeldes, welches für die Effektivität noch deutlich besser abschnitt.

6.3.3.4 Italien

In Italien sind 1995 die höchsten Effizienzzahlen hinsichtlich der Invaliditätsrente feststellbar, die niedrigsten dagegen bezüglich der Mindestsicherung. Dazwischen liegen die Effizienzergebnisse der verschiedenen Leistungen bei Arbeitslosigkeit, die in Italien gesondert betrachtet werden. Hinsichtlich aller Maße außer der Armutsquote liegt die zweithöchste Effizienz nach der Invaliditätsrente für das Arbeitslosengeld vor, danach folgen die Leistungen bei Arbeitslosigkeit als Summe aus Arbeitslosengeld und Leistungen bei Teilarbeitslosigkeit sowie die gesonderten Leistungen bei Teilarbeitslosigkeit (vgl. Abb. 6.44). Bezüglich der Armutsquote vertauschen dagegen das Arbeitslosengeld und die Leistungen bei Teilarbeitslosigkeit ihre Positionen.

Abbildung 6.44: Effizienzindikator Armutsquote und Armutslücke (PGR), Italien 1995 und 2000

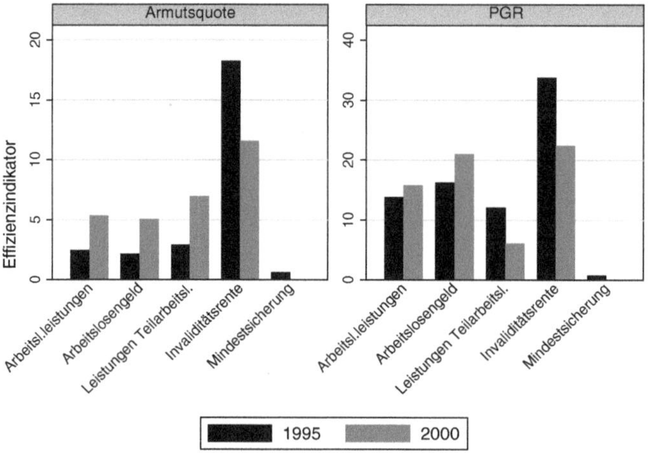

Quelle: Eigene Berechnungen mit LIS-Daten und Ausgabendaten der OECD Social Expenditure Database (SOCX) sowie aus Eardley et al. (1996a: 35)

Im zweiten Beobachtungsjahr 2000 werden weiterhin die höchsten Effizienzwerte durch die Invaliditätsrente erreicht, für die verschiedenen Arbeitslosigkeitsleistungen gilt ebenfalls genau die gleiche Reihenfolge wie 1995. Die Effizienzwerte der Invaliditätsrente sind im Vergleich zu 1995 allerdings deutlich gesunken, während das Arbeitslosengeld zulegen konnte. Bis auf die Armutsquote sind die Werte der Leistungen bei Teilarbeitslosigkeit zurückgegangen, gleiches gilt für die Gesamtleistungen bei Arbeitslosigkeit unter Verwendung der Einkommenslücke und von FGT_2.

Im Vergleich zu den Ergebnissen der Effektivität hat sich somit bei der Effizienz keine Veränderung bezüglich des Transfers mit den höchsten Werten ergeben. Diese Position wird weiterhin von der Invaliditätsrente eingenommen. Der bei Betrachtung der Effektivität gewonnene Eindruck, dass dieser Transfer eine deutlich höhere Wirkung als die anderen betrachteten Transfers erzielt, wird also auch nicht durch Berücksichtigung der Ausgaben verändert. Die Invaliditätsrenten können im Transfervergleich sowohl als sehr effektiv als auch effizient in ihrer Wirkung auf Armut bezeichnet werden. Hierbei ist allerdings auf den deutlichen Rückgang der Effizienzwerte der Invaliditätsrente von 1995 auf 2000 einzugehen. Während 1995 nur die einkommensabhängige Versicherungsleistung der Invaliditätsrente in den Daten verfügbar war, wurde 2000 zusätzlich die bedürftigkeitsgeprüfte Pensione per invalidi civili einbezogen, die gewährt wird, wenn kein Versicherungsanspruch auf Invaliditätsleistungen vorliegt.[108] Von der Verschärfung der Kontrollen für den Empfang der Versicherungsleistungen von 1995 auf 2000 wäre eher eine Steigerung der Effizienz zu erwarten gewesen. So könnte vor allem die Berücksichtigung des zusätzlichen Transfers in Form der Pensione per invalidi civili für den Rückgang der Effizienz verantwortlich gemacht werden. Der letzte Platz in der Rangfolge, den die Mindestsicherung für die Effizienz einnimmt, konnte für diesen Transfer auch schon bei der Effektivität 1995 festgestellt werden. Allerdings ergab sich im Jahr 2000, dass in vielen Fällen die Leistungen bei Teilarbeitslosigkeit eine noch geringere Effektivität aufwiesen. Durch die deutlich niedrigeren Ausgaben für die Teilarbeitslosigkeitsleistungen 2000 im Vergleich zu 1995 ist es also durchaus möglich, dass eventuell auch für 2000 niedrigere Effizienzwerte für die Mindestsicherung das Ergebnis von Berechnungen wären. Da keine geeigneten Ausgabendaten für die Mindestsicherung im Jahr 2000 zur Verfügung stehen, wurden diese Berechnungen allerdings nicht durchgeführt. Somit kann nur für 1995 die Aussage getroffen werden, dass die Mindestsicherung sowohl die geringste Effektivitäts- als auch Effizienzwirkung in Italien

[108]Vgl. zu den Regelungen bei Invalidität Kapitel 2.4.4 und zu den Inhalten der Variablen Kapitel 5.2.

erreicht. Die mangelhafte Ausgestaltung der Mindestsicherung im Vergleich zu anderen Transfers (vgl. Kapitel 2.4.6) zeigt sich hier abermals deutlich.

6.3.3.5 Vereinigtes Königreich

Für das Vereinigte Königreich ergeben sich je nach Maß im Jahr 1994 unterschiedliche Rangfolgen der Effizienzwerte, weshalb in den Abbildungen 6.45 und 6.46 die Ergebnisse, die mit der Armutsquote, der Armutsłücke, FGT_2 und der Einkommenslücke gewonnenen wurden, dargestellt sind.[109] Bezüglich aller verwendeten Armutsmaße lassen sich allerdings auch Gemeinsamkeiten feststellen: Die höchste Effizienz ist dem Arbeitslosengeld, die niedrigste den Leistungen bei Arbeitsunfällen und Berufskrankheiten zuzuordnen. Zwischen diesen Extremen schwankt die Reihenfolge der Transfers gemäß dem Effizienzindikator je nach Maß. Hinsichtlich aller Maße außer FGT_2 folgt an zweiter Stelle die Mindestsicherung, für FGT_2 nimmt diese Position das Krankengeld ein. Was die Armutsquote betrifft, folgt auf die Mindestsicherung die Mindestsicherung einschließlich Wohngeld, die Invaliditätsrente und das Krankengeld. Die Berechnungen mit dem Sen-Maß und der Armutslücke weichen davon ab, da die Invaliditätsrente vor der Mindestsicherung einschließlich Wohngeld liegt. Für die Einkommenslücke wird ebenfalls die Mindestsicherung einschließlich Wohngeld an dritter Stelle eingeordnet, allerdings schneidet auch das Krankengeld besser als die Invaliditätsrenten ab. Wie bereits erwähnt, nimmt für FGT_2 das Krankengeld die zweite Position ein, darauf folgen die Mindestsicherung, die Invaliditätsrenten und die Mindestsicherung einschließlich Wohngeld.

Im Gegensatz zu 1994 ergibt sich 1999 ohne die Mindestsicherungsleistungen und die Arbeitsunfallrenten, für die keine Ausgabendaten bezüglich dieses Jahres vorliegen, eindeutig die höchste Effizienz für das Arbeitslosengeld, danach folgen die Invaliditätsrente und das Krankengeld. Der Vergleich der Höhe der Werte für 1994 und 1999 ergibt, dass hinsichtlich des Arbeitslosen- und Krankengeldes 1999 niedrigere Effizienzzahlen vorliegen, gleiches gilt für die Invaliditätsrenten, wobei bei den Berechnungen mit der Armutsquote allerdings 1999 höhere Werte ausgewiesen werden.

Der Vergleich mit den Ergebnissen der Effektivität zeigt, dass das Arbeitslosengeld sich bei der Effizienz deutlich in der Rangfolge auf den ersten Platz

[109] Die Berechnungen für das Sen-Maß ergeben die gleiche Reihenfolge der Effizienzwerte wie die Armutslücke.

Abbildung 6.45: Effizienzindikator Armutsquote und Armutslücke (PGR), Vereinigtes Königreich 1994 und 1999

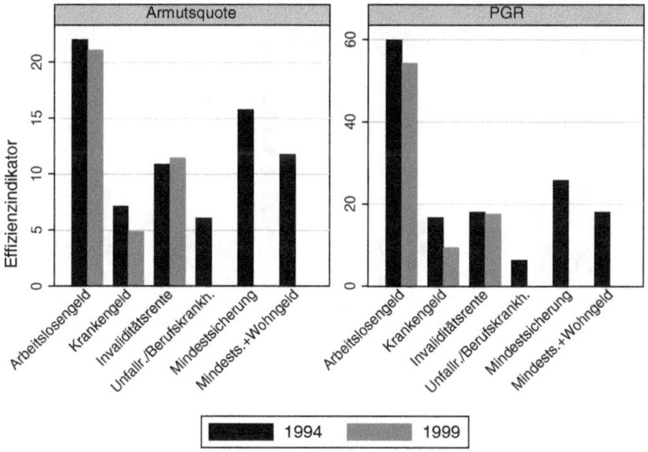

Quelle: Eigene Berechnungen mit LIS-Daten und Ausgabendaten der OECD Social Expenditure Database (SOCX) sowie aus Eardley et al. (1996a: 35)

verbessert. Erwähnenswert ist hierbei, dass diese Verbesserung sowohl 1994 als auch 1999 stattfindet. Zwar sinken die Effizienzziffern des Arbeitslosengeldes von 1994 auf 1999, was eventuell auf die zwischenzeitliche Einführung der JSA zurückzuführen ist, die Effizienzergebnisse bleiben allerdings trotzdem deutlich an erster Stelle. Die Leistungen bei Arbeitsunfällen und Berufskrankheiten dagegen bleiben 1994 sowohl im Hinblick auf die Effizienz als auch die Effektivität auf dem letzten Platz. Ebenso wie bei den Leistungen bei Arbeitsunfällen und Berufskrankheiten können für die Leistungen bei Mindestsicherung 1999 keine Effizienzberechnungen wegen mangelnder Ausgabendaten durchgeführt werden. Für 1994 zeichnet sich aber ab, dass die hohen Ausgaben für die Mindestsicherung und vor allem das Wohngeld ein Zurückfallen in der Rangfolge der Effizienzindikatoren im Vergleich zur Effektivität zur Folge haben. Dies gilt in erster Linie für die Mindestsicherung einschließlich Wohngeld, die vom ersten Rang bei der Effektivität auf mittlere Ränge bei der Effizienz zurückfällt. Einer sehr guten Effektivität der Leistungen bei Mindestsicherung steht somit eine nur mäßige Effizienz gegenüber. Hier zeigt sich, dass sich die Ausrich-

Abbildung 6.46: Effizienzindikator Einkommenslücke (IGR) und FGT_2, Vereinigtes Königreich 1994 und 1999

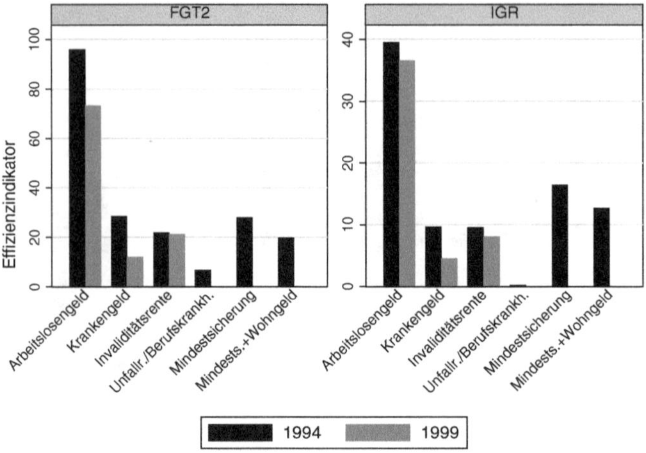

Quelle: Eigene Berechnungen mit LIS-Daten und Ausgabendaten der OECD Social Expenditure Database (SOCX) sowie aus Eardley et al. (1996a: 35)

tung des britischen Wohlfahrtsstaates auf die Armutsbekämpfung und damit der hohe Stellenwert der Mindestsicherungsleistungen deutlich in einer hohen Armutsreduktion durch diese Transfers widerspiegelt, dies aber um den Preis einer niedrigeren Effizienz erreicht wird.

Bezüglich der Invaliditätsleistungen und des Krankengeldes findet keine deutliche Verbesserung bzw. Verschlechterung im Vergleich zur Effektivitätsrangfolge statt. Allerdings ist auffällig, dass für diese beiden Transfers ein Rückgang der Effizienzwerte von 1994 auf 1999 stattfand.[110] Hierbei ist zu bemerken, dass zwischen 1994 und 1999 eine grundlegende Reform der Geldleistungen bei Invalidität und Krankheit stattfand, was unter Umständen zum Sinken der Effizienz hinsichtlich der Armutsbetrachtungen für diese beiden Transfers beigetragen hat.

[110]Eine Ausnahme hiervon sind die Ergebnisse bezüglich der Invaliditätsleistungen für die Armutsquote, für die eine Zunahme der Effizienz stattfindet.

Tabelle 6.8: Rangkorrelationen: Effektivität - Ausgabenanteile für Transfervergleich in den untersuchten Ländern, Armut

	Armutsquote		**PGR**		**IGR**		**FGT_2**	
	94/95	**99/00**	**94/95**	**99/00**	**94/95**	**99/00**	**94/95**	**99/00**
D	0,37	1,00	0,37	0,80	0,83	0,40	0,43	0,80
Fin	0,71	0,50	0,64	0,20	0,57	0,20	0,64	0,20
F	0,90	-	0,80	-	0,60	-	0,50	-
I	0,50	1,00	0,50	1,00	0,50	1,00	0,50	1,00
UK	1,00	1,00	0,94	1,00	1,00	1,00	0,89	1,00

Quelle: Eigene Berechnungen mit LIS-Daten und OECD Social Expenditure Database (SOCX) bzw. für Mindestsicherung Eardley et al. (1996a: 35)

6.3.4 Transfers in den Ländern: Zusammenhang mit Ausgaben

Ebenso wie für die Ungleichheitsergebnisse in Kapitel 6.2.4 soll an dieser Stelle für die Armut der Zusammenhang zwischen der Effektivität und den Ausgaben für jedes Land betrachtet werden, um die in Kapitel 1.4 vorgestellte These zu überprüfen, dass durch höhere Ausgaben auch höhere Umverteilungseffekte erzielt werden. An dieser Stelle sei nochmals darauf hingewiesen, dass die hierfür berechneten Korrelationen nur als Indikator für den Zusammenhang der beiden Größen dienen, Kausalzusammenhänge können über Korrelationen nicht direkt abgeleitet werden. In Tabelle 6.8 werden die Rangkorrelationskoeffizienten aufgeführt, die sich für die Reduktionswirkung der verschiedenen Armutsmaße und die entsprechenden Ausgaben ergeben,[111] wobei exemplarisch nur die Ergebnisse für eine Armutsgrenze von 50 Prozent des Median verwendet werden.

Die Ergebnisse scheinen die These, dass mehr Ausgaben zu einer höheren Effektivität führen, eher zu bestätigen. Für das Vereinigte Königreich zeigen sich durchweg hohe, positive Zusammenhänge. In Italien lassen sich für 2000 zwar perfekte positive Zusammenhänge feststellen, allerdings kommen diese dadurch zu Stande, dass für dieses Beobachtungsjahr nur zwei Transfers[112] in die Berechnungen eingehen, 1995 konnte die Mindestsicherung als ein wei-

[111]Für das Sen-Maß wurden keine Rangkorrelationen berechnet, da die sich ergebenden Reihenfolgen der Effektivitäts- aber auch der Effizienzmaße mit denen von mindestens einem anderen Armutsmaß identisch sind.

[112]Dies sind die Invaliditätsleistungen und das Arbeitslosengeld, Leistungen bei Teilarbeits-

Tabelle 6.9: Rangkorrelationen: Effizienz - Ausgabenanteile für Transfervergleich in den untersuchten Ländern, Armut

	Armutsquote		PGR		IGR		FGT_2	
	94/95	**99/00**	**94/95**	**99/00**	**94/95**	**99/00**	**94/95**	**99/00**
D	-0,54	0,40	-0,60	0,40	-0,60	0,40	-0,60	0,40
Fin	-0,11	-0,50	-0,14	-0,50	-0,21	-0,50	-0,21	-0,50
F	0,20	-	-0,30	-	-0,30	-	-0,40	-
I	0,50	1,00	0,50	1,00	0,50	-1,00	0,50	1,00
UK	0,54	0,50	0,43	0,50	0,37	0,50	-0,26	0,50

Quelle: Eigene Berechnungen mit LIS-Daten und OECD Social Expenditure Database (SOCX) bzw. für Mindestsicherung Eardley et al. (1996a: 35)

terer Transfer berücksichtigt werden, wodurch die Rangkorrelationen bedeutend niedriger ausfallen. Für Frankreich und Deutschland ergibt sich ebenfalls kein durchweg eindeutiges Bild. Sind hinsichtlich der Armutsquote und der Armutslücke in Frankreich hohe positive Korrelationen feststellbar, deuten die Ergebnisse bezüglich der Einkommenslücke und FGT_2 eher auf einen mittleren Zusammenhang hin, die Ausgangsthese wird also nur tendenziell bestätigt. Für Deutschland ergeben sich auch nicht durchweg hohe positive Korrelationen: Im Hinblick auf die Armutsquote, die Armutslücke und FGT_2 sind 1994 niedrige positive Korrelationen festzustellen, 2000 dagegen hohe Zusammenhänge, bei der Einkommenslücke ist es für die zwei Zeitpunkte genau umgekehrt. In Finnland zeigen die Korrelationskoeffizienten für 1995 einen mittleren positiven Zusammenhang, 2000 dagegen fallen die Werte niedriger aus.

Auch für die Armutsergebnisse soll überprüft werden, ob zwischen der Effizienz und den Ausgaben ein Zusammenhang festgestellt werden kann. Die Ergebnisse dieser Berechnungen sind in Tabelle 6.9 dargestellt. Dabei lassen sich für Deutschland 1994 mittlere negative Zusammenhänge erkennen, während 2000 nur schwach positive Korrelationen vorliegen. In Finnland dagegen kann jetzt für alle Maße und Zeitpunkte ein negativer Zusammenhang festgestellt werden, höhere Ausgaben gehen also einher mit niedrigeren Effizienzwerten und umgekehrt. Allerdings sind diese negativen Korrelationen 1995 nur schwach ausgeprägt, 2000 zeigt sich ein schwacher bis mittlerer Zusammenhang. Für Frankreich sind die angezeigten Zusammenhänge nur niedrig,

losigkeit wurden nicht berücksichtigt. Für die Arbeitsunfallrenten liegen keine Ausgaben vor, weshalb diese Leistungsart ebenfalls nicht in die Berechnungen mit eingeht.

lediglich für die Armutsquote ist die Korrelation positiv. Die Rangkorrelationen, die sich für Italien ergeben, sind fast identisch wie jene für die Effektivität; lediglich hinsichtlich der Einkommenslücke 2000 ändert sich das Vorzeichen. Für das Vereinigte Königreich ergeben sich bis auf den Wert 1994 für FGT_2 auch wieder positive Zusammenhänge, allerdings fallen diese jetzt bedeutend schwächer aus.

Für die These, dass mehr Ausgaben mit einer höheren Effektivität einhergehen, finden sich also durchaus Indizien, allerdings sind die positiven Zusammenhänge nicht durchweg deutlich, sondern z.T. nur schwach ausgeprägt. Insgesamt sprechen die Ergebnisse tendenziell für eine Bestätigung der zu überprüfenden These. Für die Effizienz ist keine deutliche Tendenz abzulesen: Für Finnland zeigt sich hier eher ein entgegengerichteter Zusammenhang, für die anderen Länder wechseln z.T. je nach Maß oder Beobachtungsjahr die Vorzeichen und die Korrelationen sind oft nur gering. Somit können keine eindeutigen Schlussfolgerungen im Hinblick auf den Zusammenhang zwischen Ausgaben und Effizienz gezogen werden.

6.3.5 Transfers im Ländervergleich: Effektivität

In den Kapiteln 6.3.5.1 bis 6.3.5.5 wird die Effektivitätswirkung in Bezug auf Armut für die einzelnen Transfers im Ländervergleich untersucht. In den einzelnen Kapiteln werden sowohl für 1994/95 als auch 1999/2000 die Armutsreduktionen pro Transfer im Ländervergleich betrachtet. Wie bereits in den vorangegangenen Kapiteln werden die Ergebnisse für eine Armutsgrenze von 50 Prozent des Median grafisch dargestellt. Ergeben sich Unterschiede hinsichtlich der Ergebnisse bei anderen Armutsgrenzen, wird explizit darauf hingewiesen. Um festzustellen, ob sich die Effektivitätsergebnisse der untersuchten Länder signifikant unterscheiden, werden die für die Reduktionen berechneten Konfidenzintervalle herangezogen.[113] An die Darstellung dieser Ergebnisse schließt sich deren Interpretation und die Suche nach möglichen Ursachen für die Resultate an.

[113] Wie bei den anderen Konfidenzintervallberechnungen für Armut wurden nur die Intervalle für die Ergebnisse bei einer Armutsgrenze von 50 Prozent des Median bestimmt.

6.3.5.1 Leistungen bei Arbeitslosigkeit

Die hier untersuchten Leistungen bei Arbeitslosigkeit umfassen das Arbeitslosengeld und die Arbeitslosenhilfe. Begonnen wird mit der Analyse der Effektivitätswirkungen des Arbeitslosengeldes. Die Effektivitätswerte für 1994/95 ergeben hinsichtlich aller Maße und Grenzen eine eindeutige Reihenfolge (vgl. Abbildung 6.47): Die höchste Armutsreduktion durch das Arbeitslosengeld ergibt sich für Finnland, gefolgt von Frankreich, Deutschland, dem Vereinigten Königreich und Italien. Die Konfidenzintervalle zeigen keine Überschneidungen beim Vergleich von Finnland mit allen anderen Ländern. Selbiges gilt für Frankreich mit Ausnahme von Überlappungen hinsichtlich der Armutsquote im Vergleich mit Deutschland. Der Vergleich der für Deutschland ermittelten Intervalle mit denen von Italien und dem Vereinigten Königreich ergibt lediglich bezüglich der Einkommenslücke Überschneidungen. Dagegen finden sich bis auf die Armutsquote und das Sen-Maß beim Vergleich von Italien mit dem Vereinigten Königreich Überschneidungen der Intervalle.[114]

1999/2000 ergeben sich Veränderungen der Reihenfolge, Frankreich fällt aus der Betrachtung, da keine Daten für diese Jahre zur Verfügung stehen. So rückt jetzt das Vereinigte Königreich vor Deutschland, lediglich bezüglich der Armutsquote für alle Grenzen, außer 40 Prozent des Median und hinsichtlich der Armutslücke bzw. des Sen-Maßes für die höheren Armutsgrenzen 50 Prozent des arithmetischen Mittels und 60 Prozent des Median, bleibt Deutschland vor dem Vereinigten Königreich an zweiter Stelle. Auffällig ist somit, dass das Arbeitslosengeld im Vereinigten Königreich für niedrigere Armutsgrenzen besser abschneidet, also eher auf einen niedrigeren Einkommensbereich als in Deutschland ausgerichtet ist. Die höchsten Reduktionen sind weiterhin für Finnland, die niedrigsten für Italien feststellbar. Die Konfidenzintervalle zeigen wenig Überschneidungen. Für Finnland finden sich lediglich im Vergleich mit dem Vereinigten Königreich bezüglich der Einkommenslücke Überlappungen, gleiches gilt für den Vergleich von Deutschland und Italien. Die Rangwechsel zwischen dem Vereinigten Königreich und Deutschland zeigen sich ebenfalls in den Intervallvergleichen: Nur bei der Armutsquote und der Einkommenslücke gibt es keine Überschneidungen.

Auch an dieser Stelle wird analog zu Kapitel 6.2.5.1 für die Ungleichheit auf

[114] Für die Armutslücke und FGT_2 ist aber zu erwähnen, dass die nach der Normalapproximationsmethode berechneten Intervalle ebenfalls überschneidungsfrei bleiben.

Abbildung 6.47: Reduktion Armutsquote und Einkommenslücke (IGR), Arbeitslosengeld im Ländervergleich 1994/95 und 1999/2000, Armutsgrenze 50 Prozent Median

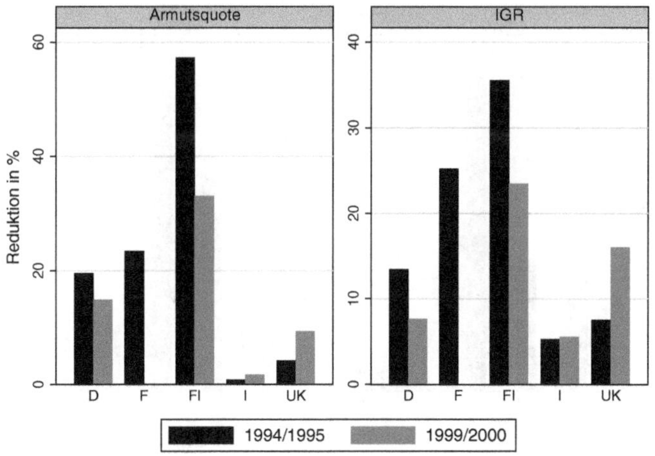

Quelle: Eigene Berechnungen mit LIS-Daten

die Wirkung der Leistungen bei Teilarbeitslosigkeit in Italien eingegangen. Es wird überprüft, ob die Hinzunahme dieser Leistungen zum normalen Arbeitslosengeld in Italien die Rangfolge der Länder verändert. Wie aus Abbildung 6.48 abzulesen ist, hat sich im Hinblick auf die Einkommenslücke 1994/95 die Position Italiens durch die Hinzunahme des Transfers im Vergleich zu der des Vereinigten Königreichs verbessert, gleiches gilt bei einer Armutsgrenze von 50 Prozent des arithmetischen Mittels für alle Maße außer FGT_2. Die Hinzunahme der Leistungen bei Teilarbeitslosigkeit in Italien zieht auch leichte Veränderungen bei der Analyse der Konfidenzintervalle 1994/95 nach sich. So sind nun keinerlei Überschneidungen für Italien und Deutschland mehr zu finden, für den Vergleich mit dem Vereinigten Königreich dagegen überschneiden sich die Intervalle für alle Maße bis auf die Armutsquote. Für 1999/2000 ergeben sich keine Unterschiede in der Rangfolge durch die Einbeziehung der Leistungen bei Teilarbeitslosigkeit.

Finnland weist somit insgesamt die eindeutig höchsten Reduktionswirkungen aus. Das Arbeitslosengeld in Finnland ist eine Kombination aus einer

Abbildung 6.48: Reduktion Armutsquote und Einkommenslücke (IGR), Arbeitslosengeld (Italien einschl. Leistungen bei Teilarbeitslosigkeit) im Ländervergleich 1994/95 und 1999/2000, Armutsgrenze 50 Prozent Median

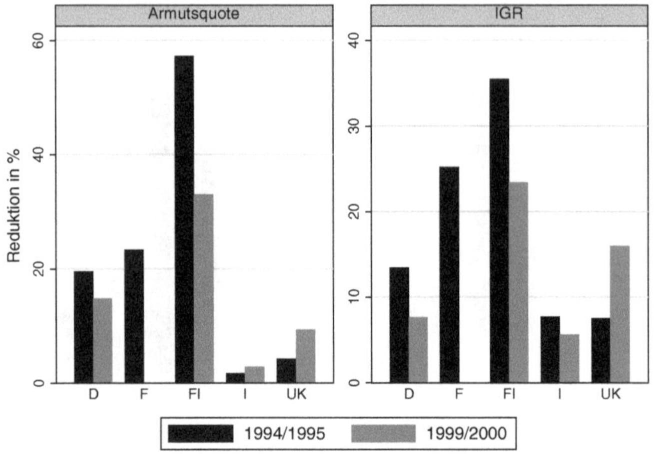

Quelle: Eigene Berechnungen mit LIS-Daten

Grundsicherung und einem einkommensabhängigen Teil auf vergleichsweise hohem Leistungsniveau.[115] Ein weiterer Einflussfaktor dürfte die relativ hohe Arbeitslosigkeit in Finnland sein, die sich allerdings bis zum Ende der neunziger Jahre wieder etwas abgeschwächt hatte.[116] Im Jahr 1994 folgen auf Finnland Frankreich und Deutschland. Beide Länder haben eine ähnliche Ausgestaltung des Arbeitslosengeldes in Form einer nicht bedürftigkeitsgeprüften, einkommensabhängigen Versicherungsleistung, wobei Frankreich 1994/95 eine höhere Arbeitslosenquote aufwies als Deutschland. 1994/95 waren Italien mit seinen einkommensabhängigen Versicherungsleistungen auf niedrigem Niveau und das Vereinigte Königreich mit Pauschalleistungen am Ende der Rangfolge zu finden. Das Vereinigte Königreich schneidet 1999/2000 allerdings besser ab als Deutschland, wobei der Unterschied zwischen den Effektivitätsziffern bis auf die Armutsquote und Armutslücke nicht signifikant ist. Hier scheint sich die

[115] Wie in Kapitel 6.2.5.1 erläutert, bewegen sich die Einkommensersatzraten für das finnische Arbeitslosengeld im europäischen Vergleich auf relativ hohem Niveau.

[116] Vgl. zu den Arbeitslosenquoten Tabelle 6.2, S. 142.

Änderung bezüglich der Regelung des Arbeitslosengeldes durch die Einführung der Job Seeker's Allowance (JSA) ausgewirkt zu haben.[117] Die JSA sorgt für eine Ausweitung des Berechtigtenkreises, da z.T. bisherige Income Support-Empfänger JSA beziehen. Dabei ist anzumerken, dass in den Daten zur JSA auch der bedürftigkeitsgeprüfte Teil enthalten ist, der in Deutschland separat als Arbeitslosenhilfe betrachtet werden kann. Kontrollberechnungen für Deutschland, bei denen die Wirkung von Arbeitslosengeld und Arbeitslosenhilfe zusammen berücksichtigt wurde, ergaben tatsächlich eine höhere Effektivität in Deutschland im Vergleich zur Wirkung der gesamten JSA. Für Italien zeigt sich der Einfluss der Leistungen bei Teilarbeitslosigkeit darin, dass bei Mitberücksichtigung dieser Transfers 1994/95 ein etwas besseres Ergebnis im Ländervergleich resultierte. Allerdings spiegelt sich auch hier der Bedeutungsverlust dieser Leistungsart 2000 im Vergleich zu 1995 dadurch wider, dass keine Unterschiede im Vergleich zur bloßen Analyse des Arbeitslosengeldes auftreten. Dieser Rückgang des Einflusses der Leistungen bei Teilarbeitslosigkeit ist vermutlich darauf zurückzuführen, dass aufgrund flexiblerer Arbeitsformen weniger potenzielle Empfänger vorhanden sind.[118]

Die Arbeitslosenhilfe, die als zweite Leistung bei Arbeitslosigkeit betrachtet wird, ist nur für Finnland und Deutschland verfügbar und wird daher nicht grafisch dargestellt. Der Vergleich der Effektivitätswerte für beide Länder ergibt bezüglich aller Maße und Grenzen eindeutig, dass die Werte für Finnland höher sind. Dieses Ergebnis wird noch dadurch unterstrichen, dass keinerlei Überschneidungen der Konfidenzintervalle feststellbar sind.

Der Arbeitslosenhilfe in Finnland und Deutschland ist gemein, dass sie nur nach einer Bedürftigkeitsprüfung gewährt wird. Unterschiede ergeben sich dadurch, dass in Deutschland eine vom bisherigen Einkommen abhängige und in Finnland eine pauschale Leistung gezahlt wird. Weiterhin kann festgestellt werden, dass zu beiden Untersuchungszeitpunkten in Finnland eine höhere Arbeitslosenquote vorlag,[119] was zur Erklärung der höheren Effektivität in Finnland beitragen könnte.

[117] Zu den Regelungen bei Arbeitslosigkeit im Vereinigten Königreich vgl. Kapitel 2.5.2.
[118] Vgl. dazu genauer Kapitel 6.2.2.4.
[119] Vgl. zu den Arbeitslosenquoten Tabelle 6.2, S. 142.

6.3.5.2 Geldleistungen bei Krankheit

Der Vergleich der Wirkung des Krankengeldes erfolgt 1994/95 für Frankreich, Finnland und das Vereinigte Königreich sowie 1999/2000 für Finnland und das Vereinigte Königreich, da nur für diese Länder Daten zum Krankengeld vorliegen. Die Ergebnisse für das Krankengeld sind relativ eindeutig, daher wird in Abbildung 6.49 nur die Effektivität auf Basis der Armutslücke dargestellt. Die höchste Reduktion wird sowohl im ersten als auch im zweiten Untersuchungszeitpunkt in Finnland erreicht. Die einzige Ausnahme davon ergibt sich bei den Berechnungen mit der Einkommenslücke bei einer Grenze von 60 Prozent des Median für 1994/95: Hier ist in Frankreich eine höhere Effektivität feststellbar. 1994/95 ergeben sich ansonsten für Frankreich die zweithöchsten Reduktionen, wobei sich wiederum für die Einkommenslücke eine weitere Ausnahme findet: Bei den Berechnungen für 40 Prozent des Median als Armutsgrenze schiebt sich das Vereinigte Königreich vor Frankreich. Bis auf diese Ausnahme weist das Vereinigte Königreich für beide Zeitpunkte und bezüglich aller Maße und Grenzen die geringste Effektivität auf.

Abbildung 6.49: Reduktion Armutslücke (PGR), Krankengeld im Ländervergleich 1994/95 und 1999/2000, Armutsgrenze 50 Prozent Median

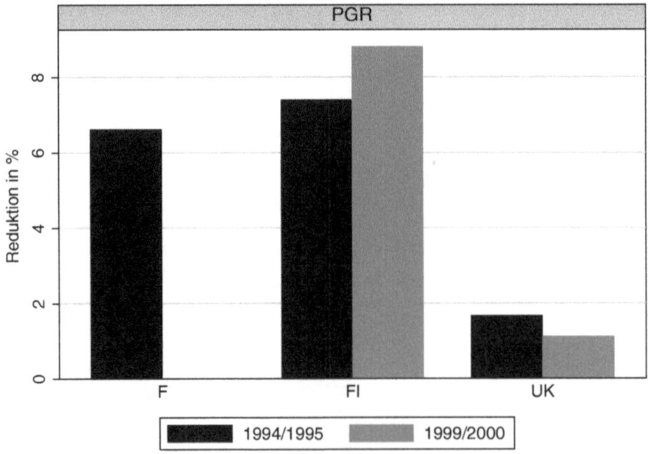

Quelle: Eigene Berechnungen mit LIS-Daten

Die Analyse der Konfidenzintervalle 1994/95 ergibt, dass im Hinblick auf den Vergleich von Frankreich und Finnland nur Überschneidungen vorliegen. Für Finnland und das Vereinigte Königreich ergeben sich sowohl 1995 als auch 1999/2000 lediglich bezüglich der Einkommenslücke Überlappungen, gleiches gilt für den Vergleich von Frankreich mit dem Vereinigten Königreich, wobei hier zusätzlich für FGT_2 Überschneidungen feststellbar sind.[120]

Bis auf wenige Ausnahmen zeigt sich damit, dass in Finnland die höchsten Reduktionen durch das Krankengeld zu finden sind, gefolgt von Frankreich und dem Vereinigten Königreich. Die Effektivitätswerte von Finnland und Frankreich unterscheiden sich nicht signifikant. In beiden Ländern ist die Höhe des Krankengeldes im Gegensatz zu den Pauschalleistungen im Vereinigten Königreich vom bisherigen Einkommen abhängig. Bei der Beurteilung der Wirkung des finnischen Krankengeldes sollte allerdings berücksichtigt werden, dass zusätzlich zum eigentlichen Krankengeld die Rehabilitationsbeihilfen enthalten sind.[121] Diese können nach Beendigung der Krankengeldzahlungen als vorläufige Invaliditätsrente gewährt werden.[122] Damit wäre diese Leistung eigentlich eher den Transfers bei Invalidität zuzurechnen. Es ist davon auszugehen, dass die Wirkung des finnischen Krankengeldes schwächer ausfallen würde, wenn das Rehabilitationsgeld nicht berücksichtigt würde. Die meist höchsten Effektivitätswerte in Finnland könnten somit dadurch zu Stande kommen, dass diese zusätzliche Leistung enthalten ist.

6.3.5.3 Leistungen bei Invalidität

Analog zu den vorangegangenen Kapiteln zu Leistungen bei Invalidität[123] erfolgt an dieser Stelle zunächst eine Betrachtung ohne Frankreich, da für dieses Land keine gesonderten Daten für Invaliditätsleistungen verfügbar sind. Für 1994/95 ergibt sich recht eindeutig, dass die höchste Reduktion im Vereinigten Königreich erzielt wird, gefolgt von Deutschland, Italien und Finnland. Lediglich für die Einkommenslücke bei einer Armutsgrenze von 40 Prozent des Median schiebt sich Deutschland vor das Vereinigte Königreich. Die Bootstrapping-

[120] Nur für das nach der Normalapproximationsmethode ermittelte Intervall ist keine Überschneidung feststellbar.

[121] Zu den Inhalten der Variablen vgl. Kapitel 5.2.

[122] Zu den Regelungen des Rehabilitationsgeldes vgl. Kapitel 2.2.4, in dem die finnischen Leistungen bei Invalidität beschrieben werden.

[123] Siehe Kapitel 6.2.5.3 und 6.2.6.3.

Konfidenzintervalle ergeben nur für den Vergleich von Deutschland und Italien bezüglich aller Maße sowie für Deutschland mit dem Vereinigten Königreich hinsichtlich der Einkommenslücke und FGT_2 Überschneidungen. Finnland scheint also recht deutlich die geringsten Effektivitätsziffern aufzuweisen, da keinerlei Überlappungen der Intervalle mit denen der anderen Länder auftreten. Für die Einkommenslücke ergibt sich bei den Armutsgrenzen von 50 Prozent des Median und des arithmetischen Mittels sogar ein negativer Wert, sprich eine Erhöhung des Armutswertes der Einkommenslücke durch die Leistungen bei Invalidität. Dies mag darauf zurückzuführen sein, dass durch Mitberücksichtigung der Invaliditätsleistungen die Anzahl der Armen abnimmt, was bei der Einkommenslücke durchaus zu einer Erhöhung des Armutswertes führen kann.

Abbildung 6.50: Reduktion Armutsquote und Einkommenslücke (IGR), Leistungen bei Invalidität im Ländervergleich 1994/95 und 1999/2000, Armutsgrenze 50 Prozent Median

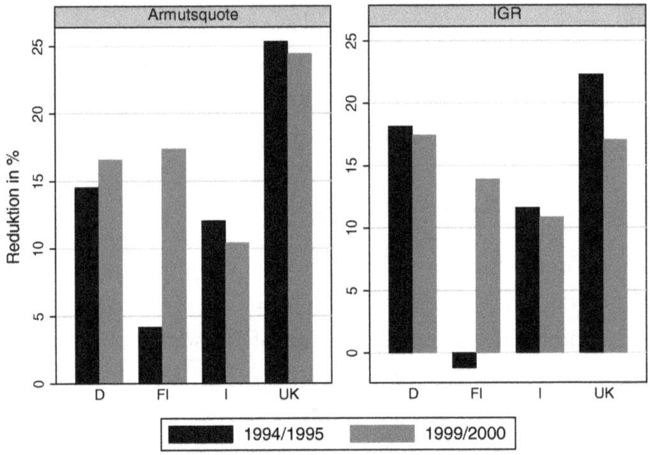

Quelle: Eigene Berechnungen mit LIS-Daten

1999/2000 dagegen treten bei dieser Reihenfolge Veränderungen auf. Finnland verbessert sich und schiebt sich vor Italien (vgl. Abbildung 6.50), für die Armutsquote und die Einkommenslücke bei einer Armutsgrenze von 40

Prozent des Median sogar vor Deutschland. Für das Vereinigte Königreich dagegen zeichnet sich eher eine Verschlechterung ab, da die höchste Reduktion nicht mehr eindeutig diesem Land zugeordnet werden kann. Hinsichtlich der Einkommenslücke und FGT_2 bei einer Grenze von 50 Prozent des arithmetischen Mittels liegt Deutschland vor dem Vereinigten Königreich, gleiches gilt für die Einkommenslücke bei 50 Prozent des Median und für FGT_2 und die Einkommenslücke bei 40 Prozent des Median als Armutsgrenze, wobei bei letztgenanntem Maß das Vereinigte Königreich sogar an letzter Stelle liegt. Für die Armutsquote berechnet mit einer Armutsschwelle von 40 Prozent des Median ergibt sich wiederum eine abweichende Reihenfolge: Das Vereinigte Königreich liegt mit der höchsten Effektivität vorn, gefolgt von Finnland, Deutschland und Italien. Die Veränderung der Reihenfolgen je nach Maß und Grenze spiegelt sich auch darin wieder, dass die für die Ergebnisse bei 50 Prozent des Median als Armutsgrenze berechneten Konfidenzintervalle mehr Überlappungen ergeben als noch 1994/95. Eindeutig keine Schnitte sind nur beim Vergleich vom Vereinigten Königreich mit Italien zu finden, ansonsten sind zumindest für einzelne Maße Überlappungen festzustellen.

Für 1994/95 zeigte sich also eindeutig, dass die geringsten Wirkungen von den finnischen Invaliditätsleistungen ausgehen, davor ist Italien platziert. 1999/2000 dagegen fällt Italien auf den letzten Rang zurück und Finnland rückt weiter nach vorne. Eine mögliche Erklärung für das bessere Abschneiden Finnlands 1999/2000 im Vergleich zu 1994/95 liegt darin, dass zum ersten Beobachtungszeitraum nur Daten für das Pflegegeld und das Invaliditätsgeld für Nichtrentenempfänger verfügbar sind, wohingegen 2000 zusätzlich die Volksrente enthalten ist. Diese Mitberücksichtigung der Volksrente dürfte für den Anstieg der Effektivitätswerte 2000 in Finnland verantwortlich sein und damit für die Verbesserung der Effektivitätswerte im Vergleich zu Italien. Für Italien zeigt sich damit, dass die Invaliditätsrenten für die Armut zwar eine starke Effektivitätswirkung im Vergleich zu den anderen Transfers in Italien besitzen, aber im Ländervergleich relativiert sich die Höhe der Reduktionswirkung dieser einkommensabhängigen Versicherungsleistung[124] deutlich.

Das Vereinigte Königreich, welches 1994/95 bis auf die niedrigste Armutsgrenze an der Spitze liegt, büßt diese Platzierung je nach Maß und Grenze

[124]2000 ist zusätzlich die bedürftigkeitsgeprüfte Pensione per invalidi civili enthalten, die als Pauschalleistung gewährt wird.

für seine pauschalen Invaliditätsleistungen 1999/2000 ein. Prinzipiell lässt sich das gute Abschneiden der Invaliditätsrenten im Vereinigten Königreich dadurch erklären, dass eine hohe Zahl an Transferempfängern die Leistungen in Anspruch nimmt.[125] Für Deutschland lassen sich ebenfalls hohe Effektivitätszahlen feststellen, so dass vor allem für den zweiten Beobachtungszeitraum teilweise sogar höhere Werte als im Vereinigten Königreich erzielt werden. Im Gegensatz zum Vereinigten Königreich sind die deutschen Versicherungsleistungen abhängig vom bisherigen Einkommen. Allerdings kommen dazu 2000 die pauschalen Leistungen der Pflegeversicherung hinzu, die für das bessere Abschneiden von Deutschland 1999/2000 im Vergleich zu 1994/95 mitverantwortlich sein könnten.

6.3.5.4 Leistungen bei Arbeitsunfällen und Berufskrankheiten

Die Berechnungen der Effektivitätszahlen für die Leistungen bei Arbeitsunfällen und Berufskrankheiten ergeben 1994/95 bezüglich fast aller Maße und Grenzen die gleiche Reihenfolge. Die höchste Reduktion ergibt sich in Finnland, gefolgt von Deutschland, Italien und dem Vereinigten Königreich. Lediglich für die Armutsquote unter Verwendung der Armutsgrenzen von 40 und 50 Prozent des Median liegt Italien hinter dem Vereinigten Königreich (vgl. Abbildung 6.51). Allerdings treten zahlreiche Überschneidungen der Konfidenzintervalle auf, nur beim Vergleich Finnlands mit Italien und dem Vereinigten Königreich finden sich keine Überschneidungen der Intervalle bezüglich aller Maße.[126] Dies deutet darauf hin, dass die Reduktion in Finnland tatsächlich höher ist als in Italien und dem Vereinigten Königreich.

1999/2000 ändert sich die Reihenfolge der Länder für die Armutslücke, die Einkommenslücke, FGT_2 und das Sen-Maß nicht (vgl. Abbildung 6.51 für die Armutslücke). Was die Armutsquote betrifft, fällt das Vereinigte Königreich nun für alle Grenzen auf den letzten Rang, Finnland verbleibt an der Spitzenposition. Bis auf die Grenze von 50 Prozent des arithmetischen Mittels liegt Italien jetzt vor Deutschland auf dem zweiten Rang. Änderungen haben sich im Vergleich zu 1994/95 auch hinsichtlich der Untersuchung der Konfidenz-

[125] Zur genaueren Erläuterung dieses Phänomens vergleiche z.B. Kapitel 6.2.2.5.

[126] Weiterhin gibt es keine Überschneidung der deutschen und finnischen Intervalle bei der Ermittlung nach der N-Methode für FGT_2 sowie für den Vergleich Deutschland - Vereinigtes Königreich mittels Berechnungen nach der BC-Methode für das Sen-Maß.

Abbildung 6.51: Reduktion Armutsquote und Armutslücke (PGR), Leistungen bei Arbeitsunfällen und Berufskrankheiten im Ländervergleich 1994/95 und 1999/2000, Armutsgrenze 50 Prozent Median

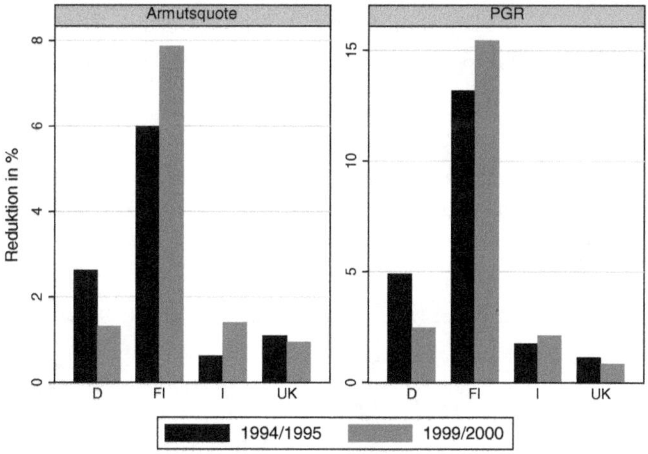

Quelle: Eigene Berechnungen mit LIS-Daten

intervalle ergeben. Nur im Vergleich von Deutschland mit Italien und dem Vereinigten Königreich bezüglich aller Maße sowie im Vergleich von Italien mit dem Vereinigten Königreich bezüglich der Armutsquote und der Einkommenslücke ergeben sich Überschneidungen. Finnland scheint also durch die höheren Reduktionen 2000 deutlicher vor den anderen Ländern an der Spitze zu liegen.

Das Vereinigte Königreich, dessen Ausgestaltung der Transfers sich durch staatliche Finanzierung und pauschale Leistungen von denen der anderen Länder abhebt (vgl. Kapitel 2.6), liegt mit wenigen Ausnahmen am Ende der Rangfolge. Dagegen zeigen sich in Finnland die höchsten Reduktionswerte. Zwar ergeben sich Änderungen in der Reihenfolge beim Vergleich der Ergebnisse von Italien und Deutschland, doch sind beim Vergleich der Konfidenzintervalle für beide Untersuchungszeitpunkte Überschneidungen erkennbar. Die Wechsel in der Rangfolge könnten damit auch durch zufällige Einflüsse bestimmt sein.

Nun soll wie auch schon in Kapitel 6.2.5.4 für die Effektivität bezüglich der Ungleichheit versucht werden, die für Frankreich verfügbaren Daten zu den Leistungen bei Invalidität und Arbeitsunfällen/Berufskrankheiten mit den Leistungen der anderen Länder zu vergleichen. Zu diesem Zweck werden die Berechnungen für diese beiden Leistungsarten zusammen durchgeführt, die dann als Leistungen bei Erwerbsunfähigkeit betrachtet werden. Die Berechnungen werden nur für 1994/95 vorgenommen, da nur für 1994 Daten für Frankreich verfügbar sind.

Abbildung 6.52: Reduktion Armutsquote und Einkommenslücke (IGR), Leistungen bei Erwerbsunfähigkeit im Ländervergleich 1994/95, Armutsgrenze 50 Prozent Median

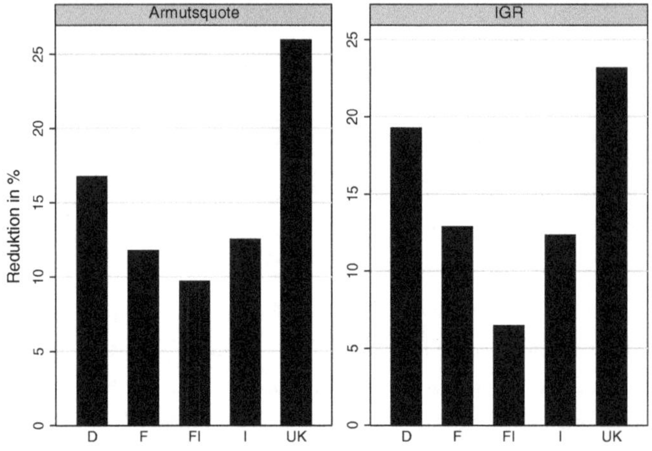

Quelle: Eigene Berechnungen mit LIS-Daten

Die Berechnungen ergeben, dass mit Ausnahme der Einkommenslücke bei 40 Prozent des Median als Armutsgrenze, bei der die Ränge vertauscht sind, immer das Vereinigte Königreich die höchste und Deutschland die zweithöchste Reduktion aufweist. Am unteren Ende der Rangfolge befindet sich Finnland. Einzige Ausnahme ist dabei die Armutsquote bei 50 Prozent des arithmetischen Mittels als Armutsschwelle, hier ist Frankreich an letzte Stelle. Ansonsten wechselt Frankreich sich je nach Maß und Grenze mit Italien auf dem dritten und vierten Rang ab, wobei Frankreich bei den höheren Armutsgrenzen eher schlechter abschneidet. Die Konfidenzintervalle zeigen, dass das Vereinigte Königreich sich recht deutlich von den anderen Ländern absetzen kann, da lediglich mit Deutschland für die Einkommenslücke und FGT_2 Schnitte nachweisbar sind. Die Intervalle für Deutschland wiederum schneiden sich bis auf die Armutsquote bei Berechnungen nach der N- und BC-Methode nicht mit denen für Finnland. Ansonsten sind keine überschneidungsfreien Intervallvergleiche mehr zu finden.

Frankreich nimmt also im Vergleich eine mittlere Position ein, schneidet für niedrigere Armutsgrenzen besser ab und schiebt sich vor Italien. Da die deutlich besseren Ergebnisse für das Vereinigte Königreich und Deutschland vermutlich eher durch die hohe Wirkung der Invaliditätsrenten als durch die Leistungen bei Arbeitsunfällen begründet werden können, wäre es durchaus möglich, dass Frankreich bei Einbezug der Invaliditätsrenten[127] ebenfalls zur „Spitzengruppe“ aufschließen würde.

6.3.5.5 Mindestsicherung

Für die Mindestsicherung ergeben sich je nach Maß und verwendeter Grenze unterschiedliche Reihenfolgen der Effektivitätsergebnisse, weshalb in den Abbildungen 6.53 und 6.54 die Ergebnisse für die Armutsquote, die Einkommenslücke, FGT_2 und das Sen-Maß bei einer Grenze von 50 Prozent des Median dargestellt werden. Relativ eindeutig ist, dass die höchste Reduktion durch die Mindestsicherung im Vereinigten Königreich erreicht wird. Die einzigen Ausnahmen hiervon ergeben sich 1994/95 bezüglich der Einkommenslücke (40 Prozent Median), für die diese Reduktion sogar geringer als in Frankreich und Deutschland ausfällt, sowie für 50 Prozent des arithmetischen Mittels als Armutsgrenze bei den Berechnungen der Armutsquote für beide Untersuchungszeitpunkte, hier erreicht Finnland eine höhere Effektivität. Ebenfalls recht eindeutig ist die geringste Reduktion in Italien feststellbar, lediglich bei der Einkommenslücke (40 Prozent des Median) 1999/2000 fällt Finnland hinter Italien zurück. Die Ränge der weiteren Länder hängen stark vom verwendeten Maß und der jeweiligen Grenze ab.

1994/95 liegt Deutschland für 50 Prozent des Median als Grenze auf dem dritten Rang, gleiches gilt für 60 Prozent des Median und 50 Prozent des arith-

[127] Die eigentliche Invaliditätsrente ist in Frankreich nicht enthalten, vgl. dazu Kapitel 5.2.

Abbildung 6.53: Reduktion Armutsquote und Einkommenslücke (IGR), Mindestsicherung im Ländervergleich 1994/95 und 1999/2000, Armutsgrenze 50 Prozent Median

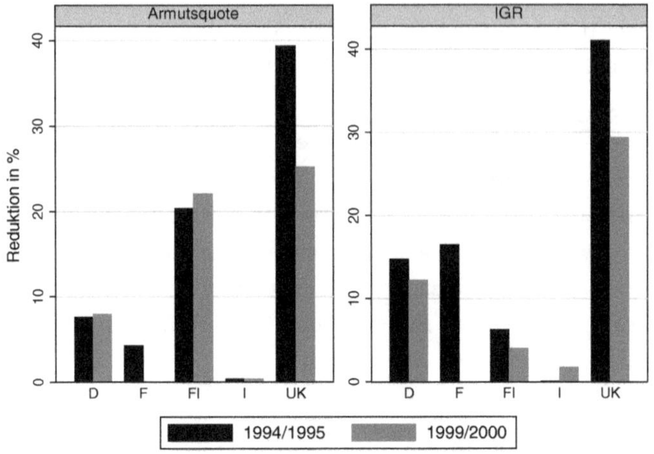

Quelle: Eigene Berechnungen mit LIS-Daten

metischen Mittels mit Ausnahme der Einkommenslücke, für die Deutschland auf den zweiten Rang vorrückt. Bei einer Armutsschwelle von 40 Prozent des Median stellt sich das Bild etwas anders dar: Für die Armutsquote und Armutslücke sowie für das Sen-Maß liegt Deutschland auf dem vorletzten Platz, für FGT_2 dagegen auf dem dritten und für die Einkommenslücke sogar auf dem zweiten Rang. Unter Verwendung der Armutsgrenzen 50 und 60 Prozent des Median und 50 Prozent des arithmetischen Mittels wechseln sich Frankreich und Finnland auf dem zweiten und vierten Platz ab, wobei Finnland für die Armutsquote, die Armutslücke und das Sen-Maß an erster Stelle liegt.[128] Bei 40 Prozent des Median als Armutsgrenze liegt Frankreich bezüglich der Armutslücke, FGT_2 und des Sen-Maßes auf Rang zwei, für die Einkommenslücke auf dem ersten und für die Armutsquote auf dem dritten Rang. Finnland

[128]Wie bereits erwähnt, liegt für 60 Prozent des Median Frankreich auf dem dritten Rang für die Einkommenslücke, da Deutschland den zweiten einnimmt, und für 50 Prozent des arithmetischen Mittels verdrängt Finnland bei der Armutsquote das Vereinigte Königreich vom ersten Platz.

Abbildung 6.54: Reduktion FGT_2 und Sen-Maß, Mindestsicherung im Ländervergleich 1994/95 und 1999/2000, Armutsgrenze 50 Prozent Median

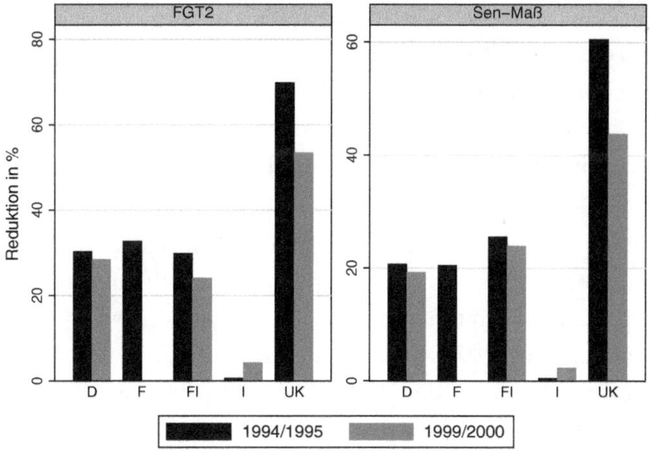

Quelle: Eigene Berechnungen mit LIS-Daten

schneidet als Zweiter am besten hinsichtlich der Armutsquote ab, für die Armutslücke wird die dritthöchste Reduktion erreicht, für die Einkommenslücke und FGT_2 die zweitniedrigste. Die Untersuchung der Konfidenzintervalle ergibt, dass sich die Intervalle für Deutschland und Frankreich, Deutschland und Finnland mit Ausnahme der Armutsquote sowie Frankreich und Finnland mit Ausnahme der Armutsquote und der Einkommenslücke schneiden. Es zeigt sich somit, dass das Vereinigte Königreich sich deutlich mit seinen hohen Reduktionswerten absetzt, gleiches gilt für die sehr niedrigen Werte in Italien. Auffällig ist weiterhin, dass für Finnland keine Schnitte bezüglich der Armutsquote zu finden sind, also für das Maß, für welches Finnland auch am besten abschneidet.

1999/2000 wechseln sich Finnland und Deutschland meist auf dem zweiten und dritten Rang ab. Dabei schneidet Deutschland für 40 Prozent des Median mit Ausnahme der Armutsquote besser ab, Finnland dagegen ist tendenziell bei den höheren Armutsgrenzen besser positioniert.[129] Der Vergleich der Konfidenzintervalle zeigt wieder die eindeutige Position des Vereinigten Königreichs mit den höchsten Reduktionswerten, deren Intervalle sich mit keinem der anderen Länder überschneiden. Für Italien, das im Vergleich mit den anderen Ländern wieder die geringsten Werte aufweist, lässt sich jetzt allerdings bezüglich der Einkommenslücke eine Überlappung mit den finnischen Intervallen finden. Die einzigen weiteren Überschneidungen zeigen sich ansonsten nur für den Vergleich von Deutschland mit Finnland wiederum mit Ausnahme der Armutsquote.

Die Ergebnisse belegen, dass im Großen und Ganzen das Vereinigte Königreich die höchsten Reduktionszahlen durch Mindestsicherung erzielt, wohingegen Italien am schwächsten abschneidet. Es zeigen sich wieder die extremen Positionen zwischen dem auf Armutsreduzierung ausgerichteten, zentral organisierten britischen System, das der Mindestsicherung eine bedeutende Rolle zuweist, und dem äußerst mangelhaft ausgestalteten, nicht national geregelten, italienischen System.[130] Finnland, Frankreich und Deutschland haben ihre Mindestsicherungssysteme als letztes Sicherheitsnetz nach Versagen anderer Leistungen aufgespannt. Der höhere Deckungsgrad und das höhere Leistungsniveau im Vergleich zum italienischen System zeigt sich darin, dass in diesen drei Ländern höhere Wirkungen erzielen werden als in Italien. Beim Vergleich der Effektivitätswerte für Frankreich, Finnland und Deutschland zeigt sich, dass Finnland vor allem für die Armutsquote gut abschneidet. Dies kann als Hinweis darauf gewertet werden, dass Finnland durch seine Mindestsicherung die Zahl der Armen deutlich verringern kann. Allerdings wird die Intensität der Armut nicht so klar reduziert. Durch dieses Sinken der Zahl an Armen lässt sich wiederum das relativ schlechte Abschneiden bei der Einkommenslücke, von dem Deutschland profitiert, erklären: Viele denen geholfen wird, werden durch die Leistungen über die Armutsgrenze gehoben, die verbleibenden Armen können nicht mehr in ausreichendem Maße die Lücke der durchschnittlichen Einkommen der Armen zur Armutsgrenze reduzieren. Weiterhin zeigte sich, dass Finnland tendenziell besser für höhere Armutsgrenzen abschneidet,

[129] Nur bei FGT_2 (50 Prozent Median) sowie FGT_2 und der Einkommenslücke (50 Prozent arithmetisches Mittel) liegt Deutschland auch für höhere Armutsgrenzen vor Finnland.

[130] Auch hier spiegeln sich wie bei den Ergebnissen für Ungleichheit (vgl. Kapitel 6.2.5.5) die extremen Grade der (De-)Zentralisierung wider.

die Mindestsicherung scheint also durchaus nicht nur die extrem Armen zu erreichen.

Wie schon in Kapitel 6.2.5.5 für die Ungleichheit soll nun überprüft werden, ob die Einbeziehung des Wohngeldes in die Betrachtung der Mindestsicherung das Bild verändert. Da in Italien keine nationale Wohngeldregelung existiert, werden nur Deutschland, Finnland, Frankreich und das Vereinigte Königreich betrachtet.

Abbildung 6.55: Reduktion Armutsquote und Einkommenslücke (IGR), Mindestsicherung einschließlich Wohngeld im Ländervergleich 1994/95 und 1999/2000, Armutsgrenze 50 Prozent Median

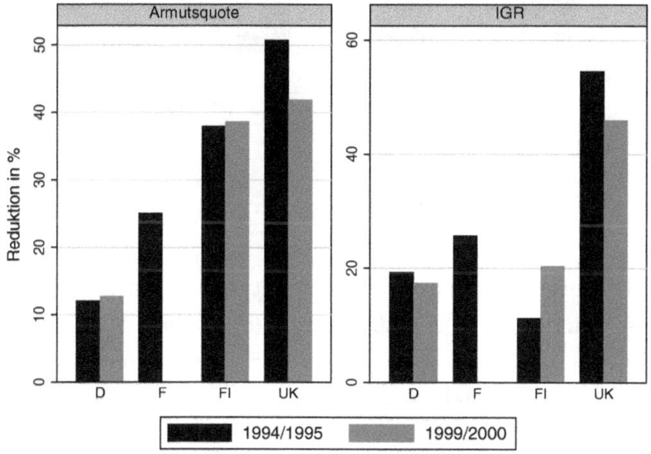

Quelle: Eigene Berechnungen mit LIS-Daten

Die Ergebnisse für die Armutsquote, die Einkommenslücke sowie FGT_2 bei einer Armutsgrenze von 50 Prozent des Median sind beispielhaft für alle Maße in den Abbildungen 6.55 und 6.56 dargestellt. Genau wie bei den Berechnungen ohne Wohngeld weist das Vereinigte Königreich wiederum die höchsten Reduktionen auf bis auf die Armutsquote bei einer Grenze von 50 Prozent des arithmetischen Mittels, bei der ebenfalls Finnland besser abschneidet. Durch die Hinzunahme des Wohngeldes kann Frankreich seine Position insgesamt leicht verbessern. Was die Einkommenslücke und FGT_2 betrifft, weist Frank-

Abbildung 6.56: Reduktion FGT_2, Mindestsicherung einschließlich Wohngeld im Ländervergleich 1994/95 und 1999/2000, Armutsgrenze 50 Prozent Median

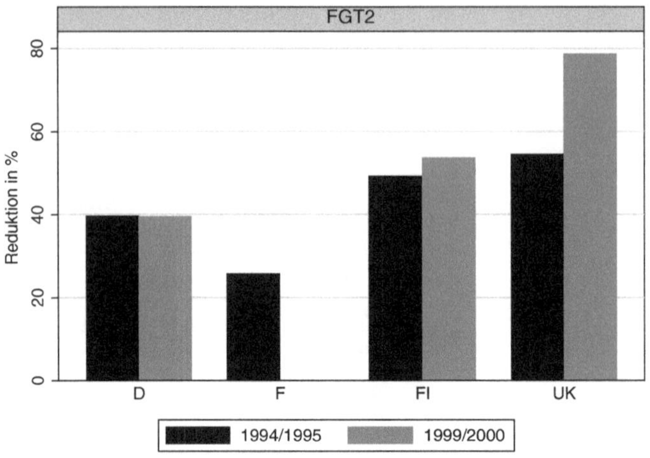

Quelle: Eigene Berechnungen mit LIS-Daten

reich 1994/95 immer die zweithöchste Reduktion aus, für die Armutslücke ist dies bei einer Armutsgrenze von 40 Prozent des Median und für das Sen-Maß bei den Schwellen von 40 und 50 Prozent des Median der Fall. Deutschland fällt dagegen durch Hinzunahme des Wohngeldes eher zurück. Bis auf die Einkommenslücke bei 40 und 50 Prozent des Median bzw. 50 Prozent des arithmetischen Mittels als Armutsgrenzen sind die Effektivitätsziffern die niedrigsten unter den untersuchten Ländern, für die genannten Ausnahmen liegt Finnland hinter Deutschland. Für Finnland fällt wie schon ohne Wohngeld die Platzierung recht unterschiedlich aus; von einem ersten Rang für die Armutsquote (50 Prozent arithmetisches Mittel) bis zum letzten Rang für die Einkommenslücke (siehe oben) ist alles vertreten. Die Untersuchung der Konfidenzintervalle zeigt wenig Überlappungen. Lediglich für den Vergleich von Frankreich mit Finnland mit Ausnahme der Armutsquote und der Einkommenslücke sowie für Deutschland und Finnland bei der Einkommenslücke und FGT_2 bzw. Deutschland und Frankreich bei der Einkommenslücke sind Überschneidungen zu finden.

1999/2000 bleiben für den Vergleich der Ergebnisse für die Mindestsicherung einschließlich Wohngeld nur die drei Länder Deutschland, Finnland und das Vereinigte Königreich. Die Reihenfolge ist relativ eindeutig: Die höchste Effektivität ist für das Vereinigte Königreich feststellbar, gefolgt von Finnland und Deutschland. Nur für die Armutsgrenze von 40 Prozent des Median bei der Einkommenslücke liegt Deutschland vor Finnland, wohingegen Finnland vor dem Vereinigten Königreich hinsichtlich der Armutsquote bei 50 Prozent des arithmetischen Mittels positioniert ist. Die Einbeziehung der Konfidenzintervalle bestätigt dieses Bild: Überschneidungen werden nur für den Vergleich von Deutschland mit Finnland bezüglich der Einkommenslücke und für Finnland im Vergleich mit dem Vereinigten Königreich bezüglich der Armutsquote festgestellt.

Auch die Einbeziehung des Wohngeldes ändert also nichts an der starken Position des Vereinigten Königreichs. Ein „Gewinner" der Hinzunahme des Wohngeldes ist Frankreich, welches etwas besser als ohne Wohngeld abschneidet. Diese vor allem im Vergleich zu Deutschland höheren Reduktionen sind dadurch erklärbar, dass in Frankreich ein bedeutend höherer Anteil der Bevölkerung als in Deutschland Wohngeld bezieht, wohingegen der Anteil der bloßen Bezieher von Mindestsicherung in Deutschland höher liegt.[131] Für Finnland bleibt ebenso wie bei der Mindestsicherung ohne Wohngeld das bessere Abschneiden für die Armutsquote und damit einhergehend das schwächere Abschneiden bei der Einkommenslücke auffällig. Ebenso zeigt sich weiterhin, dass Finnland ebenfalls für höhere Armutsgrenzen besser in der Rangfolge eingestuft wird als für niedrige.

6.3.6 Transfers im Ländervergleich: Effizienz

In den folgenden Kapiteln 6.3.6.1 bis 6.3.6.5 werden die Ergebnisse für die Effizienz bezüglich der einzelnen Transferleistungen jeweils im Ländervergleich vorgestellt. Die Effizienzindikatoren werden ebenso wie in Kapitel 6.3.3 als Quotient aus Armutsreduktion durch Ausgabenanteil für den jeweiligen Transfer am BIP berechnet. Dementsprechend werden wieder die Ausgabenanteile benötigt, stehen diese nicht zur Verfügung, können die entsprechenden Effizienzziffern nicht berechnet werden.[132] Effizienzberechnungen werden nur für die

[131] Vgl. dazu Eardley et al. (1996a: 39) bzw. Kapitel 6.2.5.5.

[132] Vgl. zu den Ausgabenanteilen Kapitel 6.1 und insbesondere zur Problematik der Ausgaben bei Mindestsicherung auch Kapitel 6.2.3.

Effektivitätswerte, die auf Basis der Armutsgrenze von 50 Prozent des Median ermittelt wurden, durchgeführt. Im Gegensatz zu den Ergebnissen der Effektivität werden für die Effizienz keine Bootstrapping-Konfidenzintervalle ermittelt. Die Unterkapitel sind jeweils einem Transfer gewidmet, für den zunächst die Ergebnisse für 1994/95 und 1999/2000 im Ländervergleich dargestellt werden. Darauf folgt ein Vergleich mit den Ergebnissen für die Effektivität, welche in Kapitel 6.3.5 vorgestellt wurden.

6.3.6.1 Leistungen bei Arbeitslosigkeit

Wie bereits in den vorangegangenen Kapiteln zu den Leistungen bei Arbeitslosigkeit wird zunächst auf das Arbeitslosengeld, auch unter besonderer Berücksichtigung der Situation in Italien, und anschließend auf die Arbeitslosenhilfe eingegangen. Wie in Abbildung 6.57 ersichtlich, liegt 1994/95 die höchste Effizienz berechnet mit der Armutsquote für das Arbeitslosengeld im Vereinigten Königreich vor, gefolgt von Deutschland, Finnland, Frankreich und Italien. Was die Berechnungen auf Basis der Armutslücke, FGT_2 und des Sen-Maßes betrifft, schneidet zwar ebenfalls Italien am schlechtesten ab, davor hat sich die Reihenfolge allerdings geändert: An erster Stelle liegt zwar weiterhin das Vereinigte Königreich, daran schließen sich aber nun Frankreich, Deutschland und Finnland an. Für die Einkommenslücke schließlich (vgl. Abb. 6.58) ist die Rangfolge sehr ähnlich zu der gerade beschriebenen, allerdings rückt Italien hier vom letzten auf den vorletzten Platz und verdrängt Finnland auf die Schlussposition. Insgesamt kann also festgestellt werden, dass lediglich das Vereinigte Königreich eindeutig auf dem ersten Rang liegt, die Positionen der anderen Länder aber vom jeweiligen Maß abhängen.

Für den zweiten Beobachtungszeitraum 1999/2000 ist eine Verbesserung der Position Finnlands für die Berechnungen mit der Armutsquote feststellbar, so dass Finnland vor dem Vereinigten Königreich nun sogar die höchste Effizienz aufweist und Deutschland auf Platz drei abrutscht (vgl. Abb. 6.57). Finnland kann sich ebenfalls bezüglich der Armutslücke, FGT_2 und des Sen-Maßes verbessern, für die das skandinavische Land auf den zweiten Rang nach dem Vereinigten Königreich und vor Deutschland, das 1994/95 noch vor Finnland lag, rückt. Für die Einkommenslücke (vgl. Abb. 6.58) ist diese Verbesserung allerdings am deutlichsten: Vom letzten Platz 1994/95 rückt Finnland auf den zweiten Rang vor, Deutschland dagegen fällt auf den letzten Rang zurück.

Abbildung 6.57: Effizienzindikator Armutsquote und Armutslücke (PGR), Arbeitslosengeld im Ländervergleich 1994/95 und 1999/2000, Armutsgrenze 50 Prozent Median

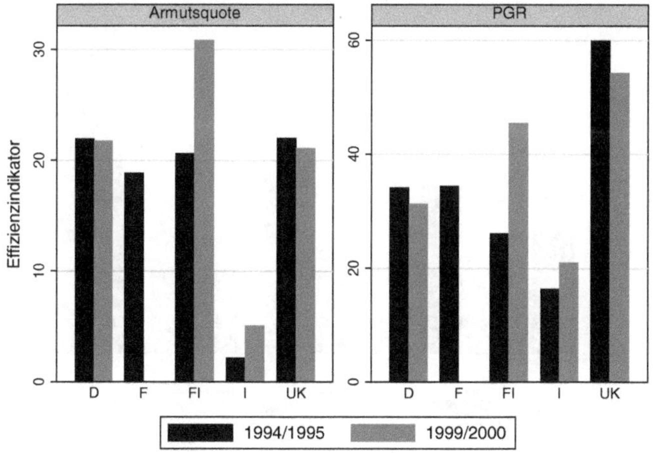

Quelle: Eigene Berechnungen mit LIS-Daten und Ausgabendaten der OECD Social Expenditure Database (SOCX)

Für das Arbeitslosengeld wird zusätzlich ein Vergleich der Effizienzergebnisse durchgeführt, bei dem in Italien zusätzlich die Leistungen bei Teilarbeitslosigkeit berücksichtigt werden. Die daraus resultierenden Rangfolgen der Länder entsprechen den bisher beschriebenen, lediglich bezüglich der Einkommenslücke (vgl. Abb. 6.59) ergeben sich Abweichungen. Italien fällt bei diesem Maß in der Rangfolge für 1994/95 sowie 1999/2000 zurück, so dass es wie bei allen anderen Maße auf dem letzten Rang liegt.

Der Vergleich der Effizienz- mit den Effektivitätsergebnissen zeigt, dass das Vereinigte Königreich für die Effizienz deutlich besser abschneidet als für die Effektivität, für die eher mittlere bis hintere Ränge belegt wurden. Diese deutliche Verbesserung dürfte sich vor allem für 1994/95 auf die vergleichsweise sehr niedrigen Ausgaben zurückführen lassen. Nach der Reform der Arbeitslosigkeitsleistungen stiegen die Ausgabenanteile, da nun ein weitaus größerer Kreis an Berechtigten zu versorgen ist. Allerdings stieg damit auch die Effektivität, weshalb die Effizienzwirkungen auch 1999/2000 vergleichsweise besser

Abbildung 6.58: Effizienzindikator Einkommenslücke (IGR), Arbeitslosengeld im Ländervergleich 1994/95 und 1999/2000, Armutsgrenze 50 Prozent Median

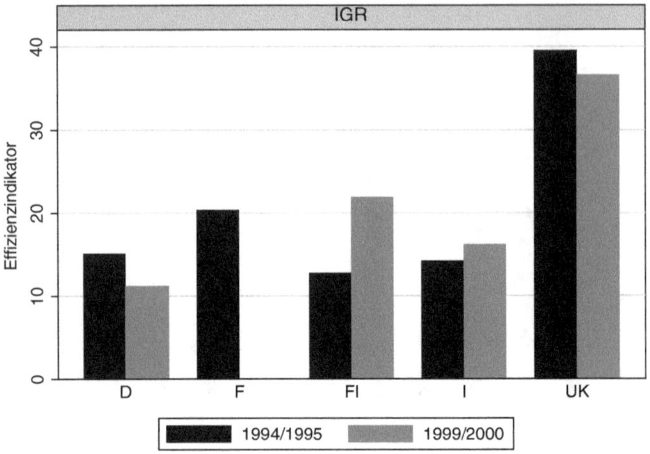

Quelle: Eigene Berechnungen mit LIS-Daten und Ausgabendaten der OECD Social Expenditure Database (SOCX)

ausfielen als in den meisten anderen Ländern. Für Finnland lässt sich dagegen feststellen, dass das deutlich beste Abschneiden bei der Effektivität einem relativ schwachen Ergebnis bei der Effizienz gegenübersteht. Ein Blick auf die Ausgaben für die verschiedenen Länder (vgl. Tab. 6.1, S. 141) zeigt, dass die Ausgabenanteile für das Arbeitslosengeld in Finnland vergleichsweise hoch liegen, was schlechtere Ergebnisse bei der Effizienz hervorruft. Bemerkenswert ist dabei, dass sich die Effizienzergebnisse für Finnland 1999/2000 im Vergleich zu 1994/95 deutlich verbessern. Dies ist vermutlich darauf zurückzuführen, dass die Ausgaben deutlich reduziert wurden, was den ebenfalls stattgefundenen Rückgang der Effektivitätswerte ausgleichen kann. Hier haben eventuell auch die Verschärfungen der Zugangsbedingungen zu diesem Transfer zu einer Steigerung der Effizienz beigetragen. Italien kann seine niedrigen Reduktionszahlen dagegen nicht durch die niedrigen Ausgaben für das Arbeitslosengeld kompensieren und verbleibt auch für die Effizienz meist auf dem letzten Rang. Frankreich und Deutschland erreichen sowohl für die Effektivität als auch für die Effizienz mittlere Ergebnisse. Insgesamt hat sich also gezeigt, dass die bei der

Abbildung 6.59: Effizienzindikator Einkommenslücke (IGR), Arbeitslosengeld (Italien einschl. Leistungen bei Teilarbeitslosigkeit) im Ländervergleich 1994/95 und 1999/2000, Armutsgrenze 50 Prozent Median

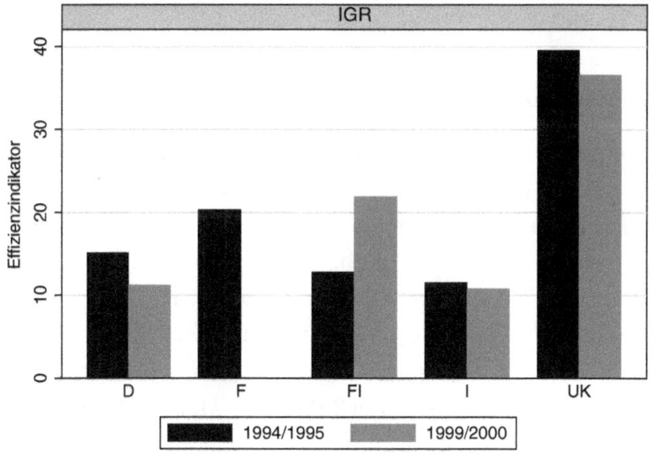

Quelle: Eigene Berechnungen mit LIS-Daten und Ausgabendaten der OECD Social Expenditure Database (SOCX)

Effektivität nur mäßig abschneidende Pauschalleistung im Vereinigten Königreich die höchsten Effizienzergebnisse liefert. Dagegen werden für die niedrige einkommensabhängige Leistung in Italien sowohl niedrige Effektivitäts- als auch Effizienzergebnisse gemessen. Die teilweise pauschal, teilweise vom bisherigen Einkommen abhängigen Arbeitslosigkeitsleistungen in Finnland erweisen sich im Ländervergleich als sehr effektiv, aber weniger effizient. Frankreich und Deutschland liefern mit ihren vom bisherigen Einkommen abhängigen Versicherungsleistungen sowohl mittlere Effektivitäts- als auch Effizienzergebnisse.

Da für die bedürftigkeitsgeprüfte Arbeitslosenhilfe nur für Deutschland und Finnland Daten verfügbar sind, wird auf eine grafische Darstellung verzichtet. Der Vergleich der beiden Länder zeigt eindeutig, dass sowohl 1994/95 als auch 2000 in Finnland eine höhere Effizienz vorliegt als in Deutschland. Wie für die Effektivität ergibt sich also auch für die Effizienz, dass Finnland höhere Werte ausweist, obwohl die Ausgabenanteile für Arbeitslosenhilfe in Finnland höher sind als in Deutschland. Das finnische System mit seinen Pauschalleistungen erweist sich also im Vergleich zur deutschen Arbeitslosenhilfe mit einkommensabhängigen Leistungen als effektiver und auch effizienter. Hierbei sollte allerdings beachtet werden, dass Finnland zu beiden Zeitpunkten eine höhere Arbeitslosenquote als Deutschland aufweist (vgl. Tab. 6.2, 142), was die höheren Wirkungen in Finnland mit beeinflusst.

6.3.6.2 Geldleistungen bei Krankheit

Ein Ländervergleich der durch das Krankengeld erreichten Effizienz umfasst 1994/95 Frankreich, Finnland und das Vereinigte Königreich, 1999/2000 dagegen nur noch Finnland und das Vereinigte Königreich. Die höchste Effizienz bezüglich der Armutsquote (vgl. Abb. 6.60) 1994/95 ist für Frankreich feststellbar, daran schließen sich das Vereinigte Königreich und Finnland an. Was die Armutslücke (vgl. Abb. 6.60), FGT_2 und das Sen-Maß betrifft, fällt dagegen Frankreich hinter das Vereinigte Königreich auf den zweiten Rang zurück, die niedrigste Effizienz ergibt sich auch für diese Maße in Finnland. Zwar liegt auch hinsichtlich der Einkommenslücke das Vereinigte Königreich auf dem ersten Rang, Frankreich und Finnland tauschen allerdings die Plätze, so dass nun Frankreich die niedrigste Effizienz aufweist.

Der Vergleich von Finnland und dem Vereinigten Königreich 1999/2000 ergibt im Gegensatz zu 1994/95 ein eindeutiges Ergebnis, da Finnland für alle zugrunde gelegten Maße besser als das Vereinigte Königreich abschneidet. Diese Verbesserung Finnlands in der Rangfolge wird dadurch begünstigt, dass die absoluten Effizienzwerte im Vergleich zum ersten Untersuchungszeitpunkt in Finnland zunehmen, während im Vereinigten Königreich eine deutliche Abnahme stattfindet.

Wenn man die Effizienz- und Effektivitätsergebnisse einander gegenüberstellt, zeigt sich, dass im Vereinigten Königreich eine deutliche Verbesserung in der Effizienzrangfolge im Vergleich zur Effektivität 1994/95 stattgefunden hat. Allerdings fällt das Vereinigte Königreich 1999/2000 für die Effizienz wieder hinter Finnland zurück, so dass dieses Ergebnis demjenigen bei der Effektivität entspricht. Die im Ländervergleich niedrigsten Ausgabenanteile des Vereinigten Königreichs für Krankengeld scheinen also nicht allein auszureichen, um sich deutlich von den anderen Ländern nach oben abzusetzen. Dies mag vor allem auf die Verschlechterung der Effizienzwerte für das Vereinigte Königreich von 1994 auf 1999 zurückzuführen sein. Der Rückgang ist vermutlich darauf

Abbildung 6.60: Effizienzindikator Armutsquote und Armutslücke (PGR), Krankengeld im Ländervergleich 1994/95 und 1999/2000, Armutsgrenze 50 Prozent Median

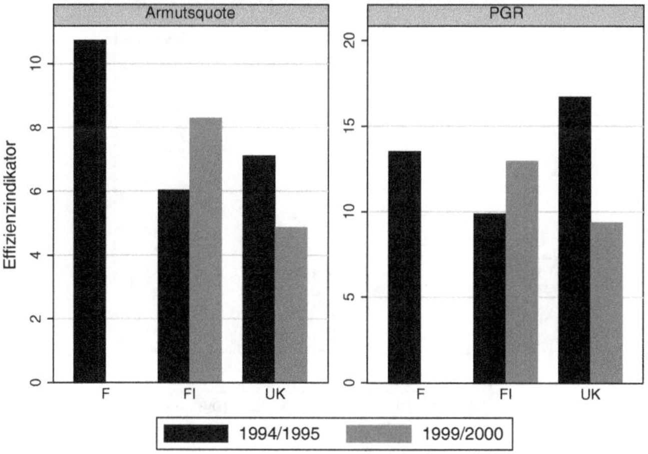

Quelle: Eigene Berechnungen mit LIS-Daten und Ausgabendaten der OECD Social Expenditure Database (SOCX)

zurückzuführen, dass zwischen 1994 und 1999 eine wesentliche Änderung in der Regelung des Krankengeldes durch die Abschaffung des Sickness Benefit und Einführung der Incapacity Benefits[133] stattfand (vgl. dazu Kapitel 2.5.3). Auch wenn die Ausgabenanteile in Finnland 1999/2000 fast sechs mal so hoch sind wie im Vereinigten Königreich, kann also Finnland für den zweiten Untersuchungszeitpunkt mit seinem einkommensabhängigen Krankengeld aufgrund der sehr viel höheren Effektivitätsziffern auch höhere Effizienzwerte erzielen als das Vereinigte Königreich mit seinen pauschalen Leistungen.

6.3.6.3 Leistungen bei Invalidität

Der Ländervergleich der Leistungen bei Invalidität erfolgt wie schon in den vorangegangenen Kapiteln zu diesen Transfers ohne Frankreich, da in den

[133]Hierbei ist zu beachten, dass in den Daten 1994 sowohl Sickness Benefit als auch Statutory Sick Pay enthalten waren, wohingegen 1999 nur noch Statutory Sick Pay für die entsprechende Variable zur Verfügung stand. Vgl. zum Inhalt der Variablen Kapitel 5.2.

Abbildung 6.61: Effizienzindikator Einkommenslücke (IGR), Krankengeld im Ländervergleich 1994/95 und 1999/2000, Armutsgrenze 50 Prozent Median

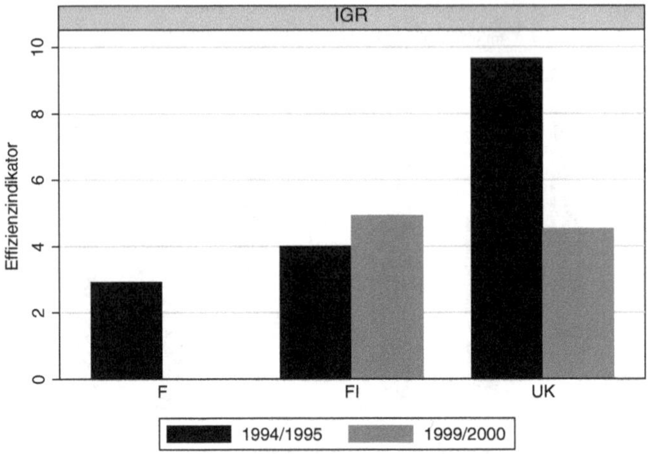

Quelle: Eigene Berechnungen mit LIS-Daten und Ausgabendaten der OECD Social Expenditure Database (SOCX)

französischen Daten diese Leistungen nicht gesondert verfügbar sind. 1994/95 wird die höchste Effizienz im Hinblick auf alle verwendeten Maße für Deutschland angezeigt, gefolgt von Italien (vgl. Abb. 6.62). Die Rangfolge von Finnland und dem Vereinigten Königreich ist vom verwendeten Maß abhängig: Was die Armutsquote betrifft, liegt Finnland vor dem Vereinigten Königreich, für alle anderen Maße vertauschen die beiden Länder ihre Plätze. 1999/2000 verändert sich die Reihenfolge vor allem durch eine Verbesserung der Position Finnlands, das nach Deutschland auf den zweiten Rang rückt, gefolgt von Italien und dem Vereinigten Königreich. Für die Armutsquote schiebt sich Finnland sogar noch vor Deutschland auf den ersten Rang.

Der Vergleich dieser Ergebnisse mit denen für die Effektivität zeigt, dass sowohl Deutschland als auch Italien sich in der Rangfolge verbessern können, wohingegen das Vereinigte Königreich bei der Effizienz zurückfällt. Finnland schneidet in beiden Jahren hinsichtlich der Armutsquote besser ab als für die Intensitätsmaße und verbessert sich 1999/2000 insgesamt deutlich. Die recht hohen Ausgabenanteile im Vereinigten Königreich bewirken ein Zurückfallen

Abbildung 6.62: Effizienzindikator Armutsquote und Armutslücke, Leistungen bei Invalidität im Ländervergleich 1994/95 und 1999/2000, Armutsgrenze 50 Prozent Median

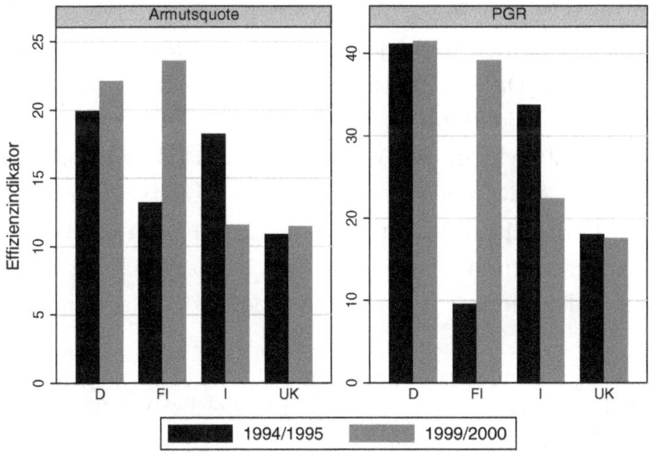

Quelle: Eigene Berechnungen mit LIS-Daten und Ausgabendaten der OECD Social Expenditure Database (SOCX)

in der Rangfolge der Effizienzindikatoren. Damit erweisen sich die pauschalen Invaliditätsleistungen zwar als effektiv aber weniger effizient. Dagegen sind die einkommensabhängigen Versicherungleistungen in Italien[134] und Deutschland[135] für die Effizienz im Vergleich zur Effektivität vorgerückt. In Finnland ist besonders der Einfluss der Volksrente erwähnenswert. Diese pauschale Grundsicherung ist nur 2000 und nicht 1995 zusätzlich zum Pflegegeld und dem Invaliditätsgeld für Nichtrentenempfänger enthalten. Durch die Hinzunahme des Transfers konnte die Effizienz im Vergleich zu 1995 deutlich gesteigert werden, was zu einer Verbesserung der Position in der Rangfolge führt.

[134] 2000 ist neben dieser Leistung auch noch die bedürftigkeitsgeprüfte, pauschale Leistung für diejenigen enthalten, die keinen Anspruch auf Invaliditätsrente haben. Vgl. zum Inhalt der verwendeten Variablen Kapitel 5.2.

[135] 2000 kommt zur eigentlichen Invaliditätsrente noch die pauschal ausgezahlte Pflegeversicherung hinzu. Zu den Inhalten der Variablen siehe Kapitel 5.2.

6.3.6.4 Leistungen bei Arbeitsunfällen und Berufskrankheiten

Der Vergleich der Leistungen bei Arbeitsunfällen und Berufskrankheiten ergibt für alle zugrunde liegenden Maße 1994/95 die gleiche Rangfolge für die Effizienz, wie in Abb. 6.63 beispielhaft für die Armutsquote dargestellt wird: An der Spitzenposition ist Finnland zu finden, gefolgt von Deutschland und dem Vereinigten Königreich. Da für Italien keine Ausgabendaten für die Leistungen bei Arbeitsunfällen und Berufskrankheiten in SOCX zur Verfügung stehen, konnte dieses Land nicht in die Betrachtungen mit einbezogen werden. 2000 bleiben für einen Ländervergleich bezüglich der Arbeitsunfallrenten nur noch Finnland und Deutschland, da für das Vereinigte Königreich keine Ausgaben für diese Transferart zur Verfügung stehen. Der Vergleich der beiden Länder ergibt, dass Finnland immer besser abschneidet als Deutschland.

Abbildung 6.63: Effizienzindikator Armutsquote, Leistungen bei Arbeitsunfällen und Berufskrankheiten im Ländervergleich 1994/95 und 1999/2000, Armutsgrenze 50 Prozent Median

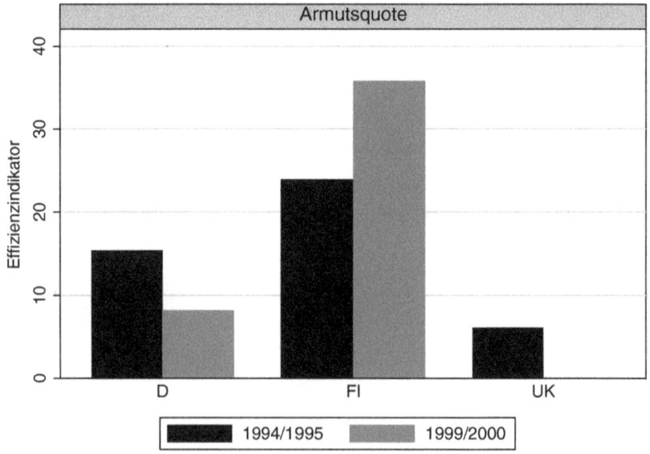

Quelle: Eigene Berechnungen mit LIS-Daten und Ausgabendaten der OECD Social Expenditure Database (SOCX)

Für die Effizienz ergibt sich damit die gleiche Reihenfolge wie für die Effektivität, wobei sich allerdings die Anzahl der betrachteten Länder verringert hat. Die beste Position verbleibt damit bei Finnland, die niedrigsten Werte sind für das Vereinigte Königreich zu verzeichnen, dessen Ausgestaltung der Leistungen bei Arbeitsunfällen sich von denjenigen der anderen Länder unterscheidet. Hier werden anstatt einkommensabhängiger Transfers pauschale Leistungen gewährt.

Abbildung 6.64: Effizienzindikator Armutsquote und Einkommenslücke (IGR), Leistungen bei Erwerbsunfähigkeit im Ländervergleich 1994/95 und 1999/2000, Armutsgrenze 50 Prozent Median

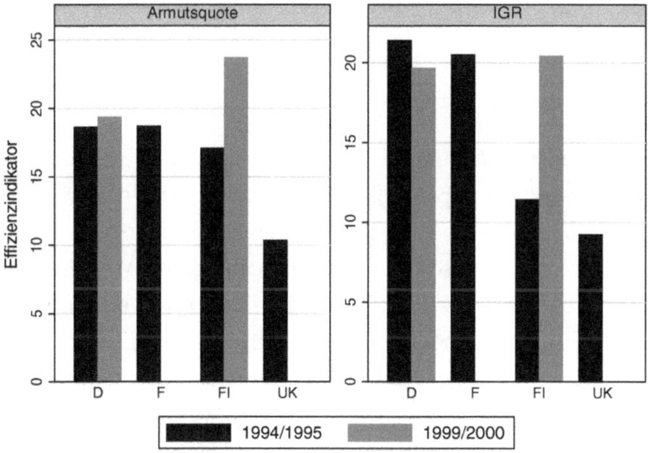

Quelle: Eigene Berechnungen mit LIS-Daten und Ausgabendaten der OECD Social Expenditure Database (SOCX)

Auch an dieser Stelle soll wieder versucht werden, einen Vergleich der Leistungen bei Erwerbsunfähigkeit unter Einbezug von Frankreich, für das keine getrennten Leistungen bei Invalidität und Arbeitsunfällen/Berufskrankheiten vorliegen, für 1994/95 durchzuführen. Was die Armutsquote (vgl. Abb. 6.64), die Armutslücke, FGT_2 und das Sen-Maß betrifft, ergibt sich jeweils die gleiche Rangfolge, bei der an erster Stelle Frankreich steht, gefolgt von Deutschland, Finnland und dem Vereinigten Königreich. Lediglich hinsichtlich der Einkommenslücke ist diese Reihenfolge leicht verändert, da Deutschland vor Frankreich auf den ersten Rang rückt.

Der Vergleich dieser Ergebnisse für die Leistungen bei Erwerbsunfähigkeit mit denen bei der Effektivität ergibt, dass Frankreich, Deutschland und Finnland hier besser abschneiden, wohingegen das Vereinigte Königreich zurückfällt. Allerdings sind die für Frankreich berechneten Effizienzindikatoren tatsächlich wohl etwas niedriger, da für die Ausgabenanteile keine Daten für die Sondererziehungsbeihilfe verfügbar sind. Weiterhin ist hierbei wieder anzumerken, dass für Frankreich die eigentlichen Invaliditätsrenten nicht enthalten sind, sondern lediglich die Arbeitsunfallrenten, Leistungen für behinderte Erwachsene sowie die Sondererziehungsbeihilfe für behinderte Kinder. Bei Einbezug der Invaliditätsrenten würde sich vermutlich die hier festgestellte Reihenfolge für die Effizienz verändern.

6.3.6.5 Mindestsicherung

Die durch die Mindestsicherung erreichte Effizienz kann aufgrund mangelnder aktueller Ausgabendaten nur für 1994/95 berechnet werden. Dabei ergibt sich, dass bis auf die Berechnungen hinsichtlich der Armutsquote die höchste Effizienz in Frankreich erreicht wird (vgl. Abb. 6.65 und 6.66). Was die Armutslücke, FGT_2 und das Sen-Maß angeht, folgen Finnland, das Vereinigte Königreich, Deutschland und an letzter Stelle mit den deutlich niedrigsten Werten Italien. Bei den Berechnungen mit der Einkommenslücke zeigt sich, dass Finnland und das Vereinigte Königreich ihre Plätze tauschen (vgl. Abb. 6.66), wobei diese beiden Länder ähnlich hohe Effizienzzahlen aufweisen. Bezüglich der Armutsquote ergibt sich ebenfalls eine Rangfolge, die der für die Armutslücke, FGT_2 und das Sen-Maß sehr ähnelt: Lediglich Finnland und Frankreich tauschen die Plätze, so dass sich Finnland an die Spitzenposition schiebt (vgl. Abb. 6.65). An dieser Stelle sei wieder darauf hingewiesen, dass die tatsächlichen Ausgaben für Mindestsicherung in Finnland 1995 im Ländervergleich eventuell unterschätzt werden.[136] Dadurch ist es möglich, dass bei Kenntnis von aktuelleren Ausgabendaten Effizienzergebnisse resultieren würden, für die Finnland im Ländervergleich etwas zurückfällt.

Es zeigt sich also, dass das Vereinigte Königreich für die Effizienz deutlich schlechter abschneidet als für die Effektivität. Die hohen Effektivitätsziffern werden über einen Ausgabenanteil erreicht, der weit über dem für die anderen

[136] Vergleiche dazu Kapitel 6.1.

Abbildung 6.65: Effizienzindikator Armutsquote und Armutslücke (PGR), Mindestsicherung im Ländervergleich 1994/95 und 1999/2000, Armutsgrenze 50 Prozent Median

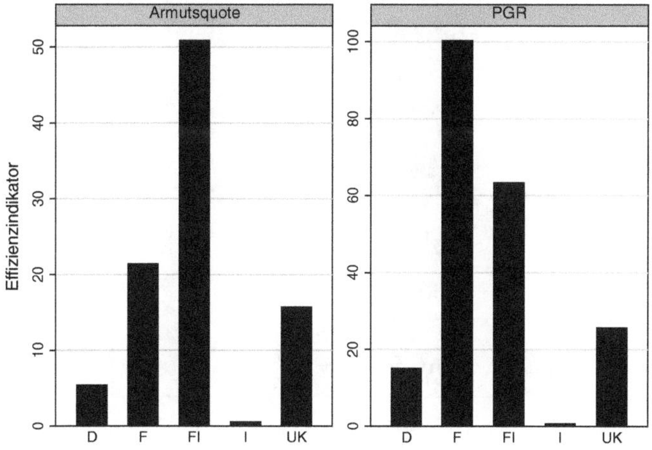

Quelle: Eigene Berechnungen mit LIS-Daten und Ausgabendaten aus Eardley et al. (1996a: 35)

Länder liegt (vgl. Tab. 6.1, S. 141). Das Ziel der Armutsreduzierung wird somit durch die Mindestsicherungsleistungen deutlich erreicht, allerdings kann nur ein im Vergleich mit den anderen Ländern mittlerer Effizienzgrad festgestellt werden. Die unzureichend ausgestaltete italienische Mindestsicherung erweist sich nicht nur als wenig effektiv, sondern auch als wenig effizient. Für Finnland zeigt sich, dass die Ergebnisse hinsichtlich der Armutsquote sowohl bei der Effektivität als auch bei der Effizienz besser ausfallen, wobei die Position in der Rangfolge für die Effizienz besser als bei der Effektivität ist. Dieses bessere Abschneiden bei der Armutsquote ist ein Indiz dafür, dass in Finnland durch die Mindestsicherung de facto vor allem der Aspekt des Ausmaßes der Armut angegangen wird, wohingegen die Intensität der Armut weniger im Mittelpunkt steht. Für Frankreich ergibt sich, dass einem mittleren Rang für die Effektivität eine sehr gute Effizienz gegenübersteht. Die Position Deutschlands verschlechtert sich tendenziell eher für die Effizienz im Vergleich zur Effektivität. Berücksichtigt man den Aspekt der (De-)Zentralisierung der Organisation von

Abbildung 6.66: Effizienzindikator Einkommenslücke (IGR), Mindestsicherung im Ländervergleich 1994/95 und 1999/2000, Armutsgrenze 50 Prozent Median

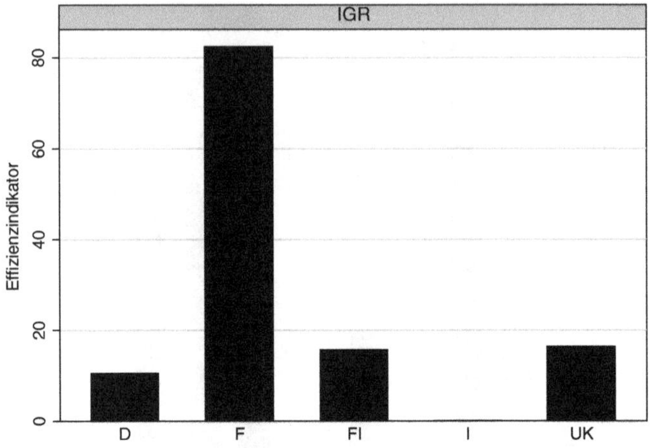

Quelle: Eigene Berechnungen mit LIS-Daten und Ausgabendaten aus Eardley et al. (1996a: 35)

Verwaltung und Verteilung der Mindestsicherung,[137] dann zeigt sich somit, dass das dezentralste Mindestsicherungssystem in Italien sowohl bezüglich der Effizienz als auch im Hinblick auf die Effektivität am schlechtesten eingestuft wird, das zentralste im Vereinigten Königreich zwar sehr gute Effektivität aber nur mäßige Effizienz aufweist. Am besten schneiden Frankreich und Finnland für die Effizienz ab, denen ein mittlerer Zentralisierungsgrad zugeschrieben wird.

Im Folgenden soll überprüft werden, ob sich die Mitberücksichtigung des Wohngeldes entscheidend auf den Effizienzvergleich auswirkt. Ebenso wie bei den Betrachtungen der Mindestsicherung ohne Wohngeld ergibt sich für die Armutslücke, FGT_2 und das Sen-Maß eine identische Reihenfolge. Allerdings liegt jetzt Finnland anstatt Frankreich an erster Stelle, ebenso schiebt sich Deutschland vor das Vereinigte Königreich (vgl. Abb. 6.67 für die Armutslücke). Hinsichtlich der Einkommenslücke (vgl. Abb. 6.68) dagegen liegt Frankreich wei-

[137] Vgl. dazu Hölsch und Kraus (2004) bzw. Kapitel 6.2.5.5.

Abbildung 6.67: Effizienzindikator Armutsquote und Armutslücke (PGR), Mindestsicherung einschließlich Wohngeld im Ländervergleich 1994/95 und 1999/2000, Armutsgrenze 50 Prozent Median

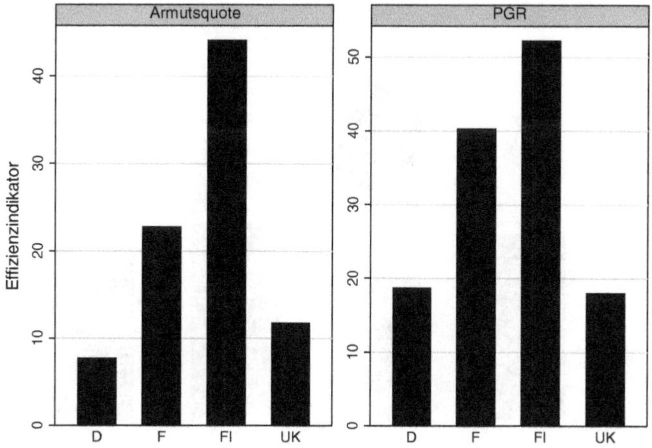

Quelle: Eigene Berechnungen mit LIS-Daten und Ausgabendaten der OECD Social Expenditure Database (SOCX) sowie aus Eardley et al. (1996a: 35)

terhin vor Finnland, gefolgt vom Vereinigten Königreich und Deutschland, wobei die Werte der letzten drei Länder sich kaum unterscheiden. Die Berechnungen bezüglich der Armutsquote lassen dagegen keinerlei Veränderungen gegenüber der Rangfolge für die Mindestsicherung ohne Wohngeld erkennen, wie in Abb. 6.67 deutlich wird. Man kann damit im Großen und Ganzen Frankreich und Finnland als die zwei Länder mit den höheren Effizienzwerten bezeichnen, Deutschland und das Vereinigte Königreich liegen dagegen hinten.

Der Vergleich der Effizienzergebnisse für die Mindestsicherung einschließlich Wohngeld mit den Effektivitätsergebnissen zeigt, dass Finnland seine Position verbessern konnte, lediglich für die Einkommenslücke besetzt Finnland anstatt des ersten Ranges den zweiten. Die finnischen Ausgaben für Mindestsicherung einschließlich Wohngeld sind im Ländervergleich die geringsten, was diese Verbesserung von mittleren Effektivitätszahlen zu hoher Effizienz begünstigt haben mag. Was Frankreich betrifft, ist tendenziell auch eine Verbesserung der Position feststellbar. Hier zeigt sich wiederum die hohe Bedeutung des Wohn-

Abbildung 6.68: Effizienzindikator Einkommenslücke (IGR), Mindestsicherung einschließlich Wohngeld im Ländervergleich 1994/95 und 1999/2000, Armutsgrenze 50 Prozent Median

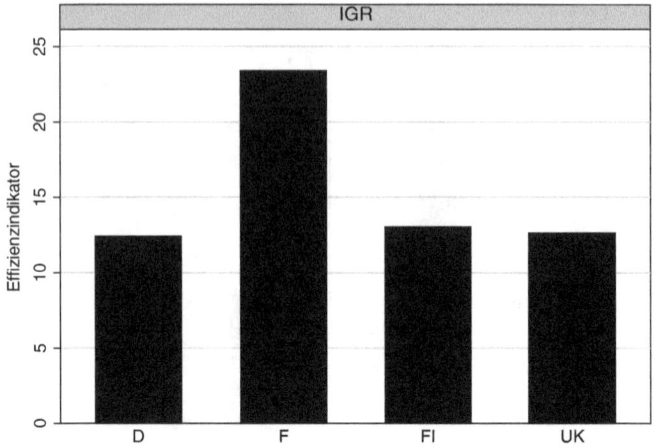

Quelle: Eigene Berechnungen mit LIS-Daten und Ausgabendaten der OECD Social Expenditure Database (SOCX) sowie aus Eardley et al. (1996a: 35)

geldes vor allem auch im Kontrast zur Mindestsicherung ohne Wohngeld.[138] Da aber auch die Ausgaben für das Wohngeld deutlich über denen für die Mindestsicherung liegen, ist davon auszugehen, dass das gute Effizienzergebnis durchaus auch auf die guten Ergebnisse, die mit der Mindestsicherung ohne Wohngeld erreicht wurden, zurückzuführen ist. Stark zurückgefallen ist dagegen das Vereinigte Königreich, das seine sehr hohen Ausgabenanteile für Mindestsicherung und Wohngeld nicht durch die hohen Effektivitätsziffern kompensieren kann. Deutschland ist sowohl für die Effektivität als auch für die Effizienz eher auf den hinteren Rängen zu finden, was die geringe Bedeutung des Wohngeldes in Deutschland widerspiegelt, die auch nicht durch die geringeren Ausgaben für diesen Transfer ausgeglichen werden kann.

[138] Wie bereits in Kapitel 6.2.5.5 erläutert, ist in Frankreich die Zahl der Wohngeldempfänger im Vergleich zur Zahl der Empfänger von Mindestsicherung sehr viel höher.

Tabelle 6.10: Rangkorrelationen: Effektivität - Ausgabenanteile für Transfers im Ländervergleich, Armut

	Armutsquote		PGR		IGR		FGT_2	
	94/95	**99/00**	**94/95**	**99/00**	**94/95**	**99/00**	**94/95**	**99/00**
Arbeitslosengeld	0,90	1,00	0,90	0,80	0,90	0,80	0,90	0,80
Arbeitslosenhilfe	1,00	1,00	1,00	1,00	1,00	1,00	1,00	1,00
Krankengeld	0,50	1,00	1,00	1,00	1,00	1,00	1,00	1,00
Invaliditätsleist.	1,00	0,20	1,00	0,40	1,00	0,00	0,20	0,40
Unfallr./Berufskrankh.	0,50	1,00	0,50	1,00	1,00	1,00	0,50	1,00
Mindestsicherung	0,50	-	0,50	-	0,30	-	0,30	-
Mindests.+Wohngeld	0,20	-	0,20	-	0,80	-	0,40	-

Quelle: Eigene Berechnungen mit LIS-Daten und OECD Social Expenditure Database (SOCX) bzw. für Mindestsicherung Eardley et al. (1996a: 35)

6.3.7 Transfers im Ländervergleich: Zusammenhang mit Ausgaben

Zum Abschluss der Analyse der Transfers im Ländervergleich bezüglich Armut steht die Überprüfung der Hypothese, dass hohe Ausgaben mit hohen Umverteilungswirkungen zusammenhängen. Es wird eine Berechnung der Rangkorrelationskoeffizienten für die Ausgabenanteile und die Effektivitätswirkungen durchgeführt. Dabei werden nur die Ergebnisse bezüglich einer Armutsgrenze von 50 Prozent des Median einbezogen, die sich ergebenden Korrelationen werden in Tabelle 6.10 aufgeführt.[139]

Für das Arbeitslosengeld, die Arbeitslosenhilfe und das Krankengeld ergibt sich recht eindeutig ein positiver Zusammenhang zwischen der Höhe der Ausgaben und den Effektivitätswirkungen. Bei der Arbeitslosenhilfe sei aber angemerkt, dass lediglich Finnland und Deutschland in die Berechnungen einbezogen werden können, weshalb dieses deutliche Ergebnis einfach dadurch erzielt werden kann, dass Finnland sowohl die höheren Ausgaben als auch die höheren Effektivitätsergebnisse aufweist. Die Ergebnisse für die Unfallrenten deuten ebenfalls in diese Richtung, wenn auch nicht so eindeutig. Für die Mindestsicherungsleistungen ergeben sich zwar auch positive Korrelationen, die

[139]Wie schon in Kapitel 6.3.4 werden auch hier nur Korrelationen für die Armutsquote, die Armutslücke, die Einkommenslücke und FGT_2 angegeben. Für das Sen-Maß, dessen Ergebnisse die gleichen Rangfolgen erbringen wie mindestens eines der anderen Maße, werden die Korrelationen nicht explizit aufgeführt.

Tabelle 6.11: Rangkorrelationen: Effizienz - Ausgabenanteile für Transfers im Ländervergleich, Armut

	Armutsquote		PGR		IGR		FGT_2	
	94/95	**99/00**	**94/95**	**99/00**	**94/95**	**99/00**	**94/95**	**99/00**
Arbeitslosengeld	-0,30	1,00	-0,30	0,40	-0,60	0,00	-0,30	0,40
Arbeitslosenhilfe	1,00	1,00	1,00	1,00	1,00	1,00	-1,00	1,00
Krankengeld	-0,50	1,00	-1,00	1,00	-0,50	1,00	-1,00	1,00
Invaliditätsleist.	-0,20	-1,00	0,40	-0,80	0,40	-0,80	-1,00	-0,80
Unfallr./Berufskrankh.	0,50	1,00	0,50	1,00	0,50	1,00	0,50	1,00
Mindestsicherung	-0,50	-	-0,60	-	-0,30	-	-0,60	-
Mindests.+Wohngeld	-0,80	-	-1,00	-	-0,60	-	-1,00	-

Quelle: Eigene Berechnungen mit LIS-Daten und OECD Social Expenditure Database (SOCX) bzw. für Mindestsicherung Eardley et al. (1996a: 35)

aber deutlich schwächer sind als bei den zuvor genannten Transfers; lediglich für die Einkommenslücke 1994/95 ist ein höherer Zusammenhang für die Mindestsicherung einschließlich Wohngeld feststellbar. Die Resultate für die Invaliditätsleistungen sind nicht sehr eindeutig. Im Hinblick auf die Armutsquote, die Armutslücke und die Einkommenslücke ergeben sich 1994/95 eindeutig positive Zusammenhänge, wohingegen für FGT_2 nur eine geringe Korrelation resultiert. Geringe Zusammenhänge finden sich auch durchweg in den Jahren 1999/2000, für die Einkommenslücke ist sogar keinerlei Zusammenhang feststellbar.

Überprüft man die These, ob höhere Ausgaben mit höheren Effizienzwerten zusammentreffen, ergibt sich kein eindeutiges Resultat. Wie in Tabelle 6.11 ersichtlich wird, zeigt sich für das Arbeitslosengeld ein sehr durchwachsenes Bild: von einem perfekten positiven Zusammenhang bei der Armutsquote 1999/2000 über keinen Zusammenhang bei der Einkommenslücke 1999/2000 bis zu schwachen bis mittleren negativen Korrelationen bei den anderen Maßen. Auch für das Krankengeld ergeben sich keine eindeutigen Ergebnisse: 1994/95 liegen nur negative Zusammenhänge vor, 1999/2000 dagegen nur positive. Für die Invaliditätsleistungen sind vorwiegend negative Korrelationen zu finden, nur hinsichtlich der Armuts- und Einkommenslücke 1994/95 sind auch schwach positive Zusammenhänge feststellbar. Nur negative Zusammenhänge zeigen sich bezüglich der Mindestsicherungsleistungen, wobei diese entgegengerichteten Korrelationen nicht durchweg hoch sind. Für die Unfallrenten und die

Arbeitslosenhilfe zeigen sich dagegen positive Zusammenhänge zwischen Ausgaben und Effizienzwerten, wobei sich das Vorzeichen bei der Arbeitslosenhilfe für FGT_2 1994/95 umkehrt.

Die These, dass hohe Ausgaben und hohe Effektivitätswirkungen zusammenhängen, konnte in diesem Kapitel tendenziell wieder bestätigt werden, wobei für die Invaliditätsleistungen Hinweise zu finden sind, dass kein Zusammenhang zwischen Ausgaben und Effektivitätswirkung besteht. Für die anderen Transfers allerdings ließen sich durchweg positive Zusammenhänge zeigen, die z.T. aber nur schwach sind. Überprüft man die These, dass hohe Ausgaben mit hohen Effizienzwirkungen zusammenhängen, ergibt sich keine Bestätigung, da lediglich für die Unfallrenten und die Arbeitslosenhilfe entsprechende Ergebnisse resultieren. Die Ergebnisse für die Mindestsicherungsleistungen deuten sogar in eine gegenteilige Richtung: Die negativen Korrelationen sprechen dafür, dass hohe Ausgaben mit niedrigen Effizienzwerten zusammentreffen und umgekehrt. Somit kann die Ausgangsthese nicht einfach auf die Effizienz übertragen werden.

Teil V

Fazit

In dieser Arbeit wurden die Umverteilungswirkungen ausgesuchter Sozialtransfers auf Ungleichheit und Armut in fünf europäischen Ländern (Deutschland, Finnland, Frankreich, Italien, Vereinigtes Königreich) empirisch untersucht. Bisher durchgeführte empirische Studien zu diesem Thema weisen verschiedene Schwächen bzw. Lücken auf. So beschränken sich viele Studien lediglich auf die Wirkung der Gesamtheit aller Sozialtransfers auf Ungleichheit und Armut, ohne differenzierter auf den Einfluss verschiedener Transfers einzugehen. Weiterhin wird oft nur das Niveau der Ungleichheit oder Armut in Bezug auf das Einkommen nach Transfers und/oder Steuern betrachtet und dabei nicht auf die durch die Transfers und/oder Steuern erreichte Reduktion der Ungleichheit und Armut eingegangen. In dieser Arbeit wurden dagegen Transfers bei Arbeitslosigkeit, Krankheit, Invalidität, Arbeitsunfällen und Berufskrankheiten sowie Leistungen der Mindestsicherung detailliert im Hinblick auf ihre Umverteilungswirkungen, gemessen als Reduktion der Ungleichheit und Armut durch den jeweiligen Transfer (Effektivitätswirkung), untersucht. Dabei wurden im Gegensatz zu anderen empirischen Studien unterschiedliche Ungleichheits- und Armutsmaße angewendet, um eine „einseitige" Beurteilung durch die spezifischen Eigenschaften nur eines oder weniger Maße zu vermeiden. Ein weiterer Kritikpunkt an bisherigen Studien zu diesem Themenbereich besteht darin, dass Stichprobenfehler oft nicht berücksichtigt werden. Um diesen Aspekt einzubeziehen, wurden mittels Bootstrapping Konfidenzintervalle bestimmt, die es ermöglichen, inferenzstatistische Aussagen in die Analyse aufzunehmen.

Die bloße Untersuchung der Effektivitätswirkungen würde weiterhin unberücksichtigt lassen, um welchen „Preis" die beobachteten Wirkungen erzielt werden. Um diesem Aspekt Rechnung zu tragen, wurden Effizienzindikatoren berechnet, die die Ausgaben für den entsprechenden Transfer berücksichtigen. Die so gewonnenen Ergebnisse zur Effektivität und Effizienz wurden mit der jeweiligen institutionellen Ausgestaltung der Transfers verknüpft.

Das Vorgehen in dieser Arbeit gestaltete sich damit folgendermaßen: Nach der Hinführung zum Thema in Teil I diente Teil II dazu, die institutionellen Grundlagen zu verdeutlichen. Dabei wurde in Kapitel 1 nach einer kurzen Einführung zum Begriff des Wohlfahrtsstaates sowie in die Traditionen und Strategien europäischer Sozialsysteme und der Klassifikationen von Sozialsystemen auf die Wirkung von Transfers eingegangen. Der Überblick über bisherige Studien und Literatur zur Umverteilungswirkung von Transfers lässt verschiedene Aspekte als Einflussfaktoren erkennen, die auch in dieser Arbeit näher untersucht werden: die Ausgaben für einen Transfer, die grundsätzliche Ausgestaltung im Hinblick darauf, ob es sich um eine bedürftigkeitsgeprüfte Leistung handelt und ob die Transfers einkommensabhängig oder pauschal gewährt werden, sowie die detaillierten Ausgestaltungsmerkmale der Transfers, die in der bisherigen Forschung häufig vernachlässigt wurden. Um diese Lücke zu schließen, wurde in Kapitel 2 für die fünf untersuchten Länder die Ausgestaltung der relevanten Transfers ausführlich dargestellt. Dadurch wird es ermöglicht, bei der Interpretation der empirischen Ergebnisse auf diese Informationen zurückzugreifen. Die Darstellung dieser Ausgestaltungsmerkmale zeigt deutlich, dass z.T. erhebliche Unterschiede zwischen den Ländern bestehen. Im Gegensatz zu den anderen Ländern dominieren im Vereinigten Königreich eindeutig pauschale Transfers. Lediglich die Mindestsicherung sowie einige weitere bedürftigkeitsgeprüfte Transfers werden auch in den übrigen Ländern als pauschale Transfers gewährt. Für Finnland konnten zahlreiche Transfers identifiziert werden, die sich aus einer pauschalen Grundsicherung und einem einkommensabhängigen Bestandteil zusammensetzen. In Deutschland, Italien und Frankreich wird dagegen bei den Versicherungsleistungen eher auf einkommensabhängige Transfers gesetzt, wenn auch auf unterschiedlichem Niveau.[140] In Teil III wurden anschließend die theoretischen Grundlagen der Ungleichheits- und Armutsmessung erläutert, soweit diese für die empirische Umsetzung von Bedeutung sind.

Den Hauptteil der Arbeit bildet Teil IV. Hier wurden nach einer kurzen Einführung in das methodische Vorgehen in Kapitel 5 die Ergebnisse der empirischen Berechnungen in Kapitel 6 vorgestellt. Diese sollen im Folgenden zusammengefasst werden. Bei der Analyse der Ergebnisse für Ungleichheit und Armut wurden zwei verschiedene Blickwinkel eingenommen: Zunächst wurde die Wirkung der Transfers in jedem einzelnen Land untersucht und anschließend ein Vergleich der Wirkungen pro Transferart im Ländervergleich vorgenommen, dementsprechend wird auch bei dieser Zusammenfassung vorgegangen. Dabei wird jeweils auf die Effektivität und danach auf die Effizienz eingegangen. Bevor die Ergebnisse vorgestellt werden, sei an dieser Stelle darauf hingewiesen, dass eine deutliche Transferwirkung in Form einer hohen Reduk-

[140] Eine ausführlichere Zusammenfassung der charakteristischen Merkmale wurde in Kapitel 2.6 durchgeführt.

tion der Armut und Ungleichheit nicht automatisch mit einer „guten“, also erwünschten Wirkung gleichzusetzen ist. Im Gegenteil kann hinter einer hohen Wirkung nicht nur der erwünschte Effekt durch die bewusste Ausgestaltung der Transfers stecken, sondern z.B. hohe Arbeitslosenzahlen, die entsprechend viele Empfänger von Leistungen bei Arbeitslosigkeit oder Mindestsicherung nach sich ziehen und somit durchaus hohe Effektivitätswirkungen (mit)hervorrufen. Was die Wirkung der Transfers in den einzelnen Ländern betrifft, ergeben sich sowohl bezüglich Ungleichheit als auch bezüglich Armut für das Arbeitslosengeld, die Invaliditätsleistungen und die Mindestsicherung einschließlich Wohngeld die höchsten Reduktionen.

Dabei zeigt sich eine besonders hohe Wirkung in Deutschland für die zwei nicht bedürftigkeitsgeprüften und vom bisherigen Einkommen abhängigen Leistungen der Invaliditätsrente und des Arbeitslosengeldes. Allerdings fällt im Jahr 2000 das Arbeitslosengeld zurück und wird von der Versicherungsleistung der Arbeitslosenhilfe überholt, die einkommensabhängig und erst nach einer Bedürftigkeitsprüfung gewährt wird. Somit liegt die Invaliditätsrente, zu der im Jahr 2000 auch die pauschalen Leistungen der Pflegeversicherung gezählt werden, weitgehend vorne, wobei sich vor allem für die Berechnungen mit der Einkommenslücke auch die Arbeitslosenhilfe und/oder die Mindestsicherung einschließlich Wohngeld an die Spitze schieben. In Deutschland weisen die nicht bedürftigkeitsgeprüften und einkommensabhängigen Unfallrenten die geringsten Effektivitätswerte auf, die sich bis auf wenige Ausnahmen auch signifikant von den anderen unterscheiden.

Für Finnland zeigen sich die eindeutig höchsten Wirkungen für das nicht bedürftigkeitsgeprüfte Arbeitslosengeld, dessen Leistungen aus einer Grundsicherung und einem einkommensabhängigen Teil bestehen. Lediglich für die Armutsberechnungen im Jahr 2000 fallen die Reduktionen durch das Arbeitslosengeld hinter die bedürftigkeitsgeprüften und pauschalen Leistungen der Arbeitslosenhilfe und der Mindestsicherung einschließlich Wohngeld zurück. Für Finnland kann nicht eindeutig festgestellt werden, welcher Transfer die geringsten Wirkungen erzielt: Je nach Maß und Untersuchungsjahr liegen die Invaliditätsleistungen, das Krankengeld oder die Unfallrenten hinten, für die Berechnungen mit den Armutsmaßen finden sich auch für die Leistungen der Mindestsicherung ohne Wohngeld nur geringe Reduktionen für einzelne Armutsmaße.

In Frankreich zieht die bedürftigkeitsgeprüfte und pauschale Leistung der Mindestsicherung einschließlich Wohngeld mit dem nicht bedürftigkeitsgeprüften und einkommensabhängigen Arbeitslosengeld gleich. Das nicht bedürftigkeitsgeprüfte und einkommensabhängige Krankengeld schneidet recht eindeutig am schwächsten ab, allerdings liegt für die Berechnungen mit der Armutsquote die pauschale und nur nach Bedürftigkeitsprüfung gewährte Mindestsicherung ohne Wohngeld hinten.

In Italien dagegen liegt die ebenfalls nicht bedürftigkeitsgeprüfte und vom bisherigen Einkommen abhängige Invaliditätsrente (meist signifikant) vorne.[141] Die nicht bedürftigkeitsgeprüften und einkommensabhängigen Unfallrenten sowie die bedürftigkeitsgeprüfte, pauschale Mindestsicherung stellen in Italien die Transfers mit den geringsten Effektivitätswirkungen dar, allerdings zeigen sich 2000 auch für die einkommensabhängigen Leistungen bei Teilarbeitslosigkeit nur sehr niedrige Effektivitätswerte.

Im Vereinigten Königreich sind die Mindestsicherung mit und ohne Wohngeld die Transfers mit den höchsten Reduktionen, wobei die Invaliditätsrente ebenfalls eine bedeutende Rolle spielt. Wie im Vereinigten Königreich üblich, bestehen diese Transfers nur aus pauschalen Leistungen, wobei die Mindestsicherung bedürftigkeitsgeprüft ist. In den Leistungen bei Invalidität sind sowohl bedürftigkeitsgeprüfte als auch nicht bedürftigkeitsgeprüfte Bestandteile enthalten. Die niedrigsten Effektivitätswirkungen finden sich dagegen am ehesten für das Krankengeld und die Unfallrenten, die beide ohne Bedürftigkeitsprüfung gewährt werden. Hier ist insgesamt anzumerken, dass die Unfallrenten für einen im Vergleich zu den anderen betrachteten Transfers kleinen Empfängerkreis konzipiert sind; genauso muss beim Krankengeld beachtet werden, dass dieses in den relevanten Ländern nur für relativ kurze Zeiträume gewährt wird. Daher waren auch keine besonders hohen Effektivitätswirkungen für diese beiden Transfers zu erwarten.

Für die Effizienzergebnisse wurden ebenfalls die Werte der Indikatoren für die Transfers, die als Reduktion eines Maßes bezogen auf die Ausgaben für den entsprechenden Transfer als Anteil am BIP berechnet wurden, in eine Rangfolge für jedes Land gebracht. Dabei ergaben sich für die einzelnen Länder recht unterschiedliche Ergebnisse. In Deutschland sind die höchsten Effizienz-

[141] Allerdings war 2000 in Italien auch ein bedürftigkeitsgeprüfter Teil in den Leistungen bei Invalidität enthalten.

werte 1994 für die einkommensabhängige, bedürftigkeitsgeprüfte Arbeitslosenhilfe, die niedrigsten dagegen für die pauschale und bedürftigkeitsgeprüfte Mindestsicherung zu finden. 2000 schieben sich allerdings die nicht bedürftigkeitsgeprüften, in Form der Pflegeversicherung pauschalen, in Form der Invaliditätsversicherung einkommensabhängigen Leistungen bei Invalidität für die Berechnungen mit im unteren Bereich sensitiven Ungleichheitsmaßen an die Spitze. Die pauschale, bedürftigkeitsgeprüfte Arbeitslosenhilfe liegt in Finnland zwar ebenfalls vorne, allerdings sind am anderen Ende der Rangfolge das nicht bedürftigkeitsgeprüfte und teilweise vom Einkommen abhängige Krankengeld und die nicht bedürftigkeitsgeprüften und nicht einkommensabhängigen Invaliditätsleistungen zu finden, wobei das Krankengeld für die auf Basis der Armutsmaße berechneten Effizienzziffern eher schlechter abschneidet. In Frankreich sind die höchsten Werte für die bedürftigkeitsgeprüfte Mindestsicherung feststellbar, die niedrigsten für das nicht bedürftigkeitsgeprüfte, vom bisherigen Einkommen abhängige Krankengeld. In Italien dagegen sind die geringsten Effizienzwerte für die bedürftigkeitsgeprüfte Mindestsicherung zu finden, die höchsten für die einkommensabhängigen und nicht bedürftigkeitsgeprüften[142] Invaliditätsrenten. Im Vereinigten Königreich ist im Gegensatz zu den anderen Ländern das nicht bedürftigkeitsgeprüfte[143] Arbeitslosengeld an der Spitze der Rangfolge, am Ende sind die ebenfalls nicht bedürftigkeitsgeprüften Unfallrenten und das Krankengeld zu finden.

Der zweite eingenommene Blickwinkel besteht im Vergleich der Ergebnisse der Länder für einen bestimmten Transfer. Dabei ergibt sich für das in allen Ländern nicht bedürftigkeitsgeprüfte Arbeitslosengeld, dass die signifikant höchsten Effektivitätsergebnisse sowohl bezüglich Armut als auch Ungleichheit für Finnland mit seinen teilweise vom bisherigen Einkommen abhängenden Leistungen erzielt wurden, die niedrigsten dagegen für Italien, in dem einkommensabhängige Leistungen auf niedrigem Niveau gewährt werden. Die Arbeitslosenhilfe sorgt in Finnland, wo es sich um einen pauschalen, bedürftigkeitsgeprüften Transfer handelt, ebenfalls für die höchste Effektivität. Deutschland mit seiner bedürftigkeitsgeprüften, aber einkommensabhängigen Leistung weist immer geringere Reduktionszahlen als Finnland auf. Für das in allen Ländern nicht bedürftigkeitsgeprüfte Krankengeld konnte eindeutig das Verei-

[142]2000 ist aber ebenfalls ein bedürftigkeitsgeprüfter Transfer enthalten.
[143]2000 ist auch ein bedürftigkeitsgeprüfter Teil enthalten.

nigte Königreich, in dem das Krankengeld pauschal gewährt wird, als Schlusslicht in der Rangfolge identifiziert werden. Finnland und Frankreich, die teilweise bzw. vollständig einkommensabhängige Transfers bieten, wechseln sich dagegen je nach Maß auf dem ersten Rang ab. Für die Armutsmaße weist Finnland recht deutlich die höchsten Reduktionen auf. Die Ergebnisse für die Invaliditätsleistungen lassen nicht klar erkennen, welches Land die höchsten Effektivitätswerte erzielt, relativ eindeutig liegt allerdings Finnland mit seinen nicht bedürftigkeitsgeprüften, pauschalen Leistungen am Ende der Rangfolge. Bezüglich der Armutsmaße zeigen sich 2000 geringere Werte für Italien, für das die nicht bedürftigkeitsgeprüfte Invaliditätsrente in den Daten enthalten ist, die 2000 durch bedürftigkeitsgeprüfte, pauschale Leistungen ergänzt wird. Im Gegensatz zu den Invaliditätsleistungen ist Finnland für die Unfallrenten an der Spitze der Rangfolge zu finden, hinten liegt dagegen das Vereinigte Königreich, wobei für die Armutsberechnungen Italien ebenfalls sehr niedrige Werte aufweist. Hier ist wieder darauf hinzuweisen, dass das Vereinigte Königreich sich in der Gestaltung der Unfallrenten von den anderen untersuchten Ländern unterscheidet, da nur in diesem Land pauschale Zahlungen erfolgen. Die durchweg bedürftigkeitsgeprüften und pauschalen Leistungen der Mindestsicherung reduzieren Ungleichheit und Armut eindeutig am meisten im Vereinigten Königreich; für die Mindestsicherung ohne Wohngeld liegt Italien hinten, für die Mindestsicherung mit Wohngeld können keinem bestimmten Land die eindeutig niedrigsten Wirkungen zugewiesen werden.

Die Effizienzindikatoren zeigen, dass im Gegensatz zur Effektivität nicht eindeutig ein Land mit den höchsten Werten für das nicht bedürftigkeitsgeprüfte Arbeitslosengeld bestimmbar ist. Im Vergleich zur Effektivität holt das Vereinigte Königreich deutlich auf, auch Deutschland ist mit recht hohen Effizienzwerten vertreten, 2000 rückt Finnland wieder mit an die Spitze der Rangfolge. Im Vereinigten Königreich sind diese Leistungen pauschal, in Deutschland vom bisherigen Einkommen abhängig, in Finnland findet sich eine Kombination aus beidem. Die niedrigsten Effizienzergebnisse sind für Italien mit seinen einkommensabhängigen Leistungen feststellbar. Für die Arbeitslosenhilfe ist Finnland nicht mehr eindeutig an erster Stelle: Bezüglich im unteren Einkommensbereich sensitiver Ungleichheitsmaße kann Deutschland, dessen Arbeitslosenhilfe im Gegensatz zu Finnland als ein Prozentsatz des bisherigen Einkommens gewährt wird, höhere Werte erzielen. Für das nicht bedürftigkeitsgeprüfte Krankengeld variiert die Reihenfolge je nach verwendetem Maß, damit hat sich das Vereinigte Königreich mit seinem pauschalen Krankengeld im Vergleich zur Effektivität verbessert. Deutschland und Italien sind mit ihren nicht bedürftigkeitsgeprüften, einkommensabhängigen Transfers[144] für die Invaliditätsleistungen am effizientesten, Finnland nimmt meist die letzte Position ein, wobei 2000 das Vereinigte Königreich ebenfalls sehr niedrige Effizienzwerte für seine pauschalen Leistungen aufweist. Für die nicht bedürftigkeitsgeprüften Unfallrenten findet sich wie bei der Effektivität Finnland vorn, wobei die niedrigsten Effizienzwerte für das Vereinigte Königreich mit seinen Pauschalleistungen erreicht werden. Sowohl für die Mindestsicherung mit als auch ohne Wohngeld ist die höchste Effizienz für Frankreich und Finnland feststellbar, wobei für die Armutsberechnungen bezüglich der Mindestsicherung einschließlich Wohngeld eher Finnland an erster Stelle liegt. Die niedrigsten Werte werden für die Mindestsicherung ohne Wohngeld in Italien und für die Mindestsicherung mit Wohngeld in Deutschland und dem Vereinigten Königreich gemessen.

Die erläuterten Ergebnisse können nun herangezogen werden, um zu überprüfen, ob bedürftigkeitsgeprüfte im Gegensatz zu nicht bedürftigkeitsgeprüften bzw. pauschale im Vergleich zu einkommensabhängigen Transfers für die Effektivität und die Effizienz besser abschneiden. Es finden sich keine eindeutigen Hinweise darauf, dass pauschale oder einkommensabhängige Transfers eine höhere Umverteilung begünstigen. Dementsprechend kann die in Castles und Mitchell (1992) formulierte These, dass einkommensabhängige Transfers weniger gleichheitsfördernd wirken als pauschale Transfers, nicht eindeutig bestätigt werden. Es sind allerdings Anhaltspunkte dafür zu finden, dass pauschale Transfers im Hinblick auf die Effizienz im Vergleich zur Effektivität besser zu beurteilen sind: So sind in Finnland für die Effizienz pauschale Transfers an der Spitze, wohingegen die Mischung aus pauschalen und einkommensabhängigen Bestandteilen des Arbeitslosengeldes schlechter einzustufen ist. In Frankreich sind die pauschalen Mindestsicherungsleistungen am effizientesten. Beim Ländervergleich bezüglich des Arbeitslosengeldes holen die pauschalen Leistungen des Vereinigten Königreiches für die Effizienz im Vergleich

[144] In Italien sind 2000 wiederum auch bedürftigkeitsgeprüfte und pauschale Leistungen enthalten, ebenso kommt in Deutschland 2000 zur Invaliditätsversicherung die pauschale Pflegeversicherung hinzu.

zur Effektivität auf, das pauschale Krankengeld ist für die Effizienz ebenfalls besser im Ländervergleich eingestuft als für die Effektivität. Diese Ergebnisse bestätigen die in Kapitel 1.4 vorgestellte These von Goodin et al. (1999), die einkommensabhängige Transfers für weniger effizient als pauschale Transfers halten. Allerdings finden sich auch Gegenbeispiele: Beim Vergleich der Transfers in Deutschland schneiden die einkommensabhängigen Leistungen der Arbeitslosenhilfe und der Unfallrenten für die Effizienz besser als für die Effektivität ab, wohingegen sich die pauschale Mindestsicherung verschlechtert. Die pauschalen Leistungen bei Invalidität im Vereinigten Königreich fallen beim Ländervergleich für die Effizienz gegenüber den einkommensabhängigen Leistungen in Deutschland und Italien zurück. Somit kann also auch im Hinblick auf die Effizienz nicht eindeutig festgestellt werden, dass pauschale Transfers durchweg für eine Verbesserung der Ergebnisse sorgen.

Bezüglich der Frage, ob bedürftigkeitsgeprüfte oder nicht bedürftigkeitsgeprüfte Transfers eine höhere Umverteilung zur Folge haben, lässt sich auch kein eindeutiges Ergebnis finden. So zeigt sich zwar, dass in Deutschland, Finnland und Italien beim Vergleich der Transfers pro Land immer nicht bedürftigkeitsgeprüfte Transfers die höchste Effektivität aufweisen. Allerdings weisen in Frankreich das nicht bedürftigkeitsgeprüfte Arbeitslosengeld und die bedürftigkeitsgeprüfte Mindestsicherung einschließlich Wohngeld ähnlich hohe Reduktionen auf. Im Vereinigten Königreich liegen mit den Leistungen der Mindestsicherung sogar eindeutig bedürftigkeitsgeprüfte Transfers vorne. Was die Invaliditätsleistungen betrifft, konnten im Ländervergleich ebenfalls bedürftigkeitsgeprüfte und nicht bedürftigkeitsgeprüfte Leistungen verglichen werden. Dabei ergaben sich die höchsten Effektivitätsziffern für die nicht bedürftigkeitsgeprüften Leistungen in Deutschland sowie das Vereinigte Königreich mit seiner Mischung aus bedürftigkeitsgeprüften und nicht bedürftigkeitsgeprüften Leistungen, Italien weist mit seinen nicht bedürftigkeitsgeprüften Leistungen ebenfalls hohe Werte auf. Für die Effizienz lassen sich kaum noch Zusammenhänge zwischen der Effizienzwirkung und der Ausgestaltung der Transfers in Bezug auf die Bedürftigkeitsprüfung finden. Es kann damit nicht bestätigt werden, dass bedürftigkeitsgeprüfte Transfers eine höhere Effizienz aufweisen als Transfers ohne Bedürftigkeitsprüfung.

Es zeigt sich also sowohl in Bezug auf die Bedürftigkeitsprüfung als auch im Hinblick darauf, ob es sich um einen pauschalen oder einkommensabhängigen Transfer handelt, dass keine eindeutigen Zusammenhänge mit den Effektivitäts- und Effizienzwirkungen identifizierbar sind. Wie in Kapitel 1.4 bereits erläutert wurde, erscheint es daher sinnvoll, auf detailliertere Ausgestaltungsmerkmale zur Erklärung der unterschiedlichen Umverteilungseffekte zurückzugreifen. Weiterhin hat sich gezeigt, dass auch äußere Rahmenbedingungen, wie z.B. die Arbeitslosenquote und damit einhergehend die Empfängerzahlen, Einfluss auf die Wirkung eines Transfers haben. Im Folgenden werden daher mögliche Ursachen für Umverteilungswirkungen über die Ausgestaltungsmerkmale bzw. äußere Rahmenbedingungen erklärt, was sich besonders deutlich im Vergleich der Transferleistungen der einzelnen Länder zeigt.

In Deutschland war auffällig, dass 2000 durch die Invaliditätsleistungen (wenn auch nicht signifikant) höhere Umverteilungswirkungen erzielt wurden als 1994. Dies ist erklärbar durch die Mitberücksichtigung der Pflegeversicherung im Jahr 2000, die 1994 noch nicht zum Tragen kam. Die ebenfalls hohe Wirkung des Arbeitslosengeldes dürfte einerseits über das hohe Transferniveau erklärbar sein. Andererseits fiel dieser Transfer 2000 hinter die Arbeitslosenhilfe zurück. Dieser Rückgang der Reduktionswerte könnte auf das Zurückgehen der Empfängerzahlen des Arbeitslosengeldes zurückzuführen sein sowie das Ansteigen der Zahl der Arbeitslosenhilfeempfänger. Auf die Arbeitslosenhilfe und die Unfallrenten entfallen die geringsten Ausgabenanteile im Vergleich mit den anderen untersuchten Transfers in Deutschland. Diese beiden Leistungsarten schneiden bei der Effizienz entsprechend besser ab als bei der Effektivität, wohingegen das Arbeitslosengeld und die Mindestsicherung in der Effizienzrangfolge zurückfallen.

Für Finnland lässt sich feststellen, dass das hohe Niveau der Leistungen des Arbeitslosengeldes sich in hohen Effektivitätszahlen äußert, der Rückgang der sehr hohen Arbeitslosigkeit Mitte der 90er Jahre zeigt sich hier durch signifikant[145] niedrigere Reduktionen 2000, wobei Verschärfungen der Zugangsbedingungen ebenfalls mitverantwortlich sein könnten. Die Arbeitslosenhilfe liegt mit ihrem niedrigeren Leistungsniveau hinter dem Arbeitslosengeld, allerdings gehen die Reduktionen von 1995 auf 2000 im Gegensatz zum Arbeitslosengeld nicht zurück. Dies ist auf die späte Einführung der Arbeitslosenhilfe im Jahr 1994 und die damit verbundene Zeitverzögerung bis zur Erhöhung der

[145]Eine Ausnahme bildet hierbei die Einkommenslücke, für die sich die Intervalle für die Reduktionszahlen der beiden Jahre schneiden.

Empfängerzahlen zurückzuführen, die bei den Armutsmaßen 2000 sogar für höhere Reduktionen als durch das Arbeitslosengeld sorgt. Die Arbeitslosenhilfe kann sich für die Effizienz deutlich verbessern, wohingegen sich das Arbeitslosengeld verschlechtert. Durch den Einbezug der Volksrente erhöht sich die Wirkung der Invaliditätsleistungen von 1995 auf 2000 signifikant. Bei den Unfallrenten war auffällig, dass sie für die Effizienz bezüglich der Armutsmaße und der im unteren Einkommensbereich sensitiven Ungleichheitsmaße deutlich besser abschneiden als für die Effektivität.

In Frankreich zeigen sich ähnlich hohe Effektivitätswirkungen für die Mindestsicherung einschließlich Wohngeld und das Arbeitslosengeld. Beim Arbeitslosengeld ist wohl davon auszugehen, dass das im Vergleich zur Mindestsicherung hohe Leistungsniveau ausschlaggebend ist, wohingegen die Mindestsicherung einschließlich Wohngeld vor allem von der hohen Anzahl an Wohngeldempfängern „profitiert“ haben dürfte. Für die Effizienz zeigt sich allerdings ein anderes Bild: Hier schneidet die Mindestsicherung ohne Wohngeld, für die vergleichsweise geringe Ausgaben anfallen, am besten ab.

In Italien zeigt sich deutlich der so genannte „Bubble Effect“: Aufgrund der mangelhaften Ausgestaltung z.B. der Mindestsicherung und des Arbeitslosengeldes findet eine „Flucht“ in die Leistungen bei Invalidität statt. Somit ist der deutlichste Effekt sowohl für die Effektivität als auch die Effizienz für die großzügiger ausgestaltete Invaliditätsrente zu finden. Es spiegeln sich in den entsprechend niedrigen Umverteilungseffekten die typischen Merkmale der Länder des Südeuropäischen Clusters wider: Zwar werden Bismarcksche Versicherungsleistungen angeboten, diese bewegen sich allerdings auf niedrigem Niveau und die Mindestsicherungsleistungen sind unzureichend ausgestaltet. Für die Leistungen bei Teilarbeitslosigkeit, die in Italien eine wichtige Rolle spielen, zeigt sich wiederum der Einfluss äußerer Rahmenbedingungen. So konnte ein (meist signifikanter) Rückgang der Effektivität von 1995 auf 2000 festgestellt werden, obwohl keine Veränderung der institutionellen Ausgestaltung vorgenommen wurde. Dieser Rückgang ist dadurch erklärbar, dass die Arbeitsverträge 2000 zunehmend flexibler gestaltet sind, z.B. in Form von freier Mitarbeit oder befristeten Verträgen. Es entfällt so die Grundlage für die Inanspruchnahme der Transfers, da Arbeitskräfte bei Bedarf leichter abgebaut werden können.

Im Vereinigten Königreich macht sich die radikale Änderung der Leistungen bei Arbeitslosigkeit durch die Einführung der Job Seeker's Allowance (JSA) deutlich bei der Effektivität bemerkbar. Durch die Einführung dieses Transfers zwischen 1994 und 1999 stiegen die Wirkungen des Arbeitslosengeldes signifikant[146] an, wohingegen die des Income Support signifikant zurückgingen, da viele bisherige Income Support-Empfänger jetzt in den Bereich der JSA fallen. Die Einordnung der Effizienz des Arbeitslosengeldes im Vergleich mit den anderen Transfers wird dagegen nicht beeinflusst, für beide Jahre ist sie im Transfervergleich am höchsten. Insgesamt bleibt hier zu bemerken, dass sich die hohe Bedeutung der Mindestsicherungsleistungen im britischen Sozialsystem trotz dieser Änderung der Arbeitslosigkeitsleistungen weiterhin in den hohen Umverteilungseffekten der Mindestsicherung widerspiegelt. Allerdings fällt die Mindestsicherung auf Grund der hohen Ausgaben für diese Transferart hinsichtlich der Effizienz eher zurück. Im Vereinigten Königreich zeigt sich ebenso wie in Italien der Effekt, dass eine Flucht in die Invaliditätsrente stattfindet, die aufgrund der hohen Empfängerzahl auch eine deutliche Wirkung zeigt.

An dieser Stelle sei kurz auf einige markante Ergebnisse der Ländervergleiche zu den einzelnen Transfers hingewiesen. Die Verbindung eines hohen Leistungsniveaus gepaart mit hohen Arbeitslosenquoten sorgt für das beste Abschneiden von Finnland beim Arbeitslosengeld bezüglich der Effektivität. Allerdings fallen diese Leistungen im Ländervergleich für die Effizienz etwas zurück, da die Ausgaben vergleichsweise hoch ausfallen. Bei den Invaliditätsrenten wirkt sich der „Bubble Effect" für das Vereinigte Königreich in einem der vordersten Ränge für die Effektivität aus, demgegenüber stehen aber auch hohe Ausgaben, die für ein Zurückfallen in der Effizienzrangordnung sorgen. Bei den Unfallrenten zeigt sich deutlich, dass die sich von den anderen Ländern unterscheidende Ausgestaltung im Vereinigten Königreich in niedrigeren Effektivitäts- und Effizienzziffern resultiert. Die zentrale Bedeutung der Mindestsicherung im Vereinigten Königreich spiegelt sich auch deutlich in der höchsten Effektivität im Ländervergleich wider, umgekehrt erweist sich die mangelhaft ausgestaltete italienische Mindestsicherung als die im Vergleich am wenigsten effektivste. Im Hinblick auf die Effizienz kann sich Italien nicht verbessern,

[146] Lediglich für die Berechnungen auf Grundlage der im unteren Einkommensbereich sensitiven Maße A_1 und MLD wurden Überschneidungen der Konfidenzintervalle für die Effektivitätswerte der beiden Zeitpunkte angezeigt.

wohingegen das Vereinigte Königreich durch seine verhältnismäßig hohen Ausgaben zurückfällt.

Ebenfalls untersucht wurde die in Kapitel 1.4 vorgestellte These, dass höhere Ausgaben mit höheren Umverteilungswirkungen einhergehen. Diese These konnte in den Kapiteln 6.2.4, 6.2.7, 6.3.4 und 6.3.7 anhand von Korrelationsberechnungen sowohl für Ungleichheit als auch für Armut tendenziell hinsichtlich der Effektivitätswirkungen bestätigt werden. Dabei fiel der Zusammenhang etwas deutlicher beim Ländervergleich pro Transferart als beim Vergleich der Transfers in den fünf Ländern aus. Auf die Effizienz lassen sich diese Ergebnisse allerdings nicht einfach übertragen. Es konnte kein bestimmter Zusammenhang zwischen Ausgaben und Effizienzwirkungen identifiziert werden.

Zusammenfassend lässt sich feststellen, dass anhand der vorgestellten Ergebnisse hinsichtlich der Effektivitäts- und Effizienzwirkungen keine eindeutige Schlussfolgerung im Hinblick darauf gezogen werden kann, ob einkommensabhängige oder pauschale Transfers zu befürworten sind bzw. Bedürftigkeitsprüfungen sinnvoll erscheinen oder nicht. Vielmehr haben neben diesen grundsätzlichen Ausgestaltungsmerkmalen andere Faktoren einen wesentlichen Einfluss auf die Umverteilungswirkungen von Transfers. Hierbei sind insbesondere die detaillierten Regelungen vor dem Hintergrund der jeweiligen Tradition der Sozialsysteme und die wirtschaftlichen bzw. kulturellen Rahmenbedingungen zu beachten. Daher kann im Hinblick auf wirtschaftspolitische Schlussfolgerungen auf Grundlage dieser Arbeit keine Empfehlung für eine idealtypische Ausgestaltung eines konkreten Transfers bzw. eines Sozialsystems gegeben werden. Direkter Einfluss auf die Effektivität eines Transfers kann genommen werden, indem die Ausgaben für diese Transferleistung deutlich erhöht werden bzw. der Empfängerkreis erweitert wird. So konnte z.B. die Effektivitätswirkung der Leistungen bei Arbeitslosigkeit im Vereinigten Königreich durch die Einführung der Job Seeker's Allowance, auf die ein größerer Kreis an Berechtigten Anspruch hat als auf das bisherige Arbeitslosengeld und die entsprechend höhere Ausgaben nach sich zieht, deutlich erhöht werden. Allerdings wird eine Effektivitätssteigerung aufgrund einer Ausgabenerhöhung unter Umständen auf Kosten der Effizienz erreicht. Weiterhin ist diese Art gezielter Einflussnahme auf die Effektivitätswirkung angesichts beschränkter Budgets nicht als wünschenswert bzw. realistisch zu bezeichnen und könnte vermutlich nur durch Kürzungen bei anderen Transfers erreicht werden.

Anknüpfend an diese Arbeit liegt die Frage nahe, wie angesichts dieser Unterschiede Bestrebungen zu beurteilen sind, die in Richtung einer europäischen Harmonisierung bzw. Koordinierung der europäischen Sozialpolitik zielen.[147] Anhand der in dieser Arbeit gewonnenen Ergebnisse ist keine klare Aussage bezüglich einer Befürwortung oder Ablehnung einer europäischen Harmonisierung der Sozialsysteme möglich. So spricht die zum Teil sehr unterschiedliche Ausgestaltung gegen eine in absehbarer Zeit realisierbare Annäherung der verschiedenen Systeme. Diese Unterschiede zeigen sich besonders deutlich im Vergleich des britischen Sozialsystems mit den kontinentaleuropäischen Ländern. Für die verschiedenen kontinentaleuropäischen Länder scheint noch am ehesten eine Möglichkeit zur Angleichung der Leistungen gegeben. Vergleicht man die Ausgestaltung der Transfers z.B. in Deutschland und Italien, sind aber zum Teil erhebliche Leistungsunterschiede feststellbar, die eine Annäherung auch dieser kontinentaleuropäischen Systeme als schwierig erscheinen lassen. Andererseits kann es unter bestimmten Aspekten durchaus als wünschenswert angesehen werden, dass eine Angleichung der Systeme stattfindet. So zeigte sich in dieser Arbeit, dass z.B. in Italien eine Flucht aus den schlechter ausgestalteten Transfers in die Invaliditätsrente stattfand. Ähnliche Effekte wären auf gesamteuropäischer Ebene auf lange Sicht im Sinne eines „Sozialtourismus" durchaus denkbar und könnten durch eine Harmonisierung der einzelnen Systeme abgeschwächt werden.

Im Hinblick auf zukünftige Forschung ist hier weiterhin auf die Datenlage hinzuweisen. Auch wenn sich die Datensituation im Laufe der letzten Jahre stetig verbessert hat, was sich z.B. deutlich in den Bestrebungen der hier verwendeten Luxembourg Income Study zeigt, sind trotzdem noch weitere Verbesserungen möglich und wünschenswert. So hat sich vor allem für die Leistungen bei Invalidität gezeigt, dass eine weitere Verfeinerung der Daten die Vergleichbarkeit erheblich verbessern würde. Im Falle des Krankengeldes standen für Deutschland und Italien gar keine Daten zur Verfügung, weshalb diese zwei Länder nicht in einen Ländervergleich für diese Transferart einbezogen werden konnten. Die gleiche Problematik gilt bezüglich der Daten über die Höhe der Gesamtausgaben für eine Transferart. Vor allem im Hinblick auf

[147] Zu den prinzipiellen Möglichkeiten, aber auch zu bereits getroffenen Maßnahmen sei z.B. auf Schmähl und Rische (1997), Schmidt (1998: 243ff) oder auf Publikationen der Europäischen Union, wie z.B. Europäische Kommission (2001) oder Europäische Kommission (2004), die unter http://europa.eu.int herunterladbar sind, verwiesen.

die Leistungen der Mindestsicherung besteht hier bezüglich international vergleichbarer Daten Nachholbedarf. Dadurch könnte die vorgenommene Analyse weiter verfeinert und verbessert werden.

Anhang A

Sozialausgaben in der EU

Tabelle A.1: Ausgaben für Sozialleistungen in der EU nach Funktionsgruppen 2000 (in % der Gesamtleistungen)

	Alter + Hinter-bliebene	**Krankheit/ Gesund-heitsvers.**	**Invali-dität**	**Familie/ Kinder**	**Arbeits-losig-keit**	**Wohnung + soz. Aus-grenzung**
EU15	46.4	27.3	8.1	8.2	6.3	3.7
B	43.8	25.1	8.7	9.1	11.9	1.4
DK	38.1	20.2	12	13.1	10.5	6.1
DK	42.2	28.3	7.8	10.6	8.4	2.6
EL	49.4	26.6	5.1	7.4	6.2	5.4
E	46.3	29.6	7.6	2.7	12.2	1.6
F	44.1	29.1	5.8	9.6	6.9	4.5
IRL	25.4	41.2	5.3	13	9.7	5.5
I	63.4	25	6	3.8	1.7	0.2
L	40	25.2	13.7	16.6	3.3	1.2
NL	42.4	29.3	11.8	4.6	5.1	6.8
A	48.3	26	8.2	10.6	4.7	2.1
P	45.6	30.6	13	5.5	3.8	1.5
FIN	35.8	23.8	13.9	12.5	10.4	3.5
S	39.1	27.1	12	10.8	6.5	4.5
UK	47.7	25.9	9.5	7.1	3.2	6.8

Quelle: aus Tabelle 4 in Abramowici (2003)

Anhang B

Umrechnungskurse

Tabelle B.1: Offizielle Umrechnungskurse für den Euro seit 1.1.1999

1 Euro entspricht:	
1,95583	DM
5,94573	Finnmark
6,55957	Franz. Francs
1936,27	Italien. Lire

Tabelle B.2: Umrechnung Verbrauchergeldparitäten

1 Euro entspricht:		
1994/95	1999/2000	
1,95583	1,95583	DM
6,8481	7,1095	Finnmark
6,6075	-	Franz. Francs
1.732,36	2.052,29	Italien. Lire
0,7855	0,8771	Brit. Pfund

Quelle: Statistisches Bundesamt (2002)

Literaturverzeichnis

Abramowici, G. (2003): The Social Protection in Europe. *Statistics in Focus, Theme 3, 3/2003*.

Alber, J. (1987): *Vom Armenhaus zum Wohlfahrtsstaat*. Campus, Frankfurt/New York, 2. Auflage.

Alcock, P. und **Craig, G.** (2001): The United Kingdom: Rolling Back the Welfare State? In: **Alcock, P.** und **Craig, G.** (Hg.) *International Social Policy*. Palgrave, New York, S. 124–142.

Alestalo, M. und **Uusitalo, H.** (1986): Finland. In: **Flora, P.** (Hg.) *Growth to Limits: The Western European Welfare States Since World War II, Vol. 1*. Walter de Gruyter & Co, Berlin, S. 200–292.

Arjona, R., **Ladaique, M.** und **Pearson, M.** (2001): Growth, Inequality and Social Protection. *OECD Labour Market and Social Policy Occasional Papers 51*.

Atkinson, A. B. (1970): On the Measurement of Inequality. *Journal of Economic Theory 2*, S. 244–263.

Atkinson, A. B. (1996): Income Distribution in Europe and the United States. *Oxford Review of Economic Policy 12(1)*, S. 15–28.

Atkinson, A. B. (1998): *Poverty in Europe*. Blackwell Publishers, Oxford.

Atkinson, A. B. und **Brandolini, A.** (2001): Promise and Pitfalls in the Use of 'Secondary' Data-Sets: Income Inequality in OECD Countries as a Case Study. *Journal of Economic Literature 39(3)*, S. 771–799.

Atkinson, A. B., Cantillon, B., Marlier, E. und **Nolan, B.** (2002): *Social Indicators - The EU and Social Inclusion.* Oxford University Press, Oxford/New York.

Atkinson, A. B., Rainwater, L. und **Smeeding, T. M.** (1995): *Income Distribution in OECD Countries.* OECD, Paris.

Bäcker, G., Bispinck, R., Hofemann, K. und **Naegele, G.** (2000): *Sozialpolitik und soziale Lage in Deutschland.* VS Verlag für Sozialwissenschaften, Wiesbaden, 3. Auflage.

Balandi, G. G. und **Renga, S.** (2000): VIII Italy. In: **van Vugt, J.** und **Peet, J.** (Hg.) *Social Security and Solidarity in the European Union.* Physica, Heidelberg/New York, S. 127–142.

Baldini, M., Bosi, P. und **Toso, S.** (1995): Targeting Welfare in Italy: Old Problems and Perspectives on Reform. *Fiscal Studies 23(1)*, S. 51–75.

Barnes, M., Heady, C., Middleton, S., Millar, J., Papadopoulos, F., Room, G. und **Tsakloglou, P.** (2002): *Poverty and Social Exclusion in Europe.* Edward Elgar Pub, Cheltenham.

Barr, N. (1992): Economic Theory and the Welfare State: A Survey and Interpretation. *Journal of Economic Literature 30(2)*, S. 741–803.

Barr, N. (1998): *The Economics of the Welfare State.* Oxford University Press, Oxford, 2. Auflage.

Beblo, M. und **Knaus, N.** (2001): Measuring Income Inequality in Euroland. *The Review of Income and Wealth 47(3)*, S. 301–320.

Becker, I. (2003): Income Redistribution: Tax-Financed Versus Contribution-Financed Components. In: **Hauser, R.** und **Becker, I.** (Hg.) *Reporting on Income Distribution and Poverty: Perspectives from a German and a European Point of View.* Springer, Berlin et al., S. 29–54.

Beckerman, W. (1979a): The Impact of Income Maintenance Payments on Poverty in Britain. *The Economic Journal 89*, S. 261–279.

Beckerman, W. (1979b): *Poverty and the Impact of Income Maintenance Programmes*. International Labour Office, Genf.

Behrendt, C. (2000): Do Means-tested Benefits Alleviate Poverty? Evidence on Germany, Sweden and the United Kingdom from the Luxembourg Income Study. *Journal of European Social Policy 10(1)*, S. 23–41.

Behrendt, C. (2002): *At the Margins of the Welfare State*. Ashgate, Aldershot.

Biewen, M. (2000): Income Inequality in Germany during the 1980s and 1990s. *The Review of Income and Wealth 46(1)*, S. 1–19.

Blackorby, C. und **Donaldson, D.** (1980): Ethical Indices for the Measurement of Poverty. *Econometrica 48*, S. 1053–1060.

Bohnet, A. (1999): *Finanzwissenschaft: Grundlagen staatlicher Verteilungspolitik*. Oldenbourg, München, 2. Auflage.

Bradley, D., **Huber, E.**, **Moller, S.**, **Nielsen, F.** und **Stephens, J.** (2003): Distribution and Redistribution in Postindustrial Democracies. *World Politics 55(2)*, S. 193–228.

Bradshaw, J. (1994): Simulating Policies: An Example in Comparative Method. Paper presented at the MIRE/Maison Française Conference Comparing Social Welfare in Europe, May 1994. University of Oxford.

Bradshaw, J. und **Terum, L. I.** (1997): How Nordic is the Nordic Model? Social Assistance in a Comparative Perspective. *Scandinavian Journal of Social Welfare 6*, S. 247–256.

Buchanan, J. M. und **Tullock, G.** (1962). *The Calculus of Consent*. University of Michigan Press, Ann Arbor.

Buhmann, B., **Rainwater, L.**, **Schmaus, G.** und **Smeeding, T. M.** (1988): Equivalence Scales, Well-being, Inequality, and Poverty: Sensitivity Estimates Across Ten Countries Using The Luxembourg Income Study (LIS) Database. *The Review of Income and Wealth 34(2)*, S. 115–142.

Burkhauser, R. V., **Kreyenfeld, M.** und **Wagner, G. G.** (1997): German-Socio-Economic Panel: A Representative Sample of Reunited Germany and its Parts. *Vierteljahreshelfte zur Wirtschaftsforschung 66(1)*, S. 7–16.

Burkhauser, R. V., **Smeeding, T. M.** und **Merz, J.** (1996): Relative Inequality and Poverty in Germany and the United States Using Alternative Equivalence Scales. *The Review of Income and Wealth 42(4)*, S. 381–400.

Burniaux, J. M., **Dang, T. T.**, **Fore, D.**, **Förster, M.**, **d'Ercole, M. M.** und **Oxley, H.** (1998): Income Distribution and Poverty in Selected OECD Countries. *Economics Department Working Paper 189*.

Burr, D. (1994): A Comparison of Certain Bootstrap Confidence Intervals in the Cox Model. *Journal of the American Statistical Association 89*, S. 1290–1302.

Burri, S. (1998): *Methodische Aspekte der Armutsforschung*. Paul Haupt Berne, Bern et al.

Cameron, D. (1985): Public Expenditure and Economic Performance in International Perspective. In: **Klein, R.** und **O'Higgins, M.** (Hg.) *The Future of Welfare*. Basil Blackwell, Oxford, S. 8–21.

Castles, F. G. und **Mitchell, D.** (1991): Three Worlds of Welfare Capitalism or Four? *The Australian National University, Graduate Program in Public Policy, Disscussion Paper 21*.

Castles, F. G. und **Mitchell, D.** (1992): Identifying Welfare State Regimes: The Links Between Politics, Instruments and Outcomes. *Governance 5(1)*, S. 1–26.

Castles, F. G. und **Mitchell, D.** (1993): Worlds of Welfare and Families of Nations. In: **Castles, F. G.** (Hg.) *Families of Nations*. Dartmouth, Aldershot, S. 93–128.

Clark, S., **Hemming, R.** und **Ulph, D.** (1981): On Indices for the Measurement of Poverty. *The Economic Journal 91*, S. 515–526.

Clark, T., **Giles, C.** und **Hall, J.** (1999): *Does Council Tax Benefit Work?*. The Institute for Fiscal Studies, London.

Clasen, J. (1994): *Paying the Jobless*. Ashgate, Aldershot.

Clasen, J. (1997): Social Insurance in Germany - Dismantling or Reconstruction? In: **Clasen, J.** (Hg.) *Social Insurance in Europe*. The Policy Press, Bristol, S. 60–83.

Clasen, J. (2000): Motives, Means and Opportunities: Reforming Unemployment Compensation in the 1990s. *West European Politics, Special Issue on Recasting European Welfare States 23(2)*, S. 89–112.

Clasen, J. (2002): Unemployment and Unemployment Policy in the UK: Increasing Employability and Redefining Citizenship. In: **Andersen, J. G.**, **Clasen, J.**, **van Oorschot, W.** und **Halvorsen, K.** (Hg.) *Europe's New State of Welfare*. The Policy Press, Bristol, S. 59–73.

Clasen, J., **Kvist, J.** und **van Oorschot, W.** (2001): On Condition of Work: Increasing Work Requirements in Unemployment Compensation Schemes. In: **Kautto, M.**, **Fritzell, J.**, **Hvinden, B.**, **Kvist, J.** und **Uusitalo, H.** (Hg.) *Nordic Welfare States in the European Context*. Routledge, London/New York, S. 198–231.

Coulter, F. A. E., **Cowell, F. A.** und **Jenkins, S. P.** (1992): Equivalence Scale Relativities and the Extent of Inequality and Poverty. *The Economic Journal 102*, S. 1067–1082.

Coulter, P. B. (1989): *Measuring Inequality - A Methodological Handbook*. Westview Press, Boulder.

Cowell, F. A. (1980): On the Structure of Additive Inequality Measures. *Review of Economic Studies 47*, S. 521–531.

Cowell, F. A. (1995): *Measuring Inequality*. Prentice Hall/Harvester Wheatsheaf, London et al.

Cowell, F. A. (2000): Measurement of Inequality. In: **Atkinson, A. B.** und **Bourguignon, F.** (Hg.) *Handbook of Income Distribution*. Elsevier Science B.V., Amsterdam, S. 89–166.

Cowell, F. A. und **Kuga, K.** (1981): Additivity and the Entropy Concept: An Axiomatic Approach to Inequality Measurement. *Journal of Economic Theory 25*, S. 131–143.

Culyer, A. J. (1980): *The Political Economy of Social Policy*. Martin Robertson, London.

Dalton, H. (1920): The Measurement of the Inequality of Incomes. *The Economic Journal 30*, S. 348–361.

Daly, M. (1997): Welfare States Under Pressure: Cash Benefits in European Welfare States Over the Last Ten Years. *Journal of European Social Policy 7(2)*, S. 129–146.

De Nardi, M., **Ren, L.** und **Wei, C.** (2000): Income inequality and redistribution in five countries. *Economic Perspectives 24(2)*, S. 2–20.

Deding, M. C. und **Schmidt, T. D.** (2002): Differences in Income Inequality across Europe - Market Driven or ...? *EPAG Working Papers 37*.

Delsen, L., **van Gestel, N.** und **Pennings, F.** (2000a): Introduction: Changes in European Social Security. In: **van Vugt, J.** und **Peet, J.** (Hg.) *Social Security and Solidarity in the European Union*. Physica, Heidelberg/New York, S. 1–13.

Delsen, L., **van Gestel, N.** und **van Vugt, J.** (2000b): European Integration: Current Problems and Future Scenarios. In: **van Vugt, J.** und **Peet, J.** (Hg.) *Social Security and Solidarity in the European Union*. Physica, Heidelberg/New York, S. 223–253.

Dennis, I. und **Guio, A.-C.** (2004): Armut und soziale Ausgrenzung in der EU. *Statistik kurzgefasst, Thema 3, 16/2004*.

Department for Work and Pensions (2004): Family Resources Survey. http: //www.dwp.gov.uk/asd/frs. Zugegriffen am 5.4.2004.

Deutscher Bundestag (2003): Wohngeld- und Mietenbericht 2002. Drucksache 15/2200.

Ditch, J. und **Oldfield, N.** (1999): Social Assistance: Recent Trends and Themes. *Journal of European Social Policy 9(1)*, S. 65–76.

DIW (2004): DIW Berlin. http: //www.diw.de. Zugegriffen am 5.4.2004.

Dixon, J. (1999): *Social Security in Global Perspective*. Praeger, Westport.

Downs, A. (1957): *An Economic Theory of Democracy*. Harper & Row, New York.

Eardley, T., **Bradshaw, J.**, **Ditch, J.**, **Gough, I.** und **Whiteford, P.** (1996a): *Social Assistance in OECD Countries. Volume I: Synthesis Report*. HMSO, London.

Eardley, T., **Bradshaw, J.**, **Ditch, J.**, **Gough, I.** und **Whiteford, P.** (1996b): *Social Assistance in OECD Countries. Volume II: Country Reports*. HMSO, London.

Efron, B. und **Tibshirani, R. J.** (1993): *An Introduction to the Bootstrap*. Chapman & Hall, New York et al.

Erskine, A. (1997): The Withering of Social Insurance in Britain. In: **Clasen, J.** (Hg.) *Social Insurance in Europe*. The Policy Press, Bristol, S. 130–150.

Ervasti, H. (2002): Unemployment and Unemployment Policy in Finland. In: **Andersen, J. G.**, **Clasen, J.**, **van Oorschot, W.** und **Halvorsen, K.** (Hg.) *Europe's New State of Welfare*. The Policy Press, Bristol, S. 181–193.

Esping-Andersen, G. (1990): *The Three Worlds of Welfare Capitalism*. Princeton University Press, Princeton.

Esping-Andersen, G. (1999): *Social Foundations of Postindustrial Economies*. Oxford University Press, Oxford.

Europäische Gemeinschaften (2004): Generaldirektion Beschäftigung und Soziales, Aufgabenbeschreibung. http: //europa.eu.int/comm/dgs/employment_social/index_de.htm. Zugegriffen am 5.4.2004.

Europäische Kommission (2001): *Die Beschäftigungs- und Sozialpolitik der EU 1999-2001*. Amt für amtliche Veröffentlichungen der europäischen Gemeinschaften, Luxemburg.

Europäische Kommission (2003): *Beschäftigung in Europa 2003*. Amt für amtliche Veröffentlichungen der europäischen Gemeinschaften, Luxemburg.

Europäische Kommission (2004): *Ziviler Dialog und Sozialpolitik in der erweiterten Europäischen Union*. Amt für amtliche Veröffentlichungen der europäischen Gemeinschaften, Luxemburg.

Evrard, G. (1997): Schadensersatz für Arbeitsunfälle und Berufskrankheiten und deren Prävention in Frankreich. In: **Hauptverband der gewerblichen Berufsgenossenschaften** (Hg.) *Die soziale Unfallversicherung in Europa*. Erich Schmidt, Bielefeld, S. 55–61.

Fahrmeir, L., **Künstler, R.**, **Pigeot, I.** und **Tutz, G.** (2004): *Statistik - Der Weg zur Datenanalyse*. Springer, Berlin et al., 5. Auflage.

Faik, J. (1995): *Äquivalenzskalen*. Duncker & Humblot, Berlin.

Fargion, V. (1996): Social Assistance and the North-South Cleavage in Italy. *South European Society & Politics 1(3)*, S. 135–154.

Fargion, V. (2001): Italy: Moving from the Southern Model. In: **Alcock, P.** und **Craig, G.** (Hg.) *International Social Policy*. Palgrave, New York, S. 183–202.

Ferrarini, T. und **Nelson, K.** (2003): Taxation of Social Insurance and Redistribution. *Journal of European Social Policy 13(1)*, S. 21–33.

Ferrera, M. (1996): The 'Southern Model' of Welfare in Social Europe. *Journal of Social Policy 6(1)*, S. 17–37.

Ferrera, M. (2001): Targeting Welfare in a 'Soft' State: Italy's Winding Road to Selectivity. In: **Gilbert, N.** (Hg.) *Targeting Social Benefits - International Perspectives and Trends*. Transaction, New Brunswick, S. 157–186.

Ferrera, M. und **Gualmini, E.** (2000a): Reforms Guided by Consensus: The Welfare State in the Italian Transition. *West European Politics, Special Issue on Recasting European Welfare States 23(2)*, S. 187–208.

Ferrera, M. und **Gualmini, E.** (2000b): Italy - Rescue from Without? In: **Scharpf, F. W.** und **Schmidt, V. A.** (Hg.) *Welfare and Work in the*

Open Economy, Vol. II: Diverse Responses and Common Challenges. Oxford University Press, Oxford, S. 351–398.

Flora, P. und **Heidenheimer, A. J.** (1982): The Historical Core and Changing Boundaries of the Welfare State. In: **Flora, P.** und **Heidenheimer, A. J.** (Hg.) *The Development of Welfare States in Europe and America*. Transaction, New Brunswick, S. 17–34.

Förster, M. F. (1994a): The Effects of Net Transfers on Low Incomes Among Non-elderly Families. *OECD Economic Studies 22*, S. 181–221.

Förster, M. F. (1994b): Measurement of Low Incomes and Poverty in a Perspective of International Comparisons. *OECD Labour Market and Social Policy Occasional Papers 14*.

Förster, M. F. und **d'Ercole, M. M.** (2005): Income Distribution and Poverty in OECD Countries in the Second Half of the 1990s. *OECD Social, Employment and Migration Working Papers 22*.

Förster, M. F. und **Pellizzari, M.** (2000): Trends and Driving Factors in Income Distribution and Poverty in the OECD Area. *OECD Labour Market and Social Policy Occasional Papers 42*.

Foster, J., **Greer, J.** und **Thorbecke, E.** (1984): A Class of Decomposable Poverty Measures. *Econometrica 52*, S. 761–766.

Foster, J. und **Shorrocks, A. F.** (1991): Subgroup Consistent Poverty Indices. *Econometrica 59*, S. 687–709.

Foster, K. (1996): A Comparison of the Census Characteristics of Respondents and Non-Respondents to the 1991 Family Expenditure Survey. *Survey Methodology Bulletin 38(1)*, S. 9–17.

Franzini, M. (2001): Unemployment Benefits and Labour Market Policies in Italy. Paper presented at the conference „The Welfare State, poverty and social exclusion in Italy and Great Britain", April 2001. University of Siena.

Freedman, D. A. und **Peters, S. C.** (1984): Bootstrapping an Econometric Model: Some Empirical Results. *Journal of Business and Economic Statistics 2*, S. 150–158.

Fritzell, J. (2001): Still Different? Income Distribution in the Nordic Countries in a European Comparison. In: **Kautto, M.**, **Fritzell, J.**, **Hvinden, B.**, **Kvist, J.** und **Uusitalo, H.** (Hg.) *Nordic Welfare States in the European Context*. Routledge, London/New York, S. 18–41.

Gilbert, N. (2001): Renegotiating Social Allocations: Choices and Issues. In: **Gilbert, N.** (Hg.) *Targeting Social Benefits - International Perspectives & Trends*. Transaction Publishers, New Brunswick, S. 211–225.

Gilbert, N. (2002): *Transformation of the Welfare State*. Oxford University Press, Oxford.

Gini, C. (1912): Variabilità e mutabilità. *Studi Economico-Giuridici della Facolta di Giurisprudenza della Regia Universita di Cagliari 3 (1912)*, S. 1–158.

Gini, C. (1914): Sulla misura della concentrazione e della variabilità dei caratteria. *Atti del Reale Istituto Veneto di Scienze, Lettere ed Arti 73 (1913-14)*, S. 1203–1248.

Goerlich, F. J. und **Mas, M.** (2001): Inequality in Spain 1973-91: Contribution to a Regional Database. *The Review of Income and Wealth 47(3)*, S. 361–378.

Goodin, R. E., **Headey, B.**, **Muffels, R.** und **Dirven, H.-J.** (1999): *The Real Worlds of Welfare Capitalism*. Cambridge University Press, Cambridge.

Gottschalk, P. und **Smeeding, T.** (1997): Cross-National Comparisons of Earnings and Income Inequality. *Journal of Economic Literature 35(2)*, S. 633–687.

Gough, I. (1996): Social Assistance in Southern Europe. *South European Society & Politics 1(1)*, S. 1–23.

Gough, I., **Bradshaw, J.**, **Ditch, J.**, **Eardley, T.** und **Whiteford, P.** (1997): Social Assistance in OECD Countries. *Journal of European Social Policy 7(1)*, S. 17–43.

Gouyette, C. und **Pestieau, P.** (1999): Efficiency of the Welfare State. *Kyklos 52*, S. 537–553.

Greiner, D. (2000): France. In: **van Vugt, J.** und **Peet, J.** (Hg.) *Social Security and Solidarity in the European Union*. Physica, Heidelberg/New York, S. 50–64.

Gustafsson, B. A. und **Uusitalo, H.** (1990): The Welfare State and Poverty in Finland and Sweden from the Mid-1960s to the Mid-1980s. *The Review of Income and Wealth 36(3)*, S. 246–266.

Hagenaars, A. J. M. (1986): *The Perception of Poverty*. North Holland, Amsterdam.

Hall, P. (1992): *The Bootstrap and Edgeworth Expansion*. Springer, New York.

Hartmann, P. H. (1985): *Die Messung sozialer Ungleichheit*. Centaurus, Pfaffenweiler.

Hatzius, T. und **Marggraf, R.** (1993): Konzepte der Armutsmessung. *Universität Heidelberg, Lehrstuhl für internationale Wirtschafts- und Entwicklungspolitik, Discussion Paper Nr. 37*.

Hauser, R. (1996): Zur Messung individueller Wohlfahrt und ihrer Verteilung. In: **Statistisches Bundesamt** (Hg.) *Wohlfahrtsmessung - Aufgabe der Statistik im gesellschaftlichen Wandel*. Metzler-Poeschel, Stuttgart, S. 13–38.

Haustein, T. (2002): Wohngeld in Deutschland 2000. *Wirtschaft und Statistik 6/2002*, S. 510–517.

Heady, C., **Mitrakos, T.** und **Tsakloglou, P.** (2001): The Distributional Impact of Social Transfers in the European Union: Evidence from the ECHP. *Fiscal Studies 22(4)*, S. 547–565.

Heikkilä, M., **Fridberg, T.** und **Keskitalo, E.** (2001): Guaranteed Minimum Income - Recent Trends and a Socio-Political Discussion. In: **STAKES** (Hg.) *Social Assistance in Europe*. Helsinki, S. 13–36.

Heinrich, G. (1998a): Ageing Gracefully? A Bootstrap Analysis of Poverty Among Pensioners Using Evidence from the PACO Databases. *Centre for Economic Policy Research Discussion Paper 2039*.

Heinrich, G. (1998b): A Bootstrap Analysis of Poverty and Inequality Using the PACO Data Base. *PACO Research Paper 24*.

Heinrich, G. (1998c): The Prince and the Pauper Revisited: A Bootstrap Approach to Poverty and Income Distribution Analysis Using the PACO Data Base. *PACO Research Paper 21*.

Hemerijck, A. und **Schludi, M.** (2000): Sequences of Policy Failures and Effective Policy Responses. In: **Scharpf, F. W.** und **Schmidt, V. A.** (Hg.) *Welfare and Work in the Open Economy, Volume I: From Vulnerability to Competitiveness*. Oxford University Press, Oxford, S. 125–228.

Hicks, A. und **Kenworthy, L.** (2003): Varieties of Welfare Capitalism. *Socio-Economic Review 1(1)*, S. 27–61.

Hill, M. (1996): *Social Policy: A Comparative Analysis*. Prentice Hall / Harvester Wheatsheaf, London et al.

Hills, J. (1993): *The Future of the Welfare State: A Guide to the Debate*. Joseph Rowntree Foundation, York.

Hills, J. (2004): *Inequality and the State*. Oxford University Press, Oxford.

Hohmann, J. (1984): *Berufskrankheiten in der Unfallversicherung*. Pahl-Rugenstein, Köln.

Hölsch, K. (2004): The Effect of Social Transfers in Western Europe: An Empirical Analysis of the Countries Using Generalized Lorenz Curves. *Journal of Income Distribution 12(1-2)*, S. 83–115.

Hölsch, K. und **Kraus, M.** (2002): European Schemes of Social Assistance: An Empirical Analysis of Set-Ups and Distributive Impacts. *Hohenheimer Diskussionsbeiträge 208*.

Hölsch, K. und **Kraus, M.** (2004): Poverty Alleviation and the Degree of Centralization in European Schemes of Social Assistance. *Journal of European Social Policy 14(2)*, S. 143–164.

Huber, E. und **Stephens, J. D.** (2001): *Development and Crisis of the Welfare State*. University of Chicago Press, Chicago.

INSEE (2004): INSEE. http: //www.insee.fr. Zugegriffen am 5.4.2004.

Isengard, B. (2002): *Machbarkeitsstudie zur Erhebung einkommensschwacher und einkommensstarker Haushalte im Sozio-Oekonomischen Panel (SOEP)*. DIW, Berlin.

Jenkins, S. (1991): The Measurement of Income Inequality. In: **Osberg, L.** (Hg.) *Economic Inequality and Poverty*. Sharpe, Armonk, S. 3–38.

Jenkins, S. (1995): Accounting for Inequality Trends: Decomposition Analyses for the UK, 1971-86. *Economica 62*, S. 29–63.

Johnson, R. A. und **Wichern, D. W.** (2002): *Applied Multivariate Statistical Analysis*. Prentice Hall, Upper Saddle River.

Judge, K. (2001): Targeting Social Provision in Britain: Who Benefits from Allocation Formulae? In: **Gilbert, N.** (Hg.) *Targeting Social Benefits - International Perspectives and Trends*. Transaction, New Brunswick, S. 65–97.

Kakwani, N. (1980): On a Class of Poverty Measures. *Econometrica 48*, S. 437–446.

Kalisch, D. W., **Aman, T.** und **Buchele, L.** (1998): Social and Health Policies in OECD Countries: A Survey of Current Programmes and Recent Developments. *OECD Occasional Papers 33*.

Kangas, O. (1992): The Politics of Universalism: The Case of Finnish Sickness Insurance. *Journal of Social Policy 21(1)*, S. 25–52.

Kangas, O. und **Ritakallio, V. M.** (1998): Social Policy or Structure? Income Transfers, Socio-demographic Factors and Poverty in the Nordic Countries and France. *Luxembourg Income Study Working Paper 190*.

Kautto, M., **Heikkilä, M.**, **Hvinden, B.**, **Marklund, S.** und **Ploug, N.** (1999): Introduction - The Nordic Welfare States in the 1990s. In: **Kautto, M.**, **Heikkilä, M.**, **Hvinden, B.**, **Marklund, S.** und **Ploug, N.** (Hg.) *Nordic Social Policy*. Routledge, London/New York, S. 1–18.

Kazepov, Y. und **Sabatinelli, S.** (2001): How Generous are Social Assistance Schemes? In: **STAKES** (Hg.) *Social Assistance in Europe*. Helsinki, S. 63–106.

Kim, H. (2000): Anti-Poverty Effectiveness of Taxes and Income Transfers in Welfare States. *International Social Security Review 53(4)*, S. 105–129.

Klanberg, F. (1978): *Armut und ökonomische Ungleichheit in der Bundesrepublik Deutschland*. Campus, Frankfurt/New York.

Kolm, S. C. (1976a): Unequal Inequalities I. *Journal of Economic Theory 12*, S. 416–442.

Kolm, S. C. (1976b): Unequal Inequalities II. *Journal of Economic Theory 13*, S. 82–111.

Korpi, W. und **Palme, J.** (1998): The Paradox of Redistribution and Strategies of Equality: Welfare State Institutions, Inequality, and Poverty in the Western Countries. *American Sociological Review 63*, S. 661–687.

Koskela, E. und **Uusitalo, R.** (2003): The Un-intended Convergence: How the Finnish Unemployment Reached the European Level. *CESifo Working Paper 878*.

Kraus, M. (2000): Social Security Strategies and Redistributive Effects in European Social Transfer Systems. *ZEW Discussion Paper No. 00-40*.

Kraus, M. (2004): Social Security Strategies and Redistributive Effects in European Social Transfer Systems. *The Review of Income and Wealth 50(3)*, S. 431–457.

Kuhnle, S. (1982): The Growth of Social Insurance Programs in Scandinavia: Outside Influences and Internal Forces. In: **Flora, P.** und **Heidenheimer, A. J.** (Hg.) *The Development of Welfare States in Europe and America*. Transaction, New Brunswick, S. 125–150.

Lampman, R. J. (1984): *Social Welfare Spending: Accounting for Changes from 1950 to 1978*. Academic Press, Orlando.

Lee, D. R. und **McKenzie, R. B.** (1988): Helping the Poor Through Governmental Poverty Programs: the Triumph of Rhetoric over Reality. In: **Gwartney, J. D.** und **Wagner, R. E.** (Hg.) *Public Choice and Constitutional Economics*. JAI Press, London, S. 387–408.

Leibfried, S. (1990): Towards a European Welfare State, Americanization vs. Europeanization of Social Europe. Paper presented at the annual conference of the Social Policy Association. Bath.

Leibfried, S., **Leisering, L.**, **Buhr, P.**, **Ludwig, M.**, **Mädje, E.**, **Olk, T.**, **Voges, W.** und **Zwick, M.** (1995): *Zeit der Armut: Lebensläufe im Sozialstaat*. Suhrkamp, Frankfurt/Main.

Leisering, L. (2001): Germany: Reform from Within. In: **Alcock, P.** und **Craig, G.** (Hg.) *International Social Policy*. Palgrave, New York, S. 161–187.

Levy, J. D. (2000): France - Directing Adjustment? In: **Scharpf, F. W.** und **Schmidt, V. A.** (Hg.) *Welfare and Work in the Open Economy, Vol. II: Diverse Responses and Common Challenges*. Oxford University Press, Oxford, S. 308–350.

LIS (2004a): Data Information. http: //www.lisproject.org/techdoc.htm. Zugegriffen am 5.4.2004.

LIS (2004b): LIS Summary Income Variables. http: http://www.lisproject.org/techdoc/summary.pdf. Zugegriffen am 5.4.2004.

Ludwig-Mayerhofer, W. (2002): To Be or Not to Be Employed? Unemployment in a 'Work Society'. In: **Andersen, J. G.**, **Clasen, J.**, **van Oorschot, W.** und **Halvorsen, K.** (Hg.) *Europe's New State of Welfare*. The Policy Press, Bristol, S. 75–90.

Lüthi, A. P. (1981): *Messung wirtschaftlicher Ungleichheit*. Springer, Berlin/Heidelberg.

Maasoumi, E. (1998): Empirical Analysis of Inequality and Welfare. In: **Pesaran, M. H.** und **Schmidt, P.** (Hg.) *Handbook of Applied Econometrics, Vol II: Microeconomics*. Blackwell Publishers, Oxford, S. 202–245.

Manow, P. und **Seils, E.** (2000): Adjusting Badly - The German Welfare State, Structural Change, and the Open Economy. In: **Scharpf, F. W.** und **Schmidt, V. A.** (Hg.) *Welfare and Work in the Open Economy, Vol. II: Diverse Responses and Common Challenges*. Oxford University Press, Oxford, S. 264–307.

Marlier, E. und **Cohen-Solal, M.** (2000): Sozialleistungen und ihre Umverteilungseffekte in der EU. *Statistik kurzgefasst, Thema 3, 9/2000*.

Mau, S. (2003): *The Moral Economy of Welfare States: Britain and Germany compared*. Routledge, London.

Mehran, F. (1976): Linear Measures of Income Inequality. *Econometrica 44*, S. 805–809.

Mejer, L. (2000): Soziale Ausgrenzung in den EU-Mitgliedstaaten. *Statistik kurzgefasst, Thema 3, 1/2000*.

Miettinen, T. (1997): Unfallversicherungssystem in Finnland. In: **Hauptverband der gewerblichen Berufsgenossenschaften** (Hg.) *Die soziale Unfallversicherung in Europa*. Erich Schmidt, Bielefeld, S. 135–140.

Mills, J. A. und **Zandvakili, S.** (1997): Statistical Inference via Bootstrapping for Measures of Inequality. *Journal of Applied Econometrics 12*, S. 133–150.

MISSOC (1995): *Soziale Sicherheit in den Mitgliedstaaten der Europäischen Union, Stand am 1. Juli 1994 und Entwicklung*. Amt für Amtliche Veröffentlichungen der Europäischen Gemeinschaften, Luxemburg.

MISSOC (1996): *Soziale Sicherheit in den Mitgliedstaaten der Europäischen Union, Stand am 1. Juli 1995 und Entwicklung*. Amt für Amtliche Veröffentlichungen der Europäischen Gemeinschaften, Luxemburg.

MISSOC (2000): *Soziale Sicherheit in den Mitgliedstaaten der Europäischen Union, Situation am 1. Januar 1999 und Entwicklung*. Amt für Amtliche Veröffentlichungen der Europäischen Gemeinschaften, Luxemburg.

MISSOC (2001): *Die soziale Sicherheit in den Mitgliedstaaten der EU und des Europäischen Wirtschaftsraums, Situation am 1. Januar 2000 und Entwicklung.* Amt für Amtliche Veröffentlichungen der Europäischen Gemeinschaften, Luxemburg.

Mitchell, D. (1991): *Income Transfers in Ten Welfare States.* Avebury, Aldershot.

Mitchell, D., **Harding, A.** und **Gruen, F.** (1994): Targeting Welfare. *The Economic Record 70*, S. 315–340.

Mooney, C. Z. und **Duval, R. D.** (1993): *Bootstrapping - A Nonparametric Approach to Statistical Inference.* Sage Publications, Newbury Park et al.

Moran, T. P. (2005): Bootstrapping the LIS: Statistical Inference and Patterns of Inequality in the Global North. *Luxembourg Income Study Working Paper 378.*

National Statistics (2002): *Incapacity Benefit and Severe Disablement Allowance - Quarterly Summary Statistics - AUGUST 2002.* Department for Work and Pensions, London.

NOSOSCO (2002): *Social Protection in the Nordic Countries 2000 - Scope, Expenditure and Financing.* Nordic Council/Nordic Social Statistical Committee, Kopenhagen.

Nygård, F. und **Sandström, A.** (1981): *Measuring Income Inequality.* Almquist and Wiksell, Stockholm.

Nygård, F. und **Sandström, A.** (1988): The Weighted Mean Difference. *Metron 46*, S. 21–31.

OECD (1997). *The OECD Jobs Stragey - Making Work Pay - Taxation, Benefits, Employment and Unemployment.* OECD, Paris.

OECD (1998): *The Battle Against Exclusion: Social Assistance in Australia, Finland, Sweden and the United Kingdom.* OECD, Paris.

Offe, C. (1972): Advanced Capitalism and the Welfare State. *Politics and Society 4*, S. 479–488.

Offe, C. (1984): *Contradictions of the Welfare State.* Hutchinson, London.

Palier, B. (1997): A 'Liberal' Dynamic in the Transformation of the French Social Welfare System. In: **Clasen, J.** (Hg.) *Social Insurance in Europe.* The Policy Press, Bristol, S. 84–106.

Palier, B. (2000): 'Defrosting' the French Welfare State. *West European Politics, Special Issue on Recasting European Welfare States 23(2)*, S. 113–136.

Paugam, S. (1998): Poverty and Social Exclusion: A Sociological View. In: **Rhodes, M.** und **Mény, Y.** (Hg.) *The Future of European Welfare: a New Social Contract?.* Palgrave, Houndmills, S. 41–62.

Pierson, P. (2001): Coping with Permanent Austerity: Welfare State Restructuring in Affluent Democracies. In: **Pierson, P.** (Hg.) *The New Politics of the Welfare State.* Oxford University Press, New York, S. 410–456.

Piesch, W. (1975): *Statistische Konzentrationsmaße.* Mohr, Tübingen.

Piesch, W. (2003a): Ein Überblick über einige erweiterte Gini-Indices - Eigenschaften, Zusammenhänge, Interpretationen. *Hohenheimer Diskussionsbeiträge 220.*

Piesch, W. (2003b): Ein Vorschlag zur Kombination von P- und M-Indices in der Disparitätsmessung. *Hohenheimer Diskussionsbeiträge 224.*

Ploug, N. (1999): Cuts in and Reforms of the Nordic Cash Benefit Systems. In: **Kautto, M.**, **Heikkilä, M.**, **Hvinden, B.**, **Marklund, S.** und **Ploug, N.** (Hg.) *Nordic Social Policy.* Routledge, London/New York, S. 79–103.

Polanyi, K. (1944): *The Great Transformation.* Rhinehart, New York.

Ras, M., **Pommer, E.** und **Wildeboer Schut, J. M.** (2002): *Income on the Move - Report on Income Distribution, Poverty and Redistribution.* Social and Cultural Planning Office of the Netherlands, Den Haag.

Reed, H. und **Deakin, S.** (2000): XI United Kingdom. In: **van Vugt, J.** und **Peet, J.** (Hg.) *Social Security and Solidarity in the European Union.* Physica, Heidelberg/New York, S. 182–222.

Rhodes, M. (2000): Restructuring the British Welfare State: Between Domestic Constraints and Global Imperatives. In: **Scharpf, F. W.** und **Schmidt, V. A.** (Hg.) *Welfare and Work in the Open Economy, Vol. II: Diverse Responses and Common Challenges*. Oxford University Press, Oxford, S. 19–68.

Riihelä, M., **Sullström, R.**, **Suoniemi, I.** und **Tuomala, M.** (2001): Income Inequality in Finland during the 1990s. In: **Kalela, J.**, **Kiander, J.**, **Kivikuru, U.**, **Loikkanen, H. A.** und **Simpura, J.** (Hg.) *Down from the Heavens, Up from the Ashes*. Government Institute for Economic Research, Helsinki, S. 385–410.

Ritakallio, V.-M. (2002): Trends of Poverty and Income Inequality in Cross-national Comparison. *European Journal of Social Security 4*, S. 151–177.

Ritter, G. A. (1991): *Der Sozialstaat: Entstehung und Entwicklung im internationalen Vergleich*. Oldenbourg, München, 2. Auflage.

Sachs, L. (1984): *Applied Statistics. A Handbook of Techniques*. Springer, New York.

Sainsbury, D. und **Morissens, A.** (2002): Poverty in Europe in the Mid-1990s: The Effectiveness of Means-tested Benefits. *Journal of European Social Policy 12(4)*, S. 307–327.

Sautter, H. und **Serries, C.** (1993): *Inhalt und Methodik von Armutsanalysen*. Weltforum-Verlag, München.

Schenker, N. und **Gentleman, J. F.** (2001): On Judging the Significance of Differences by Examining the Overlap Between Confidence Intervals. *The American Statistician 55(3)*, S. 182–186.

Scheurle, U. (1991): *Statistische Erfassung von Armut*. Vandenhoeck und Ruprecht, Göttingen.

Scheurle, U. (1996): Armut und Ungleichheit - Konzepte. In: **Statistisches Bundesamt** (Hg.) *Wohlfahrtsmessung - Aufgabe der Statistik im gesellschaftlichen Wandel*. Metzler-Poeschel, Stuttgart, S. 73–96.

Schmähl, W. und **Rische, H.** (Hg.) (1997): *Europäische Sozialpolitik*. Nomos Verlagsgesellschaft, Baden-Baden.

Schmid, F. (1991): Zur Sensitivität von Disparitätsmaßen. *Allgemeines Statistisches Archiv 75*, S. 155–167.

Schmid, J. (2000): V Germany. In: **van Vugt, J.** und **Peet, J.** (Hg.) *Social Security and Solidarity in the European Union*. Physica, Heidelberg/New York, S. 65–86.

Schmidt, M. G. (1998): *Sozialpolitik in Deutschland*. Leske+Budrich, Opladen.

Schnell, R. (1991): Wer ist das Volk? Zur faktischen Grundgesamtheit bei 'Allgemeinen Bevölkerungsumfragen': Undercoverage, Schwererreichbare und Nichtbefragbare. *Kölner Zeitschrift für Soziologie und Sozialpsychologie 43(1)*, S. 106–137.

Schnell, R. (1997): *Nonresponse in Bevölkerungsumfragen: Ausmaß, Entwicklung und Ursachen*. Leske & Budrich, Opladen.

Seidl, C. (1988): Poverty Measurement: A Survey. In: **Bös, D.**, **Rose, M.** und **Seidl, C.** (Hg.) *Welfare and Efficiency in Public Economics*. Springer, Berlin/Heidelberg, S. 71–148.

Sen, A. (1975): *Ökonomische Ungleichheit*. Campus, Frankfurt/New York.

Sen, A. (1976): Poverty: An Ordinal Approach to Measurement. *Econometrica 44*, S. 219–231.

Sen, A. und **Foster, J. E.** (1997): *On Economic Inequality*. Clarendon Press, Oxford, erweiterte Auflage.

Shao, J. und **Tu, D.** (1995): *The Jackknife and Bootstrap*. Springer, New York/Heidelberg.

Shorrocks, A. F. (1980): The Class of Additively Decomposable Inequality Measures. *Econometrica 48*, S. 613–625.

Shorrocks, A. F. (1983): Ranking Income Distributions. *Economica 50*, S. 3–17.

Sievers, W. (1998): *Bootstrap-Inferenzverfahren*. Shaker, Aachen.

Smeeding, T. (2002): The LIS/LES Project: Overview and Recent Developments. *Luxembourg Income Study Working Paper 294*.

Snower, D. J. (1998): Evolution of the Welfare State. In: **Hauser, R.** (Hg.) *Die Zukunft des Sozialstaats*. Duncker & Humblot, Berlin, S. 35–52.

Statistisches Bundesamt (2002): *Internationaler Vergleich der Preise für die Lebenshaltung, Fachserie 17, Reihe 10*. Metzler-Poeschel, Stuttgart.

Statistisches Bundesamt (2003): *Bericht: Pflegestatistik 2001 - Pflege im Rahmen der Pflegeversicherung - Deutschlandergebnisse*. Statistisches Bundesamt, Bonn.

Stewart, K. (2003): Monitoring Social Inclusion in Europe's Regions. *Journal of European Social Policy 13(4)*, S. 335–356.

Takayama, N. (1979): Poverty, Income Inequality and Their Measures: Professor Sen's Axiomatic Approach Reconsidered. *Econometrica 47*, S. 747–759.

Telesca, V. (2003): Italien. *EAPN Nachrichten aus dem Netz Nr. 102*, S. 5.

Theil, H. (1979): *Economics and Information Theory*. North Holland, Amsterdam.

Théret, B. (2002): On the Endogenous Capacity of National Systems of Social Protection to Address the Globalization Challenge. Paper presented at the ISSA International Research Conference, 25. bis 27. September 2000. Helsinki.

Thon, D. (1979): On Measuring Poverty. *The Review of Income and Wealth 25(4)*, S. 429–438.

Titmuss, R. (1958): *Essays on the Welfare State*. Allen & Unwin, London.

Titmuss, R. (1974): *Social Policy*. Allen & Unwin, London.

Tsakloglou, P. und **Papadopoulos, F.** (2002): Aggregate Level and Determining Factors of Social Exclusion in Twelve European Countries. *Journal of European Social Policy 12(3)*, S. 211–225.

Tullock, G. (1970): *Private Wants and Public Means.* Basic Books, New York.

Tullock, G. (1971): The Charity of the Uncharitable. *Western Economic Journal 9*, S. 379–392.

Tullock, G. (1997): *Economics of Income Distribution.* Kluwer Academic Publishers, Boston, 2. Auflage.

Ughetto, P. und **Bouget, D.** (2002): France: The Impossible New Social Compromise? In: **Andersen, J. G.**, **Clasen, J.**, **van Oorschot, W.** und **Halvorsen, K.** (Hg.) *Europe's New State of Welfare.* The Policy Press, Bristol, S. 91–105.

Urbani, R. (1997): Neue Präventions- und Rehabilitationsaufgaben für die Versicherung gegen Arbeitsunfälle und Berufskrankheiten in Italien. In: **Hauptverband der gewerblichen Berufsgenossenschaften** (Hg.) *Die soziale Unfallversicherung in Europa.* Erich Schmidt, Bielefeld, S. 215–221.

Wagenhals, G. (1981): *Wohlfahrtstheoretische Implikationen von Disparitätsmaßen.* Athenäum, Hain, Scriptor, Hanstein, Königstein.

Weber, S. (1995): *Die Organisation der gesetzlichen Krankenversicherung.* Erich Schmidt, Berlin.

Whelan, C. T., **Layte, R.** und **Maître, B.** (2002): Persistent Deprivation in the European Union. In: **Wagner, G. G.** (Hg.) *Schmollers Jahrbuch, Analysing the Dynamics of Social Change in Europe.* Duncker & Humblot, Berlin, S. 31–54.

Whitehouse, E. (1995): Measures of Inequality in Stata. In: **Becketti, S.** (Hg.) *The Stata Technical Bulletin Reprints*, Band 4. Stata Corporation, College Station, S. 146–150.

Wilensky, H. (1975): *The Welfare State and Equality: Structural and Ideological Roots of Public Expenditure.* University of California Press, Berkely.

Wolf, F. (1997): *Lorenzkurvendisparität.* Lang, Frankfurt/Main.

World Health Organisation (2004): Unemployment Benefit Replacement. http: //www.nationmaster.com/red/graph-T/lab_une_ben_rep. Zugegriffen am 12.11.2004.

HOHENHEIMER VOLKSWIRTSCHAFTLICHE SCHRIFTEN

Band 1 Walter Deffaa: Anonymisierte Befragungen mit zufallsverschlüsselten Antworten. Die Randomized-Response-Technik (RRT). Methodische Grundlagen, Modelle und Anwendungen. 1982.

Band 2 Thomas Michael Baum: Staatsverschuldung und Stabilisierungspolitik in der Demokratie. Zur neoinstitutionalistischen Kritik der keynesianischen Fiskalpolitik. 1982.

Band 3 Klaus Schröter: Die wettbewerbspolitische Behandlung der leitungsgebundenen Energiewirtschaft. Dargestellt am Beispiel der Fernwärmewirtschaft der Bundesrepublik Deutschland. 1986.

Band 4 Hugo Mann: Theorie und Politik der Steuerreform in der Demokratie. 1987.

Band 5 Max Christoph Wewel: Intervallarithmetische Dependenzanalyse in der Ökonometrie. Ein konjekturaler Ansatz. 1987.

Band 6 Heinrich Pascher: Die U.S.-amerikanische Deregulation Policy im Luftverkehrs- und Bankenbereich. 1987.

Band 7 Harald Lob: Die Entwicklung der französischen Wettbewerbspolitik bis zur Verordnung Nr. 86-1243 vom 01. Dezember 1986. Eine exemplarische Untersuchung der Erfassung der Behinderungsstrategie auf der Grundlage des Konzepts eines wirksamen Wettbewerbs. 1988.

Band 8 Ulrich Kirschner: Die Erfassung der Nachfragemacht von Handelsunternehmen. Eine Analyse der ökonomischen Beurteilungskriterien und der wettbewerbsrechtlichen Instrumente im Bereich der Verhaltenskontrolle.1988.

Band 9 Friedhelm Herb: Marktwirtschaftliche Innovationspolitik. 1988.

Band 10 Claus Schnabel: Zur ökonomischen Analyse der Gewerkschaften in der Bundesrepublik Deutschland. Theoretische und empirische Untersuchungen von Mitgliederentwicklung, Verhalten und Einfluß auf wirtschaftliche Größen. 1989.

Band 11 Jan B. Rittaler: Industrial Concentration and the Chicago School of Antitrust Analysis. A Critical Evaluation on the Basis of Effective Competition. 1989.

Band 12 Thomas Märtz: Interessengruppen und Gruppeninteressen in der Demokratie. Zur Theorie des Rent-Seeking. 1990.

Band 13 Andreas Maurer: Statistische Verfahren zur Ermittlung von oligopolistischen Strukturen. 1990.

Band 14 Peter Mendler: Zur ökonomischen und politisch-institutionellen Analyse öffentlicher Kredithilfen. 1992.

Band 15 Heinrich J. Engelke: Die Interpretation der Rundfunkfreiheit des Grundgesetzes: Eine Analyse aus ökonomischer Sicht. 1992.

Band 16 Thomas Fischer: Staat, Recht und Verfassung im Denken von Walter Eucken. Zu den staats- und rechtstheoretischen Grundlagen einer wirtschaftsordnungspolitischen Konzeption. 1990.

Band 17 Stefan Elßer: Innovationswettbewerb. Determinanten und Unternehmensverhalten. 1993.

Band 18 Reinhard Scharff: Regionalpolitik und regionale Entwicklungspotentiale. Eine kritische Analyse. 1993.

Band 19 Karin Beckmann: Probleme der Regionalpolitik im Zuge der Vollendung des Europäischen Binnenmarktes. Eine ökonomische Analyse. 1995.

Band 20 Bernd Nolte: Engpaßfaktoren der Innovation und Innovationsinfrastruktur. Eine theoretische und empirische Analyse für ländliche Wirtschaftsräume in Baden-Württemberg. 1996.

Band 21 Klaus-Rainer Brintzinger: Die Nationalökonomie an den Universitäten Freiburg, Heidelberg und Tübingen 1918 - 1945. Eine institutionenhistorische, vergleichende Studie der wirtschaftswissenschaftlichen Fakultäten und Abteilungen südwestdeutscher Universitäten. 1996.

Band 22 Steffen Binder: Die Idee der Konsumentensouveränität in der Wettbewerbstheorie. Teleokratische vs. nomokratische Auffassung. 1996.

Band 23 Alexander Burger: Deregulierungspotentiale in der Gesetzlichen Rentenversicherung. Reformnotwendigkeiten versus Reformmöglichkeiten. 1996.

Band 24 Burkhard Scherer: Regionale Entwicklungspolitik. Konzeption einer dezentralisierten und integrierten Regionalpolitik. 1997.

Band 25 Frauke Wolf: Lorenzkurvendisparität. Neuere Entwicklungen, Erweiterungen und Anwendungen. 1997.

Band 26 Hans Pitlik: Politische Ökonomie des Föderalismus. Föderative Kompetenzverteilung im Lichte der konstitutionellen Ökonomik. 1997.

Band 27 Stephan Seiter: Der Beitrag Nicholas Kaldors zur Neuen Wachstumstheorie. Eine vergleichende Studie vor dem Hintergrund der Debatte über den Verdoorn-Zusammenhang. 1997.

Band 28 André Schmidt: Ordnungspolitische Perspektiven der europäischen Integration im Spannungsfeld von Wettbewerbs- und Industriepolitik. 1998.

Band 29 Bernd Blessin: Innovations- und Umweltmanagement in kleinen und mittleren Unternehmen. Eine theoretische und empirische Analyse. 1998.

Band 30 Oliver Letzgus: Die Ökonomie internationalen Umweltschutzes. 1999.

Band 31 Claudia Hafner: Systemwettbewerb versus Harmonisierung in Europa. Am Beispiel des Arbeitsmarktes. 1999.

Band 32 Jürgen Kulle: Ökonomie der Musikindustrie. Eine Analyse der körperlichen und unkörperlichen Musikverwertung mit Hilfe von Tonträgern und Netzen. 1998.

Band 33 Michael Ganske: Intertemporale Aspekte von Staatsverschuldung und Außenhandel. 1999.

Band 34 Margit Ströbele: Die Deregulierungswirkungen der europäischen Integration. Das Beispiel der Sondermärkte. 1999.

Band 35 Marion Benesch: Devisenmarktinterventionen in Theorie und Praxis. Eine umfassende Analyse ihrer Zielsetzungen, Wirkungsweisen und wirtschaftspolitischen Bedeutung. 1999.

Band 36 Torsten Gruber: Unterschiedliche geldpolitische Transmissionsmechanismen und Stabilitätskulturen als mögliche Ursachen geldpolitischer Spannungen in der Europäischen Währungsunion. 2000.

Band 37 Bertram Melzig-Thiel: Arbeit in der Informationsgesellschaft. Chancen und Risiken neuer Informations- und Kommunikationstechnologien für die Beschäftigung. 2000.

Band 38 Annette Fritz: Die Entsorgungswirtschaft im Spannungsfeld zwischen Abfallpolitik und Kartellrecht. Eine industrieökonomische Branchenstudie. 2001.

Band 39 Harald Strotmann: Arbeitsplatzdynamik in der baden-württembergischen Industrie. Eine Analyse mit amtlichen Betriebspaneldaten. 2002.

Band 40 Dietrich Benner: Qualitätsungewißheit bei Gütern mit Vertrauenseigenschaften. Entwicklung und Anwendung eines entscheidungstheoretisch fundierten Analyserahmens. 2002.

Band 41 Jürgen M. Schechler: Sozialkapital und Netzwerkökonomik. 2002.

Band 42 Kay-Uwe May: Haushaltskonsolidierung durch Ausgabekürzungen. Restriktionen und Strategien. 2002.

Band 43 Peter Kühnl: Der Wechselkurs als Zwischenziel der Geldpolitik im Aufholprozess. Die monetärkeynesianische Entwicklungsstrategie der Berliner Schule vor dem Hintergrund der makroökonomischen Entwicklung ausgewählter Länder Mittel- und Osteuropas. 2003.

Band 44 Steffen Wirth: Nichtparametrische Analyse von Bildungsertragsraten. Neuere Entwicklungen und Anwendungen. 2003.

Band 45 Bernhard Holwegler: Innovation, Diffusion und Beschäftigung. Die ökonomische Theorie der Technologiediffusion und ihr Beitrag zur Erklärung technologischer Arbeitslosigkeit. 2003.

Band 46 Guntram R. M. Hepperle: Zukunftsorientierte Industriepolitik. Möglichkeiten und Grenzen. 2004.

Band 47 Udo Vullhorst: Stabilisierungspolitik bei supranationaler Geldpolitik und nationaler Fiskalpolitik. Eine spieltheoretische Betrachung. 2004.

Band 48 Matthias Rösch: Die Bedeutung von Investivlöhnen und Gewinnbeteiligungen für Einkommensverteilung und Beschäftigung. 2004.

Band 49 Michael Bubik: Erfolgskriterien für Unternehmenszusammenschlüsse. Eine theoretische und exemplarische Analyse. 2005.

Band 50 Jörg Weltin: Internationale Unternehmensbesteuerung. Allokation der Besteuerungsrechte unter veränderten Rahmenbedingungen. 2005.

Band 51 Susanne Reichart: Zum Konvergenzprozess der mittel- und osteuropäischen EU-Beitrittsländer. 2005.

Band 52 Daniel Hartmann: Geldpolitik und Beschäftigung. Die geldpolitische Strategie der Federal Reserve: Vorbild oder Auslaufmodell? 2005.

Band 53 Marc Peter Radke: Explaining Financial Crises. A Cyclical Approach. 2005.

Band 54 Katja Hölsch: Umverteilungseffekte in Europa. Eine Analyse für ausgewählte Länder. 2006.

www.peterlang.de

Peter Lang · Europäischer Verlag der Wissenschaften

Ingmar Kumpmann

Systemwettbewerb und Umverteilung

Gefährdet die Globalisierung den Sozialstaat?

Frankfurt am Main, Berlin, Bern, Bruxelles, New York, Oxford, Wien, 2005.
355 S., zahlr. Abb. und Tab.
CeGe-Schriften. Verantwortliche Herausgeberin: Renate Ohr. Bd. 11
ISBN 3-631-53729-8 · br. € 56.50*

Die Zunahme des internationalen Handels und der internationalen Kapitalbewegungen wird oft für einen Abbau sozialstaatlicher Umverteilung verantwortlich gemacht. In dieser Arbeit wird die Frage untersucht, ob die wachsende Internationalisierung der Wirtschaft zu einer Einschränkung der staatlichen Einkommensumverteilung und zu einem Abbau sozialer Leistungen führt. Neben einer umfassenden theoretischen Diskussion wird der Zusammenhang von Globalisierung und Sozialpolitik empirisch untersucht. Dabei zeigt sich, dass eine Gefährdung des Sozialstaats vom zunehmenden internationalen Handel ausgeht, nicht aber vom stärker wachsenden internationalen Kapitalverkehr. Mit Hilfe von Ansätzen der Neuen Wirtschaftsgeografie kann dieses Ergebnis auch theoretisch erklärt werden.

Aus dem Inhalt: Die Entwicklung des Sozialstaats und ihre Ursachen · Die Begriffe Wettbewerb und Wettbewerbsfähigkeit und ihre Anwendung auf Staaten · Folgen des internationalen Wettbewerbs für die Sozialpolitik in der theoretischen Diskussion · Empirische Untersuchung der Folgen des Systemwettbewerbs für die Sozialpolitik

FSC
www.fsc.org
MIX
Papier | Fördert
gute Waldnutzung
FSC® C083411

Kolibri 360 GmbH
Ferdinand-Jühlke-Straße 7
99095 Erfurt, Deutschland
produktsicherheit@kolibri360.de

Druck:
CPI Druckdienstleistungen GmbH
im Auftrag der
Kolibri 360 GmbH
Ferdinand-Jühlke-Str. 7
99095 Erfurt